Gabrielle Cornefert
De/lirios

Mimesis

Romanische Literaturen der Welt

Herausgegeben von
Ottmar Ette

Band 104

Gabrielle Cornefert
De/lirios

Las líricas desviadas de Mario Levrero
y Alberto Laiseca

DE GRUYTER

Dissertation, eingereicht im Jahr 2021 an der Philosophischen Fakultät der Universität Potsdam

ISBN 978-3-11-162790-8
e-ISBN (PDF) 978-3-11-098051-6
e-ISBN (EPUB) 978-3-11-098057-8
ISSN 0178-7489

Library of Congress Control Number: 2022947862

Bibliographic information published by the Deutsche Nationalbibliothek
The Deutsche Nationalbibliothek lists this publication in the Deutsche Nationalbibliografie; detailed bibliographic data are available on the internet at http://dnb.dnb.de.

© 2024 Walter de Gruyter GmbH, Berlin/Boston
This volume is text- and page-identical with the hardback published in 2023.
Typesetting: Integra Software Services Pvt. Ltd.

www.degruyter.com

À ma mère

Agradecimientos

Llevar este trabajo a cabo no hubiera sido posible sin el apoyo y los valiosos consejos de mis directores de tesis, los profesores Ottmar Ette y Julio Prieto: les doy las gracias por confiar en mí, por leerme y compartir conmigo su experticia crítica.

Agradezco también a Markus Lenz, a Geishel Curiel, y a todxs lxs compañerxs del *Romanistisches Kolloquium* de la Universidad de Potsdam, por su escucha, sus ánimos y cuestiones siempre pertinentes a lo largo de más de seis años.

A mis padres, Béatrice y Guy-Michel, les agradezco no solo el apoyo material y afectivo que me brindaron durante mis estudios en París, Berlín y Buenos Aires, sino también la determinación y la curiosidad intelectual que supieron enseñarme. Les dedico este libro.

Quiero expresar mi gratitud infinita a Anna, Annabelle, Astrid, Élise, Francis, Nico, Pierre-Henri, Sara, Thibault: amigxs que han acompañado mis locuras desde hace años, aun en los momentos difíciles, con humor y benevolencia.

Les doy las gracias, por fin, a lxs que hicieron posible la publicación de este libro: a Ottmar Ette, por aceptar mi trabajo en la colección *Mimesis*; a Mariana Betancur Gómez, por encargarse con cuidado y precisión de su revisión ortotipográfica, al equipo editorial de De Gruyter —Ulrike Krauß, Christine Henschel, Christina Lembrecht, Maxim Karagodin, Albina Töws—, no solo por acompañarme en todo el proceso de edición del libro, sino también por ser, desde varios años ya, colegxs, mentorxs y amigxs.

Contenidos

Agradecimientos —— VII

1   Introducción —— 1
1.1   La hipótesis —— 1
1.2   Las obras —— 4
1.3   Alcances —— 5
1.4   Método y estructura del estudio —— 9

2   Nociones preliminares —— 13
2.1   La cuestión genérica: el *de/lirio* como *lírica desviada* —— 13
2.1.1   Género, genericidad, transgenericidad —— 13
2.1.2   Lírica–ficción —— 20
2.1.3   Ficción–dicción —— 31
2.2   *De/lirio* y locura en literatura —— 41
2.2.1   Breve aproximación histórica —— 42
2.2.2   Locura y literatura, una *extraña vecindad* —— 56
2.2.3   Locura y literatura en el Río de la Plata —— 59
2.2.3.1   Desvío —— 62
2.2.3.2   Rareza —— 65

3   Los diarios-desvaríos de Mario Levrero —— 69
3.1   Introducción —— 69
3.2   «Novela, diario, confesión, crónica o lo que sea» (DC, p. 152): el *de/lirio* enunciativo en la *trilogía luminosa* —— 79
3.2.1   La forma diarística o la muerte en suspenso —— 80
3.2.2   Curar a un *yo en ruinas*; librarse de él —— 92
3.2.2.1   La confesión —— 94
3.2.2.2   La terapia grafológica —— 100
3.2.2.3   El «discurso vacío» —— 104
3.3   «Factores de perturbación»: interrupciones de la escritura, irrupciones de lo real —— 108
3.3.1   Cibernética del sistema-hogar —— 109
3.3.2   La «lucha diaria con los objetos domésticos» (Inzaurralde) —— 115
3.3.3   Un escapismo hermenéutico —— 124
3.3.3.1   La compulsión de lectura —— 125
3.3.3.2   La interpretación de los sueños —— 132
3.3.3.3   La «fuga permanente en la computadora» (NL, p. 38) —— 137

3.3.4	El diarista en su ecosistema: relatos animales —— **140**	
3.4	*De/lirando* hacia/desde la experiencia luminosa —— **155**	
3.4.1	Otra vez, la cuestión genérica: una poética del recordar —— **156**	
3.4.2	Primer acercamiento a lo luminoso: mediación y alteridad —— **171**	
3.4.3	Segundo acercamiento a lo luminoso: una mística levreriana —— **185**	
3.5	Conclusión —— **192**	
4	**El realismo delirante de Alberto Laiseca —— 195**	
4.1	Introducción —— **195**	
4.2	Laiseca, *mal poeta*: el *de/lirio* enunciativo —— **205**	
4.2.1	«Ésta es una novela pésimamente escrita»: el escritor, el narrador, y sus fractales —— **206**	
4.2.2	El autor (de cabecera), el lector (plebeyo) y el plagiario (amoroso) —— **216**	
4.2.3	Contar «por desesperación» (EGM, p. 88): la lírica del «último orejón del tarro» —— **227**	
4.3	«Ah, ¡qué hermosa abadía llena de monstruos!» (SMP, p. 213): manifestaciones discursivas y diegéticas del *de/lirio* —— **235**	
4.3.1	Humanización y salvación: el delirio moral-metafísico —— **237**	
4.3.2	Ciencia, pseudociencia, magia: el delirio racional-cientificista —— **252**	
4.3.2.1	La descripción realista: lo verosímil vs. lo maravilloso —— **254**	
4.3.2.2	Contradicción lógica e indecidibilidad narrativa —— **256**	
4.3.2.3	El monólogo autócrata: ciencia vs. poder vs. creencia —— **257**	
4.3.2.4	Ecuaciones: transparencia vs. opacidad, perfección vs. imperfección —— **259**	
4.3.2.5	Simulacros técnicos: emancipación vs. alienación —— **260**	
4.3.3	De incesto, histeria y perversiones polimorfas: el delirio psicoanalítico —— **263**	
4.3.3.1	Analía —— **266**	
4.3.3.2	Lai Chu —— **270**	
4.4	La novela «entrando en delirio»: *realismo delirante* y utopía —— **275**	
4.4.1	La lucha contra el Anti-Ser: *de/lirio*, Estado y guerra permanente —— **281**	
4.4.1.1	«Yo sólo cumplía órdenes»: hacia el *núcleo perverso* del poder —— **281**	

4.4.1.2	«Vietnam nunca terminó»: modos metonímicos y metafóricos del realismo delirante —— **285**	
4.4.2	La humanización del poder —— **288**	
4.4.3	Amor y humor hacia «un lugar que no existe»: *de/lirio* y utopía —— **299**	
4.5	Conclusión —— **305**	

5   Conclusión —— 309

Bibliografía —— 313

Índice de nombres y materias —— 333

1 Introducción

> DELIRAR, tomado del lat. delirare, «apartarse del surco», «delirar, desvariar», derivado de lira, «surco».¹

> LIRA, tomado del lat. lyra y éste del gr. λυρα [. . .] DERIV. Lírico, tomado de lyricus, «relativo a la lira», «que toca la lira, poeta lírico».²

1.1 La hipótesis

En *Die Logik der Dichtung* (1957), la filóloga alemana Käte Hamburger define la lírica como un fenómeno enunciativo muy particular, en el cual los enunciados no se centran, como en la ficción, sobre su objeto o contenido, sino que se *repliegan* sobre la experiencia del sujeto enunciador.³ Si bien existe una identidad lógica entre este y el sujeto «real» de la escritura —el *Dichter-Ich* o *yo*-poeta—, no implica necesariamente una identidad psicológica entre los dos. Nunca se puede determinar en qué medida exacta la experiencia que toma forma en el enunciado lírico corresponde a la del poeta: el poema constituye por eso una estructura lógica abierta que se sustrae a toda interpretación definitiva.⁴ En su ensayo *Patografía* (1991), el escritor y teórico argentino Héctor Libertella retoma la propuesta de Käte Hamburger y sugiere

> pensar mecanismos de ficción narrativa en los que ese señor de la lírica [el sujeto de la enunciación] tenga el mismo comportamiento que podría tener en un poema. El juego amoroso de *yo* y *voz*, la manera de absorberse en la experiencia de un sujeto y allí producir su metamorfosis.⁵

Desde estas premisas, se puede postular la existencia de *líricas desviadas*, líricas que *deliran*, siempre sujetas a deslizamientos que desplazan el foco enunciativo entre el polo sujeto y el polo objeto, y el texto entre *Lyrik* y *Fiktion*. Este es el enfoque que propongo para abordar las obras tan desconcertantes como

---

1 Joan Corominas/José A. Pascual: *Diccionario crítico etimológico castellano e hispánico*, vol. 2. Madrid: Gredos 1980, voz «delirar».
2 Ibid., vol. 3, voz «lira».
3 Käte Hamburger: *Die Logik der Dichtung*. Stuttgart: Klett Verlag 1957; versión castellana: *La lógica de la literatura*. Trad. José Luis Arántegui. Madrid: Visor 1995.
4 Käte Hamburger: *Die Logik der Dichtung*, pp. 186–187.
5 Héctor Libertella: *Patografía. Los juegos desviados de la literatura: conversaciones*. Buenos Aires: Grupo Editor Latinoamericano 1991, p. 39.

fascinantes del uruguayo Mario Levrero (1940–2004) y del argentino Alberto Laiseca (1941–2016). Representantes destacados de la tradición de lo *raro*[6] y *excéntrico*[7] en el Río de la Plata, ambos autores compiten con regularidad en este campo semántico, donde «raro»,[8] «radicalmente excéntrico»,[9] «fuera de toda comparación»,[10] «bizarro, erudito en cosas raras»[11] son solo algunos de los calificativos que se han empleado a su propósito. De hecho, además de una predilección especial por temas esotéricos que incluyen la parapsicología, el tarot, las proyecciones astrales, la homeopatía, la magia, así como las filosofías tao y zen, ambos autores comparten una escritura de arduo acceso, por su extensión —se ha hablado al respecto de «superabundancia»[12] o «hipergrafía»[13]— e indecidibilidad genérica —entre narrativa ficcional de inspiración ante todo género *menor* (relato fantástico, policíaco, de ciencia ficción o de aventura), autoficción intimista y formas no narrativas de tipo lírico o ensayístico—. Todo ello bien puede aclarar que sus obras respectivas, pese a haber alcanzado muy tem-

---

6 Cf. Valentina Litvan/Javier Uriarte (eds.): *Raros uruguayos, nuevas miradas*. *Cuadernos LIRICO* 5 (2010), https://doi.org/10.4000/lirico.79; y el apartado 2.2.3.2 del presente estudio.
7 Cf. Julio Prieto: *Desencuadernados: vanguardias ex-céntricas en el Río de la Plata. Macedonio Fernández y Felisberto Hernández*. Rosario: Beatriz Viterbo 2002; Carina González (ed.): *Fuera del canon: escrituras excéntricas de América Latina*. Pittsburgh: Instituto Internacional de Literatura Iberoamericana 2020.
8 El adjetivo «raro» ha sido usado, a propósito de Levrero, por Jesús Montoya Juárez: *Levrero para armar. Jorge Varlotta y el libertinaje imaginativo*. Montevideo: Trilce 2013, p. 67; Diego Zúñiga: El uruguayo más raro del mundo. In: *Culto/La Tercera* (2019), https://culto.latercera.com/2019/08/30/levrero-uruguayo-mas-raro-del-mundo/ (30.08.2019); entre muchos otros; y a propósito de Laiseca, por Juan Sasturain: Prólogo. In: Alberto Laiseca: *En sueños he llorado*. Buenos Aires: La Página 2004, p. 5.
9 Sara Mesa: Levrero, la mística del ocio. In: *Letras Libres* (1.7.2018), https://www.letraslibres.com/espana-mexico/revista/mario-levrero-la-mistica-del-ocio (29.10.2019).
10 Ricardo Piglia: La civilización Laiseca. In: Alberto Laiseca: *Los sorias*. Buenos Aires: Simurg 1998, p. 9.
11 Carlos Marcos sobre Laiseca, cf. Mica Hernández/Carlos Marcos (eds.): *ilu SORIAS*. Buenos Aires: Muerde Muertos 2013, p. x.
12 Elviro Gandolfo: Prólogo. In: Mario Levrero: *El portero y el otro*. Montevideo: arca 1992, p. 8.
13 [José] Agustín Conde de Boeck: *Los Sorias* y la escritura como guerra: temporalidad y mundos posibles en la poética de Alberto Laiseca. In: *La Palabra* 28 (2016), pp. 103–124.

prano un estatuto *de culto* en círculos iniciados, solo hayan empezado a recibirse en el ámbito académico[14] —y traducirse—[15] en la última década.

Veo, sin embargo, otra explicación a la peculiaridad de nuestros autores: el hecho de que escriben, cada uno a su manera, «desde el delirio».[16] Sus textos ponen en escena la condición —física, psíquica, existencial— del *yo* que escribe, remitiéndola unánimemente a lo que Francine Masiello nombra «neurosis del escribir»,[17] que en Levrero abarca angustia, depresión, trastornos obsesivos, adicción; en Laiseca, delirio, esquizofrenia, perversión y melancolía. Esta inscripción patológica de la práctica escritural va reforzándose, en ambos autores, con el avance de la edad y la consciencia cada día más aguda de la propia finitud —poderosa fuente de angustia y melancolía—, y con la conflictualidad socioeconómica que cobra para ellos el *oficio de escribir* —ambos tienen que lidiar con la necesidad de ganarse la vida con actividades ajenas a la creación literaria, y ven en el imperativo de productividad económica algo fundamentalmente agobiante, alienador—. Crucialmente, la centralidad de este *yo* patético y patológico no desemboca en un egotismo complaciente, muy al contrario: se conjuga con desvíos y deslizamientos en la enunciación literaria en primera persona, que van socavando la unidad gramatical del *yo*, revelándolo plural, profundamente dialó-

---

14 Si bien un *boom levreriano* empieza a finales de la década del 2000, con la publicación de varias monografías, volúmenes editados y números monográficos de revistas dedicados al escritor uruguayo —entre otros, Ezequiel de Rosso: *La máquina de pensar en Mario. Ensayos sobre la obra de Levrero*. Buenos Aires: Eterna Cadencia 2013; Elvio E. Gandolfo (ed.): *Un silencio menos. Conversaciones con Mario Levrero*. Buenos Aires: Mansalva 2013; Jesús Montoya Juárez: *Levrero para armar*; Diego Vecchio (ed.): *Levrero. Cuadernos LIRICO* 14 (2016), https://doi.org/10.4000/lirico.2179—, todavía esperamos un fenómeno similar en torno a Laiseca: hasta la fecha, solo un volumen editado se le ha dedicado: María Celeste Aichino/Agustín Conde de Boeck (2019), *Sinfonía para un monstruo. Aproximaciones a la obra de Alberto Laiseca*, Córdoba: Editorial Universitaria Villa María.

15 Levrero es el más internacional de los dos: *Dejen todo en mis manos* (1998) ha sido publicado en francés bajo el título *J'en fais mon affaire* (L'arbre vengeur, 2012). *El discurso vacío* ha sido traducido al francés (Les éditions noir sur blanc, 2018) y al inglés (Coffee House Press, 2019); *La novela luminosa*, al italiano (Calabuig edizioni, 2014), al portugués brasileño (Companhia das Letras, 2018) y muy recientemente, al inglés (And other stories, 2021) y al francés (Les éditions noir sur blanc, 2021). Gracias al esfuerzo de pequeñas editoriales, la obra de Laiseca también está siendo descubierta por el público francés, con el *Manuel sadomasoporno* (La Guêpe Cartonière, 2010), *Les aventures d'un romancier atonal* (Le Nouvel Attila, 2013), y *La mère et la mort* (Le Tripode, 2018). En italiano, han parecido *Avventure di un romanziere atonale* gracias a la traducción de Loris Tassi (Edizioni Arcoiris, 2014), y más recientemente *È il tuo turno* (Edizioni Arcoiris, 2018).

16 Ricardo Piglia: La civilización Laiseca, p. 11.

17 Francine Masiello: En los bordes del cráter. Sobre la generación del noventa en Argentina. In: *Cuadernos de literatura* 31 (2012), p. 83.

gico, empeñado en salir de su solipsismo para reanudar con un horizonte intersubjectivo auténtico.

Es la articulación productiva de ambos delirios —el que se pone en escena en el texto y el que lo trabaja a nivel enunciativo— que nombro *de/lirio*. Sistematizando lo ilógico de la literatura, la reconfigura en un espacio transgenérico de difícil aprehensión —«en el límite entre el sentido común y el delirio»,[18] «en una zona híbrida [. . .] entre lo legible y lo ilegible»—,[19] en un «atópico» donde coexisten la locura[20] y el goce del texto.[21]

1.2 Las obras

Para analizar el funcionamiento y alcance del *de/lirio* en Levrero y en Laiseca, he elegido dos trilogías publicadas a la vuelta del milenio, que corresponden a un periodo tardío en la producción literaria de ambos autores.[22] En el caso de Levrero, se trata de la llamada «trilogía luminosa»[23] —*Diario de un canalla* (1992), *El discurso vacío* (1996) y *La novela luminosa* (2005)—;[24] y en el caso de Alberto Laiseca, de la trilogía «underground»[25] —*El gusano máximo de la vida*

---

[18] Gabriel Inzaurralde: Apuntes sobre *La novela luminosa* de Mario Levrero. In: *Revista Iberoamericana* LXXVIII/241 (2012), p. 1063.

[19] Hernán Bergara: Plagios con un plagio de plagios. In: Alberto Laiseca: *Por favor, ¡plágienme!*. Buenos Aires: Eudeba 2013, p. 10.

[20] «La folie,» escribe Monique Plaza, «semble partir, dans la plupart des situations, d'une quête. L'individu se pose une question fondamentale dont les termes sont en rupture (en décalage) avec le champ symbolique du légitime. Pendant un moment, le sujet, travaillé par la nécessité du sens, cherche un lieu pour définir sa question. [. . .] Lorsque [cela] s'avère impossible, l'individu se trouve confronté à un non-lieu, à une absence de lieu. [. . .] L'‹atopie› pourrait désigner ce type de non-lieu.» Monique Plaza: *Folie et écriture*. Paris: PUF 1986, pp. 118–119.

[21] «[L]'interstice de la jouissance», dice Barthes, «se produit dans le volume des langages, dans l'énonciation, non dans la suite des énoncés». Roland Barthes: *Le plaisir du texte*. Paris: Seuil 1973, p. 21.

[22] Mario Levrero fallece en 2004, antes de que se publique su *Novela luminosa*.

[23] La fórmula es de Helena Corbellini y ha sido retomada muchas veces para hablar del continuo formado por DC, DV y NL. Helena Corbellini: La trilogía luminosa de Mario Levrero. In: *Revista de la Biblioteca Nacional* 3/4–5 (2011), pp. 251–263.

[24] Mario Levrero afirma, en el «Prefacio histórico» a la *Novela luminosa*, haber querido reunir los tres textos en un solo libro. Mario Levrero: *La novela luminosa* [2005]. Barcelona: Penguin Random House 2008, p. 17.

[25] Tres «obras underground» que Laiseca vincula «con la etapa en que [él] vivió underground en [su] vida». Cf. Agustín Vázquez/Juan Millonschick: Entrevista a Alberto Laiseca. In: *Dormir y pedalear* (2012), http://dormirypedalear.blogspot.com/2012/05/entrevista-alberto-laiseca.html (25.1.2019).

misma (1998), *Las aventuras del profesor Eusebio Filigranati* (2003) y *Sí, soy mala poeta pero...* (2006)—. Pese a una heterogeneidad cierta en su propósito y estilo, estos textos exhiben rasgos similares de *líricas desviadas*: a la vez novelas, autoficciones, ensayos teóricos y críticos, y «desvaríos»,[26] se construyen a partir de un *yo* lírico patológicamente ubicuo que, delirando, se va escindiendo, fractalizando, abriendo a Otros, e incluso superando en formas supraindividuales de experiencia. En su modalidad levreriana, el *de/lirio* parte de la escritura diarística como estrategia terapéutica-catártica destinada a curar el *yo* de sus heridas, para posibilitar el *retorno* a la escritura novelística —subsumida en la «Novela luminosa»—; la empresa se ve desviada una y otra vez por interrupciones e irrupciones de las más diversas que, si bien constituyen una fuente de angustia y desesperación para el escritor, le permiten desprenderse de sus enfermedades egoicas para abrirse de nuevo a la relacionalidad: la angustia deja lugar a una inquietud ética, que prefigura el salir de sí mismo del *yo* en la *experiencia luminosa*. En su modalidad laisecana, el *de/lirio* toma la forma de ficciones descabelladas y proliferantes que un *yo* intempestivo y logorreico sigue interrumpiendo con comentarios inter e intratextuales, metaficcionales y autobiográficos. Todopoderoso en los propios relatos, el *yo* lírico que lamenta su pasado de *último orejón del tarro* encuentra en la ficción delirante maneras de *sentirse autorizado*, de reconquistar la *mínima potencia para vivir* que tanto tiempo le ha faltado, y con ella, en base al cuerpo vivo y sus afectos —amor y humor—, la posibilidad de una intersubjetividad auténtica.

1.3 Alcances

Oscilando entre «la esperanza de la construcción de un objeto imposible y la amenaza de que la empresa naufrague en lo irrisorio, en la banalidad de una pura ilusión narcisista»,[27] los *de/lirios* levreriano y laisecano se inscriben productivamente en problemáticas literarias contemporáneas[28] de alcance ontológico, epistemológico y político.

---

26 Mario Levrero: *La novela luminosa*, p. 9.
27 Héctor Libertella: No matar la palabra, no dejarse matar por ella. In: Héctor Libertella (ed.): *Literal 1973–1977*. Buenos Aires: Santiago Arcos 2002, p. 28.
28 Uso el término «contemporáneo» para evitar el de «posmoderno» y no entrar aquí en el debate de si existe la posmodernidad (Jean-François Lyotard, Fredric Jameson) o no (Jürgen Habermas), o de si se puede hablar de posmodernidad en América Latina (Alfonso de Toro) o solo con restricciones (George Yúdice). Cf. Jean-François Lyotard: *La condition postmoderne. Rapport sur le savoir*. Paris: Minuit 1979; George Yúdice: Puede hablarse de postmodernidad en America La-

En su dimensión genérica, el *de/lirio* se despliega en el contexto abundantemente comentado de un «retorno del ‹sujeto›» (Leonor Arfuch),[29] «giro subjetivo»

---

tina?. In: *Revista de Crítica Literaria Latinoamericana* 15/29 (1989), pp. 105–128; Jürgen Habermas: Die Moderne – ein unvollendetes Projekt [1980]. In: *Die Moderne – ein unvollendetes Projekt. Philosophisch-politische Aufsätze, 1977–1990*. Leipzig: Reclam 1990, pp. 32–54; Fredric Jameson: *Postmodernism, or the cultural logic of late capitalism*. Durham: Duke University Press 1991; Alfonso de Toro: Posmodernidad y Latinoamérica. Con un modelo para la narrativa posmoderna. In: *Revista Iberoamericana* LVII/155–156 (1991), pp. 441–467.

Noción ideológicamente menos marcada que la de posmodernidad, la contemporaneidad remite según Lionel Ruffel a una época en la que el «mode d'être au temps» es esencialmente múltiple. Paralelamente al *spatial turn* y a su puesta en evidencia de los determinantes socio-político-ideológicos del espacio, la noción de contemporaneidad cuestiona la existencia de un tiempo universal y lineal —que correspondería, en los términos de Lyotard, al tiempo de los grandes relatos del progreso occidental— para intentar pensar y confrontar temporalidades heterogéneas. La contemporaneidad es ante todo «une synchronisation de temporalités multiples, une cotemporalité». Lionel Ruffel: *Brouhaha. Les mondes du contemporain*. Lagrasse: Verdier 2016, p. 9.

No renunciaré, sin embargo, a hablar de «posmodernidad» cuando sea necesario: el término tiende hacia la ubicuidad en los discursos teóricos y críticos de las últimas décadas – incluso en autores que se encuentran citados en el presente trabajo (recurrentemente en el US-americano Brian McHale, pero también puntualmente en Antoine Compagnon, Francine Masiello o Leonor Arfuch. . .). Para definir la posmodernidad de la manera más general (o menos polémica) posible, sigo a Alfonso de Toro: «Bajo ‹posmodernidad› entendemos un fenómeno histórico-cultural, que aparece después de la ‹modernidad› (ésta va desde 1850–ca. 1960. . ., de Baudelaire a la nueva novela y Nouveau roman) [. . .] Entendemos la posmodernidad no solo como una consecuencia de la modernidad, como una ‹habitualización›, una continuación y culminación de ésta, sino como una actividad de ‹recodificación iluminada, integrativa y pluralista›, que retoma y reconsidera un amplio paradigma, en especial de la cultura occidental, pero no solamente de ésta, con la finalidad de repensar la tradición cultural y de esta forma finalmente abrir un nuevo paradigma, donde se termina con los metadiscursos totalizantes y excluyentes, y se boga por la ‹paralogía›, por el disenso y la cultura del debate». Alfonso de Toro: Posmodernidad y Latinoamérica, p. 443.

Retendremos de la noción de posmodernidad su dimensión fuertemente heterogénea —deja lugar a «formaciones económico-socio-culturales irreductibles a una modernidad monológica»— y las dinámicas de «articulación y transformación» productivas que la caracterizan. George Yúdice: Puede hablarse de posmodernidad en America Latina?, pp. 107, 128. Desde una perspectiva específicamente literaria, se puede así decir que la escritura posmoderna no comparte el afán rupturista de la escritura moderna, sino que, muy al contrario, incluye (confronta entre sí, cuestiona) las prácticas, los temas y las problemáticas desarrolladas en las épocas anteriores. Alfonso de Toro: Posmodernidad y Latinoamérica, pp. 447, 452.

29 Leonor Arfuch: *El espacio biográfico. Dilemas de la subjetividad contemporánea*. Buenos Aires: Fondo de Cultura Económica 2002, p. 19.

(Ana Casas)³⁰ o «giro autobiográfico» (Alberto Giordano)³¹ en la producción literaria de la vuelta del milenio, reflejando el «auge de la cultura del *yo*»³² que caracteriza el capitalismo tardío. Que la omnipresencia del *yo* se vincule, en el *de/lirio*, con la puesta en escena de las múltiples patologías psíquicas que lo aquejan, no es anodino. Según diagnostican varios pensadores contemporáneos,³³ de hecho, la obsesión por el *yo* individual procede directamente de un profundo trastorno en la ontología de nuestra época: reducidos a singularidades monádicas y positivas, los individuos han *forcluido* toda negatividad y se hallan por eso incapaces de reconocerse mutuamente como Otros —entrar en relación dialéctica y dinámica con la negatividad que constituye toda alteridad—. Y ello tiene graves consecuencias psíquicas: la *pasión de la singularidad* que describe Mehdi Belhaj Kacem³⁴ desemboca sobre lo que Byung-Chul Han nombra *infierno de lo mismo*³⁵ o *sociedad del cansancio*³⁶ —Daniel Link habla por su parte de *modernidad apática*—,³⁷ en la cual narcisismo, depresión, angustia y agotamiento son trastornos ubicuos.

El *de/lirio*, según quiero demostrar, se presenta a la vez como síntoma y subversión de esta ontología enferma: pone en juego, sin duda posible, un *yo* hipertrofiado, profundamente disfuncional, que sufre de no tener más que la propia mismidad al horizonte de una existencia ya avanzada, y repite como *disco rayado* —para retomar una fórmula de Alberto Laiseca— los motivos de su angustia, paranoia, narcisismo y obsesiones. Paralelamente, sin embargo, el *de/lirio* trabaja hacia la superación de este solipsismo: las oscilaciones enunciativas que lo caracterizan descentran y dislocan el *yo* monológico, abriéndolo de nuevo a la negatividad del Otro. El *yo de/lirante*, crucialmente, es inseparable de un cuerpo

---

30 Ana Casas: La autoficción en los estudios hispánicos: perspectivas actuales. In: Ana Casas (ed.): *El yo fabulado. Nuevas aproximaciones críticas a la autoficción*. Madrid/Frankfurt: Iberoamericana/Vervuert 2014, p. 13.
31 Alberto Giordano: *El giro autobiográfico de la literatura argentina actual*. Buenos Aires: Mansalva 2008.
32 Julio Prieto: Todo lo que siempre quiso saber sobre la autoficción y nunca se atrevió a preguntar (con una lectura de Mario Levrero). In: *Revista de crítica literaria latinoamericana* XLV/90 (2019), p. 225.
33 Remito aquí a Byung-Chul Han: *Müdigkeitsgesellschaft*. Berlin: Matthes & Seitz 2010; *Agonie des Eros*. Berlin: Matthes & Seitz 2012; Mehdi Belhaj Kacem: *L'algèbre de la tragédie* [2009]. Paris: Léo Scheer 2014; Tristan Garcia: Critique et rémission. In: Mehdi Belhaj Kacem, *L'algèbre de la tragédie*. Paris: Léo Scheer 2014, pp. 245–306. Volveré en detalle sobre el tema en el apartado 2.2.1 de este trabajo.
34 «Passion de la singularité». Mehdi Belhaj Kacem: *L'algèbre de la tragédie*, p. 13.
35 «Hölle des Gleichen». Byung-Chul Han: *Agonie des Eros*, p. 6.
36 Cf. Byung-Chul Han: *Müdigkeitsgesellschaft*.
37 Daniel Link: *Clases. Literatura y disidencia*. Buenos Aires: Norma 2005, p. 279.

envejeciendo, improductivo, vulnerable —un cuerpo que necesita a Otros para (sobre)vivir, física y afectivamente: contrapunto radical al cuerpo disciplinado, funcional y autónomo que circula en el mercado laboral—. Partiendo de un *yo en ruinas* —cito aquí a Mario Levrero—, el *de/lirio* reanuda con la negatividad en tanto «cause évanouissante du procès dialectique»[38] y posibilita así, nuevamente, una relacionalidad auténtica entre *tú* y *yo*, lo Otro y lo Mismo. El amor (erótico), lo veremos, cumple en todo eso un papel clave, al confrontar al individuo con afectos profundamente negativos —el *pathos* de toda *pasión*—: según formula Byung-Chul Han, «Risiko und Wagnis, [. . .] Exzess und Wahnsinn».[39]

En este proceso, el *de/lirio* articula, compila y pone en circulación *saberes sobre el vivir* —según el concepto propuesto por Ottmar Ette—[40] que son también *saberes de supervivencia*[41] en el contexto de la *nuda vida*[42] impuesta por la racionalidad económica del capitalismo tardío. Como se mostrará, tanto el *realismo introspectivo* de Mario Levrero como el *realismo delirante* de Alberto Laiseca vienen a subvertir el *realismo capitalista* imperante.[43] Se inscriben así en una renovación epistémica que Francine Masiello vincula con «la literatura de la post-transición» argentina, pero que cobra resonancia mucho más allá del contexto rioplatense: «Se aprende a sentir nuevamente, a definirse desde el cuerpo, a rechazar la lógica habitual que nos tiene paralizados. A comprender desde otros recursos».[44] El *de/lirio* cobra así un profundo potencial utópico, reivindicando con Eduardo Galeano el «derecho a delirar»: [45]

> ¿Qué tal si deliramos, por un ratito?
> ¿Qué tal si clavamos los ojos más allá de la infamia, para adivinar otro mundo posible?

---

38 Mehdi Belhaj Kacem: *L'algèbre de la tragédie*, p. 17.
39 Byung-Chul Han: *Agonie des Eros*, p. 28.
40 Sobre la noción etteiana de *Lebenswissen*, cf. Ottmar Ette: La filología como ciencia de la vida. Un escrito programático en el año de las humanidades [2007]. Trad. Ute Seydel/Elisabeth Siefer/Sergio Ugalde Quintana. In: Ottmar Ette/Sergio Ugalde Quintana (eds.): *La filología como ciencia de la vida*. México: Universidad Iberoamericana 2015, pp. 9–44; y el apartado 2.3.1 del presente estudio.
41 Ottmar Ette: *ÜberLebenswissen. Die Aufgabe der Philologie*. Berlin: Kulturverlag Kadmos 2004.
42 Sobre el concepto de *bloßes Leben* («nuda vida»), cf. Byung-Chul Han: *Agonie des Eros*, p. 26–39.
43 Cf. Mark Fisher: *Capitalist realism. Is there no alternative?*. Winchester/Washington: 0 Books 2009.
44 Francine Masiello: En los bordes del cráter, p. 102.
45 Eduardo Galeano: El derecho a delirar. 2011, https://www.youtube.com/watch?v=yHzA PeJHZ5c (28.8.2021).

1.4 Método y estructura del estudio

Mi trabajo se estructura en tres partes. En la primera, propongo un acercamiento teórico a la noción de *de/lirio* desde sus dos vertientes —enunciativa-genérica y psicopatológica—. Tras haber definido la noción de «género literario» y esbozado los planteamientos ontológicos, epistémicos y estéticos con los cuales se vincula —del lado de la producción como de la recepción literaria— (2.1.1), deslindo la larga historia de la categoría «lírica», desde su origen *mélica* en la Antigüedad griega, hasta su devenir híbrido en la contemporaneidad. Partiendo del enfoque fenomenológico-lingüístico de Käte Hamburger, y de la dicotomía *Lyrik–Fiktion* que ella propone, me detengo sobre la autobiografía —*Sonderform*, según Hamburger, de la lírica— y sus ramificaciones *autoficcionales* actuales (2.1.2). Luego, siguiendo a Gérard Genette y su replanteamiento del sistema de los géneros literarios en términos de *fiction* y *diction*, abordo el fenómeno que Ottmar Ette nombra *Friktion*: oscilaciones, dentro del texto literario, ya no solo entre lírica y ficción, sino también entre ficción, crítica y teoría literaria —tal como se cristalizan hoy en día en la *metaficción* y su modalidad rioplatense de *ficción crítica*— (2.1.3). Después de haber acotado el marco genérico del *de/lirio*, me acerco a su dimensión psicopatológica: rastreo la rica historia de los vínculos entre literatura y locura en la cultura occidental (2.2.1), para luego evocar la hipótesis —avanzada por Michel Foucault y profundizada por Soshana Felman— de una convergencia entre las dos, en el lugar de lo que resiste a la interpretación (2.2.2). Finalmente, me enfoco en dos paradigmas —*desvío* y *rareza*— que informan la afinidad particular existente entre locura y literatura en el Río de la Plata, problematizando los determinantes (neo/pos/de)coloniales de la creación literaria en la región, y organizando el *disenso* dentro de la racionalidad capitalista imperante (2.2.3).

Las dos partes siguientes se dedican a los *de/lirios* de Mario Levrero (3) y Alberto Laiseca (4), respectivamente. El análisis se estructura en ambos casos de manera similar: me enfoco, en un primer momento, sobre las características de la enunciación en los textos estudiados, y documento las oscilaciones genéricas que producen —entre ficción y lírica, ficción y dicción— (3.1; 4.1). Según Benveniste, «l'énonciation est cette mise en fonctionnement de la langue par un acte individuel d'utilisation [. . .] c'est l'acte même de produire un énoncé et non le texte de l'énoncé».[46] Las modalidades del acto enunciativo están marcadas, en el enunciado, por ciertos elementos a los cuales prestaré una atención

---

[46] Émile Benveniste: L'appareil formel de l'énonciation. In: *Problèmes de linguistique générale*, vol. 2: *1965–1972*. Paris: Gallimard 1974, p. 80.

especial: los pronombres personales, los deícticos espacio-temporales, así como los tiempos verbales.[47] Jakobson insiste, al respecto, en la dualidad de lo que él nombra *shifters* o «conmutadores» enunciativos: *símbolos indexicales*, que tienen a la vez un significado convencional, siempre válido —representan un objeto dado—, y una *relación existencial* con un objeto particular, que depende de cada situación enunciativa.[48] El pronombre *yo*, de manera paradigmática, representa siempre —convencionalmente— al sujeto que habla, a la vez que es indisociable de la persona concreta que dice «yo» —irreductiblemente distinta de todas las otras personas que, al tomar la palabra, también dicen «yo»—.[49] En la enunciación literaria, cuyo carácter mediado (por el texto escrito/impreso) introduce una inevitable labilidad en la relación indexical del *yo* con su(s) objeto(s), ¿quién, exactamente, es este *yo*? Partiendo de esta cuestión, analizo los deslizamientos enunciativos en Levrero y Laiseca, desde un *yo* lírico-autobiográfico de profundo anclaje vivencial, incluso físico (el cuerpo escribiendo), hasta el *yo* que asume/produce la función autor y los *yoes* ficcionales de narradores enmarcados.

En un segundo momento, dejo la estructura enunciativa del texto *de/lirante* para enfocarme sobre el contenido de sus enunciados (3.2; 4.2): los motivos[50] vinculados al desvío, el delirio y la locura —que abarcan muy clásicamente en Laiseca, zombies, sabios locos y demás monstruos; y más sorprendentemente en Levrero, seres y objetos pertenecientes a la esfera íntima/hogareña del diarista (muebles, computadora, mascotas, entre otros)—. Muestro que estos motivos no funcionan de manera autónoma en el texto, sino que se insertan en determinadas

---

47 Ibid., pp. 82–83.
48 «[T]he general meaning of a shifter», escribe el lingüista ruso, «cannot be defined without a reference to the message. [. . .] According to Peirce, a symbol (e.g. the English word *red*) is associated with the represented object by a conventional rule, while an index (e.g. the act of pointing) is in existential relation with the object its represents. Shifters combine both functions and belong therefore to the class of *indexical symbols*». Roman Jakobson: Shifters, verbal categories, and the Russian verb [1957]. In: *Selected writings*, vol. 2: *Word and language*. The Hague: Mouton 1971, pp. 131–132.
49 «[O]n the one hand, the sign *I* cannot represent its object without being associated with the latter ‹by a conventional rule›, and in different codes the same meaning is assigned to different sequences such as *I, ego, ich, ja*, etc.: consequently *I* is a symbol. On the other hand, the sign *I* cannot represent its object without ‹being in existential relation› with this object: the word *I* designating the utterer is existentially related to his utterance, and hence functions as an index». Jakobson concluye: «In language and in the use of language, duplicity plays a cardinal role». Ibid., pp. 132, 133.
50 Según la definición clásica de Kayser: «Das Motiv ist eine sich wiederholende, typische und das heißt also menschlich bedeutungsvolle Situation». Wolfgang Kayser: *Das sprachliche Kunstwerk* [1948]. Tübingen/Basel: Francke [20]1992, p. 60.

tradiciones interpretativas —las cuales, a su vez, empiezan pronto a delirar—: el diarista levreriano, por ejemplo, convoca la cibernética para aclarar las interrupciones que lo siguen angustiando, el psicoanálisis jungiano y la tradición policíaca norteamericana para apuntalar sus delirios de lectura e interpretar sus sueños. Los narradores laisecanos, por su parte, inscriben las peripecias de sus personajes en el marco pre(-e)scrito por tradiciones interpretativas hegemónicas de la modernidad occidental —metafísica, racionalismo, psicoanálisis—, que *carnavalizan*. El *de/lirio*, en este sentido, no se limita a la inestabilidad de las instancias enunciativas, ni al contenido *desviado* de los relatos que producen: contamina también sus discursos metanarrativos/metaficcionales y, por ende, la actividad interpretativa del lector.

Si el *de/lirio* desvía y subvierte los mecanismos tradicionales de producción de sentido, no es para abrazar el sinsentido ni el nihilismo, muy al contrario: ello ofrece solamente el biótopo idóneo para la articulación de *saberes sobre el vivir* heterodoxos, que abordo en el tercer momento de mi análisis (3.3; 4.3). En los diarios de Levrero, muestro cómo el *de/lirio* ofrece el espacio para *ejercicios de calentamiento* que posibilitan, últimamente, la redacción de la «Novela luminosa», a la vez que conforma el *contexto oscuro* necesario al testimonio de las *experiencias luminosas*; dialécticamente, la «Novela luminosa» ilumina, retro y prospectivamente (según veremos, la cronología de la trilogía luminosa es sumamente compleja), lo que se relata en los diarios —en particular, el advenimiento del escritor a la *capacidad de amar* y a la responsabilidad ética que esta conlleva—. En Laiseca, analizo cómo el *de/lirio* permite el despliegue polilógico del *realismo delirante*, una poética idiosincrásica que procesa crítica y catárticamente una realidad sociohistórica muy violenta, a la vez que expone y pone a prueba la cosmovisión neo-nietzscheana del escritor. Estrechamente concatenadas, estas dos líneas significativas convergen en la cuestión de la *humanización del poder*: se trata de conseguir, en base a los afectos vividos desde el cuerpo que son el amor y el humor, una emancipación individual que no implique ninguna subyugación ajena. Según mostraré, la complejidad del *de/lirio* —su superficie de *desvarío* (Levrero) *pésimamente escrito* (Laiseca)— sirve en realidad a una literatura de orientación profundamente comunicativa, a través de la cual el Maestro —escritor maduro y tendencialmente solipsista— compila y comparte con sus discípulxs valiosos *secretos de la vida* (Levrero) o *conocimientos ontológicos* (Laiseca).

2 Nociones preliminares

El *de/lirio* a partir del cual propongo leer a Mario Levrero y Alberto Laiseca articula dos ejes: el primero, una marcada labilidad en la enunciación literaria en primera persona, que desestabiliza el estatuto genérico de los textos, entre *Lyrik*, *Fiktion*, y muchísimas formas híbridas; el segundo, la caracterización de esta primera persona —un *yo* alternativamente y a la vez lírico, autorial, narrador y personaje— dentro de un vasto espectro de patologías mentales (angustia, depresión, esquizofrenia, paranoia, trastornos obsesivos, *delirium tremens*...). Antes de empezar con el análisis textual, quiero contextualizar estos aspectos en su historia respectiva.

2.1 La cuestión genérica: el *de/lirio* como *lírica desviada*

En la propuesta de Käte Hamburger y su replanteamiento *patográfico* por Héctor Libertella, la cuestión de la enunciación literaria está directamente ligada a la cuestión genérica, pues es el estatuto de la primera persona que permite distinguir entre ficción y lírica. «[V]asta paráfrasis de Aristóteles»,[51] la teoría de los géneros literarios se ha desarrollado desde la Antigüedad hasta hoy en «una masa doctrinal irremediablemente prolija»[52] que sería imposible resumir aquí. Más modesto, el objetivo de la sección que sigue es doble: se trata, en primer lugar, de historizar la noción de género literario, los planteamientos ontológicos, epistémicos y estéticos con los cuales se vincula, y destacar su relevancia en la actualidad (2.1.1); en segundo lugar, de acercarnos a la categoría de «lírica» y sus desvíos productivos, recorriendo primero el eje *Lyrik–Fiktion* —según la propuesta de Hamburger— (2.1.2), y luego el eje *fiction–diction* —en el marco más amplio esbozado por Genette— (2.1.3).

2.1.1 Género, genericidad, transgenericidad

Tradicionalmente, la cuestión genérica se plantea en términos ontológicos: tiene que ver con el ser de la obra literaria, con su modo de existencia en el

---

[51] Miguel A. Garrido Gallardo: Estudio preliminar. In: Miguel A. Garrido Gallardo (ed.): *Teoría de los géneros literarios*. Madrid: Arco/Libros 1988, p. 9.
[52] Antonio García Berrio/Javier Huerta Calvo: *Los géneros literarios: sistema e historia*. Madrid: Cátedra 1992, p. 17.

orden de lo real y así, últimamente, con el estatuto ontológico de la literatura en su conjunto. Según señala Jean-Marie Schaeffer,

> La véritable raison de l'importance accordée par la critique littéraire à la question du statut des classifications réside dans le fait que, de manière massive depuis deux siècles, mais de manière plus souterraine depuis Aristote déjà, la question de savoir ce qu'est un genre littéraire [. . .] est censée être identique à la question de savoir ce qu'est la littérature.[53]

Así, la *Poética* de Aristóteles —la primera gran teoría de los géneros literarios y la más influyente hasta hoy— es ante todo una ontología. En ella, la *poiesis* o creación literaria se equipara completamente con la *mimesis* o imitación de lo real;[54] los géneros —*eidè* en griego, o sea «especies»— solo definen el objeto (alto/bajo), la forma (el tipo de metro empleado) y la modalidad enunciativa (narración/actuación) de esta imitación.[55] Si bien la clasificación aristotélica ha permanecido operativa durante siglos, y hasta la fecha pocos teóricos han conseguido proponer alternativas convincentes,[56] no deja de ser problemática: no solo porque escamotea completamente la lírica —Gérard Genette habla del «silence massif de la *Poétique* sur les genres lyriques»—,[57] sino también porque refleja, en su autor, tres enfoques heterogéneos. Según apunta Jean-Marie Schaeffer, Aristóteles adopta a la vez una actitud esencialista que le permite trabajar la noción de género como paradigma biológico, inscrito en el orden de la naturaleza; una actitud descriptiva-analítica para identificar los sustratos psicológicos, históricos y estructurales de las categorías de género; y una actitud normativa para determinar lo que pertenece o no a cada género.[58] Esta confusión en las mismas premisas de la teoría genérica no es propia de Aristóteles, sino que se encuentra también en los trabajos de todos sus sucesores: hasta a Hegel, gran sistematizador, se le reprocha su incoherencia en la materia.[59] Tales dificultades reflejan, por lo menos hasta finales del siglo XIX, las tensio-

---

[53] Jean-Marie Schaeffer: *Qu'est-ce qu'un genre littéraire?*. Paris: Seuil 1989, p. 8.
[54] Käte Hamburger: *Die Logik der Dichtung*, p. 32; Gérard Genette: Géneros, tipos, modos. In: Miguel A. Garrido Gallardo (ed.): *Teoría de los géneros literarios*. Madrid: Arco/Libros 1988, p. 199; Gustavo Guerrero: *Teorías de la lírica*. México: Fondo de cultura económica 1998, p. 29; Antoine Compagnon: *Théorie de la littérature: la notion de genre*. Cours de licence LLM 316 F2. Paris: Université de Paris IV-Sorbonne 2001, http://www.fabula.org/compagnon/genre.php (4.7.2021), cap. 4.
[55] Miguel A. Garrido Gallardo: Estudio preliminar, p. 13.
[56] Jean-Marie Schaeffer: *Qu'est-ce qu'un genre littéraire?*, p. 63.
[57] Gérard Genette: *Introduction à l'architexte*. Paris: Seuil 1979, p. 13.
[58] Jean-Marie Schaeffer: *Qu'est-ce qu'un genre littéraire?*, pp. 13–24.
[59] Ibid., p. 39; Antoine Compagnon: *La notion de genre*, cap. 7.

nes irreductibles que atraviesan el hecho genérico, entre *physis* y *nomos*, entre el orden de la naturaleza y el de la cultura, entre descripción de lo que es y prescripción de lo que debe ser.[60]

En el siglo XX, teóricos y pensadores intentan salir del callejón conceptual y sustraerse a lo que Juan Goytisolo nombra «la tiranía conceptual de los géneros»[61] para pensar la obra literaria fuera de ellos. En un pasaje muy comentado de *Le livre à venir* (1959), Maurice Blanchot rechaza así la idea de que la obra literaria deba conformarse a una esencia predeterminada; «l'essence de la littérature», escribe, «c'est d'échapper à toute détermination essentielle, à toute affirmation qui la stabilise ou même la réalise: elle n'est jamais déjà là, elle est toujours a retrouver ou à réinventer».[62] En este sentido,

> Seul importe le livre, tel qu'il est, loin des genres, en dehors des rubriques, prose, poésie, roman, témoignage, sous lesquelles il refuse de se ranger et auxquelles il dénie le pouvoir de lui fixer sa place et de déterminer sa forme. Un livre n'appartient plus à un genre, tout livre relève de la seule littérature, comme si celle-ci détenait par avance, dans leur généralité, les secrets et les formules qui permettent seuls de donner à ce qui s'écrit réalité de livre.[63]

Jacques Derrida, con su concepto de *diseminación*, reivindica por su parte «l'impossibilité de réduire un texte comme tel à ses effets de sens, de contenu, de thèse ou de thème», por lo cual toda clasificación genérica se vuelve obsoleta.[64] Otra propuesta es formulada por Gilles Deleuze y Félix Guattari con el concepto de libro-*rizoma*: un conjunto de mesetas o «région[s] continue[s] d'intensité»[65] atravesado por «des lignes de déterritorialisation par lesquelles il fuit sans cesse», que pone en tela de juicio la «tripartition entre un champ de réalité, le monde, un champ de représentation, le livre, et un champ de subjectivité, l'auteur».[66]

Al abandonarse de poco a poco la perspectiva ontológica sobre las categorías de género, se ha reafirmado de manera unánime su valor heurístico.[67] Los

---

60 Claudio Guillén: *Literature as system. Essays toward the theory of literary history*. Princeton: Princeton University Press 1971, p. 63; Bernard E. Rolling: Naturaleza, convención y teoría del género. In: Miguel A. Garrido Gallardo (ed.): *Teoría de los géneros literarios*. Madrid: Arco/Libros 1988, p. 142; Gérard Genette: Géneros, tipos, modos, p. 231.
61 Juan Goytisolo: *Disidencias*. Barcelona/Caracas/México: Seix Barral 1978, p. 174.
62 Maurice Blanchot: Où va la littérature. In: *Le livre à venir*. Paris: Gallimard 1959, p. 244.
63 Ibid., pp. 243–244.
64 Jacques Derrida: *La dissémination*. Paris: Seuil 1972, p. 14.
65 Gilles Deleuze/Félix Guattari: *Rhizome*. Paris: Minuit 1976, p. 34.
66 Ibid., p. 16.
67 Miguel A. Garrido Gallardo: Estudio preliminar, p. 20; Gérard Genette: Géneros, tipos, modos, p. 213; Antoine Compagnon: *Le démon de la théorie. Littérature et sens commun*. Paris: Seuil 1998, pp. 167–168; Antoine Compagnon: *La notion de genre*, cap. 13; Northrop Frye: *Ana-*

aportes de nuevas disciplinas —lingüística, semiótica, estética de la recepción, etc.— han revelado el papel decisivo del género tanto del lado de la producción literaria —lo que Claudio Guillén nombra «the endlessly complex process of artistic creation»—[68] como del lado de la recepción —en la configuración de lo que Jauss ha descrito como el *horizonte de expectaciones* del lector[69] y en la canonización eventual de la obra dentro de la institución literaria—.[70]

«[C]odification historiquement attestée de propriétés discursives»[71] —para citar la definición concisa de Todorov—, el género ya no tiene mucho que ver con los *eidè* aristotélicos. Ya no se entiende en términos ontológicos, sino como categoría históricamente determinada que permite analizar los procesos de creación y recepción de la obra literaria. Para Genette, el género pertenece así al *architexto* en tanto «ensemble des catégories générales, ou transcendantes — types de discours, modes d'énonciation, genres littéraires, etc. — dont relève chaque texte singulier».[72] Para definir las varias funciones heurísticas de las categorías genéricas, Jean-Marie Schaeffer propone una serie de distinciones muy útiles:

- entre el *género* «en tanto que categoría de clasificación retrospectiva» y la *genericidad* «en tanto que función textual» que relaciona un texto a su género;[73]
- entre la genericidad de la obra literaria como *acto comunicacional* —caracterizado por su modo de enunciación, su destinatario y el objetivo que se

---

tomy of criticism. Four essays [1957]. In: *The collected works of Northrop Frye*, vol. 22. Ed. Robert D. Denham. Toronto/Buffalo/London: University of Toronto Press 2006, p. 229.
68 Claudio Guillén: *Literature as system*, p. 62.
69 «[E]l sistema verificable de las expectaciones [. . .] se determina, para cada obra en el momento histórico de su publicación, por la tradición de su género, por la forma y materia de las obras anteriores más conocidas [. . .]». Hans-Robert Jauss: La historia literaria como desafío a la ciencia literaria. In: *La actual ciencia literaria alemana. Seis estudios sobre el texto y su ambiente*. Trad. Hans Ulrich Gumbrecht/Gustavo Domínguez León. Salamanca: Anaya 1971, p. 74. Cf. también Alastair Fowler: *Kinds of literature. An introduction to the theory of genres and modes*. Oxford: Oxford University Press 1982, p. 37; Wolf-Dieter Stempel: Aspectos genéricos de la recepción. In: Miguel A. Garrido Gallardo (ed.): *Teoría de los géneros literarios*. Madrid: Arco/Libros 1988, p. 241; Antonio García Berrio/Javier Huerta Calvo: *Los géneros literarios*, pp. 57, 134.
70 Alastair Fowler: Género y canon literario. In: Miguel A. Garrido Gallardo (ed.): *Teoría de los géneros literarios*. Madrid: Arco/Libros 1988, p. 100.
71 Tzvetan Todorov: L'origine des genres. In: *Les genres du discours*. Paris: Seuil 1978, p. 51.
72 Gérard Genette: *Palimpsestes. La littérature au second degré*. Paris: Seuil 1982, p. 11. Cf. también Gérard Genette: *Introduction à l'architexte*.
73 Jean-Marie Schaeffer: Del texto al género. Notas sobre la problemática genérica. In: Miguel A. Garrido Gallardo (ed.): *Teoría de los géneros literarios*. Madrid: Arco/Libros 1988, p. 174.

da—, y como *acto discursivo realizado* —determinado por sus propiedades semánticas y sintácticas (temas, motivos, estructura)—;[74]
- finalmente, en el eje temporal, entre un *régimen autorial* —«homócrono», o sea pertinente en un punto único en el tiempo, el de la génesis del texto— y un *régimen lectorial* —«heterócrono», o sea reactualizado y reconfigurado en cada fase de la recepción del texto— de genericidad.[75]

Con estas distinciones —la última en particular—, Jean-Marie Schaeffer resalta un hecho clave: la obra literaria nunca encaja perfectamente con el género en el que surge; la relación de genericidad es fundamentalmente dialéctica. El género desempeña, por un lado, un papel clave en la génesis de la obra, suministrando de manera consciente o inconsciente en el autor[76] una matriz de convenciones formales y temáticas a partir de la cual la nueva obra puede tomar forma: «A genre is a model» —escribe Claudio Guillén— «and a convenient model to boot; an invitation to the actual writing of a work, on the basis of certain principles of composition».[77] Pero la obra finalizada, aun inscrita explícitamente por su autor en una tradición genérica (*genericidad autorial*), nunca es una mera actualización de las propiedades que esta prescribe: es la «distancia estética» entre la obra y su género la que condiciona su literariedad;[78] la obra que retoma sin ninguna innovación lo prescrito por su categoría genérica deja el ámbito de la literatura para el del entretenimiento popular o del ejercicio escolar. En este sentido, cada nueva obra literaria opera una retroacción transformadora sobre su género:[79] «A genre is always the same and yet not the same, always old and new simultaneously», resume Bajtín;[80] «le système des genres est gouverné par une force d'inertie (qui tend à assurer une continuité facilitant la communication), et par une force de changement (une littérature n'étant vivante que dans la mesure où elle transforme l'attente des lecteurs)», abunda Philippe Lejeune.[81]

---

74 Jean-Marie Schaeffer: *Qu'est-ce qu'un genre littéraire?*, pp. 81–115.
75 Ibid., pp. 148–151.
76 «[T]he poet's intention to produce a poem normally includes the genre, the intention of producing a specific kind of verbal structure». Northrop Frye: *Anatomy of criticism*, p. 229. Cf. también las observaciones de Mijaíl Bajtín a propósito de la tradición carnavalesca en Dostoyevski, in: Michael Holquist: *Dialogism. Bakhtin and his world* [1990]. London/New York: Routledge ²2002, p. 129.
77 Claudio Guillén: *Literature as system*, p. 72.
78 Hans-Robert Jauss: La historia literaria como desafío, p. 77.
79 Jean-Marie Schaeffer: Del texto al género, p. 172.
80 Michael Holquist: *Dialogism*, p. 126.
81 Philippe Lejeune: *Le pacte autobiographique* [1975]. Paris: Seuil 1996, p. 311.

Eso explica que la *genericidad lectorial* —o sea la relación que une la obra a su género desde el punto de vista de la recepción— se encuentre en reconfiguración constante a lo largo de la historia: no solo porque los rasgos genéricos pertinentes para la recepción de la obra son susceptibles de cambios sustanciales a través del tiempo,[82] sino también porque cada nueva unidad en el corpus genérico modifica el conjunto de esos rasgos. De carácter dinámico y múltiple, la genericidad se puede así definir, según sugiere Derrida, como una relación de participación más que de pertenencia estática: «[u]n texte ne saurait appartenir à aucun genre. Tout texte participe d'un ou de plusieurs genres, il n'y a pas de texte sans genre, il y a toujours du genre et des genres mais cette participation n'est jamais une appartenance».[83]

Este último punto nos lleva a la relevancia particular de la cuestión genérica en la actualidad. Lo que se ha recibido como literatura posmoderna se caracteriza, más que nunca, por la transgresión de las fronteras tradicionales entre los géneros[84] —incluyendo, en este movimiento, géneros «populares» comúnmente más rígidos (la ciencia-ficción, la novela policial, la llamada literatura *de género*)—. Crucialmente, el fenómeno no desactiva la pertinencia de las categorías genéricas, pues según apunta Todorov,

> Que l'œuvre «désobéisse» à son genre ne rend pas celui-ci inexistant; on est tenté de dire au contraire. [. . .] D'abord parce que la transgression, pour exister comme telle, a besoin d'une loi —qui sera précisément transgressée. On pourrait aller plus loin: la norme ne devient visible —ne vit— que grâce à ses transgressions:[85]

Ahora bien: la *transgenericidad* —que Roberto Ferro define como «conjunto de procesos de desplazamiento, apropiación y entrecruzamiento»[86] genéricos— se vincula con una puesta en tela de juicio de la literatura como institución y como mercado, pues según señala Antoine Compagnon, «[l]e système des genres est une institution sociale et idéologique: c'est un système de valeurs

---

[82] Remito a la demostración de Schaeffer sobre la novela picaresca en España y en Francia: Jean-Marie Schaeffer: *Qu'est-ce qu'un genre littéraire?*, pp. 139–140.
[83] Jacques Derrida: La loi du genre. In: *Parages*. Paris: Galilée, p. 264.
[84] Brian McHale: *Postmodernist fiction*. Cambridge: Cambridge University Press 1987, p. 172; Antonio García Berrio/Javier Huerta Calvo: *Los géneros literarios*, p. 13.
[85] Tzvetan Todorov: L'origine des genres, 45–46.
[86] Roberto Ferro: El concepto de transgenericidad en el sistema literario latinoamericano. Géneros, poéticas, lenguajes y archivos en la cultura de los siglos XX y XXI. In: *VIII Congreso Internacional Orbis Tertius de Teoría y Crítica Literaria, mayo de 2012, La Plata*, http://sedici.unlp.edu.ar/handle/10915/29833 (5.7.2021).

et de normes»;[87] el cual, apunta Juan José Saer, «denota el carácter del producto, y le asegura de antemano al lector, es decir al comprador, que ciertas convenciones de legibilidad y de representación serán respetadas».[88] La transgenericidad amplía y multiplica las distancias estéticas jaussianas de tal manera que la atribución genérica resulta imposible, y la lectura considerablemente dificultada. En su devenir *ilegible*,[89] la obra resiste a la canonización crítica tanto como a la comodificación sobre el mercado literario. Estamos aquí frente a un gesto de marginalización programada, que se puede destacar como primer rasgo clave del *de/lirio*.

De manera muy interesante, la transgenericidad reanuda también con la antigua cuestión de la ontología literaria, replanteada en la contemporaneidad con particular urgencia. Mientras que, en el paradigma clásico, los géneros configuran distintas modalidades de la *mímesis* de lo real en la obra literaria, la transgenericidad cuestiona, en su misma base, lo que se acepta como «lo real». En su análisis de la ficción posmoderna anglosajona, Brian McHale muestra cómo la transgenericidad explora «[w]hat happens when different kinds of worlds are placed in confrontation, or when boundaries between worlds are violated».[90] Lo ilustra de manera muy convincente con el ejemplo del relato histórico apócrifo: al yuxtaponer la estructura sintáctica y el contenido semántico de la narrativa histórica —coordenadas espacio-temporales, nombres de personalidades reales, estrategias evidenciales[91] propias del discurso científico, etc.— con elementos obviamente contrafactuales, no solo se desbarata rápidamente como apócrifo, sino también, por un fenómeno de contagio, llega a cuestionar la autenticidad de lo que se construye en ello como referente histórico «real». «One of the thrusts of postmodernist revisionist history» —comenta McHale— «is to call into question the reliability of the official history. The postmodernists fictionalize history, but by doing so they imply that history itself

---

87 Antoine Compagnon: *La notion de genre*, cap. 13. Cf. también: Antonio García Berrio/Javier Huerta Calvo: *Los géneros literarios*, p. 58; Philippe Lejeune: *Le pacte autobiographique*, p. 311.
88 Juan José Saer: La novela. In: *El concepto de ficción*. Buenos Aires: Seix Barral 2014 [1997], p. 123.
89 Sobre poéticas de lo ilegible, cf. Julio Prieto: Sobre ilegibilidad y malas escrituras en Hispanoamérica. In: *Ínsula: revista de letras y ciencias humanas* 777 (Ejemplar dedicado a: Malas escrituras) (2011), pp. 2–4; Julio Prieto: *La escritura errante. Ilegibilidad y políticas del estilo en Latinoamérica*. Madrid/Frankfurt: Iberoamericana/Vervuert 2016.
90 Brian McHale: *Postmodernist fiction*, p. 10.
91 La evidencialidad es una categoría lingüística que se refiere a «the ways in which a speaker qualifies a statement by referring to the source of the information». John Saeed: *Semantics*. Oxford: Blackwell 1997, p. 133.

may be a form of fiction».⁹² Esto correspondería a un segundo rasgo clave del *de/lirio*: la profunda desestabilización ontológica que provoca; el cuestionamiento radical que abre, desde el texto literario, sobre lo (que se considera como) real.

Así pues, la noción de *de/lirio* atañe a prácticas transgenéricas hoy en día bien conocidas. Se centra, sin embargo, en los textos de Mario Levrero y Alberto Laiseca, en dos ejes principales, que nos toca ahora examinar más detenidamente.

2.1.2 Lírica–ficción

La lírica no siempre ha tenido un lugar destacado en el sistema de los géneros literarios, mucho menos asociada a un «signo difuso de lo subjetivo», «vinculada desde siempre a la enunciación personal del poeta».⁹³ Fernando Cabo Aseguinolaza habla al respecto de una «idea recibida a propósito del carácter efusivo, personal, que caracteriza a esta forma literaria», que «ha llevado una y otra vez a dar por sentada su relación directa con el sujeto hablando».⁹⁴ La lírica se caracteriza en realidad, en la historia literaria occidental, por un estatuto definitorio muy inestable. Según muestra Gustavo Guerrero, de hecho, su posición en la canónica tríada épica-lírica-dramática —erróneamente atribuida a Platón y Aristóteles— ha sido en buena parte fantaseada retrospectivamente por los Románticos.⁹⁵ Originariamente, la lírica no es un género literario sino musical: «tradición básicamente oral»,⁹⁶ el *melos* se define en Platón como «un compuesto formado de palabra (*logos*), armonía (*àrmonia*) y ritmo (*ruthmos*)»⁹⁷ que cristaliza «una práctica artística performativa»,⁹⁸ social y ritualizada. Precisamente por eso, el *melos* es —más aún que otras formas de poesía— objeto de la sospecha platónica: «ritmos y armonías tienen el poder de engendrar el delirio y desencadenar las fuerzas irracionales».⁹⁹ Si bien la *Poética* aristotélica

---

92 Brian McHale: *Postmodernist fiction*, p. 96.
93 Gustavo Guerrero: *Teorías de la lírica*, p. 7.
94 Fernando Cabo Aseguinolaza: Entre Narciso y Filomena. Enunciación y lenguaje poético. In: Fernando Cabo Aseguinolaza/Germán Gullón (eds.): *Teoría del poema. La enunciación lírica*. Amsterdam: Rodopi 1998, pp. 12–13.
95 Gustavo Guerrero: *Teorías de la lírica*, p. 8.
96 Ibid., p. 19.
97 Ibid., p. 17.
98 Ibid., p. 21.
99 Ibid., p. 23.

rehabilita la poesía en tanto *mimèsis* susceptible de ser «el vehículo cognoscitivo de una verdad general» y así mediatizar un conocimiento universal de lo real,[100] no menciona del todo los *melè* ni cualquier otra forma proto-lírica. Es solo siglos más tarde, con Horacio, que se reivindica la legitimidad del *lyricus vates* en términos cívicos y religiosos: la lírica se afirma como «un tipo de poesía que no sólo es inspirada [por las Musas] sino que, además, es *utile urbi*, ya que modela el carácter de la juventud y obtiene para la ciudad el favor de los dioses».[101]

Así, demuestra Gustavo Guerrero, «la idea que la poesía lírica corresponde a un tipo de enunciación reservada al poeta parece [. . .] completamente ajena al pensamiento antiguo».[102] A lo largo del Renacimiento, el principio de la *imitatio veterum* confiere a las obras antiguas un papel estructurante en la teorización de los géneros literarios.[103] Entre las numerosas —e interesantísimas— *malas lecturas* de Aristóteles y Horacio que florecen en esta época, la de Minturno en *De poeta* (1559) es particularmente feliz, pues introduce por primera vez la famosa tríada épica-lírica-dramática.[104] Ni Minturno ni sus coetáneos, sin embargo, consiguen establecer criterios definitorios unitarios para la lírica: coexisten en los tratados de la época el criterio performativo-situacional —el canto, el acompañamiento musical—, el abanico temático —de la alabanza horaciana de los Dioses y hombres valiosos hacia la celebración petrarquista del amor—, así como la modalidad enunciativa y el tipo de metro. Decididos a hacer caber la poesía lírica en la categoría aristotélica de *mímesis*, los teóricos se enfrentan con dos problemas: «Por un lado», escribe Gustavo Guerrero, «un problema de orden de representación que toca a la categoría aristotélica del objeto (*ha*) y a la imitación de acción (*mimèsis praxeos*); por otro, un problema de tipo enunciativo vinculado a la categoría del modo (*hôs*) y al estatuto elocutivo del poeta lírico».[105]

Poco a poco, sin embargo, se va imponiendo la idea de que la lírica *imita* «los afectos y las pasiones del alma»,[106] desde lo que se empieza a conceptualizar como la subjetividad del poeta.[107] En el segundo canto de su *Art poétique* (1674), Boileau asocia así las formas líricas (elegía, oda. . .) a la expresión de

---

100 Ibid., p. 30.
101 Ibid., p. 50.
102 Ibid., p. 56.
103 Ibid., p. 62.
104 Ibid., pp. 80–82.
105 Ibid., p. 139.
106 Ibid., p. 192.
107 Ibid., p. 184.

un sentimiento real en el poeta: «pour bien exprimer ces caprices heureux, / C'est peu d'être poëte, il faut être amoureux».[108] Si el enfoque mimético —la noción de que la lírica *imita* sentimientos y afectos— permanece central hasta bien avanzado el siglo XVIII,[109] da progresivamente lugar, en la época prerromántica, a lo que Fernando Cabo Aseguinolaza nombra «una poética afectivo-expresiva»[110] en la cual la lírica afirma su carácter no-mimético de poesía «inflamada por el entusiasmo» (Goethe)[111] —*expresión* de un sujeto más que *representación* de un objeto–. En sus *Vorlesungen über die Ästhetik* (1835–1838), Hegel consagra la lírica como *producto de la fantasía subjetiva* del poeta:[112] «Ihr Inhalt ist das Subjektive, die innere Welt, das betrachtende, empfindende Gemüt, das [. . .] bei sich als Innerlichkeit stehenbleibt und sich deshalb auch das Sichaussprechen des Subjekts zur einzigen Form und zum letzten Ziel nehmen kann».[113]

Pero al establecerse un vinculo estrecho entre lírica y expresión subjetiva, pronto se cuestiona la relación entre lírica —en la acepción romántica del término— y poesía. Para Mallarmé y los Simbolistas, por ejemplo, la poesía es la expresión de un ser mucho más profundo que el de la consciencia individual;[114] se ha de renunciar al lirismo para dejar el poema ser su propio sujeto, y así acceder a lo que Paul Valéry nombró *poésie pure*, ubicada «entre le vide et l'événement pur».[115] Fernando Cabo Aseguinolaza deslinda así dos tradiciones líricas muy distintas en la modernidad occidental: una «concepción solipsística de la expresión lírica», que él asocia con la figura de Narciso en tanto «emblema de la autocomplacencia ensimismada y destructiva» pero también «de la extrañeza fatal ante la imagen propia»; a la cual se opone «el afán por una expresividad

---

108 Nicolas Boileau: *Art poétique* [1674]. Paris: Imprimerie générale 1872, https://fr.wiki source.org/wiki/Boileau_-_%C5%92uvres_po%C3%A9tiques/L%E2%80%99Art_po%C3%A9tique (7.7.2021).
109 Por ejemplo en Charles Batteux, quien afirma en *Les Beaux-Arts réduits à un même principe* (1746) que «la poésie lyrique est toute consacrée aux sentiments; c'est sa matière, son objet essentiel». In: Gérard Genette: *Introduction à l'architexte*, p. 37. Sobre Batteux, cf. también Gustavo Guerrero: *Teorías de la lírica*, pp. 193–196.
110 Fernando Cabo Aseguinolaza: Entre Narciso y Filomela, p. 28.
111 Antonio García Berrio/Javier Huerta Calvo: *Los géneros literarios*, p. 121.
112 «[D]as lyrische Kunstwerk als Produkt der subjektiven Phantasie». Georg Wilhelm Friedrich Hegel: *Vorlesungen über die Ästhetik III*. In: *Werke*, vol. 15. Eds. Eva Moldenhauer/Karl Markus Michel. Frankfurt am Main: Suhrkamp 1986, p. 438.
113 Georg Wilhelm Friedrich Hegel: *Vorlesungen über die Ästhetik III*, p. 322.
114 Cf. Roger Bellet: *Mallarmé. L'encre et le ciel*. Seyssel: Champ Vallon 1987, p. 29.
115 Paul Valéry: Le cimetière marin [1920]. In: *Œuvres*, vol. 1: *Poésies. Mélanges. Variété*. Ed. Jean Hytier. Paris: Gallimard/Bibliothèque de La Pléiade 1957, p. 149.

pura, ajena a lo conceptual, desprendida de lo enunciativo y del *yo* poético tradicional», que vincula con el mito de Filomela.[116] Es sin duda en la segunda línea que se inscriben los poetas más influyentes del siglo XX. Fernando Cabo Aseguinolaza cita al respecto el siguiente pasaje de «La deshumanización del arte» de Ortega y Gasset:

> ¿Qué puede hacer [. . .] el pobre rostro del hombre que oficia de poeta? Sólo una cosa: desaparecer, volatilizarse y quedar convertido en una pura voz anónima que sostiene en el aire las palabras, verdaderas protagonistas de la empresa lírica. Esa pura voz anónima, mero substrato acústico del verso, es la voz del poeta, que sabe aislarse de su hombre circundante.[117]

La desconfianza hacia la expresión de la subjetividad del autor en su obra se refuerza, más allá de la sola poesía, en todos los ámbitos de la creación literaria, y en particular en lo que atañe a la novela. Reanudando con el reproche clásico —la expresión lírica puede ser el soporte de un egotismo trivial y vano—,[118] autores y críticos reivindican la expulsión radical del autor de la obra literaria. Vincent Colonna destaca la importancia de este *prejuicio antibiográfico*[119] en la tradición literaria occidental de los siglos XIX-XX, citando a Flaubert, Proust, Bajtín y Blanchot; este último sostiene así en *L'Entretien infini* (1969) que «l'auteur ne doit pas intervenir, parce que [. . .] l'œuvre d'art existe toute seule, chose irréelle, dans le monde hors du monde, il faut la laisser libre, supprimer les étais, couper les amarres, pour la maintenir dans son statut d'objet imaginaire. . .».[120] La lírica —ya no asociada a la poesía sino a toda forma de proyección del *yo* individual en la obra literaria— es un «mauvais genre»,[121] un *género de mal gusto*.

Con el aporte de Käte Hamburger (1957), sin embargo, la noción experimenta un nuevo giro. En su acercamiento fenomenológico-lingüístico a los géneros literarios, Hamburger advierte que la lírica, a diferencia de la épica o del drama, no representa ningún mundo ficticio —«das Faktum [. . .], dass erzählende und dramatische Dichtung uns das Erlebnis der Fiktion oder der Nicht-Wirklichkeit vermittelt, während dies bei der lyrischen Dichtung nicht der Fall

---

116 Fernando Cabo Aseguinolaza: Entre Narciso y Filomela, pp. 19–20.
117 Ibid., p. 23.
118 Remito otra vez a Boileau: *Art poétique*, canto 2, v. 46–49: «Je hais ces vains auteurs dont la muse forcée / M'entretient de ses feux, toujours froide et glacée ; / Qui s'affligent par art, et, fous de sens rassis, / S'érigent pour rimer en amoureux transis».
119 Vincent Colonna: *Autofiction & autres mythomanies littéraires*. Auch: Tristram 2004, p. 107.
120 In: Vincent Colonna: *Autofiction*, p. 109.
121 Ibid., p. 108.

ist»—.¹²² Remite este fenómeno, no a un supuesto contenido «psicológico» de la lírica, sino al estatuto lógico de la enunciación literaria en ella; a partir de este criterio, llega a diferenciar la *Fiktion*, género mimético, de la *Lyrik*, género existencial. En la *Fiktion*, el *yo*-origen de la enunciación corresponde a una instancia ficticia y los enunciados se hallan enteramente centrados sobre su objeto — un objeto ficcional, o sea irreal, pero que imita lo real—.¹²³ En la *Lyrik* en cambio, el foco está puesto en el sujeto de la enunciación, el *yo* lírico (*lyrisches Ich*), caracterizado por su identidad lógica con el *yo* del poeta «real» (*Dichter-Ich*).¹²⁴ Pero esta identidad lógica —punto clave— no corresponde a una identidad psicológica: nunca se puede determinar precisamente en qué medida lo expresado en el poema remite a una experiencia real del poeta. Por eso, la obra lírica se sustrae a toda interpretación o elucidación definitiva:

> Das lyrische Gedicht ist eine offene logische Struktur, weil es durch ein echtes Aussage-Ich konstituiert ist, von dem wir nie entscheiden können, ob und wieweit es mit dem Dichter-Ich identisch ist: und dies bedeutet, daß jedes lyrische Gedicht sich restloser Deutung entzieht, deutungsoffen ist.¹²⁵

Así redefinida, la lírica extiende su dominio mucho más allá de la poesía para abarcar todos los enunciados que se formulan desde un sujeto real, y se centran en la experiencia de este sujeto; en otras palabras, son líricos los enunciados que

> in sich selbst zurückziehen, sich nicht mehr auf das Objekt richten, sondern sich aufeinander zuordnen, gerichtet, geordnet nun vom Subjektpol der Aussage her, ganz einbezogen in dessen Erlebnis und von ihm durchtränkt, dem freien, d. i. vom Zwecke der Objektaussage freien Aussage-Ich, das sich nicht mehr um die objektive Richtigkeit und Wahrheit der beschriebenen Wirklichkeit, um eine wahrheitsgetreue Wirklichkeitsaussage zu kümmern braucht, sondern nur noch um sich selbst, nur noch darum, sein Erlebnis vom Objekt so erlebnisgetreu wie möglich zu gestalten.¹²⁶

Eso le permite a Käte Hamburger definir la narrativa en primera persona (autobiografía, memorias, etc.) como una forma especial (*Sonderform*) de la lírica, en que los enunciados no solo se centran en la experiencia del *yo* que los formula, sino también en los objetos de dicha experiencia «in ihrer ihnen eigenen Objektivität und Besonderheit».¹²⁷ La autobiografía es así, para Hamburger, una

---

122 Käte Hamburger: *Die Logik der Dichtung*, p. 3.
123 Ibid., p. 6.
124 «[D]as lyrische Aussagesubjekt [ist] identisch mit dem Dichter». Ibid., p. 186.
125 Ibid., p. 187.
126 Ibid., p. 165.
127 Ibid., p. 228.

forma lírica que *tiende* hacia la épica,[128] o sea «eine existentielle Dichtungsart im episch-fiktionalen Raum».[129] La inclusión de esas *Sonderformen* es sin duda un aspecto muy interesante de la teoría genérica de Hamburger: apuntan ya al desarrollo del *de/lirio* como imposibilidad, para la enunciación, de permanecer en el «cauce» prescrito por un género dado. En los textos de nuestros autores, dos *Sonderformen* de la lírica toman una importancia particular: la autobiografía —o diario, en su forma simultánea— y la autoficción (o *metalepsis*).

En *Le pacte autobiographique* (1975), Philippe Lejeune constata, como Käte Hamburger, que la autobiografía se escribe desde un sujeto enunciador real. Pero el *yo autobiográfico* no es un *yo lírico*: su identidad con el *yo* del autor no es solo lógica, sino también psicológica y vivencial, porque la autobiografía es un género contractual[130] basado en un «pacto» que establece (implícita o explícitamente) la identidad entre autor, narrador y protagonista principal;[131] esta identidad se materializa, últimamente, en el valor deíctico-referencial del nombre propio inscrito sobre la tapa del libro. Así pues, a diferencia de la lírica, la autobiografía no es abierta a una infinidad de interpretaciones: a través del pacto autobiográfico, se afirma como *texto referencial* que pretende «apporter une information sur une ‹réalité› extérieure au texte, et donc se soumettre à une épreuve de vérification».[132] Ahora bien, observa Lejeune, si el pacto de referencialidad es indisociable del pacto autobiográfico, ponerlo a prueba es, en la mayor parte de los casos, imposible.

> Si donc l'autobiographie se définit par quelque chose d'extérieur au texte, ce n'est pas en deçà, par une invérifiable ressemblance avec une personne, mais au-delà, par le type de lecture qu'elle engendre, la créance qu'elle sécrète, et qui se donne à lire dans le texte critique.[133]

En su ensayo «Autobiography as de-facement» (1979), Paul de Man advierte también que la distinción entre autobiografía y ficción es indecidible desde el texto mismo: es la lectura que hace el *momento autobiográfico*. Eso le lleva a definir la autobiografía no como un género, sino como una *figura* de lectura en la cual autor y lector se co-crean:

> Autobiography, then, is not a genre or a mode, but a figure of reading or of understanding that occurs, to some degree, in all texts. The autobiographical moment happens as an alignment between the two subjects involved in the process of reading in which they de-

---

128 Ibid.
129 Ibid., p. 240.
130 Philippe Lejeune: *Le pacte autobiographique*, p. 44.
131 Ibid., p. 26.
132 Ibid.
133 Ibid., p. 46.

termine each other by mutual reflexive substitution. The structure implies differentiation as well as similarity, since both depend on a substitutive exchange that constitutes the subject.[134]

De Man asocia este proceso de *substitución tropológica* a la prosopopeia: «Prosopopeia is the trope of autobiography, by which one's name [...] is made as intelligible and memorable as a face. Our topic deals with the giving and taking away of faces, with face and deface, *figure*, figuration and disfiguration».[135] La autobiografía, entonces, no corresponde a una suma de datos objetiv(ad)os sobre la vida del escritor, sino a un movimiento dialéctico de encubrimiento y desvelamiento del sujeto de la escritura/de la lectura en tanto *figura*. La redefinición retórica-pragmática de la autobiografía que opera de Man implica, últimamente, la imposibilidad de la autobiografía tal como la conciben Hamburger y Lejeune: «just as we seem to assert that all texts are autobiographical, we should say that, by the same token, none of them is or can be».[136]

La noción de que el estatuto enunciativo y referencial de la autobiografía es fundamentalmente indecidible abre sin embargo, para el autor, un vasto campo de *juego al escondite* (McHale),[137] con prácticas elaboradas de «mitomanía literaria»[138] (Colonna) que ya se han constituido en categoría genérica propia: la autoficción.[139] Serge Doubrovsky, inventor del término, define este tipo de variaciones entre la autobiografía y la ficción como una «fiction d'événements et de faits strictement réels»;[140] Vincent Colonna evoca por su parte:

> [t]ous les composés littéraires où un écrivain s'enrôle sous son nom propre (ou un dérivé indiscutable) dans une histoire qui présente les caractéristiques de la fiction, que ce soit par un contenu irréel, par une conformation conventionnelle (le roman, la comédie) ou par un contrat passé avec le lecteur.[141]

Como en la autobiografía, el nombre propio del autor desempeña en la autoficción un papel central, estableciendo una relación de identidad entre autor, na-

---

134 Paul de Man: Autobiography as de-facement [1979]. In: *The rhetoric of romanticism*. New York: Columbia University Press 1984, p. 70.
135 Ibid., p. 76.
136 Ibid., p. 70.
137 «Autobiography plays hide-and-seek with us». Brian McHale: *Postmodernist fiction*, p. 207.
138 Vincent Colonna: *Autofiction*, p. 13.
139 Gérard Genette prefiere el término, originariamente retórico, de «metalepsis». Gérard Genette: *Métalepse*. Paris: Seuil 2004. Philippe Gasparini, si bien reconoce que el término de «autoficción» se ha impuesto en el vocabulario crítico, elige hablar de «autonarración». Philippe Gasparini: *Autofiction. Une aventure du langage*. Paris: Seuil 2008, pp. 310, 321.
140 Serge Doubrovsky: *Fils*. Paris: Galilée 1977, «prière d'insérer».
141 Vincent Colonna: *Autofiction*, pp. 70–71.

rrador y protagonista del relato; como en la autobiografía, la referencialidad de los enunciados —la *factualidad* de su contenido— permanece indecidible. Pero en lo que Manual Alberca nombra el «pacto ambiguo»[142] de la autoficción, el autor-narrador-protagonista no se compromete a ser veraz —no promete la *seriedad* de su acto ilocutorio— sino que asume decididamente producir lo que Marie Darrieussecq describe como un «patchwork» de enunciados factuales y ficticios.[143] Elabora Darrieussecq:

> La différence fondamentale entre l'autobiographie et l'autofiction est justement que cette dernière va volontairement assumer cette impossible réduction de l'autobiographie à l'énoncé de réalité, à l'énoncé biographique scientifique, historique, clinique, bref — assumer cette impossible sincérité ou objectivité et intégrer la part de brouillage et de fiction due en particulier à l'inconscient [. . .] l'autofiction demande à être crue *et* demande à être non crue; [. . .] l'autofiction est une assertion qui se dit feinte et qui *dans le même temps* se dit sérieuse.[144]

No solo una categoría literaria, sino también, según Philippe Gasparini, «un symptôme, un produit et un résonateur de l'époque»,[145] la autoficción ha tenido un éxito considerable a la vuelta del siglo XX, cristalizando lo que se ha descrito como «retorno del ‹sujeto›» (Arfuch),[146] «giro autobiográfico» (Giordano)[147] o «giro subjetivo» (Casas).[148] No sin suscitar críticas: Gérard Genette no duda en hablar de «surenchère médiatico-commerciale» al respecto;[149] Ricardo Piglia (vía su *alter ego* Emilio Renzi) de «superstición»;[150] mientras que César Aira se irrita con la dimensión autocomplaciente del fenómeno:

> Los novelistas [están] infatuados con sus propias vidas, contentos y satisfechos con sus destinos y su lugar en el mundo. Al perder el motivo para evadirse, se les hace innecesario el espacio por donde hacerlo, y sólo les queda el tiempo, la más deprimente de las categorías mentales. [. . .] Podríamos preguntarnos cómo es posible que sus vidas hayan llegado a ser tan satisfactorias como para hacer irresistible el deseo de contarlas.[151]

---

142 Manuel Alberca: *El pacto ambiguo. De la novela autobiográfica a la autoficción*. Madrid: Biblioteca Nueva 2007.
143 Marie Darrieussecq: L'autofiction, un genre pas sérieux. In: *Poétique* 107 (1996), p. 377.
144 Ibid.
145 Philippe Gasparini: *Autofiction*, p. 322.
146 Leonor Arfuch: *El espacio biográfico*, p. 19.
147 Alberto Giordano: *El giro autobiográfico*.
148 Ana Casas: La autoficción en los estudios hispánicos, p. 13.
149 Gérard Genette: *Métalepse*, p. 104.
150 Ricardo Piglia: *Los diarios de Emilio Renzi*, vol. 2: *Los años felices*. Barcelona: Anagrama 2016, p. 8.
151 César Aira: Evasión. In: *Evasión y otros ensayos*. Barcelona: Random House 2017, pp. 23–24.

El hecho es que la autoficción se ha desarrollado hacia formas muy diversas, de las cuales las obras de Piglia y Aira no escapan.[152] Vincent Colonna describe no menos de cuatro subtipos de autoficción, según el rol que asume el autor-narrador-personaje en ella. Cerca de la autobiografía tradicional, encontramos la autoficción biográfica[153] y la autoficción fantástica:[154] ambas formas ponen en juego la identidad autor-narrador-personaje, pero las peripecias relatadas son (parcialmente) ficticias —permanezcan dentro de lo verosímil (variante biográfica) o no del todo (variante fantástica)—. En la autoficción especular o autorial, en cambio, las instancias autor, narrador y personaje ya no se superponen integralmente, y el relato no se centra sobre ellas: el autor interviene en la diégesis en calidad de personaje, «dans un coin de son œuvre, qui réfléchit alors sa présence comme le ferait un miroir».[155] En el caso de la autoficción autorial o *intrusiva*, por último, el autor se expresa a través del (o de un) narrador, fuera de la diégesis, a propósito de su actividad de narrador: «Dans cette ‹intrusion d'auteur›, le narrateur harangue son lecteur, se porte caution des faits relatés ou les contredit, raccorde deux épisodes ou s'égare dans une digression; portant à l'existence une ‹voix› solitaire et sans corps, parallèle à l'histoire».[156] Esta última categoría corresponde exactamente a lo que Genette llama «métalepse d'auteur» —el autor-narrador se narra a sí mismo, «entre son propre univers vécu, extradiégétique par définition, et celui, intradiégétique, de sa fiction»—;[157] Vera Toro, Sabine Schlickers y Ana Luengo proponen por su parte el término de «auto(r)ficción».[158] De particular relevancia para nuestro estudio, esta categoría pone el énfasis en un

---

152 Sobre Piglia, cf. José Manuel González Álvarez: *En los «bordes fluidos»: formas híbridas y autoficción en la escritura de Ricardo Piglia*. Bern: Peter Lang 2009. En cuanto a Aira, Julio Prieto señala en su narrativa «la inscripción de ‹verdades› autobiográficas (datos en principio verificables acerca del escritor argentino César Aira y su círculo de experiencia), lo que crea un efecto de duplicidad discursiva». Julio Prieto: *De la sombrología. Seis comienzos en busca de Macedonio Fernández*. Madrid: Iberoamericana 2010, p. 111. Cf. también Patricio Pron: De qué hablamos cuando hablamos de autor: la autoficción de César Aira en *Cómo me hice monja*. In: Vera Toro/Sabine Schlickers/Ana Luengo (eds.): *La obsesión del yo. La auto(r)ficción en la literatura española y latinoamericana*. Madrid/Frankfurt: Iberoamericana/Vervuert 2010, pp. 111–122.
153 Vincent Colonna: *Autofiction*, pp. 93 y siguientes.
154 Ibid., pp. 75 y siguientes.
155 Ibid., p. 119.
156 Ibid., p. 134.
157 Gérard Genette: *Métalepse*, p. 31.
158 Vera Toro/Sabine Schlickers/Ana Luengo: Introducción. In: Vera Toro/Sabine Schlickers/Ana Luengo (eds.): *La obsesión del yo. La auto(r)ficción en la literatura española y latinoamericana*. Madrid/Frankfurt: Iberoamericana/Vervuert 2010, p. 19.

aspecto clave de toda autoficción: su tendencia, escribe Gasparini, a «problématiser le rapport entre l'écriture et l'expérience»[159] a través de una intensa actividad metadiscursiva.

Llegamos así a un segundo eje del *de/lirio*, que vincula la ficción con el metadiscurso, o sea la crítica: será el objeto de la sección que sigue. Concluimos, por el momento, sobre el eje lírica-ficción que acabamos de explorar. Las formas autobiográficas y autoficcionales se destacan ante todo por la profunda desestabilización ontológica que producen: según Brian McHale, la autobiografía —más aun la autoficción— «functio[n] as a distinct ontological level, a world to be juxtaposed with the fictional world, and thus as a tool for foregrounding ontological boundaries and tensions».[160] Con la referencialidad parcial, intermitente, o incierta que introduce el nombre propio del autor en tanto sujeto *real* de la enunciación en el relato ficticio, se rompe el *efecto de real*[161] —o *ilusión referencial*— permitido normalmente en la ficción por la invisibilización del *yo*-origen de la enunciación y el énfasis sobre el polo-objeto del enunciado; al revés, la introducción de elementos obviamente ficticios en enunciados líricos —regidos por la identificación lógica (Hamburger) y/o contractual (Lejeune) entre el *yo* de la enunciación y el *yo* real del escritor, y centrados ante todo sobre la experiencia de este *yo*— desbarata por completo su referencialidad existencial. La autoficción, apunta en este sentido Genette, se ubica de por sí en el ámbito de lo fantástico,[162] porque transgrede la frontera ontológica entre ficción y realidad. Del mismo movimiento, problematiza el estatuto ontológico de la obra como creación de su autor: «The level of the fictional world and the ontological level occupied by the author as maker of the fictional world collapse together; the result is something like a short circuit of the ontological structure»,[163] señala McHale. Es también lo que Genette destaca en su definición de la metalepsis, hablando de «manipulation de cette relation causale particulière qui unit, dans un sens ou dans l'autre, l'auteur à son œuvre».[164] Según Ana Casas, de hecho:

> La narrativa autoficcional problematiza uno de los conceptos más controvertidos en torno a la construcción textual de la identidad: el de la autoría, ya que, al subrayar de un modo contradictorio la semejanza y la diferencia entre el autor real y su representación

---

159 Philippe Gasparini: *Autofiction*, p. 311.
160 Brian McHale: *Postmodernist fiction*, p. 203.
161 Cf. Roland Barthes: L'effet de réel [1968]. In: *Le bruissement de la langue*. Paris: Seuil 1984, pp. 167-174.
162 Gérard Genette: *Métalepse*, p. 25. Cabe observar que, siguiendo a Genette, la categoría de «autoficción fantástica» que propone Colonna se vuelve redundante.
163 Brian McHale: *Postmodernist fiction*, p. 213.
164 Gérard Genette: *Métalepse*, p. 14.

literaria, niega y afirma a la vez la relación del texto con su referente o, lo que es lo mismo, la relación de lo ficticio con lo real.¹⁶⁵

Por un lado, la autoficción resalta la referencialidad del *yo* enunciador, tiende a superponerlo con el autor en tanto persona real, identificable precisamente en ámbito extradiegético. Pone de relieve, en este sentido, una relación de causalidad inmediata entre autor y texto que resulta tanto más difícil de aprehender, para nosotros lectores contemporáneos, que nuestras categorías narratológicas suelen separar radicalmente el autor del narrador,¹⁶⁶ que el autor incluso se ha proclamado *muerto*¹⁶⁷ y reducido a una simple *función* textual.¹⁶⁸ Pero paralelamente, la autoficción va revelando como ficción el mismo *yo* cuya referencialidad parece afirmar. Argumenta Julio Prieto:

> La «autoficción», en cuanto «ficción del *yo*», encierra una productiva polisemia, en la medida en que puede entenderse a la vez como genitivo sujetivo y objetivo —i.e., «ficción» del *yo* puede entenderse como la «ficción que el *yo* produce o enuncia» y como «la ficción que el *yo es*»—. [. . .] Llamaríamos autoficción, entonces, a la toma de conciencia y a la puesta en texto de esta dialéctica: al momento en que el *yo* toma conciencia de sí como ficción [. . .].¹⁶⁹

---

165 Ana Casas: La construcción del discurso autoficcional: procedimientos y estrategias. In: Vera Toro/Sabine Schlickers/Ana Luengo (eds.): *La obsesión del yo. La auto(r)ficción en la literatura española y latinoamericana*. Madrid/Frankfurt: Iberoamericana/Vervuert 2010, p. 193.
166 Vincent Colonna: *Autofiction*, pp. 139–140.
167 Sobre la muerte del autor, cf. Roland Barthes: La mort de l'auteur [1968]. In: *Le bruissement de la langue*. Paris: Seuil 1984, pp. 61–67.
168 Michel Foucault: Qu'est-ce qu'un auteur? [1969]. In: *Dits et écrits, 1954–1988*, vol. 1: *1954–1969*. Eds. Daniel Defert/François Ewald. Paris: Gallimard 1994, pp. 789–820. Esta función abarca cuatro características: 1) se trata de una forma de apropiación; 2) que no se ejerce de manera universal ni constante sino que depende de la época y del tipo de texto —hoy en día, «les textes ‹littéraires› ne peuvent plus être reçus que dotés de la fonction auteur». 3) No es la atribución espontánea de un discurso a un individuo, sino que resulta de una operación compleja —el autor se construye, en tanto «être de raison», desde el texto y su lectura (contingente, determinada)—: «ce qui dans l'individu est désigné comme auteur [. . .] n'est que la projection, dans des termes plus ou moins psychologisants, du traitement que l'on fait subir au texte, des rapprochements qu'on opère, des traits qu'on établit comme pertinents». 4) Esta construcción se realiza a partir de ciertos signos lingüísticos contenidos en el texto (pronombres, adverbios, etc.) que remiten a su autor, pero solo desde la distancia prescrita, justamente, por la función-autor: «On sait bien que dans un roman [. . .] le pronom de la première personne, le présent de l'indicatif, les signes de la localisation ne renvoient jamais exactement à l'écrivain, ni au moment où il écrit ni au geste même de son écriture; mais à un alter-ego dont la distance à l'écrivain peut être plus ou moins grande et varier au cours même de l'œuvre. Il serait tout aussi faux de chercher l'auteur du côté de l'écrivain réel que du côté de ce locuteur fictif ; la fonction-auteur s'effectue dans la scission même – dans ce partage et cette distance. [. . .] tous les discours qui sont pourvus de la fonction-auteur comportent cette pluralité d'ego». Ibid., pp. 799–802.
169 Julio Prieto: Todo lo que siempre quiso saber sobre la autoficción, pp. 224–225.

Por esta vertiente, el *yo* del autor-narrador-personaje no preexiste al texto autoficcional, sino que se construye en él como ficción. En la nomenclatura de Hamburger, diríamos que la escritura autoficcional abre una brecha en el polo sujeto del enunciado lírico, socava su unidad (mono)lógica para reintroducir un espacio de multiplicidad dialógica en ella. La autoficción en tanto *Sonderform* lírica ya no solo corresponde a un fenómeno de oscilaciones entre polo objeto y polo sujeto del enunciado, sino a un proceso de (de) y (re)construcción ficticia del polo sujeto. Del texto lírico tradicionalmente concebido como expresión de «the individual communing with himself» (Northrop Frye),[170] pasamos en la autoficción a la reivindicación de que «uno nunca es uno, nunca es el mismo [. . .] [no] exist[e] una unidad concéntrica llamada el *yo*, [ni se puede] sintetizar en una forma pronominal llamada *Yo* los múltiples modos de ser de un sujeto» (Ricardo Piglia).[171] Asumiendo la no-identidad del *yo* consigo mismo, la autoficción permite reanudar con un proyecto ético-poético que Carlos Piera define como el «conseguir ser otro sin dejar de ser yo»,[172] y que se vincula con la metamorfosis: «el cambio a algo que contradice lo que se era; todo cambio de categoría básica, en la ontología de que se trate, es una metamorfosis, y es esta contradictoriedad la que distingue (dentro de la ontología en cuestión) metamorfosis de evolución, desarrollo o sus contrarios involutivos».[173] El *de/lirio* lírico-ficcional se puede así concebir —muy cerca de la propuesta *patográfica* de Héctor Libertella que se presentó en introducción—, como un espacio de *metamorfosis* del *yo* ubicado más allá de las constricciones lógicas.

2.1.3 Ficción–dicción

Vimos que toda autoficción tiene de por sí una fuerte dimensión metaficcional: «la autoficción», escribe Julio Prieto, «es un procedimiento narrativo directamente ligado a la metaficción, a la reflexión sobre la subjetividad tanto como a la autoconsciencia crítica del lenguaje y de los mecanismos retóricos del texto».[174] Al oscilar entre polo objeto y polo sujeto del enunciado, al interrogar ambos polos —el sujeto de la enunciación y el contenido del enunciado— en su estatuto ontológico, de hecho, la autoficción revela su carácter lingüísticamente mediado

---

[170] Northrop Frye: *Anatomy of criticism*, p. 231.
[171] Ricardo Piglia: *Los años felices*, p. 8.
[172] Carlos Piera: La decadencia de la metamorfosis. In: *Contrariedades del sujeto*. Madrid: Visor 1993, p. 35.
[173] Ibid., p. 36.
[174] Julio Prieto: Todo lo que siempre quiso saber sobre la autoficción, p. 232.

e inevitablemente llega a cuestionar los parámetros —retóricos, narrativos o estilísticos— de esta mediación. La autoficción contiene así una fuerte densidad de enunciados metaficcionales (o metapoéticos, o metadiscursivos)[175] que, movilizando la función metalingüística del lenguaje —su capacidad de producir enunciados sobre sí mismo—,[176] se toman a sí mismo como objetos para reflexionar sobre el propio funcionamiento. En el *de/lirio*, sin embargo, la actividad metadiscursiva va más allá de la reflexividad inherente a la autoficción: en Levrero como en Laiseca, se integran en el tejido lírico-ficcional múltiples instancias de lo que Genette define como metatextualidad o relación crítica de un texto a otro:[177] citas, alusiones y comentarios críticos sobre otros textos, ya sea del propio autor o de otros escritores. Este fenómeno constituye un segundo eje de *de/lirio* que cabe ahora acotar.

Tradicionalmente, el texto crítico o metatexto toma a otros textos (o se toma a sí mismo) como objeto de análisis y conocimiento. Esta definición corresponde a la etimología de la palabra «crítica»: *criticar*, del griego κρίνω, separar, decidir, juzgar.[178] En sus gestos fundamentales —según enumera Jean Starobinski: la conservación y valoración de los textos, su restitución para el lector a lo largo de la historia, su interpretación y comentario—,[179] la crítica corresponde a una práctica objetivante que postula una relación de exterioridad entre el crítico y el texto: parece poco compatible con las oscilaciones del *de/lirio* entre polo objeto y polo sujeto, entre la salida del enunciado hacia su objeto ficcional y el repliegue que opera sobre la experiencia del sujeto enunciador.

Ahora bien: en la época contemporánea, señala Nicolás Rosa, «el concepto de crítica como juicio valorativo y estimativo se ha disuelto, progresivamente reemplazado por los de lectura, interpretación, entrada, con el intento de desti-

---

[174] Julio Prieto: Todo lo que siempre quiso saber sobre la autoficción, p. 232.
[175] Dado las reflexiones ya extensamente desarrolladas sobre el estatuto ficcional —o no— del texto *de/lirante*, no vamos a distinguir aquí de manera estricta entre metaficción, metapoesía y metadiscurso.
[176] Roman Jakobson: The speech event and the functions of language. In: *On language*. Eds. Linda R. Waugh/Monique Monville-Burston. Cambridge/London: Harvard University Press 1990, pp. 75–76.
[177] «[L]a relation, on dit plus couramment de «commentaire», qui unit un texte à un autre texte dont il parle, sans nécessairement le citer (le convoquer) [. . .]. C'est, par excellence, la relation critique». Gérard Genette: *Palimpsestes*, p. 10.
[178] «*skribh-*. Cortar, separar, distinguir. [. . .] Gr. κρίνω: separar, decidir, juzgar -> crisis, criterio, crítica». Edward A. Roberts/Bárbara Pastor: *Diccionario etimológico indoeuropeo de la lengua española* [1996]. Madrid: Alianza 2009, p. 162.
[179] Jean Starobinski: Sur les gestes fondamentaux de la critique [1972]. In: *Les approches du sens. Essais sur la critique*. Genève: La Dogana 2013, pp. 122–152.

tuir una crítica positivista, unitaria y dogmática».[180] Al centrar la práctica crítica sobre la lectura, esta se redefine en el marco de una experiencia subjetiva. Es el punto de vista de Antoine Compagnon: «Par critique littéraire, j'entends un discours sur les œuvres littéraires qui met l'accent sur l'expérience de la lecture, qui décrit, interprète, évalue le sens et l'effet que les œuvres ont sur les (bons) lecteurs».[181] De hecho, la lectura es una etapa irreductible en todo acercamiento *crítico* al objeto literario: pese al *New criticism* y a su condena de la *affective fallacy*;[182] pese también a la narratología post-estructuralista francesa, que ve en el lector una mera función textual,[183] «[i]l ne saurait y avoir d'accès immédiat, pur, au livre».[184] La tarea crítica, por la naturaleza misma de su objeto, no puede prescindir de la subjetividad del crítico —de su *experiencia* de lector—. Y de ahí a concebir la crítica como «una especie de autobiografía de lecturas» (Eduardo Grüner)[185] solo hay un paso. En las famosas palabras de Ricardo Piglia, así: «En cuanto a la crítica, pienso que es una de las formas modernas de la autobiografía [. . .] El crítico es aquel que reconstruye su vida en el interior de los textos que lee».[186]

Tal redefinición de la práctica crítica plantea cuestiones obvias en cuanto al estatuto epistémico de la interpretación literaria que pretende fundar: ¿habrá que renunciar a todo horizonte de universalidad para limitarse a la descripción de una experiencia subjetiva? La aspiración a la universalidad —por lo menos a cierta *com*prensión *com*partida, intersubjetiva— es parte integrante de la crítica en tanto, precisamente, intento para exceder la simple experiencia de lectura (para pensarla, discutirla, etc.). Esta cuestión toma una importancia todavía más destacada en el discurso teórico —crítica de la crítica, *metacrítica* —,[187] que ya no se centra en una experiencia de lectura particular, sino que se propone construir un conocimiento válido de la literatura en general: «Faire de la théorie de la littérature, c'est s'intéresser à la littérature en général, d'un point de vue qui vise à

---

180 Nicolás Rosa: Veinte años después o la «novela familiar» de la crítica literaria. In: Nicolás Rosa (ed.): *Políticas de la crítica. Historia de la crítica literaria en la Argentina*. Buenos Aires: Biblos 1999, p. 322.
181 Antoine Compagnon: *Le démon de la théorie*, p. 20.
182 Ibid., p. 151.
183 Ibid., p. 152.
184 Ibid., p. 153.
185 Alberto Giordano: *Modos del ensayo. De Borges a Piglia*. Rosario: Beatriz Viterbo 2005, p. 223.
186 Ricardo Piglia: La lectura de la ficción [1984]. In: *Crítica y ficción. Entrevistas*. Buenos Aires: Siglo Veinte 1990, pp. 17–18.
187 Antoine Compagnon: *Le démon de la théorie*, p. 19.

l'universel».[188] Aspiración a lo universal, por un lado, e irreductible subjetividad, por otro lado: tensión constitutiva de los metadiscursos literarios. En una conferencia de 1939, Paul Valéry hacía así, a propósito de la teoría, la misma observación que Ricardo Piglia sobre la crítica literaria: «En vérité, il n'est pas de théorie qui ne soit un fragment, soigneusement préparé, de quelque autobiographie».[189] En este sentido, según afirma tajantemente George Steiner, el uso del término científico de «teoría» en el campo literario es inapropiado:

> There are no «theories of literature», there is no «theory of criticism». Such tags are arrogant bluff, or a borrowing, transparent in its pathos, from the enviable fortunes and forward motion of science and technology. [. . .] What we do have are reasoned descriptions of processes. At very best, we find and seek, in turn, to articulate narrations of felt experience, heuristic or exemplary notations of work in progress. These have no «scientific» status.[190]

Esta tensión, propia tanto de la teoría como de la crítica, entre objetividad y subjetividad se origina en la especificidad del «objeto» literario —irreductiblemente distinto de los que se dan los discursos científicos—. En las palabras de Jean Starobinski:

> Comme subjectivité en acte, la littérature refuse de se laisser réduire à un objet de connaissance, même s'il est vrai que la forme dans laquelle l'écrivain s'est exprimé ou dépassé prend sous nos yeux une sorte de matérialité objective. L'élan générateur de l'œuvre, à l'origine, est une énergie libre, et c'est à la même liberté qu'en appelle la pensée appliquée à réviser les méthodes et les fins de la science.[191]

Por eso, sostiene Roland Barthes, «une subjectivité systématisée [. . .] a plus de chances, peut-être, d'approcher l'objet littéraire, qu'une objectivité inculte, aveugle sur elle-même et s'abritant derrière la lettre comme derrière une nature».[192] Precisa Alberto Giordano, siguiendo a Barthes:

> Se trata de reivindicar, contra el imaginario de objetividad que exige el saber, «una cierta subjetividad». «Subjetividad del no-sujeto» —la llama Barthes—, que nada tiene que ver con el impresionismo. Subjetividad incierta, equívoca, extraña a los juegos de la función autor; subjetividad insistente, irreductible, que la generalidad de ningún saber puede aplastar.[193]

---

188 Ibid., p. 18.
189 Paul Valéry: Poésie et pensée abstraite [1939]. In: Œuvres, vol. 1: Poésies. Mélanges. Variété. Ed. Jean Hytier. Paris: Gallimard/Bibliothèque de La Pléiade 1957, p. 1320.
190 George Steiner: *After Babel. Aspects of language and translation* [1975]. Oxford/New York: Oxford University Press ³1998, xvi (el énfasis es mío).
191 Jean Starobinski: Les directions nouvelles de la recherche critique [1965]. In: *Les approches du sens. Essais sur la critique*. Genève: La Dogana 2013, p. 43.
192 Roland Barthes: *Critique et vérité*. Paris: Seuil 1966, p. 69.
193 Alberto Giordano: *Modos del ensayo*, p. 243.

La crítica es, como la literatura misma, *subjetividad en acto*: se ha de desarrollar en una relación de participación y no de exterioridad hacia su «objeto». Otro gran lector de Barthes, el filólogo alemán Ottmar Ette, propone repotenciar la vigencia epistémica del discurso crítico y teórico sobre literatura en tanto es capaz de «transformar los fragmentos de saber sobre el vivir [al. *Lebenswissen*] encontrados en la literatura en formas propias de saber y, como consecuencia, de mantenerlas a disposición para el futuro».[194] Esta es, para Ette, la *tarea de la filología*,[195] que le permite participar en el potencial prospectivo, utópico de la literatura. Es justamente por el carácter «apegad[o] a la vida»[196] del *Lebenswissen* contenido en el texto literario y articulado por la filología, por la «muy aguda consciencia autorreflexiva del carácter provisional, modelable y optimizable de tal saber»,[197] que mantiene su legitimidad frente a la hegemonía epistémica de las *ciencias de la vida*:[198] la filología sigue la lógica propia (*Eigen-Logik*)[199] de la literatura, que siempre es plural, polilógica (*viellogisch*).[200]

En la contemporaneidad rioplatense que nos ocupa, esta *literariedad* polilógica de la crítica y de la teoría literaria se ha afirmado de manera singular, a través de lo que Nicolás Rosa ha nombrado la «ficción crítica, rama de la así llamada 'ciencia ficción'».[201] Inaugurada por Ricardo Piglia y Héctor Libertella, este híbrido genérico se caracteriza por una configuración «quiasmática»:

> no es sólo el cruce entre lo ficcional y lo teórico sino también entre lo ficcional y lo crítico y entre lo argumentativo y lo explicativo, en suma, la organización de un «argumento de tesis» literaria en boca de los personajes (Piglia) o «en las palabras de la historia que se cuenta» (Libertella).[202]

Contrario a lo que sugiere Rosa, si bien Libertella y Piglia son sin duda «[los] gran[des] practicante[s] de las ficciones teóricas y los ensayos ficcionales en la literatura argentina actual»,[203] no son los fundadores del género: la ficción crítica caracteriza en realidad toda una tradición rioplatense, que se fue desarro-

---

194 Ottmar Ette: La filología como ciencia de la vida, pp. 26–27.
195 Cf. Ottmar Ette: *ÜberLebenswissen*.
196 Ottmar Ette: La filología como ciencia de la vida, p. 40.
197 Ibid., p. 16.
198 Ibid., pp. 13–15.
199 Wolfgang Asholt/Ottmar Ette: Einleitung. In: Wolfgang Asholt/Ottmar Ette (eds.): *Literaturwissenschaft als Lebenswissenschaft. Programm – Projekte – Perspektiven*. Tübingen: Narr 2010, p. 9.
200 Cf. Ottmar Ette: *Viellogische Philologie. Die Literaturen der Welt und das Beispiel einer transarealen peruanischen Literatur*. Berlin: Walter Frey 2013.
201 Nicolás Rosa: Veinte años después o la «novela familiar» de la crítica literaria, p. 340.
202 Ibid., p. 341.
203 José Manuel González Álvarez: *En los «bordes fluidos»*, p. 44.

llando y enriqueciendo de las vanguardias históricas hasta hoy. Julio Prieto ubica así sus orígenes en el diálogo entre Borges y Macedonio Fernández, que ensayaron por primera vez una escritura en «el ‹entremedio› del discurso literario y filosófico»,[204] «‹en viaje› entre filosofía y literatura».[205] En este tipo de «nomadismo discursivo»,[206] se podría decir —en los términos de Hamburger— que los enunciados oscilan, por una parte, entre un polo sujeto real (autorial) y su disolución en la enunciación ficcional y, por otra parte, entre un doble polo objeto: el texto en sí, pensándose a sí mismo como texto, y su contenido.

En realidad, la dicotomía *lírica–ficción* propuesta por Käte Hamburger ya no alcanza para describir este segundo eje de *de/lirio* —continuación y extensión del primero—, que vincula la autobiografía en tanto *Sonderform* lírica, la crítica y teoría literaria, y la ficción. Más productivas resultan aquí las categorías de *ficción* y *dicción* que propone Gérard Genette. El campo literario, advierte el teórico francés, se extiende mucho más allá de la ficción (épica o dramática) y de la lírica: de hecho, «échappe à leur double prise le domaine fort considérable de [. . .] la littérature non fictionnelle en prose: Histoire, éloquence, essai, autobiographie, par exemple».[207] Para elaborar un sistema genérico más inclusivo, Genette adopta una perspectiva ya no fenomenológica (como la de Hamburger) sino estética, fijándose no en las modalidades enunciativas de las obras sino en sus *modos de literariedad* —las maneras con que se establecen como textos literarios—. Identifica así dos categorías genéricas centrales: la primera, la *ficción*, se constituye a partir de un criterio temático —que atañe al contenido de la obra— y funciona en régimen *constitutivo* —es decir que su vigencia es garantizada convencionalmente—: «Est littérature de fiction celle qui s'impose essentiellement par le caractère imaginaire de ses objets».[208] La segunda categoría, la *dicción*, remite a un criterio remático de literariedad —que atañe a la forma de la obra—: «[Est] littérature de diction celle qui s'impose essentiellement par ses caractéristiques formelles».[209] Puede funcionar en régimen tan constitutivo —en el caso de la poesía— como condicional («qui relève d'une appréciation esthétique subjective et toujours révocable»)[210] —en el caso de la prosa no ficcional—. En la dicción de régi-

---

204 Julio Prieto: *De la sombrología*, p. 10.
205 Ibid., p. 50.
206 Ibid., p. 33.
207 Gérard Genette: *Fiction et diction*. Paris: Seuil 1991, p. 26. Ya lo habían advertido, en la Antigüedad, teóricos como Quintiliano, quien propuso una cuarta categoría —la didáctica— para clasificar la historia, la filosofía y la oratoria. Antonio García Berrio/Javier Huerta Calvo: *Los géneros literarios*, p. 104.
208 Gérard Genette: *Fiction et diction*, p. 31.
209 Ibid.
210 Ibid., p. 8.

men condicional, lo decisivo es la apreciación subjetiva que hace el lector de la obra literaria, a partir de ciertas características formales: los casos de Paul Valéry leyendo el *Discurso del método* como una celebración egotista[211] o de Ricardo Piglia viendo en los textos de Freud «el folletín de la clase media»[212] demuestran la productividad del enfoque. La literatura de dicción marca así el triunfo de la genericidad lectorial, subjetiva y por eso plural, sobre la genericidad autorial: «la littérarité d'un texte non-fictionnel ou non-poétique —par exemple, d'un texte critique— ne dépend pas essentiellement de l'intention de son auteur, mais bien de l'attention de son lecteur».[213] Desde estas premisas, la literatura no es sino un *modo de leer*: la idea tiene en el Río de la Plata una larga historia que Piglia hace remontar, mucho antes de Genette, a Gombrowicz y Borges:

> La disposición a leer poéticamente, según Gombrowicz, es lo que constituye como poético a un texto. Borges dice algo parecido en esos años. En un texto de 1952 sobre la metáfora, incluido en *Historia de la eternidad*, escribe: «He sospechado siempre que la distinción radical entre la poesía y la prosa se encuentra en la diferente expectativa del que lee». [. . .] La literatura es un modo de leer, ese modo de leer es histórico y es social, y se modifica.[214]

Crucialmente, la categoría de *dicción* proporciona un marco para pensar el estatuto literario de los numerosos metatextos que se encuentran en los textos *de/lirantes* de Levrero y Laiseca: afirmando con Starobinski que «la réflexion critique surgit avec la littérature elle-même et respire du même souffle»,[215] permite reivindicar lo que Alberto Giordano define como «la puesta en acto de una legalidad propia de la literatura, de un modo de ‹conocer› literario».[216] Por otra parte, al dar un papel central al lector y a su recepción del texto crítico, la categoría diccional permite también subvertir la participación de la (institución) crítica en el *orden del discurso*. Como lo mostró Foucault, el comentario crítico

---

211 Las palabras de Valéry merecen ser citadas: «le texte fondamental, le *Discours de la méthode*, est un monologue dans lequel les passions, les notions, les expériences de la vie, les ambitions, les réserves pratiques du héros sont de la même voix indistinctement exprimées»; «le *Cogito* me fait l'effet d'un appel sonné par Descartes à ses puissances égotistes. Il le répète comme le thème de son Moi, le réveil sonné à l'orgueil et au courage de l'esprit.» Paul Valéry: Une vue de Descartes [1937]. In: *Œuvres*, vol. 1: *Poésies. Mélanges. Variété*. Ed. Jean Hytier. Paris: Gallimard/Bibliothèque de La Pléiade 1957, pp. 818, 840.
212 Ricardo Piglia: La lectura de la ficción, p. 14.
213 Gérard Genette: Fiction ou diction. In: *Poétique* 134 (2003), p. 138.
214 Ricardo Piglia: El escritor como lector. In: Rose Corral (ed.): *Entre ficción y reflexión: Juan José Saer y Ricardo Piglia*. México D. F.: El Colegio de México 2007, p. 24.
215 Jean Starobinski: Les directions nouvelles de la recherche critique, p. 50.
216 Alberto Giordano: *Modos del ensayo*, p. 225.

pertenece, al igual que las disciplinas universitarias o la figura del autor, a los procedimientos de control de la producción discursiva («procédures visant à maîtriser la dimension événementielle et hasardeuse du discours»).[217] Barthes también advirtió esta dimensión coercitiva del discurso crítico, consecuencia misma de la subversividad que caracteriza su estatuto autorreflexivo: «La parole dédoublée fait l'objet d'une vigilance spéciale de la part des institutions, qui la maintiennent ordinairement sous un code étroit: dans l'Etat littéraire, la critique doit être aussi ‹tenue› qu'une police».[218] En un contexto colonial y poscolonial, en particular, se ha señalado la colusión del discurso teórico-crítico con el poder institucional e ideológico europeo, necesariamente objetivante y coercitivo. Silvano Santiago, en su ensayo «O entre-lugar do discurso latinoamericano» (1971), equipara así el discurso crítico —en tanto análisis de las fuentes e influencias *europeas* de la obra no-europea— con un discurso puramente neocolonial: «os dois falam de economias deficitárias».[219] Homi K. Bhabha subraya, por su parte, que la sistemática objetivación del Otro en el discurso crítico institucional resulta en su exclusión de ello, en la negación completa de su propia agencia:

> In order to be institutionally effective as a discipline, the knowledge of cultural difference must be made to foreclose on the Other [. . .] the Other text is forever the exegetical horizon of difference, never the active agent of articulation. The Other is cited, quoted, framed, illuminated, encased in the shot/reverse-shot strategy of serial enlightenment.[220]

De ahí la utilidad de una redefinición de la crítica como dicción de régimen condicional: anulando la exterioridad objetivante del crítico, permite ablandar el corsé institucional del discurso crítico, librarlo, por lo menos parcialmente, de su carácter de «ejercicio disciplinado»,[221] para reivindicar la producción y puesta en circulación de un *Lebenswissen* polilógico, fundamentalmente subjetivo y situado.

¿Cuáles serían, entonces, los efectos producidos en nuestro corpus por las oscilaciones entre *ficción* y *dicción* —movimiento de hibridación dinámica que Ottmar Ette nombra *Friktion*—?[222] A diferencia del eje lírico-ficcional del *de/lirio*,

---

217 Michel Foucault: *L'ordre du discours*. Paris: Gallimard 1971, pp. 26–27.
218 Roland Barthes: *Critique et vérité*, p. 13.
219 Silvano Santiago: O entre-lugar do discurso latinoamericano [1971]. In: *Uma literatura nos trópicos. Ensaios sobre dependencia cultural*. Rio de Janeiro: Rocco 2000, p. 18.
220 Homi K. Bhabha: *The location of culture*. London: Routledge 1994, p. 30.
221 Alberto Giordano: *Modos del ensayo*, p. 250.
222 En su *biografía intelectual* de Roland Barthes, a propósito de *S/Z*, Ette describe así las oscilaciones entre *ficción* y *dicción*: «[Es] zeigen sich [. . .] Textpassagen, die [die] theoretische Reflexionen [. . .] verschieben, indem sie bestimmte Begriffe beispielsweise metaphorisch ernst nehmen und in ihrer Metaphorik ‹ausspielen›, intratextuell mit anderen Bezugstexten Roland Barthes' in Verbindung bringen oder autobiographische Elemente in den Text einstreuen, so dass

el eje *friccional* no parece producir ninguna desestabilización de orden hermenéutico, al contrario: el texto incluye y trabaja al mismo tiempo su propia crítica, proponiéndole al lector elementos de lectura. Como advierte Piglia, «[t]odo el trabajo de la crítica, se podría decir, consiste en borrar la incertidumbre que define a la ficción».[223] Pero la crítica no es tanto elucidación como desvío, y se convierte a menudo en otra manera de escribir ficciones. Tendremos numerosas oportunidades para comprobarlo en el análisis de nuestro corpus: el discurso crítico se hace, a su vez, operador de incertidumbre, proponiendo falsas pistas, o complicando la estructura del relato a través de largas digresiones. El *de/lirio* se desarrolla así tanto hacia un esfuerzo, casi didáctico, de transparencia, como hacia una multiplicación de las capas significantes del texto, y su subsecuente opacificación.

Tal gesto no es anecdótico, ni meramente lúdico. Tampoco corresponde, como lo sugiere Antoine Compagnon, a una desvalorización del proyecto crítico-teórico, reduciéndolo a una «simple» ficción.[224] Al contrario, permite repotenciar este proyecto, en particular en su dimensión utópica. «Si la mirada de la crítica es supuestamente retrospectiva» —señala Oscar Blanco—, es también «prospectiva y proyectiva», porque juzga, valora las obras y —aun en la perspectiva no dogmática de una lectura subjetiva— define así lo que la literatura puede y debe ser. En este sentido, «se concibe ella misma entonces como parte de la construcción de la obra por venir, como el órgano de una literatura aún

---

gleichsam oberhalb wie unterhalb der metatextuellen oder diktionalen Ebene kryptographisch (im Sinne Barthes') ein zusätzlicher, imaginärer Gegenstandsbereich abzeichnet. [. . .] Es handelt sich bei *S/Z* aber nicht um ein ‹Amalgam› oder eine ‹Mischform› zwischen den Polen von Fiktion und Diktion, sondern um ein ständiges Oszillieren des Textes im Zwischenraum zwischen diesen Polen, für den ich den Begriff der Friktion vorschlagen möchte. [. . .] Friktionale Texte sind hybride Texte, die zwischen den Polen fon Fiktion und Diktion ständig hin und her springen. Friktion ist eine vom Text selbst inszenierte (und den Text selbst inszenierende) Hybridität.» Ottmar Ette: *Roland Barthes. Eine intellektuelle Biographie*. Frankfurt am Main: Suhrkamp 1999, p. 311–312.

223 Ricardo Piglia: La lectura de la ficción, p. 18.
224 Antoine Compagnon: *Le démon de la théorie*, p. 279. Sostiene Compagnon: «Je serais presque d'accord sur tous ces points: la théorie est comme la science fiction, et c'est la fiction qui nous plaît, mais, pour un temps au moins, elle aura ambitionné de devenir une science. Je veux bien la lire comme un roman, en dépit des intentions de ses auteurs [. . .] Toutefois, quitte à lire des romans, comment ne pas préférer ceux avec lesquels on n'a pas besoin de faire comme s'ils étaient des romans? L'ambition théorique mérite mieux que cette défense désinvolte qui cède sur l'essentiel; elle doit être prise au sérieux et évaluée suivant sont propre projet». Ibid., p. 276.

por formar».[225] Su integración en la obra ficcional sería así una manera de confrontar sus hipótesis con la práctica, de ponerlas a prueba. Lo ilustra paradigmáticamente la práctica crítica-ficcional de Piglia, en lo que denomina «casos falsos»: «experimentos artificiosos a pequeña escala, escenas inventadas para refrendar hipótesis en torno a la creación literaria».[226] Conjugando el potencial utópico constitutivo de la literatura (en relación con la realidad)[227] y del discurso teórico-crítico (en relación con la literatura), el texto *friccional* se propone como laboratorio para inventar «lo que está por venir».[228]

Genera así, obviamente, una profunda desestabilización ideológica. Si la crítica en su acepción diccional ya contesta el *orden del discurso*, fomentando «estrategias de resistencia al poder (de los códigos culturales que determinan en cada caso lo legible)»,[229] su hibridación en la ficción radicaliza aún ese efecto. Se opone así no solo al discurso científico, sino también a un discurso crítico académico institucional que —deplora Alberto Giordano— «ha ganado en especialización lo que ha perdido en eficacia»[230] y se halla incapaz de «plantear preguntas que susciten un interés colectivo más allá de los ámbitos académicos».[231] Rechazando la lengua académica en tanto «lengua de minoría —por lo especializada— pero tan transparente y homogénea como la que se habla en los medios masivos, porque intenta realizar, como ella, el ideal del ‹lenguaje como simple mediación extrañada de su destino explanatorio›»,[232] la ficción crítica devuelve a la crítica su soplo literario y, con ello, sus lectores. Linda Hutcheon llega a una conclusión similar en su análisis del texto metaficcional: «Metafiction explicitly adds the dimension of reading as a process parallel to writing as an imaginative creative act. The result is that the reader's degree of participation appears to increase. He must do his share of work».[233]

---

[225] Oscar Blanco: Final de siglo. Memorias, fragmento. La conformación de una crítica literaria. In: Nicolás Rosa (ed.): *Políticas de la crítica. Historia de la crítica literaria en la Argentina.* Buenos Aires: Biblos 1999, p. 45.
[226] José Manuel González Álvarez: *En los «bordes fluidos»*, p. 34.
[227] Remito otra vez a Piglia: «Como decía Ernst Bloch: ‹el carácter esencial de la literatura es tratar lo todavía no manifestado como existente›. Hay siempre un fundamento utópico en la literatura. En última instancia la literatura es una forma privada de la utopía». Ricardo Piglia: Novela y utopía [1985]. In: *Crítica y ficción. Entrevistas.* Buenos Aires: Siglo Veinte 1990, p. 165.
[228] Ibid., p. 170.
[229] Alberto Giordano: *Modos del ensayo*, p. 249.
[230] Ibid., p. 251.
[231] Ibid. Giordano cita aquí a Beatriz Sarlo.
[232] Ibid., p. 255.
[233] Linda Hutcheon: *Narcissistic narrative. The metafictional paradox* [1980]. Waterloo: Wilfried Laurier University Press 2013, p. 151.

El de/lirio friccional requiere, en este sentido, la emancipación y el empoderamiento del lector —del lector real, no de su imagen textual de lector implícito, que no es sino un avatar moderno de la autoridad autorial—[234] en su actividad interpretativa, más allá de lo que predeterminan unilateralmente la institución literaria y/o la universidad.

Desestabilización hermenéutica, ontológica e ideológica: tales son los efectos que programa el de/lirio en el texto literario. Al quebrar las conexiones genealógicas —según enumera Edward W. Said: «author-text, beginning-middle-end, text-meaning, reader-interpretation, and so on»—[235] que garantizan la unidad de la obra, desafía la concepción tradicional (patriarcal y jerárquica) que tenemos de ella. Significando, pero *de otra manera*, los textos *de/lirantes* se sustraen a las operaciones clasificadoras de la razón inductivo-deductiva. En esto, el eje genérico del *de/lirio* se vincula con otro, psicopatológico: la locura —esquizofrenia, paranoia, melancolía, compulsión, adicción o *delirium tremens*— que reivindican Levrero y Laiseca en su práctica literaria.

2.2 *De/lirio* y locura en literatura

La relación entre locura y literatura es, en la cultura occidental, milenaria. En la segunda parte del siglo XX —y hasta hoy—, con el impulso de Michel Foucault, el fenómeno ha llamado una atención sostenida por parte de filósofos, psicólogos, críticos de literatura y de arte, cuyos aportes[236] constituyen, sin duda, una base sólida para la presente investigación. En la sección que sigue, propongo resumir las conclusiones claves formuladas al respecto: primero, bajo dos enfoques generales —histórico y ontológico—; luego, en el contexto particular de la literatura rioplatense contemporánea. Preferiré los términos muy generales de «lo-

---

234 Antoine Compagnon: *Le démon de la théorie*, p. 163.
235 Edward W. Said: *Beginnings. Intention and method*. New York: Basic Books 1975, p. 83.
236 Michel Foucault: *Folie et déraison. Histoire de la folie à l'âge classique* [1961]. Paris: UGE 1964; *La grande étrangère. A propos de littérature*. Paris: Editions de l'École des Hautes Etudes en Sciences Sociales 2013; Shoshana Felman: *La folie et la chose littéraire*. Paris: Seuil 1978; Sandra M. Gilbert/Susan Gubar: *The madwoman in the attic. The woman writer and the nineteenth century literary imagination*. New Haven/London: Yale University Press 1979; Lilian Feder: *Madness in literature*. Princeton: Princeton University Press 1980; Monique Plaza: *Folie et écriture*; Louis A. Sass: *Madness and modernism. Insanity in the light of modern art, literature and thought*. New York: Basic Books 1992; Corinne Saunders/Jane McNaughton (eds.): *Madness and creativity in literature and culture*. London: Palgrave Macmillan 2005; Jean Starobinski: *L'encre de la mélancolie*. Paris: Seuil 2012; James Whitehead: *Madness and the Romantic poet*. Oxford: Oxford University Press 2017 (lista no exhaustiva).

cura» y «delirio» a una terminología más precisa. «Notion courante, équivoque, empruntée à un fond incontrôlable», escribe Jacques Derrida a propósito de la palabra francesa «folie».[237] Lo mismo se puede decir de la voz española «locura», que se refiere, según el diccionario, tanto a la «privación del juicio o del uso de la razón» como a una «acción inconsiderada o gran desacierto», o simplemente a una «acción que, por su carácter anómalo, causa sorpresa».[238] En cuanto al «delirio», tiene el sentido psicológico de una «confusión mental caracterizada por alucinaciones, reiteración de pensamientos absurdos e incoherencia», pero también el sentido corriente y normativo de «despropósito, disparate».[239] Los contornos indefinidos de esas nociones son, mucho más que su realidad clínica, los que nos interesan aquí. Términos no científicos, tomados de la psiquiatría popular,[240] no corresponden a patologías precisas sino más bien, según propone Monique Plaza, a relaciones de tensión: «[des] rapport[s] de tension irréductible entre les productions (paroles, actes, textes, modes d'être au monde) d'un individu et les critères d'intelligibilité d'un groupe (familial, professionnel, social, culturel)».[241] Es esta relación compleja entre locura e inteligibilidad la que vamos a plantear ahora, en el contexto significativo particular de la obra literaria.

2.2.1 Breve aproximación histórica

En un primer acercamiento, propongo rastrear la evolución de los vínculos entre literatura y locura a lo largo de la historia occidental. La confrontación productiva entre cordura y locura, de hecho, entra en juego muy temprano en nuestras literaturas, y no deja de ser trabajada hasta hoy. Ya en la Antigüedad, las representaciones míticas, literarias y filosóficas de la locura cuestionan la naturaleza humana y las tensiones fundamentales que le son propias —entre naturaleza y cultura, entre su instinto y las leyes que da a su conducta—.[242] A menudo (pero no siempre) mediatizada por una instancia divina, la locura cristaliza la ruptura de un individuo con las leyes de su comunidad, interrogándolas, e incluso denunciando su insuficiencia o inadecuación. Ya sea religiosa —

---

237 Jacques Derrida: *L'écriture et la différence*. Paris: Seuil 1967, p. 66.
238 *Diccionario de la Real Academia Española*, voz «locura».
239 *Diccionario de la Real Academia Española*, voz «delirio».
240 Monique Plaza: *Folie et écriture*, p. 8.
241 Ibid., p. 9.
242 Cf. Lilian Feder: Dionysiac frenzy and other ancient prototypes of madness. In: *Madness in literature*, pp. 35–97.

delirio dionisiaco o profético/apolíneo— o exprese el simple acto de *parrêsia* de un hombre hacia sus coetáneos, fuera de toda transcendencia —en el caso del cínico Diógenes[243] o del risueño Demócrito, «âpre diseur de vérité»—,[244] la locura se despliega hacia dos polos opuestos: corresponde a una ruptura con las normas de la *polis* civilizada y, como tal, a una suerte de «retorno» hacia la naturaleza; y a la vez a la expresión de una humanidad superior, más cerca de la verdad y/o de la divinidad. En esta paradoja se plantea lo que Lilian Feder describe como «a continual conflict of the human spirit»,[245] siendo irremediablemente habitado por lo animal, pero también por un anhelo hacia el concepto ético, político y estético de *verdad*: si una existencia *verdaderamente* humana implica reglas y leyes —el salir de la animalidad salvaje—, tampoco se puede realizar bajo las leyes de la ciudad.[246] La locura antigua se concibe tanto como la consecuencia de este dilema como una liberación de los tormentos por ello provocados; expresa así, de manera paroxística, lo *unheimlich*[247] de la humanidad, que nunca está *en casa* —ni en la ciudad ni fuera de ella—. También característico del paradigma antiguo de locura es su relación dialéctica con el de cordura: la locura interpela la cordura, la necesita tanto como la cuestiona —porque contiene un mensaje divino que se ha de interpretar *a posteriori* (en el caso de del delirio profético),[248] porque permite la catarsis ritual de conflictos (trance dionisiaco), o porque pone en tela de juicio las «verdades» cuerdas (*parrêsia*)—.

En la Edad Media cristiana, se generaliza una actitud moral y religiosamente normativa hacia la locura: opuesta a la sabiduría de quien conoce las leyes divinas y conforma su vida a ellas, se entiende como un error —una falta moral—[249] que tiene que proceder del demonio.[250] Pero este paradigma nega-

---

243 Michel Foucault: *Le courage de la vérité*. Paris: Gallimard/Le Seuil 2009, pp. 152 y siguientes.
244 Jean Starobinski: *L'encre de la mélancolie*, p. 164.
245 Lilian Feder: *Madness in literature*, p. 76.
246 Feder analiza, a este respecto, el caso de Orestes en la tragedia de Esquilo. Orestes se ve obligado por dos imperativos contrarios: por un lado, la venganza que debe a su padre Agamenón, asesinado por su mujer Clitemnestra; por otro lado, la piedad filial que debe a su madre. El conflicto se resuelve en la locura que aflige al héroe una vez cometido el matricidio. Lilian Feder: *Madness in literature*, pp. 76–84.
247 Sobre este concepto freudiano, cf. Sigmund Freud: Das Unheimliche [1919]. In: *Gesammelte Werke*, vol. 12: *Werke aus den Jahren 1917–1920*. Frankfurt am Main: Fischer ⁶1986, pp. 227–268.
248 Lilian Feder: *Madness in literature*, p. 86.
249 Joël Lefebvre: *Les fols et la folie. Le comique dans la littérature allemande de la Renaissance*. Paris: Klincksieck 1968, p. 16.
250 Lilian Feder: *Madness in literature*, p. 100.

tivo de locura no es el único: según apunta el medievalista Joël Lefebvre, coexiste a lo largo de la Edad Media y hasta el Renacimiento con otras dos formas de locura: la «folie-égalité» y la «folie-sagesse».[251] La primera es la que opera en el marco del grotesco carnavalesco —lo que Bajtín ha nombrado el «mundo al revés»[252] del carnaval—. Se trata de un fenómeno primariamente cómico, que suscita la risa popular y anula así las diferencias socio-económicas, creando momentáneamente «une situation d'accord et d'harmonie»[253] en el grupo: poderosos y gente humilde son todos iguales en la locura carnavalesca. En la «folie-sagesse», al contrario, la oposición entre el loco y la comunidad de los cuerdos se mantiene, pero con un giro diametral: ya no es al loco que se condena, sino más bien a los cuerdos —su sentido común, las falsas evidencias que tienen por verdaderas—. Según muestra Joël Lefebvre, este paradigma se origina directamente en el Evangelio:

> l'opposition folie-sagesse de l'Ancien Testament subit un renversement dans les Évangiles, où la *stultitia* reçoit une acception positive dans de nombreux passages. L'*Évangile selon saint Matthieu* et la première *Epître aux Corinthiens*, en particulier, insistent sur la dépréciation de la sagesse traditionnelle: la véritable sagesse ce n'est plus la *sapientia*, l'ensemble des règles définies par l'ancien Testament; la véritable raison est ce qui aux yeux du monde fait figure de déraison ou de folie. Pour l'impie, ce sont le message du Christ et la foi nouvelle qui sont folie, tandis que la prétendue sagesse du monde est la folie véritable devant Dieu. En ce sens, le premier fol-sage est le Christ lui-même.[254]

Tema privilegiado de los místicos españoles (Santa Teresa, San Juan, Miguel de Molinos...), la *locura de la Cruz*[255] corresponde al desprendimiento del mundo y de la razón que requiere el camino hacia la unión mística con Dios.[256] También se convoca productivamente en el humanismo cristiano: así en el famoso

---

251 Joël Lefebvre: *Les fols et la folie*, p. 21.
252 Cf. Mijaíl Bajtín: *La cultura popular en la Edad Media y en el Renacimiento. El contexto de François Rabelais* [1987]. Trad. Julio Forcat/César Conroy. Madrid: Alianza 1998.
253 Joël Lefebvre: *Les fols et la folie*, p. 21.
254 Ibid., p. 20.
255 La fórmula viene del evangelio de Pablo (1 Corintios 1:18–19): «El mensaje de la cruz es una locura para los que se pierden; en cambio, para los que se salvan, es decir, para nosotros, este mensaje es el poder de Dios. Pues está escrito: *Destruiré la sabiduría de los sabios; frustraré la inteligencia de los inteligentes*». Bible Gateway – The original multilingual searchable Bible, https://www.biblegateway.com/passage/?search=1%20Corintios%201:17-19&version=CST (13.8.2021).
256 Ángel L. Cilveti menciona al respecto el testimonio de una «‹muerte sabrosa› al mundo» en Santa Teresa; de «‹un ciego y oscuro salto› en el vacío de la razón» en San Juan. Ángel L. Cilveti: *Introducción a la mística española*. Madrid: Cátedra 1974, pp. 214, 233.

Elogio de la locura de Erasmo (1511),[257] en el cual la Locura personificada propone, por un lado, un encomio satírico de la locura que rige el mundo —la locura de la ambición, la hipocresía y la envidia, en los hombres de todas clases y profesiones (cap. XI y siguientes)— y, por otro lado, un elogio *verdadero* de la locura en el sentido cristiano del término, en tanto humildad, compromiso con la sinceridad, rechazo de la vanidad de la sabiduría (cap. LXIII y siguientes). Movilizando un complejo juego de paradojas y deslizamientos semánticos, la locura funciona también, en el discurso de la Locura, como estrategia retórica, que le permite reivindicar en su discurso una transparencia absoluta:

> En mí no hay lugar para el engaño, ni simulo con el rostro una cosa cuando abrigo otra en el pecho. Soy en todas partes absolutamente igual a mí misma, de suerte que no pueden encubrirme esos que reclaman título y apariencias de sabios y se pasean como monas revestidas de púrpura o asnos con piel de león (cap. V).

La inversión productiva entre locura y cordura se observa también en la obra de Shakespeare, en la cual —según la máxima de Jaques en *As you like it* (1599)— «The Wise-mans folly is anathomiz'd / Even by the squandring glances of the foole» (acto 2, escena 7, v. 1030–1031).[258] En *King Lear* (1606), por ejemplo, es el bufón del rey el que, ya en el primer acto, confronta a su amo con la sinrazón de sus actos, anunciando la locura que se apoderará de este a continuación (I, 4). Y la locura de Lear, a su vez, tiene fulgores lúcidos que ponen en evidencia la realidad política y moral de un mundo corrupto y sin leyes.[259] Otra vez, la locura es tanto el objeto de la crítica como la máscara que autoriza su formulación abierta; es el instrumento de una cordura que, sin ella, tendría que permanecer callada. Así pues, según concluye Foucault, hasta principios del siglo XVII «la Folie est au travail, au cœur même de la raison et de la vérité».[260] El *Don Quijote* de Cervantes (1605–1615) merece a ese respecto una mención aparte. Si se inscribe en la tradición del tratamiento carnavalesco de la locura,[261] introduce un elemento nuevo: una locura propiamente literaria, en relación directa con la práctica de la lectura, una «folie d'identification romanesque»[262] —que se anuncia ya en el

---

[257] Desiderius Erasmus: *Elogio de la locura* [1511]. Trad. Pedro Voltes Bou. Madrid: Espasa Calpe 1953, http://www.cervantesvirtual.com/nd/ark:/59851/bmcw9548 (14.8.2021).
[258] William Shakespeare: *As you like it* [escrito 1599, publicado 1623]. Ed. Richard Knowles. New York: The Modern Language Association of America 1977, p. 119.
[259] Lilian Feder: *Madness in literature*, p. 145.
[260] Michel Foucault: *Folie et déraison*, p. 26.
[261] Sobre el motivo del tonto-listo y la inversión carnavalesca en la relación Don Quijote-Sancho Panza, véase el análisis antropológico de Mauricio Molho: *Cervantes. Raíces folklóricas*. Madrid: Gredos 1976, pp. 215–355.
[262] Michel Foucault: *Folie et déraison*, p. 43.

Calisto de Fernando de Rojas (*La Celestina*, 1500)[263] y que personificará también, unos siglos más tarde, la *Madame Bovary* de Flaubert (1856)—.[264] En su modalidad quijotesca, la locura es delirio interpretativo[265] —«dé-lire», según propone Christian Salmon—[266] y constituye el horizonte inquietante de toda lectura.

Esa era de cohabitación dinámica entre locura y cordura en las sociedades occidentales (y sus literaturas) se acaba en la Edad Clásica, con lo que Foucault nombró el «Gran Encierro»:[267] en todo el continente europeo, el orden de la racionalidad logra ocultar su *parte maldita* en hospitales, *workhouses* y demás *Zuchthäusern*. Aun tomando en cuenta las críticas formuladas hacia el rigor histórico del análisis foucaldiano,[268] es difícil negar, por lo menos a nivel literario, la ruptura que tiene lugar en la Edad Clásica —para aún reforzarse en la Ilustración—.[269] Analiza Louis A. Sass:

> Once human consciousness came to be defined by the self awareness of its mental essence, as in Descartes' famous arguments about the certainty of the Cogito («Cogito ergo sum»), it seemed especially evident that madness must be understood as a deviation from this condition of self-transparent mentation, that thought and madness must somehow be profoundly antithetical.[270]

La locura que surge de nuevo, 150 años más tarde, en la literatura del *Sturm und Drang* y del Romanticismo, ya no participa de una dialéctica abierta con la cordura a nivel cósmico, sino que se despliega a nivel cerrado, individual. Como en las tradiciones antigua y medieval, es cierto, la locura es medio de acceso a una verdad superior, cuyo conocimiento permite al artista destacar la relatividad de las nociones de locura y cordura:

---

263 Fernando de Rojas: *La Celestina* [1500]. Ed. Bruno Mario Damiani. Madrid: Cátedra 1974.
264 Gustave Flaubert: *Madame Bovary* [1856]. Paris: Gallimard 1972.
265 Jean Starobinski: *L'encre de la mélancolie*, pp. 549–555.
266 Christian Salmon/Joseph Hanimann: *Devenir minoritaire. Pour une nouvelle politique de la littérature*. Paris: Denoël 2003, p. 86.
267 Michel Foucault: *Folie et déraison*, p. 51.
268 Me refiero aquí a las palabras vehementes del sociólogo Andrew Scull, que describe la *Historia de la locura* como «a provocative and dazzingly written prose poem, but one resting on the shakiest scholarly foundations and riddled with errors of fact and interpretation». Andrew Scull: Michel Foucault's *History of Madness*. In: *History of the human sciences* 3 (1990), p. 58. También Feder le reprocha a Foucault la incompletud de sus análisis, así como la falta de fundamento histórico y psicológico de ciertas de sus conclusiones. Lilian Feder: *Madness in literature*, pp. 30–32.
269 Sobre el carácter totalizante/totalitario del racionalismo de la Ilustración, cf. el famoso análisis de Max Horkheimer/Theodor W. Adorno: *Dialektik der Aufklärung. Philosophische Fragmente* [1944]. Ed. Gunzelin Schmid Noerr. In: Max Horkheimer: *Gesammelte Schriften*, vol. 5: *Dialektik der Aufklärung. Schriften 1940–1950*. Frankfurt am Main: Fischer 1987, pp. 25–66.
270 Louis A. Sass: *Madness and modernism*, p. 23.

> And this the world calls frenzy; but the wise
> Have a far deeper madness, and the glance
> Of melancholy is a fearful gift;
> What is it but the telescope of truth?

—pregunta así Lord Byron en «The dream» (1816, v. 177–180)—.[271] Pero ese acceso privilegiado a la verdad ya no es un impulso para la acción ética y el acto de *parrêsia*. Al contrario, provoca una *petrificación*,[272] condenando al individuo y las obras de su *genio* —la sensibilidad particular del artista o, según Kant «angeborene Gemütsanlage (*ingenium*)»—[273] a permanecer incomprendidas por el hombre común, aislándolo irremediablemente de la comunidad de sus semejantes. La idea de que cierta predisposición a la locura está íntimamente ligada a la grandeza del espíritu no es nueva: es más bien un lugar común que recorre toda la historia occidental, de Platón y Aristóteles[274] a John Dryden.[275] Los Románticos, sin embargo, le dan una proporción nunca alcanzada en el proceso creativo: en su modalidad melancólica, la locura es a la vez maldición y don, «maladie morale abominable»[276] y señal de una sensibilidad superior, compartida solo por unos *happy fews*. Según muestra James Whitehead, esta ambivalente valoración de la locura por los poetas románticos tiene mucho que ver con las profundas transformaciones socioeconómicas de su época:

---

[271] George Gordon Byron: *The works of Lord Byron*. Ed. Ernest H. Coleridge, vol. 4. London: John Murray 1905, https://en.wikisource.org/wiki/The_Works_of_Lord_Byron_(ed._Coleridge,_Prothero)/Poetry/Volume_4 (14.8.2021).

[272] Cf. las observaciones de Starobinski sobre el Spleen baudelairiano. Jean Starobinski: *L'encre de la mélancolie*, pp. 437–454.

[273] Immanuel Kant: Schöne Kunst ist Kunst des Genies. In: *Kritik der Urteilskraft* [1790]. Stuttgart: Reclam 1963, cap. 56, §46, https://www.projekt-gutenberg.org/kant/kuk/index.html (14.8.2021). Cf. también Jürgen Habermas: Die Moderne – ein unvollendetes Projekt, pp. 44–45.

[274] «[S]ive Platoni ‹frustra poeticas fores compos sui pepulit›, sive Aristoteli ‹nullum magnum ingenium sine mixtura dementiae fuit›», escribe el estoico Séneca en la conclusión de *De tranquillitate animi* (circa 60). L. Annaeus Seneca: *De tranquillitate animi (ad Serenum)*. In: *Moral essays*, vol. 2. Ed. John W. Basore. London/New York: Heinemann 1932, cap. 17, §10. Perseus Digital Library, http://data.perseus.org/citations/urn:cts:latinLit:stoa0255.stoa013.perseus-lat1:9.17.10 (15.8.2021).

[275] Según un verso famoso del poeta ingles en «Absalom and Achitophel», «Great wits are sure to madness near allied / And thin partitions do their bounds divide». John Dryden: Absalom and Achitphel [1681], pt. 1, l. 163–164. In: *Selected poems*. Eds. Steven N. Zwicker/David Bywaters. London: Penguin 2001, p. 118.

[276] Alfred de Musset: *La confession d'un enfant du siècle* [1836]. Ed. Claude Duchet. Paris: Garnier 1968, p. 1.

> This paradox —that a figure predicated on non-conformity, rejection of social norms, isolation, or inwardness emerges in a mass literary reproduction and an aggressively conformist discourse— suggests that the popularity of the idea of the Romantic mad poet is not only based on smears, invective, or excommunication. The idea's ambivalence consists of how madness becomes both a negative other, the feared darkening of culture into unreason and chaos, and an ideal other, a position of uncompromised individuality against mass homogeneity and mechanical rationalism.[277]

De hecho, paralelamente a la propagación del *mal del siglo* en la literatura romántica, la locura cobra relevancia en la sociedad moderna que describen el realismo y el naturalismo: es el punto de cristalización individual de las disfunciones políticas, sociales y morales de un mundo en vía de industrialización, individualización y secularización —una sociedad traumatizada por la *muerte de Dios* que ya se anuncia a través de los trabajos de los *maestros de la sospecha* (Marx, Nietzsche y Freud, según les denomina Ricœur)—.[278] Se puede mencionar, al respecto, la degeneración psicológica y moral de Isidora Rufete en *La desheredada* de Benito Pérez Galdós (1881), cuya etiología pone en tensión las nociones modernas de herencia y determinismo ambiental —la familia Rufete en tanto «ralea de chiflados»—[279] con faltas individuales (el «orgullo contrariado» de Isidora, su soberbia).[280] La locura cuenta entre los temas predilectos del naturalismo literario, porque se presta idealmente al método científico que reivindica esta escuela —moviliza teorías científicas en boga como la teoría de la evolución, reflexiones sobre el atavismo y lo que se llamaría hoy en día lo epigenético, etc., para fundamentar una crítica social y política progresista—. Sigue cristalizando, sin embargo, angustias metafísicas profundas, vinculadas a la pérdida de la trascendencia y al desmoronamiento del sentido en una sociedad afectada por cambios rápidos e irreversibles.

A la vuelta del siglo, lo que Unamuno calificó de «gran fatiga, la fatiga del racionalismo»[281] se exacerba, consagrando en la literatura modernista una

> exasperación de la subjetividad moderna en el punto en que ésta desespera de sus capacidades originarias para instituir la objetividad y universalidad de la cultura, y, sin em-

---

[277] James Whitehead: *Madness and the Romantic poet*, p. 13.
[278] Paul Ricœur: *De l'interprétation. Essai sur Freud*. Paris: Seuil 1965, p. 43.
[279] Benito Pérez Galdós: *La desheredada* [1881]. Madrid: Librería de Perlado, Páez y Cª 1909, p. 61, http://www.cervantesvirtual.com/nd/ark:/59851/bmc8c9t8 (15.8.2021). Cf. Michael D. Gordon: The medical background to Galdós' *La desheredada*. In: *Anales galdosianos* 7 (1972), pp. 67–77, http://www.cervantesvirtual.com/nd/ark:/59851/bmcr78q9 (15.8.2021).
[280] Benito Pérez Galdós: *La desheredada*, p. 256.
[281] In: Pedro Cerezo Galán: *El mal del siglo. El conflicto entre Ilustración y Romanticismo en la crisis finisecular del siglo XIX*. Madrid: Biblioteca Nueva 2003, p. 48.

bargo, no puede renunciar al *yo*, pues en medio de la bancarrota de todos los valores e ideales, que constituyen la herencia moderna, sólo cuenta con él como su única tabla de salvación.[282]

La expresión individual suplanta en la práctica literaria al afán comunicativo: como los románticos, modernistas y decadentes cultivan lo que Ángel Rama ha nombrado un «soberano —pueril, triste— desprecio [. . .] por el público».[283] Individualizada y librada de su relación dialéctica con la cordura, la locura pronto se disuelve en el momento nihilista: ya nada tiene sentido y el individuo, arrojado *más allá del bien y del mal*, define solo las pautas de su propia conducta. Esta experiencia del «yo en experimento de su propio poder»[284] frente al sinsentido de la existencia se cristaliza en el motivo del *acto gratuito* —del Lafcadio de André Gide (*Les caves du Vatican*, 1914)[285] al Erdosain de Roberto Arlt (*Los siete locos*, 1929; *Los lanzallamas*, 1931)—.[286]

Paralelamente, los trabajos de Freud y el subsecuente desarrollo de la escuela psicoanalítica transforman profundamente todo lo que se tenía por cierto, hasta entonces, sobre salud y enfermedad mental. Confirmando la intuición baudelairiana de que «Nous sommes tous plus ou moins fous!»,[287] Freud ve en los trastornos mentales de sus pacientes ya no una marca de genio ni de degeneración, sino el modo de expresión de deseos reprimidos y conflictos no resueltos en el inconsciente. La locura, para Freud, brota así de la misma fuente que la creación artística; la diferencia entre las dos estriba en que el arte ofrece un modo no patológico de traer a la superficie los deseos y conflictos inconscientes, *sublimándolos* en un producto socialmente valorizado:

---

282 Pedro Cerezo Galán: *El mal del siglo*, p. 37.
283 Ángel Rama: Diez problemas para el novelista latinoamericano [1964]. In: *Crítica literaria y utopía en América Latina*. Ed. Carlos Sánchez Lozano. Medellín: Editorial Universidad de Antioquia 2005, p. 17.
284 Pedro Cerezo Galán: *El mal del siglo*, p. 531.
285 André Gide: *Les caves du Vatican* [1914]. Paris: Gallimard 1951. «Ce n'est pas tant des évènements que j'ai curiosité, que de moi-même», reflexiona Lafcadio justo antes de cometer su crimen. Ibid., p. 207. Interesantemente, Gide inscribe *Les caves du Vatican* en el género de la *sotie* —es el subtítulo de la obra—: género dramático menor, muy popular en la Francia del Renacimiento, la *sot(t)ie* da la palabra a necios y locos para formular una crítica política, según el antiguo paradigma de la inversión locura/cordura. El *acto gratuito* de Lafcadio, si bien reivindica la propia insensatez, se ha entonces de contextualizar en el marco retórico —muy significativo— de la *sotie*. Cf. Olga A. Dull: *Folie et rhétorique dans la sottie*. Genève: Droz 1994.
286 Cf. Roberto Arlt: *Los siete locos. Los lanzallamas* [1929–1931]. Ed. Adolfo Prieto. Caracas: Biblioteca Ayacucho 1978.
287 Charles Baudelaire: Le vin de l'assassin. In: *Les fleurs du mal* [1857]. Ed. Jean Delabroy. Paris: Magnard 1987, p. 392.

Die Triebkräfte der Kunst sind dieselben Konflikte, welche andere Individuen in die Neurose drängen [. . .] Der Künstler [. . .] stellt zwar seine persönlichen Wunschphantasien als erfüllt dar, aber diese werden zum Kunstwerk erst durch eine Umformung, welche das Anstößige dieser Wünsche mildert, den persönlichen Ursprung derselben verhüllt, und durch die Einhaltung von Schönheitsregeln den anderen bestechende Lustprämien bietet.[288]

La fantasía artística permite al individuo expresar y liberar tensiones inconscientes sin que sienta vergüenza. Esto vale no solo para el artista que crea, sino también para los que reciben la obra de arte:

> Ich bin der Meinung, [. . .] daß der eigentliche Genuß des Dichtwerkes aus der Befreiung von Spannungen in unserer Seele hervorgeht. Vielleicht trägt es sogar zu diesem Erfolge nicht wenig bei, daß uns der Dichter in den Stand setzt, unsere eigenen Phantasien nunmehr ohne jeden Vorwurf und ohne Schämen zu genießen.[289]

Si identifica como Freud una afinidad profunda entre locura y obra artística, Carl Jung insiste en que el inconsciente no es solamente la sedimentación de contenidos reprimidos individuales, sino que constituye un fondo *arquetípico*, común a la humanidad en su conjunto. Distingue así un modo «psicológico» de creación literaria, que trabaja contenidos conscientes y transparentes al sujeto, y un modo «visionario» en el cual —como en los sueños o en el delirio— la materia artística surge directamente del inconsciente arquetípico:

> The obscurity as to the source of the material in visionary creation is very strange, and the exact opposite of what we find in the psychological mode of creation. [. . .] It is only a step from this way of looking at the matter to the statement that we are here dealing with a pathological and neurotic art—a step which is justified in so far as the material of the visionary creator shows certain traits that we find in the fantasies of the insane. The converse also is true; we often discover in the mental output of psychotic persons a wealth of meaning that we should expect rather from the works of a genius.[290]

> [T]hat which appears in the vision is the collective unconscious [. . .] a certain psychic disposition shaped by the forces of heredity: from it consciousness has developed. [. . .] It is a fact that in eclipses of consciousness—in dreams, narcotic states and cases of insanity—there come to the surface psychic products of contents that show all the traits of primitive levels of psychic development.[291]

---

[288] Sigmund Freud: Das Interesse der Psychoanalyse für die nicht psychologischen Wissenschaften [1913]. In: *Gesammelte Werke*, vol. 8: *Werke aus den Jahren 1909–1913*. Frankfurt am Main: Fischer [8]1990, pp. 416–417.
[289] Sigmund Freud: Der Dichter und das Phantasieren [1908]. In: *Gesammelte Werke*, vol. 7: *Werke aus den Jahren 1906–1909*. Frankfurt am Main: Fischer [7]1993, p. 223.
[290] Carl G. Jung: Psychology and literature. In: *Modern man in search of a soul*. Trad. W. S. Dell/Cary F. Baynes. London: Kegan Paul, Trench, Trubner & co. 1933, p. 183.
[291] Ibid., p. 190.

En la psicología jungiana, entonces, locura y creación literaria —dos modos de expresión de lo oculto en las profundidades del inconsciente— no revelan una supuesta idiosincrasia individual del sujeto sino, muy al contrario, permiten su superación.

Las ideas psicoanalíticas acerca de la locura y la creación artística no tardan en inspirar nuevas prácticas literarias. Los surrealistas son los primeros en reivindicar explícitamente la locura como objeto lúdico de experimentación literaria y medio de contestación del orden moral de su época: en un texto famoso de 1928, André Breton y Louis Aragon celebran el «cincuentenario» de la histeria en tanto «la plus grande découverte poétique de la fin du XIXe siècle [. . .] un moyen suprême d'expression».[292] Esta veta será explotada, a lo largo del siglo XX, por numerosos movimientos de vanguardia, la *Beat Generation* y las contra-culturas de los años 60 y 70. Algunos poetas incluso recurren a sustancias psicoactivas —mezcalina, LSD, etc.— para inducir estados de delirio, o sea para abrir las *puertas de la percepción* y liberar una intensidad vital reprimida por la racionalidad burguesa: cabe mencionar, a este respecto, las experiencias de Aldous Huxley (*The doors of perception*, 1954)[293] y de Henri Michaux (*Misérable miracle*, 1956).[294] Mucho más que la teoría psicoanalítica en sí misma —cuyo aporte central estriba en el descentramiento radical (incluso la humillación, según Freud) de un *yo* que ya *no es amo en su propia casa*—,[295] su prolífica recepción en el ámbito literario convoca un sustrato romántico-modernista que tiende más bien a glorificar el *yo* íntimo en tanto fuente privilegiada de creatividad, así como la idea de que —según formula Louis A. Sass— «human fulfillment lies in discovering one's own uniqueness and recognizing the central role of one's own subjectivity».[296]

En la segunda parte del siglo XX, se exploran posibles vínculos estructurales entre la organización socioeconómica de nuestras sociedades y la predominencia de ciertos tipos de patología mental; de la melancolía y la histeria, el interés literario y filosófico por la insania desplaza hacia la esquizofrenia. Ya lo había advertido Karl Jaspers:

---

292 André Breton: *Surréalisme et folie. Anthologie.* Manuscrit 1932, http://www.andrebreton.fr/work/56600100287470 (15.8.2021), pp. 1–2.
293 Aldous Huxley: *The doors of perception.* London: Chatto & Windus 1954.
294 Henri Michaux: *Misérable miracle. La mescaline.* Paris: Gallimard 1972 [1956].
295 «Die dritte und empfindlichste Kränkung aber soll die menschliche Größensucht durch die heutige psychologische Forschung erfahren, welche dem Ich nachweisen will, daß es nicht einmal Herr ist im eigenen Hause, sondern auf kärgliche Nachrichten angewiesen bleibt von dem, was unbewußt in seinem Seelenleben vorgeht». Sigmund Freud: Die Fixierung an das Trauma, das Unbewußte [1917]. In: *Gesammelte Werke*, vol. 11: *Vorlesungen zur Einführung in die Psychoanalyse.* Frankfurt am Main: Fischer ^{8}1986, p. 295.
296 Louis A. Sass: *Madness and modernism*, p. 369.

> Es ist eine auffällige Tatsache, dass heute eine Reihe schizophren gewordener Menschen von hohem Rang durch Werke aus der schizophrenen Zeit eine Wirkung haben. [. . .] Man wäre versucht zu sagen, wie die Hysterie eine natürliche Bereitschaft für den Geist vor dem 18. Jahrhundert gehabt haben müsse, so passe die Schizophrenie vielleicht irgendwie zu unserer Zeit.[297]

Deleuze y Guattari llegan a la misma conclusión, medio siglo más tarde, en *L'anti-Œdipe*. Para los dos posestructuralistas, la pandemia esquizofrénica contemporánea se vincula estructuralmente con los modos de producción *desterritorializados* que caracterizan el capitalismo:

> la *machine capitaliste* [. . .] se trouve dans une situation toute nouvelle: le décodage et la déterritorialisation des flux. [. . .] Il naît en effet de la rencontre entre deux sortes de flux, flux décodés de production sous la forme du capital-argent, flux décodés du travail sous la forme du «travailleur libre». Aussi, contrairement aux machines sociales précédentes, la machine capitaliste est-elle incapable de fournir un code qui couvre l'ensemble du champ social. A l'idée même du code, elle a substitué dans l'argent une axiomatique des quantités abstraites qui va toujours plus loin dans le mouvement de la déterritorialisation du socius. Le capitalisme tend vers un seuil de décodage qui défait le socius au profit d'un corps sans organes, et qui, sur ce corps, libère les flux du désir dans un champ déterritorialisé. Est-il exact de dire, en ce sens, que la schizophrénie est le produit de la machine capitaliste, comme la manie dépressive et la paranoïa le produit de la machine despotique, comme l'hystérie le produit de la machine territoriale?[298]

Si Louis A. Sass se muestra, por su parte, muy prudente en la indagación de posibles connexiones etiológicas entre la enfermedad esquizofrenica y el capitalismo, también identifica en este trastorno la «quintessential madness of our time».[299] Mostrando que «the ways of thinking, believing, and feeling characteristic of modern Western society are prerequisites for the development or the reflexivity and detachment characteristic of both the schizoid and the schizophrenic condition»,[300] Sass ve en ella «one of the most extreme exemplars of [the Western] civilization —a simulacrum of the modern world in the most private recesses of the soul».[301]

Esquizofrénicos o no, los trastornos psíquicos se «tratan» hoy en día de manera cada vez más medicalizada y con más medicación —Cynthia Fleury habla al respecto de «une pathologisation de l'existence que le DSM [*Diagnostic and Sta-*

---

297 Karl Jaspers: *Strindberg und van Gogh. Versuch einer pathographischen Analyse unter vergleichender Heranziehung von Swedenborg und Hölderlin*. Berlin: Springer 1926, pp. 148–149.
298 Gilles Deleuze/Félix Guattari: *L'anti-Œdipe. Capitalisme et schizophrénie* 1. Paris: Minuit 1972, p. 41.
299 Louis A. Sass: *Madness and modernism*, p. 13.
300 Ibid., p. 369.
301 Ibid., p. 373.

tistical Manual of Mental Disorders] représente parfaitement»—.[302] A nivel cultural y literario, sin embargo, la enfermedad mental es objeto de una estetización y romantización sin precedente. La equiparación del misterio de la creación artística con «l'inintelligible par excellence: la folie»[303] es hoy un lugar común,[304] que se ha convertido —en el arte, en la publicidad, en la vulgarización psicológica y el área del llamado desarrollo personal— en una verdadera obsesión, de la cual un famoso lema publicitario del final del siglo XX —«Here's to the crazy ones, the misfits, the rebels, the troublemakers, the round pegs in the square holes...»— constituye sin duda el mejor ejemplo.[305] Reducida a la expresión de una singularidad entre otras, la locura se celebra en tanto potencialidad de liberación —*modo de individuación* autónomo— para el sujeto,[306] una manera de escapar la *nuda vida* a la cual el capitalismo lo condena.[307]

Marcados por lo que James Whitehead nombra una «buried allegiance to, and inheritance of, core Romantic ideas»,[308] los trabajos de Foucault no son enteramente ajenos al desarrollo del fenómeno. Según observa Lilian Feder:

> in his effort retrospectively to rescue the mad from the moral and social ideologies that dominated the asylums of the late eighteenth and nineteenth centuries, Foucault idealizes the condition of madness as essential freedom constrained. [...] it represents an approach that has currently become all too fashionable: an idealization of madness that actually confuses compulsion with freedom, anarchy with truth, suffering with ecstasy.[309]

Cynthia Fleury, por su parte, culpa a Deleuze por la trivialización de una «schizophrénie heureuse [...] chimère pour bien-portants» que se pretende «création artiste libérée de la société».[310]

En realidad, la omnipresencia discursiva de la locura, junto con su eufemización y exaltación como singularidad positiva, es solo el síntoma de la enfermedad ontológica que aqueja nuestras sociedades. La locura, de por sí, no puede existir de manera autónoma, como positividad plena: se ha de constituir

---

302 Cynthia Fleury: *Les irremplaçables*. Paris: Gallimard 2015, p. 167.
303 Monique Plaza: *Folie et écriture*, p. 14.
304 Shoshana Felman: *La folie et la chose littéraire*, p. 13; Mehdi Belhaj Kacem: *L'algèbre de la tragédie*, p. 70.
305 Apple (1997–2002), campaña publicitaria «Think different», https://www.youtube.com/watch?v=5sMBhDv4sik (22.8.2021).
306 Cynthia Fleury: *Les irremplaçables*, p. 165.
307 Sobre el concepto de «bloßes Leben» o *nuda vida*, cf. Byung-Chul Han: *Agonie des Eros*, pp. 26–39.
308 James Whitehead: *Madness and the Romantic poet*, p. 16.
309 Lilian Feder: *Madness in literature*, p. 33.
310 Cynthia Fleury: *Les irremplaçables*, p. 165. Cf. también Mehdi Belhaj Kacem: *L'algèbre de la tragédie*, p. 68.

dialécticamente, como negatividad en relación con su opuesto —la salud, la norma, la cordura. . .—. Si todos son locos —excepcionales, geniales—, la locura se hace norma, la excepción regla, el genio lo común. Pierde así todo contenido extraño, inquietante, *otro*: ya solo corresponde, en las palabras de Tristan Garcia, a un puro «je suis différent», «pure différence qui n'est différence de rien».[311] O sea, en la lengua poética de Osvaldo Lamborghini: «Ya nada distinguimos con tal de distinguirnos».[312] En la ubicuidad de lo singular como pura diferencia y la subsecuente *forclusión*[313] de lo negativo, Mehdi Belhaj Kacem y Tristan Garcia ven la raíz del nihilismo contemporáneo:[314]

> Il n'y a, à strictement parler, que des singularités et du vide. [. . .] Alors, la singularité *immédiatement* «positive» du nihilisme démocratique se transforme en singularité atone, empiriquement maniaco-dépressive, tombé les écailles du «festif» et de «l'amusant» perpétuels. Opération proprement *dialectique* du nihilisme démocratique: en rendant la singularité «immédiatement positive», il la prive de sa «négativité absolue», donc de sa positivité dynamique. La singularité n'a dès lors plus d'autre choix que de se *nier elle-même*: l'inflation dépressive, puis suicidaire.[315]

---

311 Tristan Garcia: Critique et rémission, pp. 263, 268.
312 Osvaldo Lamborghini: Cantar de las gredas en los ojos: de las hiedras en las enredaderas [1975]. In: Héctor Libertella (ed.): *Literal 1973–1977*. Buenos Aires: Santiago Arcos 2002, p. 36.
313 Mehdi Belhaj Kacem retoma el concepto de Jacques Lacan *via* Alain Badiou. En su análisis de Mallarmé, éste define la forclusión como modo de negación marcando la ausencia radical, la ausencia hasta de la huella —la ausencia de algo que no desapareció sino que simplemente *no está*—. Cf. Alain Badiou: *Théorie du sujet*. Paris: Seuil 1982, p. 123.
314 Mehdi Belhaj Kacem: *L'algèbre de la tragédie*, p. 16; Tristan Garcia: Critique et rémission, p. 267.
315 Mehdi Belhaj Kacem: *L'algèbre de la tragédie*, p. 21. Cito aquí el excelente resumen que propone Garcia de la demostración de Belhaj Kacem, en seis puntos: «1/ A mesure que n'importe quoi devient singulier et est affirmé, prisé, défendu comme tel, la singularité perd en particularité, se dépouille de ses déterminations, mais elle gagne en dynamisme, au sens de sa capacité [. . .] à générer. [. . .] Les anciennes déterminations (de race, de classe, de genre, d'espèce) tombent et chacun peut devenir quelqu'un, s'inventer, de sorte que chaque individualité parcourt des ‹lignes de fuite›, que Deleuze ou Foucault lui ont promis.

2/ [. . .] la singularité prémoderne et moderne était assurée d'elle-même par l'existence d'un Tout (Dieu, l'Histoire, la société. . .), auquel elle appartenait. La détotalisation moderne [. . .] laisse le singulier seul et en soit. Cette singularité de l'individualité et de tout étant est d'abord active et dynamique; mais sa puissance s'épuisera vite.

3/ [. . .] la singularité exceptionnelle, qui trouait le Tout et échappait à la généralité, est devenue la norme. [. . .] La médiation entre le singulier et l'universel saute: comme par magie, rien n'est plus universel que d'être singulier, et l'universel devient une singularité comme les autres.

4/ [. . .] il n'y a plus que de la singularité, sans détermination, et cette singularité n'est plus la singularité de rien. [. . .]

Byung-Chul Han propone un análisis similar, al describir en la sociedad contemporánea un *infierno de lo mismo*, en el cual ya no existe la negatividad del Otro en tanto *atópico*, sino una abundancia de diferencias positivas, comparables entre sí y —sobre todo— consumibles:

> Die heutige Kultur des ständigen Ver-Gleichens lässt keine Negativität des *atopos* zu. Wir vergleichen permanent alles mit allem, nivellieren es dadurch zum Gleichen, weil uns gerade die Erfahrung der Atopie des Anderen abhanden gekommen ist. Die Negativität des atopischen Anderen entzieht sich der Konsumtion. So ist die Konsumgesellschaft bestrebt, die atopische Andersheit zugunsten konsumierbarer, ja *heterotopischer* Differenzen zu beseitigen. Die Differenz ist eine Positivität im Gegensatz zur Andersheit. Heute verschwindet überall die Negativität.[316]

Ontológicamente aislado, entregado al narcisismo y la depresión, el individuo ya no es capaz de *reconocer* al Otro en su negatividad fundamental: «Das narzisstische Subjekt [. . .] ist nicht fähig, den Anderen in seiner Andersheit zu erkennen und diese Andersheit anzuerkennen. [. . .] Er watet überall im Schatten seiner selbst, bis er in sich ertrinkt».[317]

Los análisis de Mehdi Belhaj Kacem, Tristan Garcia y Byung-Chul Han ofrecen un punto de partida muy interesante para replantear la cuestión de la locura literaria en la contemporaneidad —y en el *de/lirio* de nuestros autores—. ¿Expresará solo la *pasión de lo singular* como positividad absoluta y sin rumbo que paraliza al pensamiento contemporáneo,[318] en una *petrificación* que Starobinski observa ya en los Románticos? ¿O logrará, al contrario, hacerse el operador de una palabra verdaderamente *otra*, y así de una singularidad ya no solipsista sino nuevamente dinámica y capaz de relacionalidad?[319] Según sugiere

---

5/ Ce faisant, la singularité est non seulement vide, mais [. . .] elle est la négation du négatif (il est interdit d'interdire, il faut renoncer à renoncer, il faut dire ‹non› à ‹non›). Au moment même où elle est présentée comme pure positivité, la singularité est négation de soi, en boucle, mais qui ne trouve plus rien d'autre à nier que sa négation: elle s'incarne alors dans une figure hégélienne contemporaine, qui serait sans doute l'ironie, ou l'auto-ironie et l'autodénigrement [. . .].

6/ A présent, la singularité est atone. ‹Empiriquement, écrit Mehdi Belhaj Kacem, elle se réalise comme individu maniaco-dépressif.› Qu'est-ce que je suis ? Je veux être différent de tous ceux qui sont différents. . . Comment faire ? [. . .] Alors apparaît clairement le projet critique de Mehdi Belhaj Kacem: Il faut sauver la singularité d'elle-même, retrouver son sens dynamique, c'est-à-dire sa puissance, la possibilité qu'elle aurait de devenir autre, en la réinvestissant de sa négativité». Tristan Garcia: Critique et rémission, pp. 263–267.

316 Byung-Chul Han: *Agonie des Eros*, p. 6.
317 Ibid., p. 7.
318 Tristan Garcia: Critique et rémission, p. 248.
319 Ibid., p. 267.

Cynthia Fleury: «Il ne s'agira pas de devenir une personnalité, une singularité, comme une injonction à la mise en scène de l'ego. L'enjeu est tout autre: il est relationnel. Se lier aux autres, se lier au sens, se lier au Réel, se lier à l'œuvre, l'éternité des liens comme seule vérité».[320]

2.2.2 Locura y literatura, una *extraña vecindad*

Hemos hablado, hasta ahora, de la locura literaria como postura enunciativa, estrategia poética y/o dispositivo metafórico, es decir de textos de «cuerdos» —escritos desde el exterior de la locura—, pero que tematizan la locura y se apropian su espacio —porque al autor le garantiza más libertad de expresión y subversión;[321] para describir e interrogar cambios socioeconómicos y las inquietudes metafísicas que suscitan;[322] o para trabajar contenidos inconscientes o arquetípicos, ajenos a la racionalidad del *logos*—.[323] Sin embargo, la locura es también una experiencia patológica real, una enfermedad psíquica y física a la que los escritores no son inmunes: puede así influir en la producción de la obra literaria, incluso suscitarla. En este sentido, el vínculo entre locura y literatura se puede analizar a partir de la relación del autor —de su experiencia de la enfermedad mental— con la locura que se da a leer en sus textos. Según propone la psicóloga Monique Plaza, se pueden así identificar tres categorías de textos. En primer lugar, se encuentran textos de locos, producidos desde el *atópico* de la locura,[324] que permanecen en gran medida opacos a la interpretación: encierran una «étrange densité»[325] que el lector no consigue *metabolizar* dentro de la totalidad simbólica legítima que es la suya —la que define sus criterios de inteligibilidad—. Por eso, la heterogeneidad del texto loco no produce, a diferencia de la del texto literario, ni placer ni goce (en el sentido barthesiano de estos términos), y ello lo condena generalmente a no ser leído.[326] En segundo lugar, se encuentran testimonios *a posteriori* sobre la locura, por parte de individuos que atravesaron una enfermedad mental y consiguieron sanarse. Esos textos se caracterizan, del lado

---

320 Cynthia Fleury: *Les irremplaçables*, p. 11.
321 Sería el caso en el paradigma antiguo de la *parrêsia*, y en sus avatares medievales (por ejemplo en el *Elogio de la locura* de Erasmo).
322 Por ejemplo, en el siglo XIX, en el realismo, naturalismo, decadentismo, y hasta, en el siglo XX, en el expresionismo.
323 En el surrealismo y otras vanguardias.
324 Monique Plaza: *Folie et écriture*, p. 118.
325 Ibid., p. 59.
326 ... pese a cierto interés bibliófilo. Cf. la enciclopedia de André Blavier: *Les fous littéraires* [1982]. Paris: Éditions des Cendres 2001.

de su producción, por una doble función «de compromis et de contrat: catharsis et affirmation du sujet qui a été fou, elle est, et reste, l'expression du bail signé par l'auteur avec le monde».[327] La última categoría propuesta por Monique Plaza es sin duda la más interesante a nivel literario, abarcando los textos elaborados en (y a partir de) la locura como enfermedad mental real, pero que consiguen salir de su *atópico* para reintegrar el espacio potencial —*utópico*— de la literatura. De Hölderlin y Nerval hasta Wolf y Artaud, «la folie n'est plus une intruse dans l'écriture (comme chez l'auteur fou), elle n'est plus un tissu cicatriciel (comme chez l'auteur qui témoigne [. . .]), elle devient une thématique élaborée et aménagée par l'auteur dans l'espace potentiel».[328]

En el enfoque retórico de Soshana Felman, sin embargo, ni la naturaleza exacta de la experiencia que ha tenido el autor de la enfermedad mental, ni la intención con la cual la plasma en su obra literaria tienen mucha relevancia.[329] La locura que se da a leer en el texto es ante todo un *efecto de lectura* —la eficacia retórica que cobra la locura como signo ya independiente de su emisor—. Como lo muestra Felman de manera muy convincente, la *retórica de la locura* es inseparable de su propio enloquecimiento, de una *locura de la retórica*: «si le discours sur la folie n'est pas un discours de la folie, [. . .] il n'en existe pas moins, dans ces textes, une folie qui parle, une folie qui se joue toute seule à travers le langage mais sans que personne ne puisse devenir le sujet parlant de ce qui se joue».[330] El despliegue de la locura en el texto literario, tenga o no un sustrato real en el autor, plantea así una misma problemática:

> L'enjeu de la littérature, c'est le sens; or, le discours d'un fou est, a priori, un non-sens; du moins est-il illisible, incompréhensible. La folie intégrée à la littérature pose donc d'emblée la question de savoir comment l'illisible se lit: pourquoi, et de quelle manière, le non-sens produit-il du sens?[331]

Por esta vertiente, se puede reflexionar sobre un vínculo más profundo, de orden ontológico, entre locura y literatura. Más allá de los *topoi* que relacionan

---

327 Monique Plaza: *Folie et écriture*, p. 159.
328 Ibid., p. 160.
329 Soshana Felman pertenece a la Yale School y concibe la literatura desde el punto de vista de la retórica, como *acto de lenguaje* performativo. Por eso, se fija ante todo en el lector, y no en el autor de la obra literaria; su objetivo es la elaboración de «une théorie de l'*effet de lecture* [. . .] en tant qu'interprétant dynamique du texte [. . .]; une théorie (et une démonstration) de l'effet de transfert comme interprétant de la place dynamique du destinataire —du lecteur— en tant que signe du signe, signe lui-même du texte». Shoshana Felman: *La folie et la chose littéraire*, p. 31.
330 Ibid., p. 347.
331 Ibid., p. 128.

la locura y el genio artístico —aunque, lo vimos, no totalmente ajeno a ellos—, aquel «étrange voisinage de la folie et de la littérature»[332] fue articulado por Foucault en su ensayo «La folie, l'absence d'œuvre». Para él, la locura es «pli du parlé qui est une absence d'œuvre»;[333] es decir, una palabra «dédoublée à l'intérieur de soi», esencialmente transgresiva porque no se conforma con el código vigente:

> elle dit ce qu'elle dit, mais elle ajoute un surplus muet qui énonce silencieusement ce qu'il dit et le code selon lequel il le dit. Il ne s'agit pas là d'un langage chiffré, mais d'un langage structuralement ésotérique. C'est-à-dire qu'il ne communique pas, en la cachant, une signification interdite; il s'installe d'entrée de jeu dans un repli essentiel de la parole.[334]

Para Foucault, es desde ese mismo *pliegue* de la palabra que se escribe la literatura occidental desde Mallarmé, en «un langage dont la parole énonce, en même temps que ce qu'elle dit et dans le même mouvement, la langue qui la rend déchiffrable comme parole».[335] Soshana Felman, en el trabajo ya citado, profundiza el análisis impulsado por Foucault. Concuerda en que locura y literatura convergen en el lugar de una palabra excluida: «Il existe, entre littérature et folie, un rapport obscur mais constitutif: ce rapport tient à ce qui les barre, à ce qui les voue l'une et l'autre au refoulement et au démenti».[336] Sin retomar explícitamente la noción de pliegue introducida por Foucault, identifica, a la raíz de su exclusión, la producción común, por la locura y por la literatura, de «résistance en acte à l'interprétation»[337] en una oscilación constante «entre *le trop-plein-de-sens et le trop-vide-de-sens*».[338]

Estas conclusiones plantean un problema obvio en cuanto a la legitimidad de todo afán teórico-crítico en torno a la literatura cual locura: ¿no sería, quizás, otra forma de locura, la de empeñarse en buscar un sentido que sigue resistiendo y esquivándose, que solo existe bajo el modo de la resistencia al sentido? Es lo que sugiere Hugo Achugar, al poner en paralelo las *Wahnbildungen* que Freud diagnosticaba tanto en el paciente como en el analista en el curso del tratamiento psicoanalítico, con la interpretación literaria: «la interpretación literaria [...] está atrapada entre la ilusión y el delirio [...] El acto interpretativo es, en defini-

---

[332] Michel Foucault: La folie, l'absence d'œuvre [1964]. In: *Dits et écrits, 1954–1988*, vol. 1: *1954–1969*. Eds. Daniel Defert/François Ewald. Paris: Gallimard 1994, p. 419.
[333] Ibid., p. 418.
[334] Ibid., p. 416.
[335] Ibid., p. 418.
[336] Shoshana Felman: *La folie et la chose littéraire*, p. 15.
[337] Ibid., p. 349.
[338] Ibid., p. 350.

tiva, la ilusión de creer posible la traducción, la interpretación».[339] La idea se encuentra también en Piglia: «La literatura funciona, inevitablemente, a partir de una situación (un contexto no verbal) de lectura: el delirio interpretativo se mide de acuerdo con la mayor o menor capacidad que tiene el lector para comprender aquello que va a limitar su lectura».[340]

Llegamos aquí a un punto clave para entender el *de/lirio*, pues esa tensión —polaridad, contradicción— característica de la locura literaria se conecta, en los textos de nuestros autores, con el recurso a la transgenericidad (la ficción crítica o *Friktion*, en particular; cf. 2.1.3), construyendo textos que simultáneamente pliegan y despliegan la palabra, que se ofrecen a la interpretación solo sustrayéndose a ella, que invitan a la actividad interpretativa mientras reafirman, en el mismo movimiento, la dificultad e incertidumbre —la imposibilidad— de esta empresa. El sentido se construye en el *de/lirio* intersticialmente, en precariedad perpetua.

2.2.3 Locura y literatura en el Río de la Plata

Hemos planteado, en los dos apartados precedentes, la cuestión de la locura en literatura desde una perspectiva principalmente europea —una perspectiva no necesariamente irrelevante para los textos que nos importan, pues América Latina también es, según Ángel Rama, «parte del fenómeno ‹civilizador› occidental»[341] o, según Silvano Santiago, parte «de uma mesma cultura, a ocidental»—.[342] Como bien muestra Walter Mignolo,

> [t]he Occident [. . .] was never Europe's Other but the difference within sameness: *Indias Occidentales* (as you can see in the very name), was the extreme West, not its alterity; America, contrary to Asia and Africa, was included as part of Europe's extension and not as its difference.[343]

Ahora bien: en América Latina se han observado afinidades específicas entre literatura y locura. Por estar «signada por el desposeimiento y la transcultura-

---

339 Hugo Achugar: *La biblioteca en ruinas. Reflexiones culturales desde la periferia*. Montevideo: Trilce 1994, pp. 71–72.
340 Ricardo Piglia: *Los años felices*, p. 56.
341 Ángel Rama: Diez problemas para el novelista latinoamericano, p. 4 (las comillas son mías).
342 Silvano Santiago: O entre-lugar do discurso latinoamericano, p. 17.
343 Walter Mignolo: *Local histories/global designs. Subaltern knowledge and border thinking*. Princeton: Princeton University Press 2000, p. 58.

ción», la historia del continente constituye, según analiza Maryse Renaud, «un terreno abonado para el desarrollo de esta modalidad oblicua de cuestionamiento del orden, de rebellión contra la norma»[344] en literatura. Son estas afinidades productivas las que propongo analizar en el apartado que sigue — desde la región que nos ocupa en particular, el Río de la Plata—. Antes de empezar, cabe aclarar unas premisas en cuanto a la muy discutida cuestión de la *colonialidad* latinoamericana.[345] En introducción a un volumen dedicado al tema, Mabel Moraña, Enrique Dussel y Carlos A. Jáuregui apuntan:

> The uninterrupted practice of colonialism has marked Latin American history from its beginning. Even today, at the beginning of the twenty-first century, it would be difficult to analyze Latin America's position both at the national and at the international levels, without an understanding of its colonial and neocolonial history.[346]

La colonización europea marcó profundamente el continente: en primer lugar, por la violencia fundacional de la conquista[347] —el doble genocidio de las poblaciones nativas y las poblaciones esclavizadas africanas/afro-descendientes—;[348] y en segundo lugar, por su duración —se prolongó indirectamente mucho más allá de las independencias nacionales obtenidas en el siglo XIX por las élites criollas—.[349] Hoy en día, el capitalismo neoliberal ha reemplazado la administración colonial, y ya no se organiza desde Europa, sino desde EE.UU.[350] Otra vez en las palabras de Moraña, Dussel y Jáuregui,

> it is obvious that for Latin America both globalization and neoliberalism stand as new incarnations of neocolonialism, and capitalism continues to be the structuring principle which, by ruling all aspects of national and international relations, not only allows for but requires the perpetuation of coloniality.[351]

---

344 Maryse Renaud: Mapa de la locura americana. In: Joaquín Manzi (ed.): *Locos, excéntricos y marginales en las literaturas latinoamericanas*, vol. 1. Poitiers: CRLA-Archivos/Université de Poitiers 1999, p. 14.
345 El término de *colonialidad*, inglés *coloniality*, «encompasses the transhistoric expansion of colonial domination and the perpetuation of its effects in contemporary times». Mabel Moraña/Enrique Dussel/Carlos A. Jáuregui: Colonialism and its replicants. In: Mabel Moraña/Enrique Dussel/Carlos A. Jáuregui (eds.): *Coloniality at large. Latin America and the postcolonial debate*. Durham/London: Duke University Press 2008, p. 2.
346 Ibid., p. 10.
347 Ibid., p. 2.
348 Walter Mignolo: *The idea of Latin America*. Oxford: Blackwell 2005, p. xiii.
349 Mary Louise Pratt: Repensar la modernidad. In: *ESPIRAL. Estudios sobre Estado y Sociedad* 5/15 (1999), p. 63.
350 Walter Mignolo: *The idea of Latin America*, p. 7.
351 Mabel Moraña/Enrique Dussel/Carlos A. Jáuregui: Colonialism and its replicants, p. 12.

En términos de producción del saber, en particular, los EE.UU. (y en menor medida Europa), mantienen cierta hegemonía discursiva hasta hoy —fenómeno que refleja el término de *poscolonialidad*, acuñado en Norteamérica—.[352]

Dicho esto, se ha de subrayar la «differential quality of Latin American colonial history»[353] que, junto con la fuerte heterogeneidad social y cultural del continente,[354] dificultan su integración en el paradigma de poscolonialidad desarrollado en la segunda parte del siglo XX para describir, ante todo, la situación de países africanos y asiáticos recién descolonizados.[355] El *locus* enunciativo[356] de nuestros autores —Levrero y Laiseca escriben desde la centralidad de su etnia (blanca) y clase social (media)— no invita a una lectura decolonial de sus *de/lirios* respectivos. Queda claro que las consecuencias psíquicas de cuatro siglos de hegemonía colonial caracterizan la contemporaneidad globalizada en su conjunto —pienso, por ejemplo, en la *melancolía post-imperial* que describe Paul Gilroy en el Reino Unido de los años 2000—,[357] y que los estudios de- y poscoloniales han hecho aportes imprescindibles para entenderlas. En base al trabajo seminal de Frantz Fanon en

---

352 Ibid., p. 15.
353 Ibid., p. 8.
354 Cf. Mary Louise Pratt: Repensar la modernidad. Sobre la multiplicidad de las nociones de centro-periferia en el contexto latinoamericano, cf. Hugo Achugar: *La biblioteca en ruinas*, p. 27: «El centro no es homogéneo pero sobre todo el centro también tiene sus periferias. [. . .] También hay periferias de la periferia. Nosotros el Otro somos plurales, heterogéneos y, en cierto sentido, estamos atravesados por conflictos similares aunque no idénticos a los del centro».
355 Entre 1945 (fin de la Segunda Guerra Mundial y creación de la ONU) y el fin de los 1990, más de 80 naciones adquieren su independencia —entre las cuales se encuentran la casi totalidad del continente africano y una parte del continente asiático—. Para una cronología, cf. Raymond F. Betts: *Decolonization*. New York/London: Routledge 1998, pp. 112 y siguientes. Importantemente, la descolonización no es un proceso acabado: según la ONU, todavía quedan en el mundo 17 «non-self-governing territories». United Nations: Decolonization (s. f.), https://www.un.org/en/global-issues/decolonization (23.8.2021).
356 Walter Mignolo desarrolla esta noción a partir de la categoría de «mode d'énonciation» propuesta por Michel Foucault: *L'archéologie du savoir*. Paris: Gallimard 1969. El *locus* enunciativo corresponde al lugar desde el cual un intelectual habla y, hablando, participa en cambiar o mantener sistemas de valores y creencias; este lugar está determinado por las coordenadas disciplinarias (historia, ciencias naturales, filología. . .) y no-disciplinarias («gender, class, race, nation») de cada individuo. Walter Mignolo: *The darker side of the Renaissance. Literacy, territoriality and colonization*. Ann Arbor: University of Michigan Press 1995, pp. 5–6. Mignolo insiste en que la sociedad colonial se caracteriza, precisamente, por «the coexistence of differential *loci* of enunciation», lo que requiere, para todo acercamiento a ella, «pluritopic hermeneutics». Ibid., p. 316.
357 Cf. Paul Gilroy: *After empire. Melancholia or convivial culture?*. London: Routledge 2004, en particular pp. 107–116.

Les damnés de la terre,[358] estas disciplinas abordan los trastornos psíquicos desde la alienación cultural sufrida por los pueblos colonizados,[359] y ven en ellos estrategias de resistencia contra el poder discursivo y político de la metrópoli, a la vez que maneras de reapropiarse identidades borradas o confiscadas por el modelo identitario hegemónico.[360] Este enfoque, sin embargo, no será el mío en lo que sigue — por lo menos no exactamente—: quiero más bien presentar dos paradigmas de rica tradición literaria en la región rioplatense —el desvío y la rareza— que preceden y exceden los acercamientos poscoloniales a la locura.

2.2.3.1 Desvío

Harold Bloom ha identificado, subyacente a toda creación poética, una profunda *angustia de la influencia* que impulsa en el joven poeta un movimiento de *clinamen* o desvío en la lectura que hace de sus precursores: «strong poets» —asevera Bloom— «make [the poetic] history by misreading one another, so as to clear imaginative space for themselves».[361] En este sentido, el poeta es necesariamente *perverso*; tiene que malinterpretar a sus predecesores para librar su imaginación creativa de la sobre-determinación impuesta por ellos: «The strong imagination comes to its painful birth through savagery and misrepresentation».[362]

La condición (neo/pos/de)colonial del continente latinoamericano es sin duda propicia al desarrollo de una aguda *angustia de la influencia*, que se origina, antes que en la tradición literaria, en la lengua misma. Como lo señala Ángel Rama,

> los escritores del continente sienten que trabajan con un instrumento prestado y al que muchas veces encaran como ajeno [. . .] Hay una sensación que parece indesarraigable del hombre culto americano: la de que habla, aplica, se manifiesta, existe, en un lenguaje que no ha inventado, y que, por lo mismo, no le pertenece íntegramente [. . .] sabe de la existencia de España, de la literatura española, sabe sobre todo de la existencia de la Real Academia, [. . .] y a la vez tiene clara conciencia de que él es, idiomáticamente, un ser híbrido: tiene una expresión propia, íntima, familiar [. . .] distinta, a veces mucho, de la expresión pública.[363]

---

358 Cf. Frantz Fanon: *Les damnés de la terre* [1961]. Paris: La Découverte 2002, pp. 237–298.
359 Cf. Homi K. Bhabha: *The location of culture*, pp. 40 y siguientes.
360 Retomo aquí las conclusiones de Annalisa Pes: Damnation or salvation? Journeys into madness in Henry Lawson and Patrick White's short stories. In: Susanna Zinato/Annalisa Pes (eds.): *Ex-centric writing. Essays on madness in postcolonial fiction*. Newcastle: Cambridge Scholars Publishing 2013, p. 157.
361 Harold Bloom: *The anxiety of influence. A theory of poetry*. New York: Oxford University Press 1973, p. 5.
362 Ibid., p. 85.
363 Ángel Rama: Diez problemas para el novelista latinoamericano, pp. 29–30.

Jacques Derrida ha resumido esta condición en los siguientes términos: «Je n'ai qu'une langue, ce n'est pas la mienne».[364] En su análisis del *monolingüismo del otro*, el filósofo argelino de ascendencia judía y lengua francesa vincula el proceso colonizador con una serie de fenómenos —ruptura con la tradición, desarraigo, amnesia histórica— que dejan el individuo sin modelo estable de identificación y provocan en él

> des mouvements qui, se trouvant toujours au bord de l'effondrement, oscillent entre trois possibilités menaçantes: 1. une amnésie sans recours [. . .] une folie; 2. des stéréotypes homogènes et conformes au modèle [. . .] dominant [. . .] une autre espèce de folie; 3. la folie d'une hypermnésie, une supplément de fidélité, un surcroît, voire une excroissance de la mémoire [. . .][365]

Entre amnesia, conformismo a la memoria dominante (oficial) e hipermnesia, la escritura colonizada tiene la locura como horizonte. En este contexto, el desvío constituye una oportunidad salvadora. En el Río de la Plata, existe así toda una tradición del desvío literario que problematiza productivamente la pertenencia del escritor a la esfera cultural europea —su relación al canon lingüístico, literario y cultural impuesto desde Europa—. Borges reivindica así, en un famoso ensayo de 1951, una historia argentina definida «como un querer apartarse de España, como un voluntario distanciamiento de España».[366] No concluye por eso a una inautenticidad constitutiva de la cultura argentina,[367] sino que ve en esta relación ambivalente hacia el continente europeo —distancia en la pertenencia, familiaridad en la alteridad— un potencial creativo: «podemos manejar todos los temas europeos, manejarlos sin supersticiones, con una irre-

---

364 Jacques Derrida: *Le monolinguisme de l'autre ou la prothèse d'origine*. Paris: Galilée 1996, p. 13.
365 Ibid., p. 116.
366 Jorge-Luis Borges: El escritor argentino y la tradición [1951]. In: *Discusión*. Madrid/Buenos Aires: Alianza/Emecé 1986, p. 134.
367 Aquel juicio severo se encuentra formulado por Ezequiel Martínez Estrada en *Radiografía de la Pampa*, que condena en la Argentina «un subconsciente inclinado al gozo de los disfraces». Ezequiel Martínez Estrada: *Radiografía de la pampa* [1993]. Ed. Leo Pollmann. Buenos Aires: Fondo de cultura económica de Argentina 1993, p. 206. El capítulo que concluye la obra es elocuente: «Al mismo tiempo que se combatía por desalojar lo europeo, se lo infiltraba en grado supremo de apelación contra el caos. El procedimiento con que se quiso extirpar lo híbrido y extranjerizo, fue adoptar las formas externas de lo europeo. Y así se añadía lo falso a lo auténtico. Se llegó a hablar francés e inglés; a usar frac; pero el gaucho estaba debajo de la camisa de plancha, y precisamente se afirmaba un estado de barbarie consustancial con la apariencia, convirtiéndose en materia de cultura lo que era abigarramiento de las exterioridades de la cultura». Ibid., p. 253.

verencia que puede tener, y ya tiene, consecuencias afortunadas».[368] Silvano Santiago, en el ya citado ensayo «O entre-lugar do discurso latinoamericano», radicaliza esta idea, en la terminología antropófaga del modernista Oswald de Andrade;[369] según él, el desvío caracteriza «uma assimilação inquieta e insubordinada, antropófaga»[370] de lo europeo:

> A maior contribuição da América Latina para a cultura ocidental vem da destruição sistemática dos conceitos de unidade e de pureza [. . .] A América Latina institui seu lugar no mapa da civilização ocidental graças ao movimento de desvio da norma, ativo e destruidor, que transfigura os elementos feitos e imutáveis que os europeus exportavam para o Novo Mundo.[371]

A propósito de la Argentina, Ricardo Piglia observa por su parte, «en todo el manejo de la erudición de la cultura[,] algo un poco delirante [. . .]. Se encuentra en Lugones, en Sarmiento, en Martínez Estrada, en el mismo Arlt. Borges lleva al límite esa tradición, la vacía casi, es la erudición como pura forma».[372] La hipótesis evoca el «usage hyperculturel»[373] de la lengua y del corpus literario —ya sea «exubérance et surdétermination»[374] o «correction inouïe»— que Deleuze y Guattari describen en las literaturas *menores*,[375] subrayando su potencial revolucionario:

> Les trois caractères de la littérature mineure sont la déterritorialisation de la langue, le branchement de l'individuel sur l'immédiat-politique, l'agencement collectif d'énonciation. Autant dire que le «mineur» ne qualifie plus certaines littératures, mais les conditions révolutionnaires de toute littérature au sein de celle qu'on appelle grande (ou établie).[376]

---

368 Jorge-Luis Borges: El escritor argentino y la tradición, p. 136.
369 En su «Manifesto antropófago», el poeta brasileño proclama: «Só me interessa o que não é meu. Lei do homem. Lei do antropófago». Oswald de Andrade: Manifesto antropófago [1928]. In: *Manifeste. Portugiesisch-Deutsch*. Ed. Oliver Precht. Wien/Berlin: Turia + Kant 2016, p. 34. Interesantemente, tres décadas después y desde el área cultural franco-caribeño, Aimé Césaire le hace eco: «Nous nous réclamons de la démence précoce et de la folie flambante du cannibalisme tenace». Aimé Césaire: *Cahier d'un retour au pays natal*. Paris: Présence africaine 1956, pp. 47–48. La esquizofrenia cultural impuesta por el sistema colonial se exaspera aquí en una locura caníbal, en un vuelco irónico del *topos* colonial del «buen salvaje».
370 Silvano Santiago: O entre-lugar do discurso latinoamericano, p. 20.
371 Ibid., pp. 16–17.
372 Ricardo Piglia: La literatura y la vida [1989]. In: *Crítica y ficción. Entrevistas*. Buenos Aires: Siglo Veinte 1990, p. 196.
373 Gilles Deleuze/Félix Guattari: *Kafka. Pour une littérature mineure*. Paris: Minuit 1975, p. 47.
374 Ibid., p. 35.
375 Ibid., p. 29.
376 Ibid., p. 33.

En los autores que nos interesan, tendremos la oportunidad de documentar varios fenómenos de desvío-delirio ligados a una *minoría* reivindicada: el cuestionamiento constante de las nociones de identidad, autoría y autoridad —incluso «la autoridad ontológica tradicionalmente asignada al *yo*»—;[377] la reconfiguración del canon literario y epistémico alrededor de géneros populares como el policial o el folletín, y de saberes no hegemónicos como la mística o las filosofías orientales; una *mala escritura* asumida que desborda las normas narrativas y estilísticas del mercado, y no duda en subvertir las leyes de propiedad intelectual, etc.

2.2.3.2 Rareza

Muy relevante para el presente estudio —en particular en lo que atañe a Levrero— es también la tradición uruguaya de lo *raro*, que inaugura Rubén Darío a finales del siglo XIX[378] y continúan Ángel Rama[379] y otrxs hasta hoy.[380] En la línea de Lautréamont y de los ex-céntricos literarios del centro —poniéndolos al centro de una tradición ex-céntrica—,[381] lo raro cuestiona el centro discursivo y político del poder, sin intentar ignorarlo o suprimirlo —una empresa imposible por razón, precisamente, de su hegemonía— sino más bien reapropiárselo y reinventarlo desde la periferia. Se trata, según Hugo Achugar, de reivindicar «un lugar o una ocasión en que el disenso puede ser ejercitado», en contra del sentido común y del pensamiento hegemónico.[382]

Carina Blixen muestra la productividad de la noción en la década del sesenta, en tanto «forma de reivindicar un espacio de imaginación en una cultura fuertemente militante», y luego, durante la dictadura cívico-militar uruguaya, como «espacio de resistencia»[383] capaz de escapar a la censura que se le impuso a la literatura de corte más «realista» y comprometido;[384] sin embargo, también interroga la pertinencia de lo raro hoy en día para calificar «una producción que

---

377 Maryse Renaud: Mapa de la locura americana, p. 18.
378 Rubén Darío (ed.): *Los raros* [1896]. San José: Editorial Universitaria Centroamericana 1972.
379 Ángel Rama (ed.): *Cien años de raros*. Montevideo: arca 1966.
380 Cf. Valentina Litvan/Javier Uriarte (eds.): *Raros uruguayos*.
381 Cf. Julio Prieto: *Desencuadernados*.
382 Hugo Achugar: ¿Comme il faut ? Sobre lo raro y sus múltiples puertas. In: *Cuadernos LIRICO* 5 (2010), https://doi.org/10.4000/lirico.376, p. 18.
383 Carina Blixen: Variaciones sobre lo raro. In: *Cuadernos LIRICO* 5 (2010), https://doi.org/10.4000/lirico.394, p. 56.
384 Ibid., p. 58.

de periférica ha pasado a ser nuclear».[385] Valentina Litvan y Javier Uriarte plantean el problema en los siguientes términos —no sin recordar lo que describimos más arriba en torno a las nociones de locura y esquizofrenia—:

> ¿Es legítimo hablar de «raros» en una sociedad como la nuestra o acaso cada uno de nosotros es un «raro» en un mundo caótico, en la sociedad de la diferencia, donde los parámetros de normalidad son cada vez más laxos e impera un individualismo exacerbado? La excepcionalidad y el carácter marginal que guiaban los autores seleccionados tanto por Rubén Darío como por Ángel Rama en sus antologías se han convertido hoy en algo común. El raro de los siglos XIX y XX ha caducado como tal, entrando a formar parte del canon [. . .].[386]

Por otra parte, las bases teóricas de la categoría de lo raro —las teorías del imperialismo cultural, la dicotomía centro-periferia— han sido el objeto, en las últimas décadas, de muchas críticas válidas.[387]

Hay razones, sin embargo, de rescatar la noción. Aun en el contexto de la homogeneización, a escala global, de lo que George Yúdice nombra la «culture-ideology of consumer capitalism»,[388] la rareza sigue *abriendo puertas* para el disenso. Redefinida a la vez como un modo de vida y —en las palabras de Carina Blixen— «una práctica de la literatura que toma sus materiales de la vida»,[389] la rareza estriba en el rechazo de los imperativos de productividad y consumo que legitiman hoy en día toda existencia individual. Según Hugo Achugar, «no ver televisión, no tener celular, no consumir es algo que perturba. Ser ocioso, no por no tener trabajo sino como opción de vida es algo casi incomprensible, es raro, rarísimo».[390] Ligada a lo *unheimlich* freudiano y anclada en la tradición literaria de lo fantástico,[391] la rareza es, además, trabajada desde siempre por una profunda negatividad —«en relación a una conciencia, no diáfana, no confiable, de lo otro, de la división, la pluralidad del yo y la discontinuidad del mundo conocible»—[392] que de por sí subvierte el *infierno de lo mismo* contemporáneo.

---

385 Ibid., p. 60.
386 Valentina Litvan/Javier Uriarte: Prefacio. Raros uruguayos, nuevas miradas. In: *Cuadernos LIRICO* 5 (2010), p. 11, https://doi.org/10.4000/lirico.372.
387 Para un resumen del debate, cf. George Yúdice: *The expediency of culture. Uses of culture in the global era*. Durham/London: Duke University Press 2003, p. 29.
388 Ibid., p. 89.
389 Carina Blixen: Variaciones sobre lo raro, p. 62.
390 Hugo Achugar: Sobre lo raro, p. 26.
391 Ibid., p. 21.
392 Carina Blixen: Variaciones sobre lo raro, p. 63.

Contigua a la rareza, cabe mencionar aquí la noción de *atipicidad* que desarrolla Noé Jitrik en un volumen colectivo de 1996. Ligada a la ruptura con «códigos semióticos preestablecidos»,[393] la atipicidad resulta de «una voluntad de rebeldía respecto de convenciones [. . .] asfixiantes, estrechamente académicas».[394] Jitrik ubica a los atípicos «en el campo de la desdicha, de las almas que vagan en espera de un consuelo», mientras que los típicos estarían «en el sitio de la fácil felicidad de las consagraciones y la circulación masiva»:[395] una melancólica «voluntad del margen» —según formula Carina González—[396] que, lo veremos, no es ajena al *de/lirio* de nuestros autores.

Tras ese recorrido por las diferentes problemáticas vinculadas con la convocación de la locura en el texto literario, se pueden acotar dos campos de tensión a partir de los cuales vamos a abordar el *de/lirio* en Levrero y Laiseca. El primero se ubica, a nivel epistémico, entre sentido y sinsentido: la locura literaria, al romper con los códigos (sociales, morales, lingüísticos) vigentes, resiste a la interpretación, desactiva los modos usuales de producción de sentido; simultáneamente, cuestionando la validez de estos códigos en el contexto altamente *significante* de la obra literaria, invita a considerar lo que la epistemia hegemónica deja de lado, no sabe pensar. Un segundo campo de tensión conecta, a nivel ontológico —a nivel de lo que Mehdi Belhaj Kacem nombra «bougés épocaux de l'être»—,[397] positividad y negatividad, Mismidad y Otredad: si bien el *de/lirio* es síntoma del nihilismo contemporáneo —la forclusión de lo negativo en nuestras *sociedades del cansancio* que solo autorizan puras positividades, singularidades autónomas hasta el solipsismo—, también trabaja a reanudar con lo profundamente negativo de la locura en tanto Otredad radical, para no solo volver a abrir un horizonte intersubjetivo auténtico, sino quizás también recrear las condiciones de posibilidad dialéctica de la utopía.

---

393 Noé Jitrik: Prólogo. In: Noé Jitrik (ed.): *Atípicos en la literatura latinoamericana*. Buenos Aires: Universidad de Buenos Aires 1996, p. 12.
394 Ibid., p. 13.
395 Ibid.
396 Carina González: La excentricidad narrativa: estrategias de fuga y exterioridad cultural. In: Carina González (ed.): *Fuera del canon: escrituras excéntricas de América Latina*. Pittsburgh: Instituto Internacional de Literatura Iberoamericana 2020, p. 8.
397 Mehdi Belhaj Kacem: *L'algèbre de la tragédie*, p. 21.

3 Los diarios-desvaríos de Mario Levrero

3.1 Introducción

Comparados con las novelas de Laiseca, los tres textos de Mario Levrero que vamos a analizar presentan una gran consistencia formal —por el recurso a la forma diarística— y una estrecha coherencia temática —por relatar los diferentes momentos de una misma empresa existencial, literaria, y espiritual: la escritura de la «Novela luminosa»—. Pese a este carácter unitario, «Diario de un canalla» (1992),[398] *El discurso vacío* (1996)[399] y *La novela luminosa* (2005)[400] presentan toda la complejidad de textos *de/lirantes*. Centrada en un *yo* enunciador que se puede identificar de manera —aparentemente— transparente con el *yo* autorial y vivencial de Mario Levrero, anclada en un día a día fragmentado y monótono, la escritura diarística se dedica a los «materiales nimios, inútiles, insignificantes»[401] de lo cotidiano, y reivindica su trivialidad de «desvarío» (NL, p. 9). Paralelamente, sin embargo, los tres textos ostentan una literariedad asumida. Cabe observar, por una parte, que se inscriben remáticamente en el ámbito de la narrativa ficcional: se designan como novelas —ya en el título, en el caso de NL; en una nota preliminar, en el caso de DV— o cuento —DC se publica en un «libro de cuentos»[402]—. Por otra parte, el autor-diarista presenta sus diarios, en varios paratextos, como prólogos o preliminares a la «Novela luminosa» —la cual, muy corta, se inserta al final de NL (pp. 451–558), pero no la cierra—. En su dimensión genérica, el *de/lirio* levreriano se caracteriza entonces por una tensión constitutiva entre diario y novela, que interroga —nos invita a interrogar— la diferencia, y paradójica codependencia, entre formas de escritura no- (o proto-)literaria y literatura supuestamente verdadera (novelística). La lectura de la llamada trilogía luminosa[403] revela, muy rápidamente, cómo esta problemática genérica se articula con el eje psicopatológico del *de/lirio*: el amplio espectro de trastornos psíquicos y psicosomáticos que los diarios documentan —desde la depresión y la angustia hasta

---

[398] Mario Levrero: Diario de un canalla. In: *El portero y el otro*. Montevideo: arca 1992, pp. 129–168. En adelante: DC.
[399] Mario Levrero: *El discurso vacío*. Montevideo: Trilce 1996. En adelante: DV.
[400] Mario Levrero: *La novela luminosa* [2005]. Barcelona: Penguin Random House 2008. En adelante: NL.
[401] Tamara Kamenszain: *Una intimidad inofensiva. Los que escriben con lo que hay*. Buenos Aires: Eterna Cadencia 2016, p. 48.
[402] Cf. Elvio E. Gandolfo: Prólogo. In: Mario Levrero: *El portero y el otro*. Montevideo: arca 1992, p. 6.
[403] Cf. Helena Corbellini: La trilogía luminosa de Mario Levrero.

comportamientos adictivos y obsesivos, pasando por la culpa neurótica, la tensión alta debida al estrés y el cansancio crónico— son causa de que el diarista no consigue escribir su «Novela»; con el recurso a la escritura diarística, el escritor implementa varias estrategias terapéuticas susceptibles de posibilitar su retorno a la literatura.

Crucialmente, el de/lirio levreriano tiene un trasfondo vivencial agudo, pues el proyecto de la «Novela luminosa»[404] se inicia en 1984 tras una operación de vesícula que fue para Levrero una experiencia traumática, de casi-muerte,[405] y solo se finaliza en 2004, con el fallecimiento del escritor. Si el propósito de escribir la «Novela luminosa» se formula con urgencia testamentaria, frente a una muerte presentada inminente, su realización a lo largo de dos décadas y tres textos diarísticos se inscribe en un tiempo largo, algo de una duración bergsoniana, «un gerundio»[406] terapéutico que le permite al escritor procesar el trauma de la operación y *exorcizar el miedo a la muerte* —miedo que se identifica pronto con la angustia del punto final que, en última instancia, le habrá que poner a la «Novela luminosa»—. En esta tensión propia de «un proyecto inacabado e inacabable,»[407] el *de/lirio* levreriano articula un *Lebenswissen* ético, estético y metafísico que, lo veremos, confronta y subvierte el individualismo neoliberal, su productivismo, a la vez que propone un antídoto a la melancolía solipsista que es su síntoma.

No falta material para quien quiera retratar a Mario Levrero. Sus propios textos —los diarios que vamos a estudiar aquí, así como varios otros objetos textuales híbridos, por ejemplo, la «Entrevista imaginaria»[408] que realizó consigo mismo en 1987— son una fuente inmensa de datos biográficos, reflexiones personales y críticas. Por otra parte, la abundante producción crítica y académica

---

[404] De aquí en adelante: proyecto luminoso —para distinguirlo del libro *La novela luminosa* y del capítulo epónimo dentro del libro—. Para una interesante reflexión sobre la obra levreriana en tanto «proyecto: escribir», cf. Mauro Libertella: El proyecto es escribir. Un perfil de Mario Levrero. In: *Revista de la Universidad de México* (2018), p. 23, https://www.revistadelauniversidad.mx/articles/72a43c8e-2e35-45e4-ac5c-e5f6b2a79436/un-perfil-de-mario-levrero (17.1.2020). Barthes propone unas reflexiones muy interesantes sobre «la logique du *Pro-jet* (du jet en avant, de tremplin en tremplin)» en la escritura; cf. Roland Barthes: *La préparation du roman I et II. Cours et séminaires au Collège de France (1978–1979 et 1979–1980)*. Ed. Nathalie Léger. Paris: Seuil/IMEC 2003, p. 208.

[405] En el «Prólogo histórico a la Novela Luminosa», habla de «mutilación importante», incluso de «castración» (NL, p. 14).

[406] Mauro Libertella: El proyecto es escribir, p. 21.

[407] Julio Premat: Las puertas de Levrero. In: *Cuadernos LIRICO* 14 (2016), https://doi.org/10.4000/lirico.2269, p. 11.

[408] Mario Levrero: Entrevista imaginaria con Mario Levrero [1987]. In: *El portero y el otro*. Montevideo: arca 1992, pp. 171–187.

sobre Levrero permite hablar, a partir del 2010, de un «boom levreriano,»[409] con la publicación de numerosas contribuciones de lxs amigxs y discípulxs del escritor[410] —ya sea entrevistas, testimonios, homenajes, o ensayos críticos— y no pocos trabajos de investigación universitaria. Como observa Matías Nuñez Fernández, «[l]a ya célebre rareza de Mario Levrero enfrenta la paradoja de haberse constituido en una línea escritural dentro de la literatura uruguaya:»[411] «escritor de estricto culto» durante décadas,[412] se encuentra ahora al centro de un amplio corpus crítico. Me limito aquí, entonces, a unos apuntes bio-bibliográficos sucintos, pero indispensables para mi acercamiento al *de/lirio* levreriano.

Levrero tuvo, en las palabras de su amigo Elvio Gandolfo, «varias vidas [. . .] expresadas a través de muy distintos campos creativos: la literatura ante todo, la historieta, el humor profesional con fecha de entrega, el cine, la plástica».[413] Jorge Mario Varlotta Levrero nace en Montevideo, el 23 de enero de 1940. De niño, a los tres años, se le diagnostica un soplo al corazón, que lo confina en casa durante unos cinco años.[414] De aquella fase —proustiana, se podría decir— de su vida, conserva «un sedentarismo irrevocable;»[415] también constituye un momento-matriz en la génesis de la peculiar fenomenología levreriana: según confiesa el escritor en DV, «el tema de la percepción de [su] cuerpo es muy antiguo; arranca de la inmovilidad forzosa que tuv[o] desde los tres años hasta los ocho o nueve, y en esa época aprend[ió] a separar[se] del cuerpo y vivir en la mente» (DV, p. 58).

---

409 Helena Corbellini: *El pacto espiritual de Mario Levrero*. Montevideo: Paréntesis 2018, p. 14.
410 Liliana Villanueva: El mundo Levrero: «El que sabe es el que sueña». In: *Maestros de la escritura*. Buenos Aires: EGodot Argentina 2018, pp. 135–168.
411 Matías Nuñez Fernández: Ejercicios de perspectiva del *yo* y discurso autoficcional en la literatura uruguaya a partir de Mario Levrero. In: *Revista de la Biblioteca Nacional* 3/4–5 (2011), p. 311, http://bibliotecadigital.bibna.gub.uy:8080/jspui/handle/123456789/33596 (18.02.2020). Sobre la genealogía de los raros uruguayos, cf. también Carina Blixen: Variaciones sobre lo raro; Gabriel Inzaurralde: *La escritura y la furia. Ensayos sobre la imaginación latinoamericana*. Leiden: Almenara 2016, p. 253; y el apartado 2.2.3.2 del presente estudio.
412 Reinaldo Laddaga: Una escritura de rescate. El discurso vacío en la obra de Levrero. In: *Cuadernos LIRICO* 14 (2016), p. 2, https://doi.org/10.4000/lirico.2199. Cf. también Jesús Montoya Juárez: La ciencia ficción uruguaya desde sus orígenes hasta 1988. In: Teresa López-Pellisa/Silvia G. Kurlat Ares (eds.): *Historia de la ciencia ficción latinoamericana*, vol. 1: *Desde los orígenes hasta la modernidad*. Frankfurt a. M./Madrid: Vervuert/Iberoamericana 2021, pp. 399–400.
413 Elvio E. Gandolfo: Vidas y Obras de Mario Levrero. In: *La nación* (12.7.2013), https://www.lanacion.com.ar/cultura/vidas-y-obras-de-mario-levrero-nid1599927 (17.1.2020).
414 Cf. NL, p. 540; Pablo Rocca: Formas del espionaje. Mario Levrero responde un cuestionario [1992]. In: Ezequiel de Rosso (ed.): *La máquina de pensar en Mario. Ensayos sobre la obra de Levrero*. Buenos Aires: Eterna Cadencia 2013, p. 92.
415 Mauro Libertella: El proyecto es escribir, p. 20.

Autodidacta, Levrero desempeña a lo largo de su vida oficios varios: «fue historietista, creador de acertijos y se interesó en la parapsicología, sobre la que escribió un manual,» apunta Gandolfo;[416] «tuvo una librería de viejo, realizó crucigramas para revistas, colaboró en publicaciones de humor y ciencia ficción, dio talleres literarios —presenciales y, en los últimos tiempos, también virtuales—», detalla Sara Mesa.[417] Habitado por una reticencia visceral hacia todo tipo de actividad económica que no fuera estrictamente necesaria, se conforma con la precariedad de esos empleos, aun al precio de fases de gran pobreza.[418] Mauro Libertella identifica ahí «un problema filosófico que gir[a] en relación al tiempo»:[419] toda ocupación profesional requiere la dedicación de horas enteras, la observación diaria de ciertos horarios —«el Ser con un horario en la frente, un almanaque», diría Macedonio[420]—, que son imposibles de conciliar con una verdadera vida espiritual. Según su propia confesión, a Levrero «[s]iempre [l]e resultó intolerable la sola idea de tener [su] tiempo de vida regulado por otros y transformado en ‹tiempo de producción›».[421] En 1985, invitado por su amigo Jaime Poniachik, se muda a Buenos Aires para trabajar de crucigramista en la revista *Humor*.[422] Si esa experiencia laboral de tres años le procura, finalmente, un poco de estabilidad financiera, lo obliga también a sacrificar sus «ritmos propios muy particulares;»[423] es una época de gran sufrimiento psicológico y espiritual, así relatada en DC:

> Lo que debo confesar es que me he transformado en un canalla; que he abandonado por completo toda pretensión espiritual; que estoy dedicado a ganar dinero, trabajando en una oficina, cumpliendo un horario; que ahora estoy escribiendo esto porque tengo unas vacaciones (DC, p. 130).

Este conflicto entre la literatura como práctica espiritual total, trascendente, y los imperativos horarios, pecuniarios y sociales de la vida cotidiana, atraviesa toda la obra de Levrero (tendremos la ocasión de volver más detenidamente sobre este aspecto en las secciones 3.2.2 y 3.3.1–2 del presente capítulo).

---

416 Elvio E. Gandolfo: Vidas y Obras de Mario Levrero.
417 Sara Mesa: La mística del ocio.
418 En un pasaje de NL, el escritor recuerda así una época en la cual «andaba en una situación económica tan desesperada que no tenía ni papel para escribir» (NL, p. 463).
419 Mauro Libertella: El proyecto es escribir, p. 20.
420 Macedonio Fernández: *No toda es vigilia la de los ojos abiertos*. Buenos Aires: M. Gleizer 1928, p. 156.
421 Pablo Rocca: Formas del espionaje, p. 89.
422 Liliana Villanueva: *Maestros de la escritura*, p. 138.
423 Nicolás Varlotta, citado en Bernabé de Vinsenci: Viaje a la intimidad de Mario Levrero. In: *Revista Polvo* (2019), http://www.polvo.com.ar/2019/04/levrero-varlotta-devinsenci/ (20.1.2020).

Inspirado por los relatos de Kafka,[424] y alentado por su mentor y amigo Tola Invernizzi,[425] Levrero empieza a escribir hacia la mitad de los 1960; mejor dicho: empieza a dejar de tirar lo que ya seguía escribiendo y dibujando desde varios años.[426] Desde el principio, elige separar su obra propiamente literaria de sus demás publicaciones (humorísticas o periodísticas), usando su segundo nombre y su apellido materno: Mario Levrero. Aclara en una entrevista: «Cuando escribí *La ciudad* ya había que ponerle una firma, yo sentía que no podía firmarla con mi nombre habitual porque esa obra no era completamente mía. Después fui descubriendo que estoy habitado por un escritor y que Jorge Varlotta no puede escribir nada literario».[427] Ese «desdoblamiento [. . .] materializ[ado] en la escisión de[l] propio nombre»[428] interroga directamente el *origo* de los textos levrerianos, redactados, en su mayor parte, en primera persona. El escritor comenta, en una conversación con Pablo Silva Olazábal:

> Desde que empecé a escribir, hay textos que los notaba como no-míos; o bien venían de una parte mía que me era completamente ajena y aun hostil, o bien había que pensar que la memoria me había jugado una mala pasada y que me había dictado un texto ajeno, borrándome el dato de que no era mío.[429]

---

424 Confiesa Levrero en una entrevista: «Fue a partir de la lectura de Kafka, quien me reveló una visión del mundo que yo sentía, que secretamente compartía, pero no me animaba a expresarla. Al leerlo en él, me creí autorizado. Cuando escribía *La ciudad* sentía que lo estaba plagiando o traduciendo a Kafka. Después vi que no era tan así; era un plagio fracasado que resultó un poco más personal.» Eduardo Berti/Jorge Warley: La literatura es como las palabras cruzadas [1986]. In: Elvio E. Gandolfo (ed.): *Un silencio menos. Conversaciones con Mario Levrero*. Buenos Aires: Mansalva 2013, p. 28. Cf. también: NL, pp. 115, 517.
425 Nicolás Varlotta, citado en Bernabé de Vinsenci: Viaje a la intimidad de Mario Levrero. Levrero le dedica al Tola Invernizzi su primera novela: cf. Mario Levrero: *La ciudad* [1970]. In: *Trilogía involuntaria*. Barcelona: Penguin Random House 2016, p. 13.
426 Pablo Rocca: Formas del espionaje, p. 95. Cf. también la entrevista de Gabriela Bernardi a Mario Levrero, en la cual éste declara: «Es una vocación no asumida, para mí era fácil escribir, aunque no conservaba nada de lo que escribía. Un amigo, Tola Invernizzi, empezó a hacerme notar que lo que hacía era interesante, y me motivó a conservarlo y corregirlo». Gabriela Bernardi: Muchos dicen que soy un maniático [1998]. In: Elvio E. Gandolfo (ed.): *Un silencio menos. Conversaciones con Mario Levrero*. Buenos Aires: Mansalva 2013, p. 145.
427 Felipe Monestier: Levrero, el inconsciente [1992]. In: Elvio E. Gandolfo (ed.): *Un silencio menos. Conversaciones con Mario Levrero*. Buenos Aires: Mansalva 2013, p. 108. Cf. también: Andrés Cadena: *Vaciar el decir. Hacia una poética de Mario Levrero*. Quito: Universidad Andina Simón Bolívar 2019, p. 42.
428 Sara Mesa: La mística del ocio.
429 Citado en Pablo Silva Olazábal: *Conversaciones con Mario Levrero*. Montevideo: Trilce 2008, p. 29. Nicolás Varlotta lo confirma: «él sentía que su literatura no era estrictamente suya sino que estaba inspirada (o dictada) por algo más, por el inconsciente o por el Espíritu. Y era

La cuestión enunciativa —¿quién habla en el texto?— es central en la poética levreriana: por eso resulta tan productivo el acercamiento de/lirante a su obra. Se vincula, lo veremos, con una crítica radical del yo en tanto construcción psicológica e ideológica, que impide al individuo acceder a ciertas dimensiones, espirituales, de la realidad, separándole de la propia potencia creativa (cf. 3.2.2). Como lo subraya Carina Blixen, «este doble ‹sello› (Levrero/Varlotta)» también plantea la paradoja de «mant[ener] la separación entre la ‹alta› literatura y todo lo ‹otro›, al mismo tiempo en que la cuestiona»:[430] así, la novela paródica *Nick Carter se divierte mientras el lector es asesinado y yo agonizo* (1974) está firmada por Jorge Varlotta; al escritor «[l]e hubiera resultado muy penoso [. . .] presentar una obra tan liviana, un folletín como Nick Carter, al lado de las cosas literarias con mayúsculas y cuello duro».[431] Un eco de esta jerarquización de las formas literarias se encuentra en los hábitos de lectura que el escritor documenta a lo largo del proyecto luminoso, en particular, su adicción a las novelas policiales (cf. 3.3.3.1).

El tema de los nombres de pluma lo sugiere: los textos levrerianos son plurales y abarcan un largo espectro genérico que va de la historieta[432] al policial,[433] pasando por textos humorísticos y periodísticos.[434] Desde su primera publicación *Gelatina* (1968), sin embargo, y aproximadamente hasta la mitad de los años ochenta, los cuentos y novelas de Levrero se publican —y reciben— bajo el rubro de la ciencia ficción: *La máquina de pensar en Gladys* y *La ciudad* (ambos libros publicados en 1970 por Tierra Nueva, en la colección «Literatura Diferente» dirigida por Marcial Souto), *París* (1980, El Cid Editor, con una nota de Elvio E. Gandolfo), *El lugar* (que se publica en el número 6 de la revista *El Péndulo*, también dirigida por Marcial Souto, enero de 1982), *Todo el*

---

ese tipo de literatura que no era del todo suya la que firmaba como Levrero.» Cf. Bernabé de Vinsenci: Viaje a la intimidad de Mario Levrero.
430 Carina Blixen: Levrero y Varlotta, dos nombres para una misma narrativa. In: *El País* (16.02.2020), https://www.elpais.com.uy/cultural/levrero-varlotta-nombres-narrativa.html (24.02.2020).
431 Eduardo Berti/Jorge Warley: La literatura es como las palabras cruzadas, p. 29.
432 Cf. Oscar Steimberg: Para un comienzo de descripción de las historietas de Levrero. In: Ezequiel de Rosso (ed.): *La máquina de pensar en Mario. Ensayos sobre la obra de Levrero.* Buenos Aires: Eterna Cadencia 2013, pp. 127–139.
433 Cf. Ezequiel de Rosso: Otra trilogía: las novelas policiales de Mario Levrero. In: Ezequiel de Rosso (ed.): *La máquina de pensar en Mario. Ensayos sobre la obra de Levrero.* Buenos Aires: Eterna Cadencia 2013, pp. 141–163.
434 Levrero/Varlotta contribuyó así en *Misia Dura* con textos humorísticos (a principios de los años 70), en *El País Cultural* con crónicas literarias, (1990–1992 y 1994–1995), en *Posdata* con su famosa columna «Irrupciones» (1996–2000). Cf. Carina Blixen: Irrupciones: el escritor en «traje y corbata». In: *Cuadernos LIRICO* 14 (2016), https://doi.org/10.4000/lirico.2218.

tiempo (1982), *Aguas salobres* (1983)... Aclara Jesús Montoya Juárez sobre la posición única de Levrero en lo que él llama la «primera ola de la ciencia ficción uruguaya»:[435]

> Pese a que la narrativa levreriana huye sistemáticamente del sostenimiento de una especulación relacionada con un *novum* tecnológico o científico, el campo de recepción en el que circuló, desde los años setenta al menos, estuvo vinculado con la CF. El primer editor de Levrero fue Marcial Souto, la figura más importante en la promoción y consolidación de la CF tanto en Uruguay como en Argentina [. . .] Levrero volvió a ser editado por Souto en De Urraca y Minotauro, sellos vinculados al género de la CF [. . .].[436]

Interesantemente, el propio Levrero nunca se conformó con ser un escritor de ciencia ficción y prefirió, desde el principio, la categoría de realismo —más precisamente, de *realismo introspectivo*—.[437] Contestando un cuestionario de Pablo Rocca, Levrero argumenta en clave macedoniana:

> Encuentro que «realismo introspectivo» es una expresión sumamente adecuada, tanto para referirse a «Diario de un canalla» como para referirse a la totalidad de mis textos.
> [. . .] La crítica literaria parece dar por sentadas muchas cosas, entre ellas la existencia de un mundo exterior objetivo, y a partir de allí señalan límites precisos a la realidad y al realismo, dan por sentado que el mundo interior es irreal o fantástico, y tratan de rotularlo todo de acuerdo con esos puntos de partida arbitrarios y pretenciosos. Yo me pregunto por qué un sueño debe ser menos real que una vigilia, o un pensamiento, un sentimiento, una idea o una vivencia debe ser menos real que una piedra o un poste de teléfono.[438]

Pese a esa firme declaración, es productivo leer los textos de esta fase en el marco de la *New Wave Science Fiction* estadounidense que florece en la misma época. Siguiendo a Sam Lundwall, Luciana Martinez ve en ella «un desplazamiento de la exploración exterior a la exploración interior como medio de aproximación al conocimiento de lo real»,[439] en torno al paradigma de la mística:

---

435 Jesús Montoya Juárez: La ciencia ficción uruguaya, p. 387.
436 Ibid., p. 399. Nicolás Varlotta destaca también el papel de Marcial Souto en la recepción de los primeros textos levrerianos: «[Levrero] publicaba en los medios donde podía hacerlo [. . .] Y durante mucho tiempo esos lugares eran casi exclusivamente allá donde estuviera Marcial Souto. Y como Souto estaba muy vinculado a la ciencia ficción, terminaba publicando ahí.» Nicolás Varlotta, citado en Bernabé de Vinsenci: Viaje a la intimidad de Mario Levrero.
437 También ha sido cuestión de «hiperrealismo o de un realismo experimental». Jesús Montoya Juárez: *Levrero para armar*, p. 72.
438 Pablo Rocca: Formas del espionaje, pp. 107–108.
439 Luciana Martinez: Mario Levrero, la ciencia y la literatura. In: Ezequiel de Rosso (ed.): *La máquina de pensar en Mario. Ensayos sobre la obra de Levrero*. Buenos Aires: Eterna Cadencia 2013, p. 171.

este revival de la mística puede leerse claramente en las teorías sobre la exploración del espacio interior de J.G. Ballard, en la etapa místico-parapsicológica de la obra de Philip K. Dick y en la novela *Solaris* de Stanislaw Lem. [. . .] eso se traduce en Argentina en los años 80 y funciona para pensar una tradición donde insertar las narrativas locales que poco tenían que ver con la ciencia ficción clásica.[440]

Desde esta perspectiva, se puede aprehender mejor la evolución de la prosa levreriana a partir de la operación de vesícula ya mencionada. Con la formulación del proyecto de la novela luminosa, la escritura de Levrero «vira hacia una ‹literatura del yo›»,[441] instalándose en la esfera de una intimidad cotidiana. Además de la operación quirúrgica en tanto *memento mori*, aquel cambio tiene lugar en un doble contexto: por un lado, el reconocimiento institucional, que empieza en los noventa y en el 2000 trae consigo el otorgamiento de la Beca Guggenheim —lo que resuelve por un tiempo los problemas económicos del escritor—; por otro lado, el descubrimiento de la computadora, que constituye para Levrero no solo un nuevo medio de comunicación a distancia —gracias a la cual puede, por ejemplo, dar talleres virtuales— sino también un fantástico campo de experimentación, sin tener que poner un pie fuera de casa. En las palabras de Elvio E. Gandolfo,

> el deslumbramiento lo llevó a filtrar gran parte de su vida a través de ella [la computadora], su producción de programas para tareas específicas le comía mucho tiempo, y hasta sus talleres pasaron en gran parte a ser virtuales, digitales.[442]

Se ha hablado, para los textos de esta fase —entre los cuales la trilogía luminosa—, de un «segundo Levrero»,[443] «una etapa estilística final»,[444] caracterizada por «el regreso a la simplicidad del acto de escritura», la «literatura de lo real, es decir en relación más directa con el mundo referenciado en el discurso».[445] Hugo Verani, por ejemplo, ve en los últimos textos de Levrero «un cambio abrupto y sorprendente, una percepción fundamentalmente distinta de la literatura, abriéndose a otras vertientes de la sensibilidad actual: la ambigüedad genérica y la fic-

---

[440] Ibid., p. 170.
[441] Ezequiel de Rosso: Prólogo. Por la tangente: lecturas de Mario Levrero. In: Ezequiel de Rosso (ed.): *La máquina de pensar en Mario. Ensayos sobre la obra de Levrero*. Buenos Aires: Eterna Cadencia 2013, p. 16.
[442] Elvio E. Gandolfo: Vidas y Obras de Mario Levrero.
[443] Valentina Litvan: La literatura en juego. In: *Cuadernos LIRICO* 14 (2016), https://doi.org/10.4000/lirico.2205, p. 2.
[444] Elvio E. Gandolfo: Vidas y Obras de Mario Levrero.
[445] Jorge Ernesto Olivera Olivera: *Intrusismos de lo real en la narrativa de Mario Levrero*. Madrid: Universidad Complutense de Madrid 2009, https://eprints.ucm.es/8631/1/T30796.pdf (17.2.2020), p. 458.

ción de los hechos reales, tomadas de su propia vida».[446] Es también el caso de Jesús Montoya Juárez, quien ubica la «literatura de la última época» levreriana «entre lo autobiográfico y lo autoficcional»:[447] «una literatura que se confronta con la exterioridad inmediata de lo cotidiano, [. . .] a ras de vida».[448] Muchxs lectorxs de Levrero, sin embargo, niegan todo tipo de cesura radical entre las dos fases de su producción. Prefieren destacar líneas de fuerza que atraviesan toda la obra levreriana, desde *Gelatina* hasta *La novela luminosa*, y que permiten insertar la trilogía luminosa en un mismo proyecto literario, como su continuación y remate. Juan Bonilla apunta así:

> no tengo tan clara esa división entre el primer Levrero, virado hacia el absurdo, la extrañeza y la fantasía, y el Levrero más plantado en lo real y en lo autobiográfico al que debemos su obra mayor. Lo real siempre tiene en Levrero un mecanismo que le hace rozar lo absurdo, mientras que lo absurdo se nos presenta siempre con la eficaz convicción de la realidad.[449]

Ya en 1968, reseñando *Gelatina*, Elvio E. Gandolfo señalaba en el joven escritor aquel «estilo obsesivo, equilibrado entre lo cotidiano y lo absurdo».[450] Matías Nuñez Fernández también subraya la centralidad de «la dislocación de la realidad en tanto percepción subjetiva de lo extraño —o incluso místico—»[451] en toda la obra levreriana. Ezequiel de Rosso, en el mismo sentido, habla de un «estilo Levrero», una «fluida continuidad entre vida cotidiana y experiencia extraordinaria».[452] Ignacio Echevarría, comentando en su prólogo a *La ciudad* sobre lo kafkaiano en Levrero, resalta otra dimensión estructurante en la obra del escritor, que sería «[. . .] la distracción como principal agente del relato. ‹El mal es lo que distrae›, reza uno de los aforismos de Kafka. El mal: esa conspiración de obstáculos que reiteradamente impiden a los personajes cumplir sus más sencillos propósitos».[453] Este análisis coincide con el de Pablo Fuentes, quien observa que

---

[446] Hugo Verani: Mario Levrero o el vacío de la posmodernidad. In: Rose Corral (ed.): *Norte y sur. La narrativa rioplatense desde México*. México DC: El Colegio de México 2000, p. 197.
[447] Jesús Montoya Juárez: *Levrero para armar*, p. 53.
[448] Ibid., p. 13.
[449] Juan Bonilla: Mario Levrero, dar cuerda a las cosas muertas. In: *El mundo* (21.5.2019), https://www.elmundo.es/cultura/laesferadepapel/2019/05/21/5cde9e8bfdddff88748b4587.html (24.02.2020).
[450] Elvio E. Gandolfo: Gelatina [1968]. In: Ezequiel de Rosso (ed.): *La máquina de pensar en Mario. Ensayos sobre la obra de Levrero*. Buenos Aires: Eterna Cadencia 2013, p. 20.
[451] Matías Nuñez Fernández: Ejercicios de perspectiva del *yo*, p. 304.
[452] Ezequiel de Rosso: Prólogo, p. 12.
[453] Ignacio Echevarría: Prólogo de *La Ciudad* [2008]. In: Mario Levrero: *Trilogía involuntaria*. Barcelona: Penguin Random House 2016, p. 454.

en todos los relatos de Mario Levrero el narrador es siempre una primera persona [. . .] Ese *yo* sigue ligado siempre de alguna manera a ese propósito mínimo (arreglar un encendedor, tomar un tren, explorar un sótano) que, al querer llevarlo a cabo, desencadena los hechos posteriores.[454]

La centralidad del narrador en primera persona que caracteriza de manera casi sistemática los relatos de Levrero, nos lleva a lo que Fogwill ha nombrado el *factor Levrero*.[455] Julio Prieto elabora:

> La obra literaria de Levrero, tanto en sus modos «fantásticos» como «autobiográficos», se construye a partir de un *yo* narrativo que propone una singular percepción del mundo [. . .] más que una etapa «fantástica» y una etapa «realista» o «autobiográfica» [. . .] lo que habría son dos modos de escritura del *yo* [. . .] intensidades que se dan en diverso grado en cada texto de Levrero, y cuya interacción genera una suerte de bajo continuo autoficcional.[456]

En mi análisis de la modalidad levreriana del *de/lirio*, partiré de aquel factor Levrero —un *yo* enunciador-narrador omnipresente pero inestable, patógeno, *en ruinas*— para caracterizar el espectro genérico de la trilogía luminosa, siempre en tensión entre diario y novela, necesidad terapéutica y deseo de literatura, imperativo existencial y fracaso programático. En un segundo momento, me detendré sobre las innumerables interrupciones/irrupciones que puntúan el cotidiano del diarista y parecen conspirar permanentemente contra la realización de sus propósitos escriturarios (tanto la terapia diarística como la escritura de la «Novela»): fuentes de *frustración y rabia*, estas crónicas oscuras se narran sin embargo en detalle —y con innegable virtuosidad—, conformando *ejercicios de calentamiento* para la «Novela». Finalmente, abordaré la «Novela luminosa» para medir el alcance del fracaso anunciado por el escritor: *trunca, inconclusa*, y de estructura muy compleja, la «Novela» es ante todo el testimonio de su propia imposibilidad, pero permite acercarse —si bien de manera imperfecta— a lo luminoso en sus dimensiones fenomenológica, noética y metafísica, y echar así una luz nueva sobre lo que se juega en el *de/lirio* levreriano.

---

[454] Pablo Fuentes: Levrero: el relato asimétrico [1986]. In: Ezequiel de Rosso (ed.): *La máquina de pensar en Mario. Ensayos sobre la obra de Levrero*. Buenos Aires: Eterna Cadencia 2013, p. 30.
[455] Rodolfo Fogwill: Las noches oscuras de un maestro. In: Ezequiel de Rosso (ed.): *La máquina de pensar en Mario. Ensayos sobre la obra de Levrero*. Buenos Aires: Eterna Cadencia 2013, p. 259.
[456] Julio Prieto: Todo lo que siempre quiso saber sobre la autoficción, pp. 234 y 238. Cf. también Julio Prieto: Apuntes autoficcionales: Mario Levrero se divierte mientras el *yo* es dibujado y el autor agoniza. In: José Manuel González Álvarez (ed.): *La impronta autoficcional. (Re)fracciones del yo en la narrativa argentina contemporánea*. Madrid/Frankfurt: Iberoamericana/Vervuert 2018, p. 149.

3.2 «Novela, diario, confesión, crónica o lo que sea» (DC, p. 152): el *de/lirio* enunciativo en la *trilogía luminosa*

La dimensión enunciativa y genérica es explícita en el *de/lirio* levreriano, pues el proyecto luminoso implica, en su formulación misma, la idea de una separación entre una literatura verdadera, auténtica —la «Novela» siempre postergada— y sus otros: prácticas heterónomas de escritura, sometidas a fines terapéuticos distintos que, se supone, permitirán a corto o medio plazo el *retorno* a la creación literaria y la redacción de la «Novela luminosa». Desde su origen, y a lo largo de las dos décadas que llevan su realización, el proyecto luminoso se inscribe entonces en una tensión genérica entre escritura no-literaria y literaria, diario y novela —una dicotomía «entre ‹mala› escritura diarística» y «‹buena› escritura novelesca», según muestra Julio Prieto, de clara reminiscencia macedoniana—.[457] Común a todos los textos del proyecto, sin embargo, es el *factor Levrero*, aquella «primera persona en permanente estado de deserción»,[458] y que tiene que arbitrar en cada momento entre la necesidad de la empresa terapéutica y el deseo de la literatura, pero también entre múltiples modos de procrastinación escrituraria y la finalización —tan anhelada como temida— de la «Novela». En la sección que sigue, partiré de este *yo* en su dimensión más concreta y encarnada: el *yo* del escritor quien, confrontado por una operación de vesícula a la finitud del propio cuerpo, emprende el proyecto luminoso con el propósito de *exorcizar el miedo a la muerte*; mostraré cómo, en este contexto, la forma diarística se revela indispensable a la escritura de la «Novela». En un segundo momento, me detendré sobre tres modos instrumentales de escritura diarística —confesión, grafoterapia, «discurso vacío»— y su eficacia terapéutica con respecto al prospectivo *retorno* del diarista a la literatura/«Novela»: al poner en juego un *yo* psicológico y moral que se tiene que sanar, cuestionan su papel en la creación literaria.

---

[457] Julio Prieto: Todo lo que siempre quiso saber sobre la autoficción, pp. 234–235.
[458] Ezequiel de Rosso: Prólogo, p. 13.

3.2.1 La forma diarística o la muerte en suspenso

> *El autor persigue su yo todos los días; pero sólo escribe algunos [. . .]. La forma es de diario*[459]
>
> *le Journal est un genre facile, sauf à en faire après coup une œuvre retorse*[460]

Ya lo mencionamos: el proyecto luminoso se inicia poco antes de una vivencia traumática, la operación de vesícula que le practican al escritor en 1984: «Han pasado más de dos años; casi tres desde que empecé a escribir aquella novela luminosa, póstuma, inconclusa; dos años, dos meses y unos días desde el día de la operación», se lee a principios de DC, en una entrada fechada del 3 de diciembre de 1986 (DC, p. 129). En el «Prefacio histórico» de NL, el escritor recuerda:

> La mayoría de las acciones que formaban parte de las circunstancias en que me puse a escribir la novela luminosa, tenía que ver con mi entonces futura operación de vesícula. [. . .] Era obvio que tenía mucho miedo de morir en la operación, y siempre supe que escribir esa novela luminosa significaba el intento de exorcizar el miedo a la muerte (NL, pp. 13–14).

La operación de vesícula suscita una toma de consciencia brutal de la finitud del propio cuerpo, «una dolorosa consciencia de transitoriedad»[461] que lleva al escritor a empezar su último proyecto literario, «aquella novela luminosa», que desde el principio se define como «póstuma»: el escritor se adelanta a su propia muerte, en un gesto de aceptación fatalista tanto como de conjuro vitalista, pues lo «inconclus[o]» no tiene final. De hecho, el proyecto luminoso ocupará al escritor hasta su muerte, a lo largo de dieciocho años, por lo que Sandra Contreras habla de *novela de larga duración*.[462] La elección de la forma diarística para lanzarse a la redacción de tal *novela* constituye el primer interrogante del *de/lirio* levreriano.

En las primeras entradas de DC, se evoca la operación como una experiencia de corte, de mutilación violenta —las palabras son fuertes: «extirpar una vesícula» (DC, p. 130), «agresión» (DC, p. 157)— tras la cual es preciso reconstruirse. La práctica diaria de la escritura, en este sentido, corresponde a una «tarea vital»:[463] la de convocar nuevamente la totalidad del propio ser, en todas sus dimensiones. Se trata aquí, obviamente, de lo inmediatamente físico —la salud del

---

[459] Felisberto Hernández: *Diario del sinvergüenza*. In: *Obras completas*, vol. 6: *Diario del sinvergüenza y Ultimas invenciones*. Montevideo: arca 1974, p. 135.
[460] Roland Barthes: *La préparation du roman*, p. 265.
[461] Gabriel Inzaurralde: Apuntes, p. 1052.
[462] Sandra Contreras: Levrero con Barthes, indagaciones novelescas. In: *Cuadernos LIRICO* 14 (2016), https://doi.org/10.4000/lirico.2186, p. 4.
[463] Ibid.

cuerpo convaleciente—: el *fluir* de las palabras se equipara con una sustancia vital, del cual el escritor se nutre (DC, p. 130); el estilo asindético del pasaje, con mucha yuxtaposición y barras largas, evoca el correr de los dedos sobre el teclado al mismo tiempo que se superpone al dolor de pecho del escritor: «todo se agolpa en la punta de mis dedos y simultáneamente en mi pecho, que me está doliendo como si estuviera relleno de tubos a punto de reventar» (DC, p. 130). Pero no es todo:

> Escribo para escribirme yo, es un acto de autoconstrucción. Aquí me estoy recuperando, aquí estoy luchando por rescatar pedazos de mí mismo que han quedado adheridos a mesas de operación [. . .] no me fastidien con el estilo ni con la estructura: esto no es una novela, carajo. Me estoy jugando la vida (DC, p. 134).

Además de la vesícula seccionada, el escritor evoca «muchas cosas [que] han muerto en [él] [. . .] que tal vez no están muertas; dormidas, postergadas, resentidas, aletargadas, aburridas, envenenadas——pero no muertas» (DC, p. 129). Estamos entonces frente a una «escritura de rescate»:[464] *no es una novela*, insiste el diarista, sino una práctica física y espiritual de reconstrucción —condición previa a la realización del proyecto luminoso—. A lo largo de DC, pero también en DV y NL, el tema de la operación y de la convalecencia en el sanatorio permanece recurrente: claramente, el diarista tiene la necesidad de procesar el trauma, sin entregarse demasiado a memorias muy dolorosas: «debo dosificar el tema, que me resulta fatigante», comenta así en DC (p. 160). Quince años más tarde, a principios de NL, todavía recuerda la operación como «una mutilación importante», «una castración» (NL, p. 14), tras la cual el proceso de escritura ha permitido «innumerables catarsis» (NL, p. 17). Para *exorcizar el miedo a la muerte*,[465] la elección del diario como forma primaria de escritura cobra un significado particular. De hecho, si «la modalidad del diario [. . .] es un dispositivo de incorporación de materiales innobles o aparentemente intrascendentes»[466] —«l'ancre qui racle contre le fond du quotidien», en las palabras despreciativas de Maurice Blanchot—,[467] presenta una ventaja considerable sobre otras formas de escritura: su temporalidad, a la vez radicalmente abierta y cotidianamente *en suspenso*. La forma diarística no presupone ningún final; cada nueva entrada corresponde, en el contexto post-operatorio de Levrero, a una prórroga de vida, un rechazo diaria-

---

464 Reinaldo Laddaga: Una escritura de rescate, p. 1.
465 La fórmula vuelve a aparecer en el «Diario de la Beca» (NL, p. 60).
466 Gabriel Inzaurralde: Apuntes, p. 1051.
467 Maurice Blanchot: Le journal intime et le récit. In: *Le livre à venir*. Paris: Gallimard 1959, p. 255.

mente renovado a la muerte. Esa «experiencia fechada»[468] permite refugiarse en lo que Tamara Kamenszain nombra «ultrapresente»[469] y Gabriel Inzarraulde «presente inacabado»,[470] que aleja la perspectiva —demasiado testamentaria— de la autobiografía clásica, en pretérito. Paralelamente, justamente por estar *contando los días*, el diario pone de relieve el irremediable paso del tiempo. «¿No hay en cada anotación de diario íntimo algo fatalmente fúnebre, una suerte de distancia mortuaria [. . .]?» —interroga Mauro Libertella.[471] Y comenta Gabriel Inzarraulde:

> la estructura del diario como modo de contar es potencialmente infinita porque la rige el calendario y supone y permite la adhesión *ad infinitum* de nuevos días o nuevas horas. Pero el diario es también personal y por tanto se conjuga con una vida humana concreta. El tiempo del diario personal es el del plazo limitado de una vida que se relata en su contingencia, fragilidad y finitud [. . .] su estructura temporal es intrínsecamente escatológica porque supone la muerte como su interrupción lógica.[472]

Esa tensión entre alejamiento de y acercamiento a la muerte atraviesa los tres textos, asociada —como lo veremos también en Laiseca— a la cuestión de: ¿cómo poner el punto final? Hacia el final del «Diario de la beca», se vuelve cada vez más apremiante:

> Tengo un gran problema con este diario; antes de dormir pensaba que por su estructura de novela ya tendría que estar terminando, pero su calidad de diario no me lo permite, sencillamente porque hace mucho tiempo que no sucede nada interesante en mi vida como para llegar a un final digno (NL, p. 431).

La hibridez genérica interviene aquí, explícitamente, en el final que el escritor negocia para su obra —y, por ende, para sí mismo—. Encontrar «un final digno», «decoroso» (NL, p. 430), «algo especial, un hecho que ilumine al lector sobre todo lo dicho anteriormente» (NL, pp. 431–432) es fácil en el universo ficcional de una novela; el diario, al contrario, permanece *pegado* a la vida cotidiana del diarista, en la cual «no sucede nada interesante» desde hace tiempo. *Quod erat demostrandum*: el diario no puede terminar. En realidad, si leemos las últimas líneas de DC y DV, no se encuentran finales particularmente *decorosos*; lo cierto es que, en ambos casos, el texto se cierra de manera abierta: una cita con una mujer (DC, p. 168); un sueño sobre «el secreto de la Alquimia» (DV, p. 132). En NL, eso ya no es posible: se ha acabado la beca, y se va acabando el proyecto luminoso. Y como advierte el escritor, lúcido, en su «Novela» finalmente escrita,

---

[468] Tamara Kamenszain: *Una intimidad inofensiva*, p. 64.
[469] Ibid., p. 34.
[470] Gabriel Inzaurralde: Apuntes, p. 1055.
[471] Mauro Libertella: El proyecto es escribir, p. 23.
[472] Gabriel Inzaurralde: Apuntes, p. 1052.

«decir ‹ya está›, ‹ya llegué›, [. . .] sólo se alcanza con la muerte» (NL, p. 478). En el «Epílogo del diario» que cierra NL, concluye entonces sin concluir, citando a Salinger: «He terminado con esto. O mejor dicho esto ha terminado conmigo. En el fondo, mi mente siempre se ha rehusado a aceptar cualquier tipo de final» (NL, p. 559). De hecho, reivindica la *inconclusión* de sus «líneas abiertas» —solo la palabra «museo» remite a lo irremediablemente pasado de sus historias—:

> Me hubiera gustado que el diario de la beca pudiera leerse como una novela; tenía la vaga esperanza de que todas las líneas argumentales abiertas tuvieran alguna forma de remate. Desde luego, no fue así, y este libro, en su conjunto, es una muestra o un museo de historias inconclusas (ibid.).

El tiempo abierto de la forma diarística desempeña, entonces, un papel clave en la tarea existencial que constituye la *novela de larga duración*. Pero este tiempo abierto no corresponde a ningún tipo de linealidad cronológica, directamente plasmada sobre el curso de los días —el diarista siempre lo resalta—. Las fechas que acompañan rigurosamente cada entrada de diario y cada uno de sus paratextos revelan, al contrario, un trabajo complejo de composición textual. DC, por ejemplo, contiene entradas fechadas del 3 de diciembre de 1986 al 6 de enero de 1987; al final del texto se lee «1986–87, 1991», lo que sugiere que el texto fue revisado en 1991 antes de publicarse en la colección de cuentos *El portero y el otro*, en 1992. El caso de DV es más complejo aún: publicado en 1996, el texto se abre con una nota preliminar fechada de mayo de 1993, seguida de una dedicatoria (octubre de 1996); el cuerpo del diario cubre un período de dos años, del 22 de septiembre de 1989 al 22 de septiembre de 1991; al final del texto se lee «noviembre de 1991» y «mayo de 1993» —lo que sugiere, otra vez, una cesura temporal entre escritura y revisión y/o preparación para la publicación—. NL, obra publicada póstumamente en 2005, empieza con un «Prefacio histórico» —notar el adjetivo— cuya fecha abarca un período de más de tres años («27 de agosto de 1999–27 de octubre de 2002»). El «Diario de la beca» se extiende del 5 de agosto de 2000 hasta el 2 de agosto de 2001, con un «epílogo» del 27 de octubre del mismo año. Solo la «Novela luminosa» propiamente dicha no lleva fecha: en ella, el escritor solo remite a períodos, o fases de su vida («la más feliz época de mi vida», NL, p. 513); los hechos luminosos que relata no están fechados, aunque podría hacerlo «con toda exactitud» (NL, p. 552).[473] La «Novela» reivindica una literariedad formal y de contenido[474] que

---

[473] Con dos excepciones: «esta revisión que estoy haciendo en el año 2002» (NL, p. 480) y «hoy, 27–28 de abril de 1984» (NL, p. 498).
[474] Aunque veremos que no difiere tanto, en ambos respectos, del resto del proyecto (cf. 4.1).

le permite desprenderse del rigor fechado de DC, DV y el «Diario de la beca». Estos, al contrario, son preliminares en los cuales el trabajo de escritura, pero también de selección, organización y revisión de los textos se hace visible: las fechas documentan su duración, sus interrupciones y recomienzos. Al *tiempo largo* del proyecto luminoso en su conjunto, al *ultrapresente* de los diarios, se superpone así una temporalidad metatextual caracterizada por los movimientos de retorno sobre sí que tienen que ver con la composición de una obra, si no literaria, por lo menos destinada a la publicación. A nivel enunciativo, se observa entonces una suerte de polifonía monológica: el *yo* de los diarios, el «M.L.» que firma los paratextos, el «Mario Levrero» autorial de las cubiertas de los libros, el «Jorge» que a veces se nombra en un episodio u otro de los diarios, remiten todos, deícticamente, a la misma persona, pero operan en planos temporales diferentes —el pasado (más o menos inmediato) de los sucesos vividos, el presente de la escritura, el presente (no simultáneo, sino posterior al de la escritura) de la composición y revisión del texto, el de su publicación—. Evolucionando sobre un eje temporal que abarca casi dos décadas, el *yo* que vive los sucesos narrados, los relata, decide «añad[ir] o quit[ar] cosas» (NL, p. 16) e incluso destruir ciertos pasajes, y finalmente publica los textos en forma de libro, difícilmente puede ser la instancia única, siempre idéntica a sí-misma, que presupone el *pacto autobiográfico* en el cual se inscribe, por lo menos parcialmente, el proyecto luminoso (cf. NL, p. 12, 454).

De ahí la permanente inquietud genérica que habita los textos del proyecto luminoso, y se refleja en su estructura, en sus paratextos, y generalmente en la hiperactividad metatexual del *yo* autorial, diarístico, narrativo y lírico. Así, DC se titula «diario», pero se estructura en tres «capítulos» —subdivisiones típicas del texto novelesco—. Si el diarista inscribe el texto en su proyecto de «escribir aquella novela luminosa» (NL, p. 129), pocas páginas después afirma la dimensión existencial, y no novelística, de la empresa: «esto no es una novela; carajo. Me estoy jugando la vida» (DC, p. 134), retomando al parecer un antiguo reproche formulado hacia la novela, el de no ser auténtica.[475] Más adelante, comenta que «este texto comienza a estructurarse; incluso h[a] pensado un título» (ibid.), apuntando a que su texto está destinado a —y se prepara activamente para— la publicación. La contradicción también concierne al lector implícito: mientras reivindica «no est[ar] escribiendo para ningún lector» (DC, p. 134), el diarista multiplica las referencias al «hipotético lector» a lo largo del texto (DC,

---

[475] Reproche reflejado en un uso común de la palabra «novela»: «Ficción o mentira en cualquier materia». *Diccionario de la Lengua Española*, voz «novela», https://dle.rae.es/novela?m=form (17.5.2020).

pp. 130, 138, 142, 156, etc.). Muchas de esas referencias son claramente irónicas: evocando el «infinito número de lectores que tendrá seguramente este magnífico libro que est[á] escribiendo» (DC, p. 159), el diarista sugiere que no cuenta con muchos lectores futuros, al mismo tiempo que establece, en la ironía, una connivencia *de facto* con su lector.

DV, texto más largo y estructurado que DC, presenta oscilaciones genéricas similares. Se abre con tres paratextos —nota preliminar, dedicatoria, prólogo— que, pese a su carácter muy convencional, introducen la multiplicidad genérica de la obra y plantean, de entrada, la cuestión de su *literariedad*. Hay, primero, una nota titulada «El texto» (DV, p. 6), fechada y firmada por «M.L.», que aclara la génesis de dicho texto y presenta su peculiar composición:

> *El discurso vacío* es una novela armada a partir de dos vertientes, o grupos de textos: uno de ellos, titulado «Ejercicios», es un conjunto de ejercicios caligráficos breves, escritos sin otro propósito; el otro, titulado «El discurso vacío», es un texto unitario de intención más «literaria».
>
> La novela en su forma actual fue construida a semejanza de un diario íntimo. A los «Ejercicios», ordenados cronológicamente, fui agregando los trozos de «El discurso vacío» correspondientes a cada fecha [. . .] (DV, p. 6).

Aquí, el texto se define repetidamente como «novela»; el título de la nota, sin embargo, solo menciona «el texto», sin otra caracterización. Tal «novela», se afirma, toma la forma cronológica de un diario íntimo, y consta de dos tipos de textos: ejercicios caligráficos, por un lado, y un «texto unitario de intención más ‹literaria›» —notar el uso de las comillas—, por otro lado. Por fin, si se menciona «un trabajo posterior de corrección» sobre los «Ejercicios», también se insiste en que el texto «es fiel a los originales»; ambas nociones (fidelidad/original) sugieren que los ejercicios «escritos sin otro propósito» cobran en realidad una función testimonial o documental, cuya autenticidad debe ser garantizada, pero no se aclara por qué. ¿Novela, diario, testimonio?: la nota preliminar no permite atribuir ningún género definido al texto que se abre. Lo cierto es que estamos frente a un texto «armad[o]», «construid[o]», y que no lo esconde. La dedicatoria que sigue, dirigida a la mujer y la familia del diarista —todos protagonistas del libro—, apunta por su parte a la dimensión autobiográfica del texto, por lo menos en lo que atañe a su inscripción relacional y afectiva: «Este libro, al igual que su contenido, existe en función de mi mujer, Alicia, y de su mundo» (DV, p. 7). A continuación, el prólogo, si bien presenta la «semejanza de un diario íntimo» anunciada en la nota preliminar —consta de dos partes fechadas—, no encaja formalmente ni en los «Ejercicios», ni en el «Discurso vacío»; desde el punto de vista de su contenido, tampoco, pues remite claramente el proyecto memorial y espiritual de la «Novela luminosa», que no se menciona del todo en la nota preliminar ni en la dedicatoria. Analicemos el texto en detalle. Su primera parte, fechada el 22 de diciembre de 1989, toma la forma lírica más tradicional, pues está redactada no solo en primera persona, sino también en versos. El poema articula dos partes, ambas estructuradas anafóricamente:

> Aquello que hay en mí, que no soy yo, y que busco.
> Aquello que hay en mí, y que ya a veces pienso que
> también soy yo, y no encuentro. [. . .]
> Aquello que yo también olvido.
> Aquello
> próximo al amor, que no es exactamente amor;
> que podría confundirse con la libertad,
> con la verdad
> con la absoluta identidad del ser
> —y que no puede, sin embargo, ser contenido en palabras
> pensado en conceptos
> no puede ser siquiera recordado como es (DV, p. 9).

Evocando la búsqueda existencial e imprescindible —«Este es mi mal, y mi razón de ser» (DV, p. 10)— de «aquello» que es propio del *yo* y lo trasciende a la vez, que se resiste a toda definición conceptual (a la vez «amor», «libertad», «verdad», e «identidad»), y que se encuentra amenazado tanto por el olvido como por la imprecisión del recuerdo, el poema alude al proyecto luminoso y a su difícil realización; anuncia, en forma lírica y compacta, el «Prefacio histórico a la Novela luminosa» redactado una década más tarde (NL, pp. 11–17). La segunda parte del poema, dominada por otra anáfora —«he visto a Dios»— ya no remite al proyecto luminoso, sino que enumera, otra vez en forma muy condensada, experiencias luminosas concretas relatadas en la «Novela» (cf. 3.4.1; la abeja de la plaza Congreso es un relato narrado en DC, pp. 141–142): «He visto a Dios / cruzar por la mirada de una puta / hacerme señas con las antenas de una hormiga [. . .]» (DV, p. 10).

El poema, entonces, no *prologa* DV, sino que propone un *fractal* —«versión a escala reducida del todo»—[476] del proyecto luminoso en su conjunto.[477] Lo confirma la segunda parte del prólogo, una entrada fechada el 11 de marzo de 1990:

---

[476] Benoît B. Mandelbrot: *La geometría fractal de la naturaleza*. Trad. Josep Llosa. Barcelona: Tusquets 1997, p. 217. Acuñado por el matemático Benoît Mandelbrot en 1977, el término *fractal* remite a una forma «irregular y fragmentada» cuyo «grado de irregularidad y/o fragmentación es idéntico a todas las escalas». Ibid., p. 15. El fractal, lo veremos, es una estructura recurrente del *de/lirio*, tanto en Levrero como en Laiseca.

[477] Sobre lo fractal como «elemento fundamental para interpretar la narrativa levreriana», cf. Jesús Montoya Juárez: Écfrasis de lo fractal y sensorium massmediático en la narrativa de Mario Levrero. In: Jesús Montoya Juárez/Ángel Esteban (eds.): *Miradas oblicuas en la narrativa latinoamericana contemporánea*. Madrid/Frankfurt: Iberoamericana/Vervuert 2009, pp. 43–49.

se trata de un relato de sueño, más precisamente de dos sueños («soñé que [. . .] Me despierto con taquicardia [. . .] Vuelto a dormirme [. . .]», DV, pp. 10–11). La convocación de lo onírico no sorprende en Levrero: los sueños siempre han sido parte de sus textos, y desempeñan un papel clave en el proyecto luminoso (cf. 3.3.3.2). La temática de los dos sueños evocados, tampoco: la fotografía y el cine son dos medios de predilección de Levrero, quien siempre ha insistido sobre la importancia de las imágenes en su proceso de escritura.[478] Interesantes son aquí las imágenes que se evocan en el díptico onírico —notar, otra vez, la estructura dual—. El primer sueño tiene una dimensión abiertamente sensual, erótica: lo protagoniza un fotógrafo que intenta retratar a «dos lesbianas» con «labios pintados de rojo» (DV, p. 10) —atributo que, en *París* y otros relatos levrerianos, remite a la prostitución y/o a la perversión femenina[479]—, buscando para eso el «ángulo propicio» para su cámara. Luego, «una gran ciudad», «una conmoción», «olas que saltan por encima de rascacielos», «el fin del mundo» (DV, p. 11): una escena apocalíptica que se puede interpretar, en la tradición cristiana de la destrucción de Babel, como castigo para la «perversión» (entre muchas comillas) voyerista-lesbiana de la escena precedente. El segundo sueño también ofrece un simbolismo bastante transparente: el protagonista mira una película en la cual «un conejo de color castaño se encuentra sepultado por la nieve y cava galerías bajo la nieve [. . .] me entero de que ha aprendido a comunicarse [. . .] con una paloma que volaba por encima de su cabeza, y por encima de la nieve, y lo iba guiando en su recorrido» (DV, p. 11). Contrapunto al relato de perdición del sueño previo, este sugiere una salvación: la del conejo que «va a tientas» por debajo de la trampa de nieve, guiado hacia la salida por una paloma —ave que, si recurrimos otra vez al simbolismo cristiano, representa al Espíritu santo[480]—. Planteando, en forma condensada, la tensión irresuelta entre búsqueda espiritual y anclaje/prisión corporal/sensual que constituye, lo veremos, un hilo rojo en DV y en la totalidad del proyecto luminoso, el díptico onírico construye, como el poema que lo precede, un fractal de la obra completa. Con este prólogo frac-

---

478 «La literatura propiamente dicha es imagen,» sostiene Levrero. Pablo Silva Olazábal: *Conversaciones*, p. 15.
479 «Entró una mujer. La miré de reojo, y me pareció que tenía aspecto de prostituta. [. . .] Llevaba [. . .] los libros exageradamente pintados [. . .]». Mario Levrero: *París* [1980]. In: *Trilogía involuntaria*. Barcelona: Penguin Random House 2016, p. 323. Cf. también: «Era Ana. Delgadita, perversa, con los labios pintados de color rojo-sangre [. . .]». Mario Levrero: La cinta de Moebius. In: *Todo el tiempo*. Montevideo: Ediciones de la Banda Oriental 1982, p. 65.
480 La Santa Sede: *Catecismo de la Iglesia Católica*. El Vaticano 1997, §701, http://www.vatican.va/archive/catechism_sp/index_sp.html (24.8.2020). Volveremos sobre el tema de las palomas en 3.3.4.

tal —en dos partes abarcando cada una la *miniatura* del todo—, DV introduce una estructura recurrente a lo largo del proyecto, que escapa a la linealidad del *tiempo largo* —el cual, si bien abierto, va corriendo inexorablemente hacia su fin—.

Propios de NL son los agradecimientos (NL, p. 7) y la advertencia a «personas o instituciones que se sientan afectadas o lesionadas por opiniones expresadas en este libro» (NL, p. 9) que destacan, no sin ironía por parte del *yo* autorial, la inscripción institucional del texto —escrito con el apoyo financiero de la beca Guggenheim—. En su estructura, el libro plantea otra vez la tensión genérica entre diario («de la beca») y novela («luminosa»), así como su superación fractal: de hecho, las seis páginas del llamado «Prefacio histórico a la Novela luminosa» ofrecen una replicación fractal de DC y DV —ambos textos siendo, de hecho, *prefacios históricos* a la «Novela»—, así como de las 400 páginas del «Diario de la beca», el cual conforma a su vez un «prólogo» (NL, p. 19) hipertrofiado a la «Novela» y también «puede considerarse [su] continuación» (NL, p. 16). Retomando nuevamente la génesis del proyecto luminoso, triplicando su arranque, el prefacio histórico expone otra vez aquel nudo que el escritor ha estado intentando desatar durante años: la necesidad de la «Novela luminosa», y su absoluta imposibilidad. Empieza con una indagación retrospectiva hacia «el origen, el impulso inicial» (NL, p. 11) del proyecto luminoso. Evocando DC y la «imagen obsesiva» que había, en aquel entonces, impulsado su escritura,[481] el escritor pronto se enfrenta con muchísimas dudas. A la *imagen obsesiva* de DC se añade «otra imagen, completamente distinta, como fuente del impulso»: «una conversación con un amigo» (NL, p. 11), al final de la cual este formuló «la recomendación, autorización o imposición» (NL, p. 12) de la escritura:

> Yo había narrado a este amigo una experiencia personal [. . .] de gran trascendencia, y le explicaba lo difícil que me resultaría hacer con ella un relato. [. . .] Mi amigo había insistido en que si la escribía tal como yo se la había contado esa noche, tendría un hermoso relato; y que no solo podía escribirlo, sino que escribirlo era mi deber (NL, p. 11).

Si bien «estas dos imágenes no son contrapuestas» (NL, p. 11), el surgimiento de la segunda le hace dudar al escritor sobre la «relación causa-efecto» (NL, p. 12) que hizo que el proyecto luminoso se concretara. En la imagen obsesiva de DC, se trataba de un impulso propio, «un deseo venido desde adentro» (NL, p. 12); ahora, la imagen sugiere más bien una «imposición venida desde afuera» (ibid.). Sigue el escritor en sus cavilaciones:

---

[481] «Cuando comencé a escribir aquella novela inconclusa, lo hice dominado por una imagen que me venía persiguiendo desde hacía cierto tiempo: me veía escribiendo algo —no sabía que — con una lapicera de tinta china, sobre un papel de buena calidad» (DC, p. 131).

> Aunque, desde luego, el deseo era preexistente, ya que por algún motivo le había contado a mi amigo aquello que le había contado; tal vez supiera de un modo secreto y sutil que mi amigo buscaría la forma de obligarme a hacer lo que yo creía imposible (NL, p. 12).

Aparece luego otra duda, en cuanto a si la segunda imagen procede de «la imaginación disfrazada de recuerdo» o de «un recuerdo auténtico»:

> Ahora me veo, con la imaginación disfrazada de recuerdo, escribiendo sencillamente la historia que le había contado a mi amigo [. . .] y comprobando el fracaso; me veo rompiendo en tiritas las cinco o seis hojas que habría insumido tal relato, y es bastante posible que se trate de un recuerdo auténtico porque tengo idea de haber escrito alguna vez esa historia, por más que ahora no quede ningún rastro de ella entre mis papeles. Y de ahí debe de haber surgido entonces la imagen obsesiva, indicando la forma correcta de situarme para poder escribirla de modo exitoso [. . .] (NL, pp. 12–13).

La red de tensiones y dicotomías que se construye en el «Prefacio histórico» —imagen/otra imagen; contar/escribir; posibilidad/imposibilidad; deber/deseo; imaginación/recuerdo; fracaso/éxito— habita el conjunto del proyecto luminoso: es lo que Mariano García nombra las «dos caras» de la autoficción de Levrero,[482] Tamara Kamenszain su «bipolaridad narrativa»,[483] y que se encuentra también en la metáfora central de la obra —la oposición oscuro/luminoso—. Lector de Jung, Levrero bien conoce el concepto de *enantiodromía* que este toma prestado de Heráclito: «the most marvellous of all psychological laws: the regulative function of opposites [. . .] *enantiodromia*, a running contrariwise, by which he meant that sooner or later everything runs into its opposite».[484] Propio de todo proceso simbólico, tal «rhythm of negative and positive, loss and gain, dark and light»[485] también caracteriza el proceso creativo. Como los principios *yin* y *yang* en el taoísmo, como las etapas del *nigredo* y del *albedo* en la alquimia, lo luminoso y lo oscuro están irremediablemente ligados —a nivel psicológico, espiritual, pero también, muy concretamente para el escritor, a nivel narrativo—. Anuncia así lo que se comprobará abundantemente en la «Novela luminosa» (cf. 3.4.1): «El sistema de crear un entorno para cada hecho luminoso que quería narrar, me llevó por caminos más bien oscuros y aun tenebrosos»

---

[482] Mariano García: Las dos caras de la autoficción en *La novela luminosa* de Mario Levrero. In: *Pasavento: revista de estudios hispánicos* 3/1 (2015), pp. 137–153, esp. 146.
[483] Tamara Kamenszain: *Una intimidad inofensiva*, p. 32.
[484] Carl G. Jung: The personal and the collective (or transpersonal) unconscious. In: *Collected works of C. G. Jung*, vol. 7: *Two essays in analytical psychology*. Eds. Herbert Read/Michael Fordham/Gerhard Adler. Trad. R. F. C. Hull. New York: Pantheon Books 1953, p. 71.
[485] Carl G. Jung: Archetypes of the collective unconscious. In: *Collected works of C. G. Jung*, vol. 9/1: *The archetypes and the collective unconscious*. Eds. Herbert Read/Michael Fordham/Gerhard Adler. Trad. R. F. C. Hull. New York: Pantheon Books 1959, p. 38.

(NL, p. 17). La confrontación de los opuestos, aquí, no alcanza el equilibrio —no desemboca sobre la *coniuncio* alquímica, aquel «Secreto» evocado a finales de DV—. El conflicto, insoluble, lleva al diarista a una conclusión pesimista:

> Hay cosas que no se pueden narrar [. . .] los hechos luminosos, al ser narrados, dejan de ser luminosos, decepcionan, suenan triviales. No son accesibles a la literatura, o por lo menos a mi literatura (NL, p. 17).

La estructura del prefacio histórico en torno a oposiciones irreconciliables tiene una serie de efectos programáticos. Refleja, en primer lugar, la dimensión profundamente conflictiva que cobra la escritura de Levrero en el proyecto luminoso, atrapada entre deseo intrínseco (la imagen obsesiva) e imposición externa (la otra imagen), posibilidad (previo «una disposición especial de los elementos necesarios», en la primera imagen) e imposibilidad (el fracaso comprobado en la segunda imagen). Como Macedonio, observa Tamara Kamenszain, Levrero es un «narrado[r] que preferirí[a] no serlo;»[486] «no escribe porque quiera sino porque no puede evitar hacerlo».[487] El que Julio Prieto llama «escritor-no escritor»[488] confirma este diagnóstico una y otra vez, con desesperación, al final de su «Diario de la beca»: «Tengo pegado a la piel este rol de escritor pero ya no soy un escritor, nunca quise serlo, no tengo ganas de escribir, ya he dicho todo lo que quería, y escribir dejó de divertirme y de darme una identidad» (NL, p. 432); y a principio de la «Novela Luminosa»: «Estoy a solas con mi deber y mi deseo. A solas, compruebo que no soy literato, ni escritor, ni escribidor ni nada» (NL, pp. 454–455). El prefacio histórico ancla así NL en un fracaso insuperable, pero desmintiéndolo simultáneamente, pues el texto abre *de facto* un volumen de casi seiscientas páginas. NL es «el testimonio de un gran fracaso» (NL, p. 17), la muestra a la vez que el desmentido de su propia imposibilidad. Este gesto inscribe al escritor en una tradición literaria rioplatense ya muy comentada que, para Gabriel Inzaurralde,[489] incluye no solo a Macedonio, sino también al «Escritor fracasado» de Arlt, *La tregua* de Mario Benedetti y el *Diario del sinvergüenza* de Felisberto Hernández.[490] Pero, crucialmente, también cobra relevancia en el

---

[486] Tamara Kamenszain: *Una intimidad inofensiva*, p. 27.
[487] José Pedro Díaz: Del inextinguible romanticismo. La imaginación de Mario Levrero [1983] In: Ezequiel de Rosso (ed.): *La máquina de pensar en Mario. Ensayos sobre la obra de Levrero*. Buenos Aires: Eterna Cadencia 2013, p. 23.
[488] Julio Prieto: Todo lo que siempre quiso saber sobre la autoficción, p. 237.
[489] Gabriel Inzaurralde: Apuntes, p. 1045.
[490] Cf. Roberto Arlt: Escritor fracasado. In: *El jorobadito*. Buenos Aires: Anaconda 1933, pp. 5–36; Mario Benedetti: *La tregua*. Montevideo: Alfa 1960; Felisberto Hernández: *Diario del sinvergüenza*.

contexto existencial particular del proyecto luminoso, en el cual la escritura *exorciza (el miedo a) la muerte*. Imposible de escribir, la «Novela luminosa» tampoco se puede completar:

> Escribía a mano esa novela luminosa [. . .] Un capítulo fue desestimado y destruido [. . .] No sé bien en qué etapa de las innumerables correcciones los cinco capítulos sobrevivientes quedaron con la forma que tienen ahora (y los destruidos no dejaron rastros) [. . .]
> En el 2000 recibí una beca de la Fundación Guggenheim para realizar una corrección definitiva de esos cinco capítulos y escribir los nuevos capítulos para completarla. [. . .] Durante ese lapso, que fue de julio de 2000 a junio de 2001, sólo conseguí dar forma a un relato titulado «Primera comunión», que quiso ser el sexto capítulo de la novela luminosa pero no lo logró: yo había cambiado mi estilo, y habían cambiado muchos puntos de vista, de modo que lo conservé como relato independiente. Continúa, de algún modo, a la novela luminosa, pero está lejos de completarla (NL, p. 16).

La imposible finalización de la novela devuelve al escritor al tiempo abierto del diario, por lo cual define el «prólogo» de la novela, el «Diario de la Beca», también como su continuación. Lo luminoso no puede reproducirse en el texto literario, pero sí —posiblemente— en la co-creación que se establece en el acto de recepción literaria: «Creo, en definitiva, que la única luz que se encontrará en estas páginas será la que les preste el lector (NL, p. 17). Eso también es una manera de *no terminar*, desplazando el objeto luminoso de la obra fuera de ella, inalcanzable, en el acto de recepción literaria teóricamente reiterable *ad infinitum*.

Concluyendo ahora sobre este primer acercamiento al *de/lirio* levreriano. Si bien el proyecto luminoso encuentra su génesis en una (o dos) *imágenes obsesivas* en la mente del escritor —el deseo de escribir, y la imposibilidad de escribir, sobre experiencias luminosas—, se formula, en tanto tarea existencial, a partir de la operación de vesícula y la brutal toma de consciencia que esta suscitó: se trata, para Levrero, de *exorcizar el miedo a la muerte*. En el contexto de su convalecencia post-operatoria, por un lado, y de quehaceres profesionales que han transformado el escritor en *canalla* y asustado al *daimon* de la inspiración, por otro lado, lo que se introduce en DC como un proyecto novelístico cobra, en su realización, una forma diarística híbrida. Este desvío *de/lirante* tiene sus razones: la escritura diarística es, en primer lugar, una práctica cotidiana que permite al escritor reconstruirse de poco a poco, física y espiritualmente, tras la pérdida tanto de la vesícula como del *daimon*. Si el objetivo explícito es volver, a medio plazo, a formas propiamente *literarias* de escritura —que el diarista no define pero identifica con la «Novela luminosa»—, existe otro, implícito: este proceso de *auto-construcción* opera en el tiempo *largo* y *abierto* que caracteriza el diario, sin el requisito lógico de un cierre o de una conclusión. «Estructura de diferimiento» (Julio Prieto)[491] de la prospectiva «Novela luminosa», el diario no *hace obra*:[492] desde su forma misma, elude lo definitivo, lo cerrado y, por ende, la muerte.

Crucialmente, la *larga duración* del proyecto luminoso no corresponde solamente a una apertura lineal hacia adelante, sino que permite (y exige) también movimientos de vuelta sobre sí, de recomienzo y recomposición, que se visibiliza a la superficie del texto a través de las fechas, metódicamente registradas, de cada pasaje, su ordenamiento no siempre cronológico, así como la intensa actividad meta- y paratextual del *yo* enunciador. Gracias a ello, el texto adquiere puntualmente la estructura infinita de un fractal (la parte reproduce el todo y se imbrica en ello), lo que refuerza la coherencia de DC, DV y NL pese a la distancia temporal que los separa (las diferencias de «estilo» y «puntos de vista», NL, p. 16), a la vez que constituye otra manera de rechazar el final. Por todas estas razones, los diarios del proyecto luminoso no son simples prolegómenos a la «Novela», sino su condición de posibilidad; por su proliferación fractal, también la postergan indefinidamente.

3.2.2 Curar a un *yo en ruinas*; librarse de él

> *One does not become enlightened by imagining figures of light, but by making the darkness conscious*[493]

Hemos mencionado que la muerte al horizonte del proyecto luminoso no es solamente física, sino también «una muerte espiritual que ya tuvo lugar: la ‹fuga› del ‹espíritu travieso›»,[494] o sea de la inspiración literaria. Para volver a encontrarla, el diarista implementa varios métodos o estrategias, sometiendo su escritura a reglas precisas con el objetivo de alcanzar mejoras físicas, comportamentales, psicológicas, incluso morales, que permitan «despertar [. . .] al *daimon*, ese gracioso diablillo intuitivo que además sabe escribir» (DC, p. 133). Gabriel Inzaurralde observa la dimensión constitutiva de lo que se podría llamar prácticas de *self-help* escriturario en DC, DV y NL:

---

491 Julio Prieto: Todo lo que siempre quiso saber sobre la autoficción, p. 235.
492 Según la famosa formula de Blanchot: «l'écrivain ne peut tenir que le journal de l'œuvre qu'il n'écrit pas». Maurice Blanchot: Le journal intime et le récit, p. 258.
493 Carl G. Jung: *Collected works of C. G. Jung*, vol. 13: *Alchemical studies*. Ed. Gerhard Adler/ Trad. R. F. C. Hull. London: Routledge/Kegan Paul 1967, p. 265.
494 Sandra Contreras: Levrero con Barthes, p. 5.

[D]esde *Diario de un canalla* la escritura de estas crónicas íntimas se propone explícitamente como un medio de perfeccionamiento personal, o del «alma», y a ratos hasta de salvación a través de la voluntad y la disciplina. [. . .]

El discurso vacío es un intento de mejorar la personalidad a través de ejercicios caligráficos, invirtiendo el principio de la grafología. [. . .]

En *La novela luminosa* el objetivo confeso es «poner en marcha la escritura» y escribir sobre cualquier cosa, para crear el hábito.[495]

En la sección que sigue, quiero analizar tres de estas prácticas: la confesión, que permite al diarista exponer —y negociar con— la culpa paralizante provocada por la sumisión de su *ethos* de artista a obligaciones laborales; la terapia grafológica, que intenta recrear en el trazado de las letras la continuidad que falta en un cotidiano fragmentado por *hábitos negativos*; y la práctica del «discurso vacío», por la cual el diarista quiere «hacerse cargo de ciertos contenidos inconscientes que pugnan por salir a la superficie» (DV, p. 87). Muy interesantemente en términos de *de/lirio*, el trabajo terapéutico que se realiza en DC, DV y NL pone en juego diferentes *yoes*: instancia moral que denuncia a su *canalla* interior, en la confesión; instancia psicológica que trabaja a mejorarse, en estrecha relación con la mecánica del cuerpo, en la terapia grafológica; instancia hermenéutica (y tendencialmente paranoica) que investiga la propia producción discursiva y trata de identificar y sanar heridas inconscientes en el «discurso vacío». Estos *yoes* se movilizan en el marco terapéutico, no- o proto-literario, de la escritura diarística: son instrumentos que tendrán que desaparecer para posibilitar, en el algún futuro incierto, la vuelta del *daimon* y el retorno a la literatura/«Novela». La naturaleza exacta de aquel *diablillo intuitivo* nunca se precisa en el proyecto luminoso, pero queda claro que no procede del *yo* consciente, *habitual*, del que escribe[496] sino más bien de otra instancia, que se puede relacionar con el inconsciente colectivo teorizado por Jung —el arquetipo del «ánima», en particular—,[497] el *Almismo ayoico* de Macedonio

---

495 Gabriel Inzaurralde: Apuntes, p. 1047.
496 Sobre el origen *ajeno* de la literatura levreriana y el desdoblamiento Levrero/Varlotta cf. 3.1.
497 Para Jung, los contenidos que alberga el inconsciente no resultan únicamente de la historia psíquica de cada individuo sino también, en sus capas más profundas, de la historia colectiva de la humanidad: «it has contents and modes of behaviour that are more or less the same everywhere and in all individuals[:] archaic or —I would say— primordial types, [. . .] universal images that have existed since the remotest times». Carl G. Jung: Archetypes of the collective unconscious, pp. 4–5. Entre estos *arquetipos*, el «ánima» tiene cierto parecido con el *daimon* levreriano: su naturaleza caprichosa y cambiante, así como su potente vitalidad: «Were it not for the leaping and twinkling of the soul, man would rot away in his greatest passion, idleness. [. . .] to have a soul is the whole venture of life, for soul is a life-giving daemon who plays his elfin game above and below human existence.» Ibid., p. 27. Volveremos sobre

Fernández,⁴⁹⁸ y el Espíritu cristiano.⁴⁹⁹ El esmero del diarista en aliviar a su *yo* de los males que lo aquejan no se ancla, entonces, en un proyecto de *self-improvement* individual(ista), sino en un esfuerzo para desprenderse de sí-mismo y entregarse al *daimon*: se trata de curar al *yo* de sus heridas y vicios, para poder, en última instancia, librarse de él.

Esta práctica diarística-instrumental, sin embargo, pronto se revela muy conflictiva, desviándose recurrentemente de sus objetivos —ya sea interrumpida por uno u otro factor externo o cediendo el diarista a sus impulsos literarios—. Por su fracaso repetido y performativo, conforma también una introducción programática a la «Novela», cada episodio reproduciendo, fractalmente, su imposible realización.

3.2.2.1 La confesión

A principios de DC, «[l]o primero que surge es la necesidad de confesar» (DC, p. 130): «Lo que debo confesar es que me he transformado en un canalla; que

---

los arquetipos junguianos en relación con la experiencia luminosa y la creación literaria que ésta impulsa en 4.2.

498 En el «subjetivismo absoluto» de Macedonio Fernández, el Ser es un «almismo ayoico», «porque es siempre pleno en sus estados y sin demandar correlación con supuestas externalidades ni sustancias, tal como es el Ensueño, todo del alma, pleno, absorbente e incomprometido con la alegada Causalidad. Ayoico, o sin *yo*, porque es una, única la Sensibilidad, y nada puede ocurrir, sentirse, que no sea el sentir mío, es decir, el místico sentir de nadie, desde que no hay pluralidad de la Sensibilidad que deja de ser, por tanto, una Subjetividad». Macedonio Fernández: *No toda es vigilia. . .*, p. 25. La afirmación recurrente, en el proyecto luminoso, de que el *yo* es una ficción, y que los sueños tienen el mismo grado de realidad que la vigilia (cf. 3.3.2), son aspectos que inscriben a Levrero en la filiación directa de Macedonio. Cf. también Julio Prieto: Apuntes autoficcionales, p. 158, nota 24.

499 En el dogma católico, el Espíritu no se vincula con ningún tipo de inspiración artística o literaria, sino que revela a Dios. La Santa Sede: *Catecismo de la Iglesia Católica*, §689. Según lo veremos en la «Novela Luminosa» (cf. 4.3), la revelación divina es en Levrero lo que inspira y posibilita la creación literaria. El *daimon* se manifiesta a lo largo del proyecto luminoso a través de una serie de pájaros, palomas en particular, que remiten claramente a la iconografía cristiana (cf. 3.3.4). La noción de que la escritura está dictada por el Espíritu y que la ausencia de éste hace muy difícil tomar la pluma, se encuentra en *Las moradas* de Teresa de Jesús —libro que se menciona una y otra vez en NL (pp. 13, 237–239)—: «Pocas cosas que me ha mandado la obediencia se me han hecho tan dificultosas como escribir ahora cosas de oración; lo uno, por que no me parece me da el Señor espíritu para hacerlo, ni deseo; lo otro, por tener la cabeza tres meses ha con un ruido y flaqueza tan grande, que aun los negocios forzosos escribo con pena». Teresa de Jesús: *Castillo interior o las moradas* [escrito 1577, publicado 1588]. Madrid: Aguilar ⁷1971, p. 19.

he abandonado por completo toda pretensión espiritual; que estoy dedicado a ganar dinero [. . .]» (ibid.). La confesión, que también vuelve puntualmente en DV y en el «Diario de la Beca», requiere un comentario detallado, tanto en el contexto cultural occidental como en el marco específico del *de/lirio*. Foucault, en su *Histoire de la sexualité*, ha elaborado sobre lo que él nombra, famosamente, «cette injonction si particulière à l'Occident moderne [. . .] la tâche, quasi infinie, de dire, de se dire à soi-même et de dire à un autre, aussi souvent que possible, tout ce qui peut concerner le jeu des plaisirs».[500] Para Foucault, «l'homme, en Occident, est devenu une bête d'aveu», y eso ha dado lugar, en el ámbito literario, a formas específicamente dedicadas tanto a decir la verdad del sujeto como a poner en escena su inaccesibilidad.[501] El filósofo define cuatro características de la confesión en tanto *ritual discursivo*:

> l'aveu est un rituel de discours où le sujet qui parle coïncide avec le sujet de l'énoncé ; c'est aussi un rituel qui se déploie dans un rapport de pouvoir, car on n'avoue pas sans la présence au moins virtuelle d'un partenaire qui n'est pas simplement l'interlocuteur, mais l'instance qui requiert l'aveu, l'impose, l'apprécie et intervient pour juger, punir, pardonner, consoler, réconcilier ; un rituel où la vérité s'authentifie de l'obstacle et des résistances qu'elle a eu à lever pour se formuler ; un rituel enfin où la seule énonciation, indépendamment de ses conséquences externes, produit, chez qui l'articule, des modifications intrinsèques.[502]

Aplicada a la confesión del *canalla*, esta definición foucaldiana plantea una serie de preguntas. La del *obstáculo superado* que autentifica la verdad enunciada es fácil de contestar: se trata de «las muchas cosas [que] han muerto» en el diarista (DC, p. 129), dejándolo incapaz de seguir con su proyecto luminoso. Identificar la *relación de poder* instaurada en la confesión con un interlocutor (presente o virtual), y la *modificación intrínseca* que produce en el sujeto enunciador, en cambio, requiere convocar por lo menos dos tradiciones occidentales.

En el cristianismo, el sacramento de la confesión es un ritual en el cual el confesante enuncia sus pecados y su arrepentimiento frente a Dios —en la tradición católica, por mediación del sacerdote— (= relación de poder) para luego, tras la penitencia, recibir la absolución divina (= modificación intrínseca). El subtexto cristiano es omnipresente en Levrero (ya lo comentamos al analizar el

---

[500] Michel Foucault: *Histoire de la sexualité*, vol. 1: *La volonté de savoir*. Paris: Gallimard 1976, p. 29.
[501] Ibid., p. 80.
[502] Ibid., pp. 82–83.

prólogo de DV), y generalmente cada vez que se trata de confesión;[503] aquí, la noción típicamente católica de que «ganar dinero» se vincula con el abandono de «toda pretensión espiritual» apunta en esta dirección. Los desarrollos del diarista sobre la naturaleza exacta de la culpa que siente, sin embargo, convocan un subtexto más psicoanalítico que religioso. La culpa del *canalla* no viene tanto del *pecado* de ganar dinero —pues «[se] hi[zo] un canalla como único recurso para sobrevivir» (DC, p. 130)–, sino más bien de que «[le] gusta lo que est[á] haciendo [. . .] est[á] viviendo en una de las grandes ciudades más corrompidas del mundo —y [. . .] [l]e gusta» (ibid.). Según Freud, el sentimiento de culpa viene de una tensión edípica irresuelta entre ego y superego, en la cual el superego, identificándose con la instancia paternal autoritaria, empuja al ego a rechazar la propia felicidad para buscar, masoquistamente, el castigo.[504] En este marco, la relación de poder confesional es interna al sujeto, entre ego y superego —posiblemente exteriorizada a través del analista— y la modificación intrínseca esperada sería la resolución de la tensión neurótica entre ambos. Más interesante aún para el caso del *canalla* es la propuesta de Lacan, quien postula que la culpa siempre se origina en un deseo que el sujeto ha decidido ignorar —ya sea por circunstancias materiales o razones éticas—:

> Je propose que la seule chose dont on puisse être coupable, au moins dans la perspective analytique, c'est d'avoir cédé sur son désir. [. . .]
> [Céder] sur son désir pour le bon motif, et même pour le meilleur [. . .] Et c'est bien pourquoi les chrétiens de la plus commune observance ne sont jamais bien tranquilles [. . .] Faire les choses au nom du bien de l'autre, voilà qui est bien loin de nous mettre à l'abri non seulement de la culpabilité, mais de toutes sortes de catastrophes intérieures.[505]

---

[503] Como lo observa Rosa Chacel en un ensayo muy interesante sobre el tema, «las confesiones son, sin duda, un producto cristiano». Rosa Chacel: *La confesión*. Barcelona: EDHASA 1971, p. 23.
[504] «Das Ichideal ist [...] der Erbe des Ödipuskomplexes und somit Ausdruck der mächtigsten Regungen und wichtigsten Libidoschicksale des Es. [...] Während das Ich wesentlich Repräsentant der Außenwelt, der Realität ist, tritt ihm das Über-Ich als Anwalt der Innenwelt, des Es, gegenüber»; «Das normale, bewußte Schuldgefühl [...] beruht auf der Spannung zwischen dem Ich und dem Ichideal, ist der Ausdruck einer Verurteilung des Ichs durch seine kritische Instanz. Die bekannten Minderwertigkeitsgefühle der Neurotiker dürften nicht weit davon abliegen [...] das Ichideal zeigt dann eine besondere Strenge und wütet gegen das Ich oft in grausamer Weise». Sigmund Freud: Das Ich und das Es [1923]. In: *Gesammelte Werke*, vol. 13: *Jenseits des Lustprinzips. Massenpsychologie und Ich-Analyse. Das Ich und das Es*. Frankfurt am Main: Fischer ^{9}1987, pp. 264, 280.
[505] Jacques Lacan: *Le séminaire*, livre 7: *L'éthique de la psychanalyse*. Paris: Seuil 1986, p. 368.

Claramente, el diarista-*canalla* ha renunciado a su deseo de ocio —en tanto estado de disponibilidad espiritual completa al *daimon* de la inspiración[506]—, para preferir la seguridad financiera de un empleo con horario —lo que Lacan llama «le service des biens»[507]—, así como «ciertas formas de salud», cuyo confort material, físico y psíquico ahora teme perder; y esta renuncia le provoca un «íntimo desprecio por [sí] mismo»:[508]

> Tengo ciertas alegrías y bienestares que antes no conocía. También disfruto de algunos bienes materiales que antes no tenía ni creía posible llegar a tener, como, por ejemplo, una heladera eléctrica. Sin embargo, sé íntimamente que esas formas de salud son formas de enfermedad, porque todo lo que pueda estar disfrutando ahora tiene un tinte sospechoso, y un precio atroz. Este precio es algo bastante parecido al desprecio, a un íntimo desprecio por mí mismo (DC, p. 133).

Más que en los resortes de la culpa del *canalla*, sin embargo, lo interesante del pasaje estriba en la estructura enunciativa de su confesión. Foucault considera la *coincidencia* entre el sujeto que habla y el sujeto del enunciado como la primera característica de la confesión. Si esta parece obvia en la forma diarística tradicional, no lo es en el *de/lirio* levreriano, donde el diario cobra, lo vimos, una literariedad muy conflictiva. El *yo* diarístico es a la vez Jorge Varlotta y Mario Levrero (cf. 3.1): el que se ha transformado en *canalla* por tener un empleo fijo, cobrar un salario y gozar de la estabilidad financiera es Varlotta; en cambio el *yo* confesante, que tiene la autoridad moral —o por lo menos la toma— para formular un juicio sobre este individuo y nombrarlo *canalla*, es el escritor Levrero. Por esta escisión del *yo* diarístico, la confesión del *canalla* cobra otra función que el simple alivio de su culpa: formula un manifiesto literario para el proyecto luminoso en su conjunto, afirmando que hay una contradicción irreductible entre actividad económica y espiritualidad (y la creación literaria/artística que procede directamente de esta última). El *yo* moral de la confesión se dobla de un *yo* metaliterario a través del cual se expresan —y se reivindican— los principios éticos y estéticos del escritor, tal como se formulan en la «Novela luminosa»:

---

[506] Sobre el ocio y su centralidad en Levrero, remito al siguiente pasaje de su auto-entrevista de 1987: «Lo imprescindible, no ya para escribir sino para estar realmente vivo, es el tiempo de ocio. Mediante el ocio es posible armonizarse con el propio espíritu, o al menos prestarle la atención que merece». Mario Levrero: Entrevista imaginaria con Mario Levrero, p. 178.
[507] O sea: «biens privés, biens de la famille, biens de la maison, autres biens qui nous sollicitent, biens du métier, de la profession, de la cité». Jacques Lacan: *L'éthique de la psychanalyse*, p. 350.
[508] Sigue Lacan: «Ce que j'appelle *céder sur son désir* s'accompagne toujours dans la destinée du sujet [. . .] de quelque trahison. [. . .] le sujet trahit sa voie, se trahit lui-même, et c'est sensible pour lui-même». Ibid., p. 370.

> Estoy harto de perseguir utilidades; hace ya demasiado tiempo que vivo apartado de mi propia espiritualidad, acorralado por las urgencias del mundo, y sólo lo inútil, lo desinteresado, me puede dar la libertad imprescindible para reencontrarme con lo que honestamente pienso que es la esencia de la vida, su sentido final, su razón de ser primera y última (NL, p. 470).[509]

La confesión expone así el hiato entre las acciones del diarista en tanto *homo economicus* y sus convicciones de artista, de escritor; permite también, como lo quiero mostrar ahora, reconciliar los dos. La filósofa María Zambrano, que se ha acercado a la confesión en tanto *género literario y método*,[510] recurre a la tradición confesional agustina para aclarar la eficacia propia de aquel ritual —en términos muy aplicables a la situación del *canalla* y, en general, a los diarios levrerianos—. Para Zambrano, la confesión es un «género de crisis» cuya necesidad surge en el individuo cuando «la vida y la verdad [no] han estado acordadas»;[511] en otras palabras, «un método de que la vida se libre de sus paradojas y llegue a coincidir consigo misma».[512] Las paradojas, tensiones y contradicciones son bien conocidas del diarista (ya lo documentamos ampliamente): en el pasaje citado, el *canalla* experiencia «ciertas formas de salud» que son «formas de enfermedad»; conoce «alegrías y bienestares» del «mundo exterior» mientras «s[abe] íntimamente» que tienen «un precio atroz [. . .] algo bastante parecido al desprecio, a un íntimo desprecio por [sí] mismo» (observar la repetición de «íntimo»), etc. La imposibilidad de conciliar la «dispersión y confusión»[513] de la vida —palabras, hay que subrayarlo, muy levrerianas— con su verdad, produce en el sujeto un estado de desesperación del cual parte la confesión:

> Precisamente cuando el hombre ha sido demasiado humillado, cuando se ha cerrado en el rencor, cuando sólo siente sobre sí «el peso de la existencia», necesita entonces que su propia vida se le revele. Y para lograrlo, ejecuta el doble movimiento propio de la confesión: el de la huida de sí, y el de buscar algo que le sostenga y aclare.[514]

Contrario a la tradición confesional moderna que Rousseau inaugura y el Romanticismo continúa —que se contenta con exhibir un sujeto historiado y objetivado,

---

509 Sobre la crítica de lo útil en Levrero, cf. 3.3.1.
510 María Zambrano: *La confesión: género literario y método*. Ed. María Luisa Maillard/Pedro Chacón. In: *Obras completas*, vol. 2: *Libros (1940–1950)*. Barcelona: Galaxia Gutenberg 2016 [1941–1943], pp. 53–129.
511 Ibid., p. 79.
512 Ibid., p. 88.
513 Ibid., p. 75.
514 Ibid., p. 84.

ya no aspirando a transformarse sino meramente a *expresar* su *originalidad*[515]—, lo que caracteriza la confesión según Zambrano es su acción transformadora («ejecutiva»)[516] sobre la vida del confesante: la *modificación intrínseca* que menciona Foucault. A través de la confesión, el sujeto —previamente disperso *entre las cosas* de la vida— adviene, «se revela a sí mismo»:[517]

> El alma se ha vuelto a su interioridad; en su centro se ha encontrado ese punto de identidad, eterno e impasible, que está dentro del mismo hombre, que no lo arrastra fuera de sí a ser objeto del mundo inteligible. [. . .] Nace el sujeto, eso que nombramos «yo». En realidad hemos adquirido nombre, nombre propio.[518]

De este modo, concluye Zambrano, «[l]a Confesión parece ser así un método para encontrar ese [. . .] sujeto a quien le pasan las cosas, y en tanto que sujeto, alguien que queda por encima, libre de lo que lo pase».[519] Y solo este sujeto es capaz de crear artísticamente, de extraerse de la realidad inmediata y dispersa para proyectarse en el «tiempo imaginario» de la novela.[520] Eso hace directamente eco al propósito del diarista-*canalla* quien, recordamos, busca no la expresión individual, sino la vuelta del *daimon* de su inspiración y, con él, de «una prosa límpida que teje una estructura perfecta» (DC, p. 134); solo de mala gana «enfrent[a] la necesidad de contar lo [suyo]» (DC, p. 132). La confesión es un paso necesario para volver a anclar el sujeto en su presente, hacer que coincida consigo mismo en el «centro interior y último»[521] del que brota la creación artística.

Esa función crucial de la confesión en el proyecto luminoso se confirma a finales DV, en el episodio de la confesión con el cura, relatada en uno los «Ejercicios» grafológicos del diarista, a cinco semanas de haber muerto su madre:

> También, de manera insólita en mí, he debido recurrir a la confesión ante un ~~cura~~ cura. Es cierto que, como me hizo ver el cura, mi sentimiento de culpa es exagerado y se basa en hipótesis no comprobables, acerca de cómo podrían haber sido las cosas si yo hubiera hechos tales otras cosas. También es cierto que yo fui «construido» para ser muy sensible a la culpa, y que esta construcción fue dirigida precisamente por mi madre. Sea como fuere, sigo teniendo un malestar que he procurado eludir mirando películas en cantidades exageradas y evadiéndome de mí mismo por variedad de otros medios (DV, p. 129).

Aquí, la confesión no es puesta en escena en el momento mismo de la enunciación, sino se relata *a posteriori*: tuvo lugar frente a un cura, como se debe en la

---

515 Ibid., p. 113.
516 Ibid., pp. 83, 92.
517 Ibid., p. 82.
518 Ibid., p. 103.
519 Ibid., p. 128.
520 Ibid., p. 81.
521 Ibid., p. 121.

tradición cristiana. Otra vez, sin embargo, se formula como una necesidad («he debido recurrir») frente a un sentimiento de culpa «exagerado». Y otra vez, la confesión permite insertar/centrar el sujeto en sí mismo, recuperarlo en tanto potencialidad presente, deshaciéndose del yo objetivado e *historiado*[522] del pasado, cuyas reminiscencias complacientes conducen al diarista a la procrastinación («el camino de la evasión», ibid.) y paralizan su proceso creativo. Las comillas del participo pasado «construido» hacen eco al «acto de autoconstrucción» de DC (p. 134): la eficacia de la confesión estriba en pasar del «yo fui ‹construido›» pasivo y pasado al «escribirme yo» activo, de un *yo* limitado por las propias determinaciones a otro, capaz de «escribir y publicar» bajo «[su] verdadero nombre y no el que [le] pusieron» (DV, p. 31)—. La confesión reconcilia, de este modo, a Varlotta con Levrero (y viceversa).

3.2.2.2 La terapia grafológica

Introducida ya en DC con el intento de «soltar la mano» (DC, p. 131), y luego desarrollada con método en DV, la terapia grafológica constituye otro tipo de escritura instrumental-terapéutica en el proyecto luminoso. A principios de DV, se presentan los «Ejercicios» grafológicos en los siguientes términos:

> Hoy comienzo mi autoterapia grafológica. Este método (que hace un tiempo me fue sugerido por un amigo loco) parte de la base —en la que se funda la grafología— de una profunda relación entre la letra y los rasgos del carácter, y del presupuesto conductista de que los cambios de la conducta pueden producir cambios a nivel psíquico (DV, p. 13).

Originada en los trabajos de los franceses Jean-Hippolyte Michon (1806–1881) y Jules Crépieux-Jamin (1859–1940), la grafología se define, según este último, como «l'étude du caractère de l'homme d'après son écriture».[523] En DV, el diarista levreriano práctica la grafología al revés, combinándola con un enfoque conductista[524] en lo que nombra «autoterapia grafológica»: se trata de trabajar

---

[522] Ibid., p. 117.
[523] Jules Crépieux-Jamin: *L'écriture et le caractère*. Paris: Félix Alcan [10]1934, p. 1. Ubicado durante mucho tiempo en el límite entre ciencia y pseudociencia, el método ha sido sistematizado y se usa hoy en día en el psicodiagnóstico. Cf. al respecto: Maria Paul-Mengelberg: Graphologie. In: Hartmut Günther/Otto Ludwig (eds.): *Schrift und Schriftlichkeit/Writing and Its Use. Ein interdisziplinäres Handbuch internationaler Forschung/An Interdisciplinary Handbook of International Research* (HSK 10/2). Berlin/New York: De Gruyter Mouton 1996, pp. 1049–1056.
[524] Fundado por John B. Watson, el *conductismo* o *behaviorismo* es una tradición epistemológica que sostiene que la psicología puede practicarse científicamente, enfocándose en el estudio de la conducta humana y dejando de lado entidades abstractas como la consciencia o métodos no científicos como la introspección. El conductismo es determinista: «The idea that there can be a science of behavior implies that behavior, like any scientific subject matter, is orderly, can be

sobre el trazo de las letras con el objetivo de alcanzar cambios psicológicos. El diarista expone su método así: «es preciso [. . .] tratar en lo posible de <u>dibujar</u> letra por letra, desentendiéndose de las significaciones de las palabras que se van formando» (DV, p. 17; subrayado en el original); y lo repite en casi todas las entradas del diario, en una serie de enunciados autotéticos, casi mantras:

> Aquí lo prioritario es la letra y no el estilo (DV, p. 28).
>
> Esto es un ejercicio caligráfico, y nada más. No tiene sentido preocuparse por darle un contenido más preciso. Sólo llenar una hoja de papel con mi escritura (DV, p. 105).
>
> Hoy se trata de controlar la ansiedad y de conseguir una letra grande y clara (DV, p. 119).
>
> Aflojar la mano y ~~dibujar dib~~ dibujar amorosamente cada letra: ésa es la consigna de hoy (DV, p. 121).

Se trata entonces de hacer «buena letra» (DV, p. 39) en sentido propio y figurado, para conseguir «disimular, atenuar o borrar [. . .] hábitos negativos» (DV, p. 118), que el diarista enumera así —observar las tres ocurrencias de la palabra «exceso»—: «1) el fumar en exceso; 2) el valium; 3) el mirar en exceso películas en video; 4) el jugar con maquinitas electrónicas; 5) el exceso de lectura, sobre todo a deshoras» (ibid.). Junto a las interrupciones permanentes que padece el diarista en su cotidiano (cf. 3.3.1), esos malos hábitos traen consigo un importante «peligro psíquico», el de la fragmentación (DV, p. 25). Tanto el esfuerzo en la letra como la regularidad de los ejercicios tienen que permitir al diarista «conseguir una continuidad en [sus] actividades, un orden, una disciplina —porque la dispersión y la inanidad de los días son apabullantes, deletéreas, conllevan pérdida de identidad y le quitan significación al existir» (DV, p. 24).

Como la confesión, la terapia grafológica pone en juego un *yo* doble que, por un lado, intenta borrarse completamente de la escritura, rechazando el papel de sujeto enunciador y productor de sentido para enfocarse en la simple actividad física del brazo y de los dedos —«prestar atención a la tensión muscular», «de mano y brazo con los músculos flojos» (DV, p. 122)— y, por otro lado, se afirma en tanto voluntad, capaz de formular objetivos para sí mismo y trabajar para alcanzarlos: el «escribir con paciencia y prolijidad» (DV, p. 43) requiere «seguir diariamente [la propia] voluntad para disciplinar[se] en todos los aspectos» (DV, p. 127), y someter los propios logros caligráficos a una evaluación regular, como en este pasaje: «Y ahora llego al fin de mi hoja sin haber conseguido un centro ni nada

---

explained, with the right knowledge can be predicted, and with the right means can be controlled». William M. Baum: Behaviorism: definition and history. In: *Understanding behaviorism. Behavior, culture, and evolution* [1994]. Malden/Oxford/Victoria: Blackwell 2005, p. 12.

que se le parezca, aunque satisfecho de que la letra me haya salido grande y legible» (DV, p. 100). Al enfoque conductista de la terapia, que presupone un determinismo mecánico entre cuerpo y psique, se superpone entonces un enfoque ético, en el sentido etimológico del término —que atañe al carácter, a los hábitos, y a su mejoramiento—: a través de la grafología, el diarista busca «un ritmo, una pauta, una base sobre la cual edificar [su] manera de vivir» (DV, p. 101). En recurrentes pasajes, se trata incluso de alcanzar una renovación completa de la vida del *scripteur* —reanudar el «contacto con el ser íntimo» (DV, p. 31) para transformarlo en un «nuevo YO» (DV, p. 57; mayúsculas en el original). La dimensión ética de la terapia se extiende así hacia la esfera espiritual: el diarista habla de cierto «espíritu religioso» (DV, p. 23), «una línea un poco Zen, anti-ansiedad» (DV, p. 58), el «mágico influjo de la grafología» (DV, p. 29). Conociendo el interés de Levrero por el budismo y el taoísmo, se puede, con Valentina Litvan,[525] vincular la grafoterapia de DV con la tradición caligráfica zen (*shodō*) en tanto «writing meditation».[526] De hecho, según aclara la especialista de estudios asiáticos Charlotte Eubanks:

> The notion that a calligraphic artifact was a tangible point of contact with the composer's mind and that one's handwriting was—and was intended to be—a direct performance of one's character or level attainment is ubiquitous in the classical Asian cultural sphere [. . .] [W]ithin Zen more particularly, calligraphy [. . .] has often been viewed as a material instantiation of the calligrapher's enlightened mind.[527]

En la caligrafía, el trazado de las letras materializa la comunión del cuerpo y de la mente, la superación de la dualidad en la *verdad zen*. El diarista bien conoce este fenómeno; en el «Diario de la beca», confiesa —en términos taoístas-junguianos—[528]

---

525 Valentina Litvan: La literatura en juego, p. 5.
526 Charlotte Eubanks: Performing mind, writing meditation: Dōgen's Fukanzazengi as Zen calligraphy. In: *Ars Orientalis* 46 (2016), pp. 173–197.
527 Ibid., pp. 184–186.
528 Levrero está muy familiarizado con el taoísmo —en otro pasaje del «Diario de la beca» se cita también el I Ching (NL, p. 37)—, el cual ha tenido una influencia importante sobre la tradición budista del chan/zen. Aclara John Daido Loori: «When Buddhism first arrived in China from India during the first century C.E., it encountered indigenous Taoism with its deep appreciation of nature and the arts. Taoism's accent on simplicity intermingled with the complex metaphysics of Indian Buddhism, tempering its philosophical tendencies. The result was a very direct and pragmatic kind of Buddhism—Zen.» John Daido Loori: Foreword. In: Audrey Yoshiko Seo: *Ensō. Zen circles of enlightenment*. Boston/London: Weatherhill 2007, pp. xiii–xiv.
  En Levrero, la recepción de los grandes textos del budismo y el taoísmo se ha de enmarcar en su interés seguido por la (para)psicología, por Jung especialmente, cuyo pensamiento se ha construido en diálogo con las filosofías y religiones orientales —el *yoga* hindú, chino, japonés, tibetano, según él las nombraba—. Cf. al respecto: Harold Coward: *Jung and Eastern thought* [1985]. Delhi: Sri Satguru Publications 1991. Típicamente, el diarista vincula aquí un pasaje del

que extraña «encontrar[se] placenteramente como antaño con[s]igo mismo, sentir como ‹el espíritu de la mente› se liga al ‹espíritu del cuerpo y ya no pueden separarse› (Tao Te King). Aquel agradable calorcillo del *self*» (NL, p. 166). Desgraciadamente, el experimento grafoterapéutico de DV no da ningún resultado de este tipo. La grafoterapia muestra sus límites ya en la estructura dual de la obra, que yuxtapone los «Ejercicios» al «Discurso vacío», «de intención más ‹literaria›»: DV, estructuralmente, está del lado de la fragmentación. Aun dentro de la continuidad ritual de los «Ejercicios» se abren múltiples intersticios; el vacío significativo de la escritura se llena recurrentemente de sentido, en un irreprimible desvío narrativo. Un claro síntoma del fenómeno se lee en la casi omnipresente ironía del diarista: burlándose del carácter solemne de su empresa auto-transformadora, el *scripteur* se desprende de la estricta práctica caligráfica para reanudar con su papel de sujeto enunciador —capaz de distanciarse (o no) de sus enunciados— y reintegrar el orden de la producción de sentido:

> estoy seguro de que este ejercicio cotidiano contribuirá a mejorar mi salud y mi carácter, cambiará en buena medida una serie de conductas negativas y me catapultará gozosamente hacia una vida plena de felicidad, alegría, dinero, éxitos con las damas y con otros juegos de tablero (DV, p. 15).

> Prosigo, tratando de desarrollar temas poco interesantes, inaugurando tal vez una nueva época del aburrimiento como corriente literaria (DV, p. 28).

> Consignemos, para que quede constancia en los siglos venideros, que son las 08:30 de la mañana. [. . .] Ya he desayunado y estoy tomando café (DV, p. 39).

Otro síntoma estriba en las continuas interrupciones que se registran en los «Ejercicios», reintroduciendo en ellos el sentido —inmediato, prosaico— de lo cotidiano, así como la multiplicidad de los afectos: ansiedad, impaciencia, molestia, pero también diversión y humor, como en este pasaje: «Este trivial divagar fue interrumpido por Juan Ignacio (quien ahora se asoma y ve su nombre escrito y quiere saber de qué se trata). Escribo entonces: ‹Juan Ignacio es tonto›)» (DV, p. 23; sobre las interrupciones en tanto resorte narrativo en DV, cf. 3.3.1). Así, comprueba el diarista, «me distraigo con los temas y me olvido del dibujo [. . .] Parece que la función de escribir o de hablar es por completo dependiente de los significados, del pensar, y no se puede pensar conscientemente en el pensar mismo; de igual modo no se puede escribir por escribir o hablar por hablar, sin significados» (DV, p. 33). Para resolver —¿o eludir?— este problema, el diarista desarrolla otro método: el «discurso vacío».

Tao Te King con la noción jungiana de *self*. Volveremos sobre la psicología jungiana en tanto clave de lectura para la «Novela» en 3.4.2 y 3.4.3.

3.2.2.3 El «discurso vacío»

Paralelamente a la terapia grafológica, de hecho, se realiza en DV el experimento discursivo y psicológico que le da su título al libro. El objetivo sigue siendo el mismo: se trata de crear condiciones propicias para la vuelta del *daimon* —identificar y desactivar estructuras subconscientes deletéreas para redescubrir la «fuerza creativa por completo reprimida» (NL, p. 492)—. Pero mientras que en los «Ejercicios» se pone al centro la materialidad de los significantes (el dibujo de las letras) y se ignoran (intentan ignorar) sus significados, en el «Discurso» se trata de usar el significado común, superficial de las palabras («forma», o «contenido aparente») para dejar que se revele el discurso *verdadero* escondido detrás:

> me pongo a escribir, desde la forma, desde el propio fluir, introduciendo el problema del vacío como asunto de esa forma, con la esperanza de ir descubriendo el asunto real, enmascarado de vacío [. . .] me gustaría dejar hablar a esa forma para que se fuera delatando por sí misma, pero ella no tiene que saber que yo espero que se delate porque en seguida se me escurriría otra vez hacia la apariencia de vacío. Tengo de estar alerta, pero con los ojos entornados, con un aire distraído (DV, p. 37).

Así, mientras que en los «Ejercicios» lo narrativo es una *tentación* que cabe evitar, en el «Discurso» el diarista se propone seguir «el propio fluir» narrativo, «dejar[lo] hablar», sin intentar refrenarlo de ninguna manera. Al contrario: la idea es usar el relato que surge como «estrategia de distracción»: «lo más conveniente es distraer la atención del discurso rellenándolo con asuntos triviales» (DV, p. 38). Crucialmente, la búsqueda del vacío significativo no es autotélica, sino que debe permitir, a partir de un «contenido falso», la revelación de algún contenido real pero «imposibl[e], por algún motivo, de percibir directamente» (DV, p. 44). La eficacia del método se demuestra pronto: es la historia del perro Pongo y la «crisis de celos» (DV, p. 39) que está atravesando desde la recién llegada al hogar de un gato[529] la que se impone espontáneamente al diarista. Relata primero como, al instalarse él en la casa, le preocupó la falta de libertad del perro e intentó remediar la situación, yendo «ensanchando poco a poco una apertura en el tejido de alambre» que encerraba a Pongo: «Si el perro realmente quería salir, pensaba yo, descubriría en algún momento la posibilidad de hacerlo por ese espacio» (DV, p. 42). Dentro de pocas páginas, el diarista identifica, por analogía, el contenido real del relato:

> podría pensarse ese hueco que voy ensanchando en el alambrado lindero, como un paralelo de otro hueco, psíquico, que voy ensanchando progresivamente con miras a alguna forma de libertad, no del perro sino mía. Por decirlo de otra manera, algo dentro de mí [. . .] trabaja secreta y lentamente para horadar una defensa que se ha erigido en mí [. . .] [una] prisión del espíritu.

---

[529] Relato que se analizará más detenidamente en 3.3.4.

Establecer esta analogía entre el hueco en el alambrado y el hueco en las propias defensas psíquicas le permite al diarista rememorar uno de los eventos que causaron el levantamiento de tal «muro de defensas»: la mudanza a Buenos Aires en el 1985 y la «psicosis voluntaria» (DV, p. 48) que desencadenó:

> Y ahora que lo he pensado y dicho, me viene a la mente una instancia de hace unos pocos años, cuando levanté un muro de defensas [. . .] Me refiero al día preciso —5 de marzo de 1985— en que dejé mi viejo apartamento céntrico en Montevideo y subí al coche de unos amigos que me iba a llevar, definitivamente creía yo en ese momento, a vivir en Buenos Aires. [. . .]
>
> [V]aliéndome de la imagen del perro para rellenar el discurso vacío, o aparentemente vacío, he podido descubrir que tras ese aparente vacío se ocultaba un contenido doloroso: un dolor que preferí no sentir en el momento [. . .] pues estaba seguro de no poder soportarlo (DV, p. 45).

A partir de procedimientos que incluyen la analogía, la reminiscencia asociativa, y la articulación causal, el experimento del «Discurso vacío» conforma una hermenéutica que se puede insertar en una larga tradición, de la interpretación bíblica – con su postulado de un sentido *espiritual* detrás del sentido *literal* de la palabra divina[530]— al método psicoanalítico, lacaniano en particular. En una conversación con Pablo Silva Olazábal, de hecho, Levrero vuelve en términos lacanianos sobre aquel proceso de *traducción* de la imagen a la palabra, que sustenta, más allá de DV, buena parte de su obra:

> Probablemente [. . .] tenga razón Lacan[:] detrás de la imagen es la palabra.
> (Yo agrego que esa palabra está encriptada, está en un idioma del inconsciente [. . .], y sólo podemos recuperarla cuando se hace imagen; agarramos la imagen y la volvemos a traducir a palabra, en nuestro lenguaje.)[531]

Propia del «Discurso vacío», sin embargo, es la personificación de la «forma aparentemente vacía» (DV, p. 37), distinta de la instancia enunciativa (el *yo* del diarista): se lo atribuye un discurso propio, así como la intencionalidad de no *delatar*lo, contra la cual el diarista elabora planos («ella no tiene que saber [. . .] porque en seguida se me escurriría [. . .]», ibid.). El afán interpretativo del diarista, asociado a la personificación de su propio discurso, cobra una dimensión paranoica que aparece ya con la noción de *delación* (tres ocurrencias en DV, pp. 37–38) y se confirma con la evocación de un lector hipotético:

---

[530] La Santa Sede: *Catecismo de la Iglesia Católica*, §115–119.
[531] Pablo Silva Olazábal: *Conversaciones*, p. 34.

> Tal vez, si hubiera un lector que no fuera yo mismo, ya habría descubierto en las líneas escritas algo del contenido real del discurso; y esa idea me perturba todavía más que la idea de aburrir al lector [. . .] Por lo pronto, esa imagen que ha aparecido de un lector hipotético más astuto que yo, tiene mucho de paranoica. El discurso se va revelando como un discurso paranoico (DV, p. 38).

«Yo inquisitivo» (DV, p. 86), «indagador compulsivo (e histriónico)» según Inzaurralde,[532] «Sísifo hermeneuta» en las palabras de Montoya Juárez,[533] el diarista parece proyectarse en uno de los personajes favoritos de Levrero, siempre inquieto de saber más que los demás, más que el lector en particular: el detective de novela policíaca.[534] La hermenéutica del «Discurso vacío», con su sospecha semiótica generalizada, imita formalmente lo que Echevarría nombra el «patrón» de la ficción policial.[535] En este contexto, la dialéctica siempre enfatizada por el diarista, entre vacío (aparente) y contenido (oculto), forma (vacía) y significación (llena), parece apuntar, a su vez, a un «enredo» (DV, pp. 51, 54), una estrategia de distracción para ocultar un deseo reprimido suyo: el de hacer literatura. El método hermenéutico elegido, cabe observar, es abierto, es decir que no permite establecer una interpretación definitiva. Sigue así el diarista tras su primera descubierta:

> [M]e parece prudente retomar la historia del perro y del gato, pues todavía no estoy en condiciones de meterme en profundidad en estos dolorosos temas de mi pasado [. . .] Tampoco estoy seguro de que estos contenidos del discurso sean los contenidos reales; es posible que todavía se enmascaren muchas otras cosas. Más que posible, diría que es un hecho cierto [. . .] (DV, p. 48).

El «Discurso vacío» permite así seguir *ad infinitum* con el narrar: no solo la historia del perro y del gato, sino también sucesos «con los pájaros» (DV, p. 56), reflexiones sobre las cartas de Dylan Thomas y la orquesta de Enrique Rodríguez (DV, pp. 92–93), varios sueños (DV, pp. 34, 62, 65, 78, 86–87, 95), etc. Y el narrar, recordamos, es estrictamente prohibido en los «Ejercicios»: «La hoja en blanco», confiesa el diarista en uno de estos, «es como un gran postre de chocolate que mi régimen me prohíbe comer y que derrota mi voluntad [. . .] es que el ejercicio caligráfico ‹me está permitido›, y el narrativo, no» (DV, pp. 35–36). En la economía dual del libro, el «Discurso» no es la «torpe sustitución de la literatura» que el

---

[532] Gabriel Inzaurralde: Apuntes, p. 1049.
[533] Jesús Montoya Juárez: *Levrero para armar*, p. 75.
[534] La afición de Levrero para la novela policial es conocida. Afirma: «Como lector, busco el entretenimiento; para mí el colmo del placer lo encuentro en una novela policial. Y no me refiero exclusivamente a los grandes como Chandler; me gusta leer casi cualquier tipo de novela policial [. . .]». Pablo Silva Olazábal: *Conversaciones*, p. 48.
[535] Ignacio Echevarría: Posfacio: Levrero y los pájaros. In: Pablo Silva Olazábal: *Conversaciones con Mario Levrero*. Montevideo: Trilce 2008, p. 99.

diarista teme ver en sus «Ejercicios» (DV, p. 20), sino una tensión, irresistible, hacia ella.

La escritura diarística se practica entonces, en el marco del proyecto luminoso, de manera ante todo instrumental, en tanto espacio de experimentación para varios métodos susceptibles de actuar —a niveles moral, psicológico, (psico)somático, e incluso religioso— contra la *muerte espiritual* del escritor y posibilitar así la escritura de la tan anhelada «Novela luminosa». El problema, según lo identifica el diarista, estriba en un *yo* fragmentado, en «pedazos flotantes» (DV, p. 103); «pedazos dispersos, [. . .] cadáveres de [sí] mismo que yacen insepultos» (NL, p. 502). Agobiado por tensiones y contradicciones que, a su vez, le causan dolencias múltiples —sentimiento de culpa, angustia, estrés, insomnio, adiciones y trastornos psicosomáticos asociados—, el *yo* necesita sanarse, para poder devolverse a lo que Gabriel Inzaurralde nombra su rol de «custodio del espíritu:»[536] una instancia solamente mediadora en el proceso esencialmente *ayoico* de la creación literaria.

Así, el *de/lirio* levreriano se formula como *tecnología del yo*,[537] empresa terapéutica para «encontrar las claves de [s]í mismo» (NL, p. 32), pero en contra de toda «contemplación narcisista» (DV, p. 94) del propio *yo* enfermo: no se trata de complacencia egotista, sino de estrategias para desactivar el *yo* en tanto «compleja invención moderna», que «para el ser implica un esfuerzo, un importante consumo de energía psíquica» (DV, p. 40) y, de todas maneras, «no es otra cosa que una parte modificada, en función de cierta conciencia práctica, de un vasto mar que [a uno le] trasciende y sin duda no [le] pertenece» (DV, p. 94).

Con la excepción de la confesión —que tiene, lo vimos, una eficacia real—, el éxito de los métodos empleados en los diarios levrerianos es moderado, insertando esos experimentos en la profecía autocumplida de fracaso que constituye una necesidad interna del proyecto luminoso en tanto exorcismo de la muerte (cf. 3.2.1). Sin embargo, sus logros tampoco son insignificantes. De hecho, es precisamente en ese momento de lo no- o proto-literario que se afirma la idiosincrasia levreriana: según Julio Prieto, un «proyecto de escritura miscelánea y errante [. . .] no necesariamente destinada a la publicación de libros»;[538] según Jesús Montoya Juárez, «la escritura como un momento más en la construcción de un modo de vida, antes que como un instrumento para producción de libros».[539] Otra paradoja: mientras

---

536 Gabriel Inzaurralde: Apuntes, p. 1048.
537 Término que Daniel Link retoma de Foucault, en una de sus clases sobre Kafka: «La literatura es una tecnología por la cual un ‹yo› se hace o se deshace». Daniel Link: *Clases*, p. 185.
538 Julio Prieto: El discurso y el dibujo: apuntes sobre la bizarra imaginación de Mario Levrero. In: *Cuadernos LIRICO* 14 (2016), https://doi.org/10.4000/lirico.2278.
539 Jesús Montoya Juárez: *Levrero para armar*, p. 13.

que registra, día tras día, el fracaso de las terapias, la *fragmentación*, la *chifladura galopante*, o sea: todo lo que impide al escritor seguir con su propósito novelístico, la escritura diarística se revela una práctica exquisitamente narrativa, y la letanía cotidiana de interrupciones que tanto le molestan al diarista, una fuente extraordinaria para «fabular historias o historietas interesantes» (DV, p. 31).

3.3 «Factores de perturbación»: interrupciones de la escritura, irrupciones de lo real

> *¿Y si lo mejor que yo he escrito, y si lo mejor que yo escribiré en mi vida, fueran estas notas, estos fragmentos, en lo que registro que nunca alcanzo a escribir como quisiera?*[540]

Pese a sus objetivos oficiales —terapéuticos, transformativos—, los diarios levrerianos son el lugar de una permanente *tentación narrativa* a la cual el diarista siempre vuelve a ceder, aprovechando varios «factores de perturbación» externos (NL, p. 138) para entregarse —más o menos gozosamente— al «afán de relatar» (DV, p. 123). Entre la terapia escrituaria y la «Novela» se abren así intersticios cada vez más amplios, llenos de (micro)relatos[541] *involuntarios*: a la excepción del «Discurso vacío», en el cual el excurso narrativo es deliberado, y de la propia «Novela luminosa», todos se presentan como desvíos de otro propósito: sumamente sensible a lo que que ocurre en su entorno inmediato, el diarista relata en su diario interrupciones repetidas que son para él fuentes de «fragmentación» (DV, p. 25), de «frustración y rabia» (DV, p. 107). Del contexto climático a los objetos domésticos, de seres humanos o animales que lo rodean a una rica vida onírica, todo contribuye a fragmentar la vida psíquica del diarista, todo participa de su impotencia creativa. Comenta así en DV, desalentado: «No sé independizarme del entorno, por mucho que se hable de mi ‹torre de marfil›. Estoy demasiado atento a las cosas que suceden» (DV, p. 47). Tal estado de *alerta*, lo vimos, es característico de la forma —fragmentada, repetitiva, intrascendente— del diario; la cual, a su vez, es estructuralmente necesaria en el proyecto luminoso. Los relatos del *de/lirio* levreriano —que abarcan tanto simples anécdotas como verdaderas «novelas comprimidas»,[542] extendidas sobre múltiples entradas de diario— constituyen entonces *efectos secunda-*

---

540 Ricardo Piglia: *Los años felices*, p. 74.
541 Para una definición del microrelato, cf. Ottmar Ette: *Del macrocosmo al microrelato. Literatura y creación – nuevas perspectivas transareales*. Trad. Rosa María S. de Maihold. Guatemala: F&G Editores 2009, pp. 19–20.
542 Pablo Silva Olazábal: *Conversaciones*, p. 25.

rios de la empresa diarística-terapéutica pre-novelística, pero también, como lo intentaré mostrar, «ejercicio[s] de calentamiento» (NL, p. 455) para la «Novela luminosa». En la sección que sigue, me enfocaré primero en DV para analizar cómo las interrupciones registradas cotidianamente por el diarista revelan un *sistema-hogar cibernético* en el cual cada elemento es inter- y retrodependiente de los demás; resorte poético de la obra, lleva al diarista a reflexionar sobre (y últimamente aceptar) la propia agencia ética para con su familia (3.3.1); luego, pasaré a NL para comentar una serie de relatos sobre muebles, aparatos y generalmente cosas de la casa que, pese a su carácter inanimado, activamente co-determinan su cotidiano, mediatizando una reflexión sobre los determinantes materiales de la creación literaria (3.3.2); en tercer lugar, analizaré los relatos que se centran, en DC, DV y NL, sobre las lecturas, los sueños y las actividades digitales del escritor, soportes de una incansable búsqueda hermenéutica que permiten al diarista escapar «las cosas del mundo exterior» pero también articular saberes vivenciales indispensables a la realización del proyecto luminoso (3.3.3); finalmente, abordaré los numerosos relatos animales de la trilogía: relatos de convivencia que descentran la escritura diarística del *yo* solipsista hacia el Otro y abren así, en ciertos casos, un frágil acceso a lo luminoso (3.3.4).

3.3.1 Cibernética del sistema-hogar

De DC al «Diario de la beca», el diarista padece una «fobia a las interrupciones» (NL, p. 57) de alcance considerable. Ya sea en departamento de la calle Rodríguez Peña en Buenos Aires (DC), en la casa que comparte con su mujer y el hijo de ella en Colonia (DV), o en su casa de Montevideo («Diario de la beca»), las interrupciones rigen el tiempo diarístico e impiden la continuidad necesaria a la escritura. El diarista, paradójicamente, las registra en detalle, documenta sus efectos físicos y psíquicos, intenta racionalizarlas y explicarlas, de una manera que sin duda retroactúa sobre la marcha del hogar, los problemas relacionales que alberga, y el propio estado psicosomático.

En DV se hace particularmente clara la existencia de un complejo sistema cibernético que incluye no solo al diarista y a los demás miembros de la casa, sino también a la casa misma, al clima, y a instancias *reguladoras* como los psicofármacos, la computadora y la escritura. A principios del libro, el diarista acaba de mudarse a la casa de su pareja Alicia en Colonia, y todavía está acostumbrándose a la vida cotidiana en el nuevo hogar: no solo con Alicia sino también con el hijo de ella, Juan Ignacio, el perro Pongo, y el gato. La convivencia de esta familia extendida en el espacio hogareño es fuente permanente de interrupciones que desvían al escritor de sus «Ejercicios» —y justifican, una y otra vez, su fracaso—. El diarista analiza el problema en los siguientes términos:

> El agente siniestro no es la interrupción ni el cambio de actividad, sino la interrupción abrupta, el cambio de actividad no deseado —cuando no he tenido la oportunidad de completar un proceso psíquico, sea en la actividad o en el ocio.
> Otro factor deletéreo es la acumulación de cosas por hacer que, a causa de las interrupciones, no encuentran nunca su momento. Así, los días y las semanas y los meses van pasando, y lo no realizado se amontona y presiona. [. . .] Vivo de urgencia en urgencia (DV, p. 25).

Interesante aquí es el vocabulario: «agente», «factor» son términos tomados de la cibernética,[543] como el de «sistema» («el sistema de interrupciones que gobierna esta casa», DV, p. 25; «estaba prisionero de un sistema ecológico», DV, p. 82). Su empleo recurrente sugiere que el diarista se encuentra en una situación de inter- y retro-dependencia con fuerzas agentivas que siguen lógicas propias; de esto resulta un sentimiento de impotencia, de privación de libertad que sin duda influye, a su vez, en la elección de la «imagen del perro» como soporte para el «Discurso vacío» (cf. 3.2.2.3). Este sistema cibernético funciona, a lo largo de DV, como un formidable resorte poético: analicemos sus engranajes.

El sistema se organiza, primariamente, en torno al escritor y su pareja, un dúo que se describe como el permanente «choque de dos voluntades» (DV, p. 67), cuyo «status quo», «fuente de toda patología» (DV, p. 75), se necesita romper (DV, p. 73). Alicia, según establece el diarista en sus «Ejercicios, es «un ser fractal»,

> con un patrón fractal de conducta. Y como ella determina el curso de los acontecimientos en la familia, <u>todo</u> nuestro transcurrir es fractal, y sólo puede evolucionar de manera fractal, como un cristal de nieve.
> La fractalidad psíquica debe corresponderse sin duda con alguna fractura psíquica. [. . .] Podría formular una especie de ley para el comportamiento general de esta familia en la que estoy inmerso: «Todo impulso hacia un objetivo será desviado inmediatamente hacia otro, y así sucesivamente, y el impulso hacia el objetivo primero podrá ser retomado, o no» (DV, p. 25).

---

[543] Fundada por Robert Wiener en 1948, la cibernética (del griego *kybernetes*, «timonel») designa un vasto campo interdisciplinar dedicado al estudio del funcionamiento (*behavior*) de todo tipo de sistemas —ya sea humano, animal o máquina—. La hipótesis central de la cibernética estriba en que el sistema es más que sus distintas partes consideradas individualmente, y que su funcionamiento no es linear hacia un objetivo dado sino que requiere también circularidad (retroacción, o *feedback*, entre sus elementos). Más allá del nivel descriptivo, la cibernética se propone, a nivel prescriptivo, mejorar sistemas existentes, optimizando la comunicación y el control en su seno. Cf. William Ross Ashby: *An introduction to cybernetics*. London: Chapman & Hall 1956, http://pcp.vub.ac.be/books/IntroCyb.pdf (10.10.2020).

¿Se da cuenta aquí el diarista de que la fractalidad —o sea la reproducción infinita del todo en las partes, que jamás se puede llevar a cabo— corresponde también a su propio modo de escritura? El hecho de que eligiera la noción de fractalidad para describir a Alicia demuestra, paradigmáticamente, la retroactuación de la escritura diarística sobre los sucesos exteriores que la nutren: la práctica escritural es claramente un agente del sistema. De hecho, a la supuesta fractalidad de Alicia se añaden otros problemas, poco compatibles con un *modo fractal de ser*: se menciona, con respecto a las tareas del hogar, «una rígida estructura determinada por la Limpieza, la que pasa a ser un valor que se ubica por encima de la Gente y de la Vida» (DV, p. 24, notar el uso dramático de las mayúsculas); en otro pasaje, una «modalidad eficaz [, que] implica desarrollar demasiado el sector práctico de la mente, en una especie de militarización del ser» (DV, p. 53); o, más concretamente, «la falta de comunicación directa» (DV, p. 73). Lo cierto es que esa disfunción primaria en la pareja contamina el sistema-hogar en su conjunto. El hijo Juan Ignacio, así, «se vuelve más difícil día a día» (DV, p. 106) y sigue interrumpiendo al diarista en su «placentera soledad» (DV, p. 31):

> (Vino Juan Ignacio a interrumpirme [. . .]. Pregunta por su madre. Le digo que no está) (DV, p. 28).

> me avisan los vecinos que Ignacio estaba en viaje hacia aquí, por que se había sentido mal en la escuela. Eso borró de un plumazo mi tranquilidad del resto del día [. . .]. De modo que ahora Ignacio —quien se siente lo más bien— está en casa, en la cama por abulia y propia decisión, llamándome de tanto en tanto para tenerme bajo su control y hacerme sentir su poder [. . .] (DV, p. 31).

Las dinámicas conflictivas que existen entre la «invasora curiosidad» (DV, p. 114) de Juan Ignacio, la «modalidad eficaz» de Alicia, y el deseo de tranquilidad del diarista, a veces producen escenas altamente cómicas:

> hoy Alicia tuvo la idea de poner en remojo una túnica de Juan Ignacio, dentro de un balde con agua jabonosa, y luego dejó el balde en la cocina. [. . .] Horas más tarde, mientras yo tomaba en la cocina un pocillo de café e intentaba leer un capítulo de una novela policial, Ignacio se me acercó, como ahora acostumbra hacer con frecuencia, a darme charla (por lo general acerca de temas más o menos afines al sexo). Se sentó, según su estilo informal y displicente, medio de costado en la silla y apoyó uno de sus pies en el borde del balde. Mientras habla, tiene la costumbre de moverse con inquietud para aquí y para allá. En uno de esos vaivenes, el pie resbaló del borde, se metió dentro del balde e hizo que se volcará. [. . .] El no podía sacar la pierna ni enderezar el balde, y no atinaba a otra cosa que a contemplar con los ojos llenados de asombro cómo el balde se iba vaciando por completo. [. . .] Cuando volvió Alicia, después de algunos ataques de furia y desesperación tuvo lugar una escena tan divertida como la anterior: Ignacio y yo, recostados cómodamente al marco de la puerta de la cocina, contemplando con atención como Alicia se esforzaba por secar el piso. Estábamos en eso con total inocencia, cuando una

mirada asesina que nos dirigió Alicia me hizo tomar conciencia de la gracia de la escena y, después de ponerme prudentemente fuera de su alcance, empecé a reírme a carcajadas (DV, pp. 34–35).

Pese a este momento de auténtico *slapstick*, las interrupciones tienen, en su mayor parte, efectos más angustiantes que cómicos. Muchas veces entre paréntesis (DV, pp. 28, 34, 53, 125) y con sintaxis paratáctica, las interrupciones también lo son en el tejido textual y llegan, por su recurrencia, a poner al escritor mismo «entre paréntesis» (DV, p. 67), encerrarlo «en esta extraña forma de marginación dentro de [su] propia casa» (DV, p. 114): otro ejemplo de la transitividad entre el diarista, sus escritos y el sistema-hogar.

Más allá del núcleo familiar Alicia-Ignacio-diarista, de las dos mascotas (sobre las cuales volveremos en detalle en 3.4), el sistema también incluye entidades inanimadas. La casa misma tiene capacidad reactiva: tras la dimisión de la empleada doméstica de Alicia, Antonieta (DV, p. 22), el diarista consigna así que «nuestra casa no ha vuelto a ser la misma» (DV, p. 24). Una suerte de extensión de Alicia, la casa le permanece hostil al «recién venido» (DV, p. 40), quien, recíprocamente, siempre usa el deíctico «esta» («en esta casa...») para hablar de la propia residencia, como para subrayar que no es *suya*. ¿Explicará eso por qué el diarista permanece simple espectador en el episodio del balde revolcado, sin tomar ninguna iniciativa para secar el piso, ni prestarle ayuda a su mujer? En cualqier caso, «esta casa» pronto se duplica en una «nueva casa» (DV, pp. 79, 101), a la cual toda la familia se va a mudar próximamente. La preparación de la mudanza produce un verdadero «caos» (DV, p. 98), contra el cual el diarista se resiste a toda fuerza: «Es que últimamente he acumulado demasiadas mudanzas» (DV, p. 88); «estoy harto de mudanzas y cambios» (DV, p. 99). Ya realizado el temido evento, al diarista le persigue «el zumbido de la vecina subestación de electricidad» (DV, p. 106), «zumbido desquiciante [que] desafía incluso a los ruidos de la calle» (DV, p. 108), llevándole a la desesperación completa: «Mi buena voluntad no alcanza, estoy desesperado por salir de este lugar, apresuro mi escritura todo lo que puedo para terminar de una vez la hoja y salir corriendo. SOCORRO» (DV, pp. 108–109, mayúsculas en el texto original). Y eso no es todo, al «bullicio y el desorden de esta casa» (DV, p. 110) se añade el factor ambiental, o sea «el clima atmosférico, muy revuelto e inestable» (DV, pp. 110–111), de la ciudad: «hay algo en el clima de Colonia que es verdaderamente maligno y desorganiza el sistema nervioso» (DV, p. 32).

A consecuencia de todo esto, el diarista padece un «lamentable estado psíquico» (DV, p. 28). Queda imposible, sin embargo, determinar en qué medida exacta el diarista es víctima de su entorno o bien participa —por su actitud «ansios[a] y chiflad[a]» (DV, p. 127), su «estado como de alerta irritable» (DV, p. 43) y su rechazo absoluto de «hacer[se] cargo de cosas del mundo exterior»

(DV, p. 85)—, de la situación deletérea en el hogar. Con la propia salud, el escritor tiene la misma pasividad analítica que en su relación con Alicia: registra así, en clave kafkaiana, «el cuerpo monstruoso y desorganizado, como si me hubiera transformado en una especie de sapo con la barriga horriblemente hinchada» (DV, p. 33);[544] más adelante, describe «una especie de crisis hepática, o digestiva» (DV, p. 43); incluso se auto-diagnostica un «síndrome de la fatiga crónica (SFC)»:

> Se supone que el síndrome tiene relación con algún tipo de virus. De lo que no tengo dudas es de mi fatiga crónica, y con el SFC que describe la nota descubro similitudes especialmente en el terreno psíquico, en las modalidades que lo distinguen de una depresión común [. . .]. Como esto ha sido descubierto muy recientemente, no tengo forma de afinar el diagnóstico; deberé seguir tratándome como si lo que tengo fuera una depresión (DV, p. 59).

Las patologías del diarista incluyen síntomas tanto físicos como psíquicos; ambos son tan estrechamente vinculados que no se puede identificar su origen: «Sigo aquejado de distintos males, o de un solo con distintas manifestaciones, en especial un eczema persistente que ya dura bastante más que en ocasiones anteriores. También padezco de trastornos digestivos, de probable origen hepático. Detrás de todo esto, hay un posible origen psíquico» (DV, p. 84).

Recordemos que esta situación inextricable es precisamente la que lleva al diarista a su empresa terapéutica bífida —los «Ejercicios» y el «Discurso vacío»—. Pero por la estricta disciplina que requiere, esta empresa refuerza, a su vez, la necesidad de aislamiento del escritor y su sensibilidad extrema a todo tipo de interrupción. Así, las instancias supuestamente reguladoras en el sistema participan en realidad de su disfunción. Lo mismo se puede decir de los psicofármacos, que en vez de ayudar al diarista en su búsqueda de serenidad psíquica le producen efectos secundarios muy molestos:

> Mi primavera personal consiste fundamentalmente en la toma de altas dosis de psicofármacos, para intentar (vanamente) un control de la natural ansiedad que corre por las venas (DV, p. 27).

> Ayer comencé a tomar un antidepresivo. [. . .] Sigo esperando los efectos del psicofármaco; si los hay en estos momentos, son por completo negativos. No me siento nada bien, y aun se han agravado síntomas y malestares (DV, pp. 59–60).

> Creo que están apareciendo los efectos del antidepresivo; al menos los efectos secundarios, muy claramente (DV, p. 62).

---

[544] Cf. «Mi cuerpo se deforma cada día más, sumando kilos» (DV, p. 104).

El mundo digital de la computadora, espacio de exploración lúdica que le permite al diarista escapar un rato del sistema, constituye también un recurso ambiguo que participa de la disfunción sistémica y a su vez la regula, agravando la falta de comunicación entre los agentes: «opto por desentenderme de todo y jugar con la computadora» (DV, p. 98) (volveremos sobre eso en 3.3.3.3).

En su análisis narrativo del *sistema-hogar* y de la irremediable concatenación de sus elementos, sin embargo, el diarista llega a constataciones importantes: la dependencia mutua de todos los elementos del sistema no es solamente cibernética, sino que se origina en vínculos afectivos que alientan al diarista a recobrar, y reivindicar, la propia fuerza agentiva: hacia el propio cuerpo envejeciendo, y hacia los demás miembros del hogar:

> Al cuerpo debo atenderlo con mayor cuidado que antes, cuando era menos vulnerable [. . .] y estas atenciones al cuerpo cuestan dinero, y para ganar dinero es preciso establecer ciertos compromisos [. . .] también he adquirido nuevas responsabilidades por otros motivos, como por ejemplo el amor (DV, p. 51).

En última instancia, las «demasiadas responsabilidades» (DV, p. 50) que tiene que asumir el diarista no son simplemente constricciones del sistema, a las cuales él se debe adaptar pasivamente, sino exigencias de orden ético, que él formula activamente para sí mismo: *responsabilidades* afectivas. Pese a que la cohabitación con Alicia y Juan Ignacio no funcione, «el amor» que siente el diarista por ellos le permite extraerse del sistema y reconocerse en tanto sujeto entre Otros — ya no simple agente dentro de un sistema humano-máquinico, ni tampoco instancia ayoica mediatizando la expresión del *daimon*—.

«No quiero decir que desearía vivir solo» (DV, p. 92), consigna el diarista: como lo veremos a propósito de los relatos animales (cf. 3.3.4), la responsabilidad afectiva es un peso, pero corresponde también a un profundo deseo de relacionalidad. Aceptarlo permite al diarista librarse de la obsesión disciplinaria y de la culpa inevitable que conlleva, para conseguir, al fin y al cabo, una forma de ecuanimidad: «Hay una forma de dejarse llevar para poder encontrarse en el momento justo en el lugar justo, y este ‹dejarse llevar› es la manera de ser el protagonista de las propias acciones» (DV, p. 132). El desvío narrativo generado en DV por las disfunciones del sistema-hogar permiten así la articulación de un *Lebenswissen* ético-eudemónico, en términos que recuerdan a Agamben: «Éthique est la manière qui sans nous échoir et sans nous fonder, nous engendre. Et cet être engendrée par sa propre manière est l'unique bonheur vraiment possible pour les hommes».[545]

---

[545] Giorgio Agamben: *La communauté qui vient. Théorie de la singularité quelconque*. Trad. Marilène Raiola. Paris: Seuil 1990, pp. 34–35.

3.3.2 La «lucha diaria con los objetos domésticos» (Inzaurralde)

En el «Diario de la beca», las interrupciones tampoco faltan. El diarista ya se ha separado de Alicia y vive solo en Montevideo; pero cultiva una intensa vida amical, familiar y profesional, y las visitas se suceden en su casa. Si no tienen el mismo carácter opresivo que en DV, su abundancia fragmenta el día a día del diarista, y las entradas de su diario; así en las primeras páginas:

> Estoy esperando a un amigo [. . .] vino mi amigo (NL, p. 23–24).
>
> ayer hablé con Julia y [. . .] pactamos vernos la semana siguiente (NL, p. 25).
>
> dentro de poco rato vendrá Chl (NL, p. 27).
>
> Llamé a mi doctora y vino a visitarme [. . .] Más tarde vino mi hija [. . .] vino con su compañero actual, a quien no conocía (NL, p. 33).
>
> Un jueves cada dos semanas tengo una jornada intensa de talleres literarios [. . .] El trabajo con estos grupos siempre me dispara y estoy completamente disparado (NL, p. 39).
>
> Hoy visita de mi amigo, el viudo reciente. Tremenda carga de angustia (él) que yo fui absorbiendo pacientemente durante algunas horas (NL, p. 44).
>
> Hoy proseguí con la sociabilidad intensa; primero Felipe, que me trajo unos libros, luego Gabriel, a discutir sobre literatura y vida, y finalmente Chl, a comer (NL, p. 49).

El amor como *responsabilidad* descubierto en DV también requiere el cuidado de sí-mismo, y el diarista parece dedicado a mejorar su higiene de vida: clases de yoga (NL, pp. 38, 48, 83, 210), sesiones de Reiki (NL, p. 48), toma de medicamentos (NL, pp. 41, 47, 91) e incluso de antidepresivos (NL, pp. 42, 61, 168), cambios dietarios (NL, pp. 33, 80), etc. En este contexto, relativamente sereno, un evento viene a reactivar el *miedo a la muerte* del diarista, y con ella, tácitamente, la urgencia de escribir la «Novela luminosa»:

> Sólo para consignar que murió el Flaco. Me despertó el teléfono a no sé qué hora de la mañana; atendió el contestador automático y se oyó la voz de Lilí, estridente como siempre, o más que siempre, reclamando mi presencia al teléfono. [. . .] Me dijo que tenía una mala noticia, y yo pensé «Rubén», pero no; era el Flaco. Totalmente inesperado (NL, p. 34).

El suceso, verdadero «shock» (NL, p. 34) para el diarista, le produce más «espanto» que tristeza, según confiesa, recordando a su padre: «mientras mi padre vivía, de un modo mágico era como una coraza contra mi propia muerte. El que tendría que vérselas con la muerte era él, y no yo. Y en el mismo momento en que él me faltó, quedé yo enfrentado, mano a mano, con esa buena señora» (NL, p. 67). De hecho, la *buena señora* es en NL omnipresente, más aun que en DC y

DV, y va achicando progresivamente el círculo de amigos del diarista: «hay demasiada muerte a mi alrededor. Vamos quedando pocos» (NL, p. 294). De hecho, después del «Flaco» fallecen Rubén (NL, p. 282), Tuli (NL, p. 324), Jorge (NL, p. 410), e incluso una muy importante figura paterna, el Tola:

> Murió el Tola [. . .] No es para estar tristes; vivió una buena y larga y productiva vida. Por mi parte, si bien vuelvo a quedar huérfano [. . .], no lo siento así. Hacía unos cuantos años que no nos veíamos, pero como él mismo le dijo a mi hija: «hay muchas formas de encuentro»; en ningún momento me sentí desconectado o falto de su presencia o de su apoyo (NL, pp. 393–394).

Por la forma peculiar, «involuntaria» pero muy intensa, que tiene el diarista de «procesar los duelos» a través de los sueños (NL, p. 409) y la telepatía en tanto «transmisión emocional» (NL, pp. 394–395), esas muertes sucesivas refuerzan en él la certeza de que el propio fallecimiento es inminente: así, al sufrir un malestar en el camino hacia su casa, «pensaba: ‹En cualquier momento caigo muerto›. Son los síntomas de ataque cardíaco, incluido el dolor en los brazos. Hasta la respiración me duele; el aire me lastima al pasar por los bronquios, como si fuera una sustancia corrosiva» (NL, p. 207). Cabe observar que, si el diarista relata siempre con gran pudor las muertes de sus amigos, describe el decaimiento del propio cuerpo en términos crudos, muy gráficos. Esa necesidad de enfrentarse con la materialidad de la muerte, quizás a modo de conjuro, se refleja en la imagen de la paloma muerta,[546] cuya descomposición el diarista lleva observando a lo largo de más de diez meses —desde su primera aparición en una azotea vecina en septiembre de 2000 (NL, p. 144) a su última mención al final del «Diario», ya reducida al estado de calavera, el 2 de agosto 2001 (NL, p. 449)–. Ominoso, el motivo de la calavera es recurrente en NL: el diarista lo ve en otra paloma «de cabeza totalmente blanca, excepto dos círculos negros en cuyo centro desaparecían los ojos» (NL, p. 267), así como en ciertas nubes con «agujeros que van variando de forma» (NL, p. 294).

Este es el contexto bastante fúnebre en el cual el diarista retoma su proyecto luminoso. Habiendo renunciado a los métodos pocos exitosos de DC y DV, el diarista intenta solamente, en su «Diario del beca», «poner en marcha la escritura» (NL, p. 21): «Quiero llegar a eso naturalmente» —consigna—. «A través del ocio. A través de una verdadera necesidad de escribir eso» (NL, p. 42). El ocio, tan anhelado en DC y DV, es ahora hecho posible gracias al otorgamiento de la beca Guggenheim; y el diarista puede dedicarle semanas enteras —«el ocio sí que lleva tiempo» (NL, p. 21)— que alternan con «semanas de trabajo» reservadas a sus talleres literarios (NL, p. 54; notar, otra vez, la bipolaridad levreriana). Pero

---

546 Sobre el rol de los pájaros en el proyecto luminoso, cf. 3.3.4.

eso no significa el fin de los desvíos narrativos, muy al contrario. La omnipresencia de la muerte alrededor del diarista hace más urgente la escritura de la «Novela luminosa», es cierto; pero posponer su realización —según la lógica implacable expuesta en 3.2.1— permite indirectamente alejar el horizonte de la muerte. El diarista se encuentra así esquivando el mismo ocio cuya imposibilidad deploraba en DC y DV: «Sigo huyendo de la angustia difusa que precede a la posibilidad del ocio» (NL, p. 40).[547] Y el desahogo pecuniario brindado por la beca le abre modos inéditos de procrastinación: por ejemplo, la compra de mobiliario nuevo para su vivienda. Todo empieza con un par de sillones nuevos:

> Una de las primeras cosas que hice con esta mitad del dinero de la beca fue comprarme un par de sillones. En mi apartamento no había la menor posibilidad de sentarse a descansar; hace años que organizo mi casa como una oficina [. . .]
> Hice venir al electricista y cambié de lugar los enchufes de la computadora, para poder trasladarla fuera de la vista [. . .]; en el lugar central, que ocupaba la computadora, ahora hay un sillón extraño, de muy lindo color celestegrisáceo, muy mullido. Las dos o tres veces que me senté en él, me quedé dormido. [. . .] Pero también estuve evadiendo este sillón. El otro sillón, ni siquiera lo usé una sola vez; sólo me senté en él para probarlo. Es de un tipo que llaman *bergère*, con respaldo alto y bastante duro, ideal para leer. En realidad pensaba comprar un solo, pero cuando en la mueblería empecé a probar estos dos [. . .] Bueno, también a este sillón lo estoy eludiendo (NL, p. 22).

Pese a haber adquirido dos sillones perfectamente adecuados a sus propósitos —el descanso y la lectura, respectivamente— el diarista los sigue *eludiendo* y, en el mismo movimiento, posterga la entrega al *daimon*; en vez de luminosidad espiritual, son arreglos materiales que llenan tanto las páginas del diario como la agenda del escritor. Después de los sillones, se trata de encontrar mesitas («para cenicero, libros, anteojos y café», NL, p. 37) y —sin mal juego de palabras— iluminación apropiada:

> De tarde fui a hacer, o tratar de hacer, algunas compras, entre ellas un par de mesitas metálicas redondas, bajas, para poner al lado de los sillones. No es que me esté volviendo adicto a ese tipo de compras para el hogar; es una necesidad, como lo es una lámpara de pie que hoy no conseguí. Se trata de armar el lugar de lectura y descanso, y para la lectura necesito una fuente de luz apropiada. Las lámparas de pie que venden son muy caras, pero también son muy bajas. Yo necesito algo un poco más alto, porque debo usar una luz muy fuerte, y si está muy cerca me calienta la cabeza y me hace mal. Tampoco me sirve una luz demasiado concentrada (NL, p. 36).

El «Diario de la beca» conforma así un nuevo *diario del canalla*, o sea otra confrontación crítica con las dimensiones materiales de la creación artística, y con la culpa cristiana-lacaniana que estas le producen al diarista. Al insistir en que toda-

---

[547] Sobre la «angustia difusa» que precede el ocio, cf. también NL, pp. 45, 55, 64, 79.

vía es «un hombre pobre que debe arreglarse con lo que tiene» (NL, p. 36), se justifica ante sí mismo y ante el lector, rechazando la idea de frivolidad para preferir la de necesidad (observar las repeticiones de ambas palabras), en el marco —ahora explícito— del proyecto luminoso:

> ¿Me estaré volviendo frívolo? ¿Me he salvado todos estos años de la frivolidad sólo por ser pobre? Pero no; no quiero preocuparme por eso. Las mesitas eran necesarias, como eran necesarios los sillones. Estoy empezando, aunque tardíamente, a pensar en mí mismo. El tema del retorno, el retorno a mí mismo. Al que era antes de la computadora. Antes de Colonia, antes de Buenos Aires. Es la forma de poder acceder, creo yo, a la novela luminosa, si es que se puede [. . .]
> Bueno, no es cosa de volverse frívolo. No voy a comprar más mesitas (NL, p. 37).

Si de hecho no se compran más mesitas, el asunto del mobiliario, y más generalmente del equipamiento interior, sigue ocupando al diarista, que documenta rigurosamente no solo la selección y compra de nuevas cosas para el hogar, sino también su instalación, reparación y optimización: «cortinas de enrollar» (NL, p. 127), «cuatro estanterías» (NL, p. 180); una «lamparita eléctrica [. . .] con brazo extendible» que le permite al diarista «resolv[er] el problema «de la luz para leer en el sillón» (NL, pp. 203–204), etc. En vez de mediatizar un *retorno a sí mismo*, esas anécdotas conforman digresiones y desvíos que también son, según Gabriel Inzaurralde, *tours de force* práctico-literarios:

> Hay a lo largo [del «Diario de la beca»] un registro pormenorizado de la relación del narrador con los objetos que lo rodean, sean estos muebles o aparatos o instrumentos domésticos, sean espacios transitables o documentos. La lucha diaria con los objetos domésticos abarca una larga serie: [. . .] *tours de force* del diarista con las dificultades prácticas de la vida.[548]

La instalación de un sistema de aire acondicionado alcanza, al respecto, las dimensiones de un verdadero folletín kafkiano. Relatado (con interrupciones) a lo largo de más de veinte páginas (NL, pp. 285–306), el episodio tiene como protagonista a un diarista aplastado por el calor y por la culpa, defraudado por cierto «señor llamado K», pero que finalmente triunfa ante las dificultades: «¡JA JA JA! ¡He derrotado al verano! Tengo aire acondicionado» (NL, p. 306). La necesidad de instalar aire acondicionado se anuncia temprano en el «Diario de la Beca» (NL, p. 38), pero se pospone hasta muy avanzado diciembre, por razones que el diarista expone detalladamente:

> el tema del aire acondicionado lo tenía en mente desde hacía meses, y desde setiembre lo había incorporado a mi agenda como urgente e imprescindible; todos los días, a cierta hora, aparecía en mi pantalla el recordatorio de pedir presupuesto. ¿Lo hice? No en setiembre, ni en octubre, ni en noviembre, ni en la primera mitad de diciembre. ¿Por qué? Estuve reflexio-

---

[548] Gabriel Inzaurralde: Apuntes, p. 1055.

nando, en estos días, muy seriamente al respecto. [. . .] Es cierto que me duele gastar el dinero del señor Guggenheim en darme comodidades, pero también es cierto que el aire fresco en verano es más que una comodidad; en mi caso es cuestión de salud mental [. . .] al tema económico se sumaba otro tema para hacerme difícil tomar la decisión: el temor de que un aparato de aire acondicionado no fuera una solución, porque tal vez me viese imposibilitado de usarlo por mis problemas bronquiales. [. . .] un tercero [factor] podría definirse como una expectativa un tanto mágica de que este verano fuera más benigno que los anteriores, o algo más mágico aún, y más psicótico que mágico, que es que si no pienso en un asunto conflictivo las cosas se van a arreglar de algún modo (NL, pp. 285-286).

Finalmente, empujado a actuar por una terrible ola de calor, el diarista contrata a una empresa representada por un señor de apellido kafkiano, cuyos servicios se revelan —nos enteramos al principio del episodio— muy insatisfactorios: «Este señor apareció en mi vida, y para mi desgracia, como resultado de una circular que envié, en una noche muy calurosa, a una serie de casas especializadas en aire acondicionado» (NL, p. 285). Tras esa introducción ominosa, sin embargo, el diarista insiste en la amabilidad, elegancia, e *increíble* puntualidad del señor K al presentarse en su casa (NL, p. 287):

> También resultó ser sencillo y eficaz: no hizo ninguna pantomima de medir los ambientes, ni me recitó un discurso preparado señalando las ventajas del producto que quería venderme. Me explicó rápidamente lo que él creía que yo necesitaba, me dijo el precio, me dio un folleto, escribió el presupuesto en un formulario —y cuando digo que no perdía tiempo, no quiero decir que diera la impresión de estar apurado o incómodo; todo lo contrario; se había sentado con toda comodidad en uno de mis sillones y parecía más una visita amable que un vendedor— (NL, pp. 287-288).

Todo parece demasiado bello para ser verdad, incluso el entusiasmo exagerado que muestra el señor K al mencionar el diarista su idea de elegir un aparato portátil en vez de fijo: «abrió los brazos con entusiasmo y declaró enfática y alegremente que yo había tenido una muy buena idea; una excelente idea» (NL, pp. 288-289). Pero las cosas se complican con la entrega del aparato: el señor K elude las llamadas y acumula las excusas para no cumplir su promesa de «tr[aérselo] él mismo» (NL, p. 289). Después de tres días de espera en «un calor que ya no es posible calificar» (NL, p. 290), el diarista comprende que ha sido engañado, que había contado con una realidad que fundamentalmente *no existe* —o si existe, se halla radicalmente fuera de alcance—:[549]

> No volví a llamar al señor K, ni volveré a llamarlo. Comencé una búsqueda frenética, antes del desayuno y de encender la computadora, incluso antes de tomar el yogur y la pastilla para la hipertensión; llamé a una serie de casas de venta de electrodomésticos, y

---

[549] Pensamos aquí en Kafka, y en los relatos más tempranos de Levrero como *La ciudad*.

> así me fui enterando de que estos aparatos no existen, que están agotados, que todo el mundo está tratando de comprarlos en medio de esta ola tenebrosa de calor (NL, p. 291).

Una de las tiendas a la que ha estado llamando todavía tiene un aparato similar en stock, y por un buen precio; pero apenas ha recuperado la esperanza, el diarista se entera de que «esto no es aire acondicionado propiamente dicho, sino una simulación. Simulación. Muy bien» (NL, p. 292). Para el diarista levreriano, no se trata solamente de un producto inservible, sino de una situación de crisis ontológica, que encuentra eco pocas páginas después, en el episodio de la cédula vencida («¿No se nota que soy el mismo?», NL, p. 312), y en un sueño («Todo es doble», NL, p. 325): el universo de lo oscuro —que abarca todo lo que tiene que ver con lo práctico, lo burocrático, los horarios, etc., y se contrapone a la armonía llena de lo luminoso, es inestable, poco fiable, tremendamente complicado y agotador.

Decepcionado por segunda vez en su búsqueda de un aparato de aire acondicionado idóneo, el diarista tiene ahora que «empezar todo de vuelto por el principio» (NL, p. 292). La absurdidad —y desesperación— de su situación se halla, además, complicada por trastornos digestivos provocados por el antidepresivo (NL, p. 296), un apagón de luz (NL, p. 297) y dolor en un diente (NL, p. 298). El diarista confiesa, dejando de lado a Kafka por un momento: «Cada vez más, me siento un personaje de Beckett» (NL, p. 298). Al contratar a otra empresa para resolver el asunto de una vez por todas, la angustia financiera le vuelve a aterrar:

> de acuerdo con mis cálculos, mi solución me costaría el doble de lo que me habría costado el portátil, pero sería más ajustada a mis necesidades[:] un aparato pequeño aquí, en la pieza de la computadora, y otro pequeño en la pieza contigua, donde están los sillones [. . .] Pero resultó que entre los precios inflados con el IVA y la duplicación de gastos de instalación, que sale bastante cara, terminé más o menos, quizá un poco más que menos, en el precio inicial, o sea el triple del costo del aparato portátil. Eso significa gastar exactamente todo el dinero del señor Guggenheim que queda en el banco, y significa un sudor frío que me corre por la espalda y pelos de la nuca que se me erizan, pensando que si, por algún motivo inesperado, no me llega la segunda mitad del dinero de la beca, estaré absolutamente en la ruina a muy breve plazo. Sé que tarde o temprano quedaré en la ruina, y que deberé dormir en la calle y esas cosas, pero no esperaba que fuera tan pronto (NL, p. 299).

Si bien la subida exponencial de los costos que describe el diarista («el doble», «el triple», «exactamente todo el dinero») no refleja la realidad —al final, los gastos caben en el presupuesto inicial—, su angustia al respecto es profunda. Ya vimos que el episodio tiene final feliz (con la *derrota del verano*, NL, p. 306); se inscribe, sin embargo, en la poderosa matriz narrativa que constituye, desde DC, la culpa del escritor. Este sentimiento no solo procede de que ha estado gastando el dinero de su beca en bienes de consumo, sino también en que las compras realizadas se van revelando, en buena parte, autotélicas: son «actividades improductivas, que se cierran en sí mismas» (NL, p. 293). En vez de posibilitar el ocio que el diarista necesita para escribir su novela —por la cual, precisamente, ha recibido la beca—, las compras llenan su agenda y le extenúan; además, parecen servir solo para posibilitar más compras: muy significativo al respecto es el hecho que el diarista casi nunca use sus sillones nuevos, porque «nunca descans[a], nunca pierd[e] el tiempo en un ocio puro» (NL, p. 293), mientras que el señor K de la empresa de aire acondicionado no duda en hacerlo «con toda comodidad» (pasaje ya citado, NL, p. 288).

Ya comentamos sobre la culpa del *canalla* en DC (cf. 3.2.2.1); en NL, esta toma dimensiones nuevas, siendo la «Novela luminosa» financiada por una beca y así una suerte de *obra por encargo* —el diarista, por lo menos, lo siente así—: la esfera laboral, del intercambio económico, ya no es el afuera de la escritura, sino que ha penetrado en su seno mismo. El *canalla*, en DC, tenía que lidiar con la culpa de resorte cristiano-lacaniano que le provocaban sus obligaciones laborales, forzando la coexistencia enunciativa del empleado Varlotta con el escritor Levrero, y resultando en la fuga del *daimon*. En el «Diario de la beca», los dos ya no son distintos: el *yo* diarístico es a la vez escritor en busca de ocio y deudor obligado por «el compromiso que h[a] adquirido» con la fundación Guggenheim (NL, p. 98). Tiene el ocio a su alcance, pero no en forma pura sino en tanto «ocio razonable» (NL, p. 21), ocio sumiso a exigencias de rentabilidad. La culpa del *canalla* se trasforma así en verdadero *síndrome del impostor* solo capaz de producir «literatura fraudulenta» (NL, p. 282).

La fundación Guggenheim es protagonista temprana del «Diario». Al comprobar el becario que su diario se va extendiendo, pero todavía no ha progresado la «Novela», se justifica: «no es que quiera pasar gato por liebre a la Fundación Guggenheim, dándoles este diario en lugar del proyecto; por otra parte en la Fundación no quieren, expresamente dicho por ellos, que les dé nada. Sólo les interesa saber en qué gasté su dinero al final del año» (NL, p. 70). Siguiendo tácitamente las enseñanzas de la antropología maussiana,[550] el diarista sabe que todo don

---

[550] En un estudio seminal sobre el don en algunas sociedades nativas de Polinesia y Melanesia, el antropólogo francés destaca «le caractère volontaire, pour ainsi dire, et apparement libre et gratuit, et cependant contraint et intéressé de ces prestations. Ells ont revêtu presque toujours la forme du présent, du cadeau offert généreusement, même quand, dans ce geste qui accompagne la transaction, il n'y a que fiction, formalisme et mensonge social, et quand il y a, au fond, obligation et intérêt économique.» Marcel Mauss: Essai sur le don. Forme et raison de l'échange dans les sociétés archaïques. In: *L'année sociologique* 1 (1925), p. 33, https://monoskop.org/images/b/ba/Mauss_Marcell_Essai_sur_le_don_Forme_et_raison_de_lechange_dans_les_societes_archaiques.pdf (11.9.2021).

exige cierta forma de retribución, aun cuando se formule sin contrapartida explícita. El optimismo inicial que muestra acerca de la propia capacidad de completar el encargo («me tengo confianza», ibid.) pronto cede a la angustia («recién ahora pude darme cuenta de la magnitud del desastre», NL, p. 166), que se mediatiza en el diario con la entrada en escena del ficticio señor Guggenheim en tanto personificación de la fundación epónima (NL, p. 420):

> Estimado Mr. Guggenheim, creo que usted ha malgastado su dinero en esta beca que me ha concedido con tanta generosidad. Mi intención era buena, pero lo cierto es que no sé qué he hecho de ella. Ya pasaron dos meses: julio y agosto, y lo único que he hecho hasta ahora es comprar esos sillones (que no estoy usando) y arreglar la ducha (que tampoco estoy usando). [. . .] Bueno, sólo quería decirle estas cosas. Muchos saludos a Mrs. Guggenheim (NL, p. 86).

A partir de este pasaje, la presencia del señor Guggenheim se vuelve regular, ya sea como interlocutor directo del diarista:

> Estimado Mr. Guggenheim, espero que sea consciente de los esfuerzos, registrados en este diario, por mejorar mis malos hábitos, al menos algunos de ellos, al menos en la medida en que estos hábitos me impiden dedicarme plenamente al proyecto de escribir esa novela que usted tan generosamente ha financiado (NL, p. 96).

> Así que ya lo ve, Mr. Guggenheim; estoy trabajando intensamente sobre los factores de perturbaciones de mi vida que me impiden encarar el proyecto de la beca directamente y sin cortapisas (NL, p. 138).

O bien a través de referencias en tercera persona:

> [Hablando de la paloma muerta] ¿No será esto [. . .] un símbolo de mi espíritu muerto [. . .]? Si fuera así, el señor Guggenheim puede irse despidiendo de la idea que su beca produzca los frutos esperados (NL, p. 200)

> Tal vez el hipotético lector, tanto como el no menos hipotético Mr. Guggenheim, esté convencido —si es que mira las fechas de encabezamiento de este diario— de que he abandonado por completo tanto el diario como el proyecto. Craso error (NL, p. 353).

La cortesía muy marcada que demuestra el diarista hacia su mecenas, los respectos formulados repetidas veces hacia la señora Guggenheim, sin duda producen efectos humorísticos. Pero al dirigirse directamente al señor Guggenheim, el diarista realiza también un gesto político: transforma una relación institucional, estrictamente impersonal, entre becario y patrocinador lejano, en una deuda tan financiera como moral del uno hacia el otro, poniendo así de relieve la relación de poder que existe entre ambos. Para Graciela Montaldo, este gesto es característico del «Diario de la beca» en su conjunto:

Podemos leer el «Diario» entonces como un experimento que consiste en reflexionar sobre la nueva institucionalización internacional de la cultura y sus efectos en las obras literarias. [. . .] Levrero explora el vínculo entre dinero y literatura, patrocinio y creatividad, poniendo al *yo* como instrumento de pesquisa, sometiéndolo a declararse simultáneamente un sujeto confesional [. . .] pero también culpable ante la ley porque arte y dinero, en su conciencia, son parte de universos antagónicos.[551]

Mucho más que el «reporte breve y conciso» «acerca de [sus] actividades y [sus] gastos» (NL, p. 448) que requiere la fundación, el diarista propone así informes regulares sobre su proyecto, por qué este no avanza, lo que significa a nivel moral para su persona —sin duda indigna del dinero recibido— y, sobre todo, acerca de la incompatibilidad fundamental que existe entre la creación artística y el intercambio económico. Como en la confesión del *canalla* en DC, la puesta en escena de la interacción confesional permite la expresión de la voz autorial en cuanto a la propia literatura y a sus condiciones materiales de posibilidad:

> la inspiración que necesito para esta novela no es cualquier inspiración, sino una inspiración determinada, ligada a sucedidos que yacen en mi memoria y que debo revivir, forzosamente, para que esta continuación de la novela sea una verdadera continuación y no un simulacro. [. . .] [T]engo escritas unas páginas, muy trabajosamente. Las escribí el año pasado, cuando todavía no sabía si usted me iba a otorgar o no esta beca. Ahí los hechos están, pero no son vivos. [. . .] Por lo tanto esas páginas son un fraude [. . .] no tocan el meollo de lo que quiero narrar [. . .]. Quiero *sentir*, quiero *ver* las escenas que estoy narrando. Y para eso, Mr. Guggenheim, es necesario que, desde este diario íntimo, busque el camino de mis sentimientos reviviendo hechos más recientes [. . .] (NL, p. 97).

En este sentido, los relatos «consumistas» del diarista, su insistencia en el tema del dinero, y su epistolario imaginario con el señor Guggenheim no solo sirven a sus impulsos fabuladores, sino también conducen al esbozo de una *ars poetica*, clave de lectura *friccional* para el proyecto luminoso en su conjunto. Sigue Graciela Montaldo, destacando la consustancialidad de los diarios y de la «Novela luminosa»:

> El arte se vuelve un fraude porque entra en la máquina económica. Sin embargo, el resultado también será literatura, muchas páginas para Mr. Guggenheim quien, en el fondo, no habrá invertido tan mal su dinero. El escritor, el obrero-esclavo-traidor, realiza un sabotaje por su parte: escribe sobre nada, no en un sentido filosófico sino en uno material aunque, finalmente, después de un año de duro trabajo, termina el «Diario» y también la novela.

---

551 Graciela Montaldo: La culpa de escribir. In: *Cuadernos de literatura* XVIII/35 (2014), p. 181. Recordemos que, en DV, el diarista oponía explícitamente lo literario a lo económicamente provechoso: «tengo ganas de escribir algo literario, no rentable» (DV, p. 55, subrayado en el original).

Sin embargo, la novela «real» ya no puede despegarse del «Diario» de su producción, *addenda* recordatorio —como un documento legal, como un recibo de sueldo, como un contrato de trabajo— del intercambio de dinero que la precedió. En realidad, el resultado es un producto extraño, una obra en la que la escritura es parte de un proceso en el que el acto de escribir se vuelve visible porque hubo dinero de por medio. La literatura, en este caso, no es la construcción ni la deconstrucción, sino la exhibición de todo aquello que no es literatura pero que la hace posible.[552]

De hecho, el diarista concluye positivamente su «Diario de la beca», usando —muy irónicamente— vocabulario empresarial: «creo que han hecho [= la fundación Guggenheim] una estupenda inversión» (NL, p. 448). Si hay un aspecto en el cual el *yo* diarístico no fracasa, es este: asociar en un mismo texto la formulación y la realización de un manifiesto literario profundamente anti-productivista en el contexto de una economía cultural capitalista y globalizada. La procrastinación que se hace crónica en el «Diario» es también disidencia contra todo tipo de disciplina laboral, disidencia vivida ante todo desde el cuerpo, como lo muestra el rechazo reiterado del diarista de afeitarse: «no, no me afeité» (NL, p. 49, cf. también pp. 27, 47, 52, 55, 75).

3.3.3 Un escapismo hermenéutico

Un tercer tipo de desvío narrativo en el proyecto luminoso abarca lo que nombraré el *escapismo hermenéutico* del diarista: relatos que documentan sus intentos de huida —fuera de una cotidianeidad opresiva (véase 3.3.1) tanto como de la *angustia difusa que precede el ocio* verdadero (véase 3.3.2)–, hacia espacios abiertos de producción de sentido como libros (3.3.3.1), sueños (3.3.3.2) y computadora (3.3.3.3). Ya comentamos al analizar el método terapéutico del «Discurso vacío» (cf. 3.2.2.3) que una característica central del *de/lirio* levreriano estriba en el «yo inquisitivo» (DV, p. 86), casi paranoico, que lo organiza; en las palabras de Gabriel Inzaurralde, «un indagador compulsivo (e histriónico) para quien la investigación de estructuras harto complejas es una forma de evasión adictiva».[553] Sumamente atento a su entorno y a la propia vida interior, es animado por un deseo profundo de encontrar/dar sentido a las cosas, incluso cuando carecen completamente de ello. Reflexiona el diarista sobre esa tendencia suya: «siempre estoy muy atento a las ‹señales›, y a menudo cometo el error de asociar dos hechos que no tienen entre sí la menor relación» (NL, p. 244). De ahí procede, a lo largo del proyecto luminoso, una gran cantidad de (micro-)relatos impulsados por libros, sueños y actividades

---

552 Ibid., p. 183.
553 Gabriel Inzaurralde: Apuntes, p. 1049.

digitales, que abren posibilidades casi infinitas de interpretación —aún más, como lo veremos, cuando se entrecruzan—. Si constituye sin duda un modo de procrastinación entre tantos otros —otra fuente de fragmentación deletérea en el cotidiano del diarista—, este tipo de desvío narrativo también permite encontrar/rescatar cierto tipo de saber sobre el vivir —*Lebenswissen*— precioso para la escritura de la «Novela».

3.3.3.1 La compulsión de lectura

La lectura es omnipresente en los diarios levrerianos, lo atestiguan numerosas citas y referencias a una amplia biblioteca —hecha ante todo, pero no solo, de novelistas anglosajones—: Raymond Chandler (DC, p. 157) y otros autores de novelas policiales, Saul Bellow (DV, p. 67), Dylan Thomas (DV, pp. 92–93), Rilke (DV, p. 109), Teresa de Jesús (NL, pp. 13, 238–239), Rosa Chacel (NL, pp. 22–23, 88, 108, 130, 211), Somerset Maugham (NL, pp. 73–74, 103, 131, 140, 156), Kafka (NL, p. 115), Beckett (NL, pp. 123, 130), Thomas Bernhard (NL, pp. 130, 237, 253), Céline (NL, p. 140), Pablo de Santis (NL, p. 148), Philip K. Dick (NL, pp. 168, 399), Burroughs (NL, pp. 211, 331–332, 358), Salinger (NL, p. 211), Peter Handke (NL, p. 254), Lawrence Durrell (NL, pp. 317–318), Bukowski (NL, p. 350), Gérard de Nerval (NL, p. 379), así como especialistas de psiquiatría y psicoanálisis: R. D. Laing (DV, p. 103), Oliver Sacks (NL, p. 246), y por supuesto Carl Jung (DV, p. 90, NL, p. 367). La adquisición, en NL, de un sillón especialmente dedicado a la lectura, confirma sin duda posible el carácter esencial de esta actividad para el diarista: igual que la escritura, es parte de la literatura como «modo de vida»[554] levreriano, práctica vivencial que, si «no implica ocio» (NL, p. 108), comparte su dimensión anti-productivista y anti-utilitarista. De hecho, «sólo las cosas inútiles son imprescindibles para el alma» (DV, p. 91); comentando sobre las cartas de Dylan Thomas, el diarista habla así de una «colección de inutilidades, de esas que son gratas al alma» (DV, p. 92). Lo inútil, en Levrero, dista mucho de ser trivial, sino que participa —es una de las condiciones— de la vida del alma y, potencialmente, del surgimiento de lo luminoso:[555] se puede vincular a la noción taoísta de *wu yong zhi yong* («utilidad de la inutilidad»)[556] en tanto preferencia por una vida

---

[554] Jesús Montoya Juárez: *Levrero para armar*, p. 13.
[555] Cf. el pasaje (NL, p. 470) citado en 3.2.2.1: «sólo lo inútil, lo desinteresado, me puede dar la libertad imprescindible para reencontrarme con lo que honestamente pienso que es la esencia de la vida».
[556] Aclara Randall L. Nadeau acerca de esta noción: «The philosophical Taoists were part of an early Chinese eremitic tradition, defined in opposition to government service and Confucian norms. Zhuangzi said he would rather be a turtle dragging his tail in the mud than a high-paid counsellor to a mighty lord. He rejected public display and social service in favor of a simple

contemplativa y creativa, lejos de todo tipo de trabajo considerado racional y «útil» por las normas sociales pero estresante, agotador y arriesgado. Cultivo de lo inútil, la lectura desempeña un papel fundamental a lo largo del proyecto luminoso, facilitando y acompañando la escritura —sin provocarle al diarista la *angustia difusa* del ocio—, a la vez que permitiendo la integración *friccional* de consideraciones críticas y metaliterarias en los pre-textos de la «Novela».

La lectura constituye, en Levrero generalmente y en el proyecto luminoso en particular, la primera matriz de la escritura: es parte integrante de lo que Barthes ha descrito como «mouvement de relance réciproque» entre lectura y escritura,[557] Libertella como «lectoescritura».[558] La lectura de Kafka, así, fue lo que alentó directamente al joven Levrero a escribir (cf. 3.1). En NL, son los libros de Rosa Chacel que desempeñan este papel, como lo consigna el diarista al empezar su diario:

> Hoy pude comenzarlo [= el diario] gracias a mi amiga Paty. Hace un tiempo le había hecho conocer a Rosa Chacel, a quien descubrí por casualidad en una liquidación de libros usados. *Memorias de Leticia Valle* me pareció una novela extraordinaria, y la hice circular entre todas mis amigas brujas [. . .] Una de [ellas] es Paty, y por supuesto quedó encantada con el libro. Como retribución, hace unos días me dejó en la portería del edificio un libro de Rosa Chacel, *Alcancía. Ida*. Es la primera parte de un diario íntimo (si así se le puede llamar, por que doña Rosa Chacel no devela mucho de su intimidad) cuya segunda parte se llama *Alcancía. Vuelta*. Paty me informó por medio de un mail que me hacía llegar este libro porque me iba a ayudar con la beca, ya que a doña Chacel también le tocó en su momento una beca Guggenheim [. . .] Efectivamente [. . .] noté que ese diario me inspiraba, me hacía venir ganas de escribir. Me maravilla la cantidad de coincidencias que hay entre doña Rosa y yo. Percepciones, sentires, ideas, fobias, malestares muy parecidos. Debió de ser una vieja insoportable (NL, pp. 22–23).

Más allá de la *visión del mundo* compartida que el joven Levrero encontró en Kafka,[559] los textos de Rosa Chacel suscitan en él, escritor ya maduro, «esa cosa

---

life in a natural setting. [. . .] The heroes of Zhuangzi's stories are misfits, cripples, madmen, hunchbacks, gnarled trees, and giant gourds; what these characters have in common is that they can't be used for conventional purposes [. . .] Ironically, such ‹uselessness› is extremely ‹useful› [. . .] Cripples and misfits live long because they are of no use to the state; gnarled trees live long because they are of no use to carpenters [. . .] Then again, they possess a different kind of utility, if we just know how to look for it: instead of cutting down a giant tree, Zhuangzi recommends that the carpenter have a nap under its shady outstretched limbs [. . .] Similarly, the mind can be put to uses other than rationalistic thinking: dreaming, imagining, creating images and sounds, art and music». Randall L. Nadeau: Philosophical taoism. In: *Asian religions. A cultural perspective*. Chichester: Wiley-Blackwell 2014, pp. 69–70.
557 Roland Barthes: *La préparation du roman*, p. 190.
558 Héctor Libertella: *El paseo internacional del perverso*. Buenos Aires: Grupo Editor Latinoamericano 1990, p. 55.
559 Eduardo Berti/Jorge Warley: La literatura es como las palabras cruzadas, p. 28.

de la simpatía, o empatía, o identificación» (NL, p. 211), un sentimiento de proximidad afectiva —un *pathos* común— anclada en la inmediatez del cuerpo y sus trastornos («percepciones, sentires, ideas, fobias, malestares. . .», NL, p. 23). Entre los «puntos de identificación con doña Rosa», el diarista resalta dos hábitos —los cuales, lo vimos, participan de la dimensión vivencial, ética, de la práctica escritural (cf. 3.2.2.2)—: «como yo, ella vivía preocupada por su tendencia a la obesidad, porque, como yo, comía a dos carrillos. [. . .] Y otros de sus hábitos [. . .] coincide con uno mío: parece que era lectora fanática de novelas policiales» (NL, p. 88). Crucialmente, no se trata aquí de una identificación simplemente biográfica, «históricamente verdadera» (NL, p. 108) con otro *yo* objetivado, sino más bien de coincidencias en la construcción de dos subjetividades hermanas: si el diarista critica en ciertos libros de Rosa Chacel las «disquisiciones filosóficas» (ibid.), o las «demasiadas divagaciones sobre temas que no siempre son interesantes» (NL, p. 130), le encanta «doña Rosa hablando, escribiendo desde esa niña que fue y que nunca dejó por completo de ser, sus sistemas de pensamiento, su visión de las cosas, su profundidad, su mística, sus formas de jugar» (NL, p. 108), así como «ciertas experiencias interiores que no suel[e] encontrar con mucha frecuencia en otras lecturas o en otras personas» (NL, p. 130). El hecho de que la lectura de Rosa Chacel inspire, y luego acompañe, la escritura del «Diario de la beca» permite precisar la concepción levreriana de un «realismo introspectivo» que abordamos brevemente en la introducción y sobre el cual volveremos en 3.4.1: se trata de documentar la *realidad* idiosincrásica de una subjetividad dada —no fija, sino situada en el tiempo y en el espacio, y por eso siempre cambiante—,[560] de manera a que se pueda compartir con otrxs, superando el propio solipsismo y, así, la propia finitud. La *lectoescritura* levreriana es un proceso profundamente relacional: los libros se buscan, comparten e intercambian entre amigxs —Paty y las «amigas brujas» ya citadas, Alicia (NL, p. 49), Marcial (Souto, NL, p. 88), obviamente Chl (NL, pp. 103, 114, 131, 156), etc.—. Por eso también, el diarista se dirige directamente a su lector con consejos de escritura, de una manera que dista mucho de ser retórica —recordemos que Levrero ha dado talleres literarios durante una larga parte de su vida—:

> Amigo lector: no se te ocurra entretejer tu vida con tu literatura. O mejor sí; padecerás lo tuyo, pero darás algo de ti mismo, que es en definitiva lo único que importa. No me interesan los autores que crean laboriosamente sus novelones de cuatrocientas páginas, en base a fichas y a una imaginación disciplinada (NL, p. 70).

---

[560] Por eso es tan difícil escribir la *novela de larga duración*: «No quiero copiarme a mi mismo en 1983» (NL, p. 239).

Dar algo de sí mismo a leer es también una «manera de sobrevivirse en el arte», como lo formula el diarista al relatar su conversación con Chl acerca del *Sobrino de Wittgenstein* de Thomas Bernhard:

> En cierto momento tuve que decir: «Ojalá después de que yo me muera, alguna vez dos personas como nosotros se encuentren en algún boliche del mundo y hablen de mí en esta forma». Esa manera de sobrevivirse en el arte. Parecía como que Bernhard estaba ahí, sentado a la mesa con nosotros [. . .] (NL, p. 131).

Parte integrante de la práctica literaria en su dimensión intersubjetiva, la lectura constituye también una ayuda concreta para identificar y superar ciertos obstáculos a la escritura. Dos entradas dedicadas a *Las moradas* de Teresa de Jesús (NL, pp. 237–239), «patrona» del escritor, lo ilustran de manera paradigmática:

> Releí las poquitas páginas que había escrito en enero de este año, las que podrían ser el comienzo de mi proyecto, a saber la segunda parte de la «novela luminosa». No están mal. Tampoco están demasiado bien, al menos como continuación [. . .] Hoy [. . .] me limité a leer un poco más de mi patrona y a revisar esas páginas. Me costó [. . .]: me invade una pesadez mortal, una torpeza infinita cuando pienso en mover esos materiales. Es lo que santa Teresa llama «el natural». Ese loco natural que me vuelve loco desde hace tanto tiempo; y me quedan pocas herramientas para lidiar con él.

Leer a Teresa paralelamente a la revisión de los propios escritos le permite al diarista identificar —y distanciarse de— ciertos bloqueos psicológicos: tal uso de la lectura en tanto «herramienta» para lidiar con problemas éticos (otra vez, en el sentido etimológico de la palabra) hace directamente eco a las prácticas escriturales instrumentales que analizamos en 3.2.2: la *lectoescritura* levreriana hace circular saberes y prácticas vivenciales, —*Lebenswissen*— de la producción a la recepción y viceversa. Con respecto al libro *Valis* de Philip K. Dick, el diarista tiene así una hermosa formula: «es muy agradable leer estas cosas que, de algún modo, jerarquizan la propia locura» (NL, p. 168).

La lectura, sin embargo, no siempre tiene efectos tan benéficos. Contrapuesta a la influencia positiva de Rosa Chacel, Teresa de Jesús, Philip K. Dick y otrxs, las novelas policiales cuentan entre las adicciones del diarista —quien habla en DV de «exceso de lectura» (DV, p. 118) y, en el «Diario de la beca», de «lectura maniática» (NL, p. 131), incluso de «compulsión» (NL, p. 178), asociada a momentos de «regresión» (NL, p. 224)—. Compradas de segunda mano en el «puesto callejero de libros viejos» (NL, p. 38) o en la «Feria del Libro» (NL, p. 319), se trata de novelas anglosajonas, muchas veces publicadas en la colección Rastros (NL, pp. 219–220), cuyos autores incluyen a Len Deighton (NL, p. 131), Edgar Wallace (NL, pp. 156, 195), Chesterton (NL, p. 157), Raymond Marshall (NL, p. 380) o Ellery Queen (NL, pp. 319, 386–388). El diarista no duda en criticar el mérito literario de estos libros, insistiendo en que solo necesita abastecimiento constante y regular:

encontré ocho novelitas de la colección Rastros. Cuarenta y ocho pesos. Seguramente son abominables, pero las voy a leer todas (NL, p. 39).

También compré tres libritos de Edgar Wallace, que había venido despreciando, pero como quedé desprovisto de novelas policiales sin leer me pareció atinado hacer stock (NL, p. 156).

fui a la Feria del Libro y volví con cuatro novelas policiales; una de ellas ni sabía que existía, y es de uno de los autores que colecciono. Otra, es aquélla de Ellery Queen; *Drury Lane abandona la escena*. Todavía estaba allí y decidí comprarla, a pesar de todos los pesares. En última instancia, cuando estoy en uno de esos prolongados períodos en que prefiero leer novelas policiales a cualquier otro tipo de libro, mi razonamiento es: mejor tener algo no my bueno para leer, que no tener nada. Las adicciones actúan así, y uno puede llegar a sufrir grandes humillaciones por necesidad de droga (NL, p. 319).

En el contexto, prestigiosamente institucionalizado, del «Diario de la beca,» la compra y lectura de novelas policiales de poco mérito literario tiene, en sí mismo, algo de lo que José Ángel Rosado nombra «un acto delictivo en contra de la jerarquía cultural».[561] Del mismo modo, el policial convoca en el diarista modos de lectura heterodoxos: mientras que comparte, a propósito de sus demás lecturas, reflexiones críticas sobre estilo y argumento, su interés se enfoca, acerca de las novelas policiales, en aspectos muy diferentes, que apuntan a una situación de *dé-lire* o delirio de lectura.[562] Reporta, en primer lugar, fenómenos telepáticos, por los cuales se entera espontáneamente de si hay novedades de la colección Rastros en las librerías que suele visitar:

Al regreso, me vino la compulsión, a pesar de estar apurado, de pasar por el puesto de libros callejero. Creo que mi conexión telepática ya abarca a demasiadas mentes, porque en las dos ocasiones en que sufrí esta compulsión encontré libros que el vendedor sabe son de mi interés (es decir, novelas policiales de la colección Rastros) (NL, p. 178).

Cuando estaba preparándome para salir a hacer un mandado [. . .] se me ocurrió de pronto, casi con el carácter de revelación o descubrimiento, que el librero de Policía Vieja habría recibido más novelitas policiales de la colección Rastros [. . .] (NL, p. 214).

Cabe [. . .] la posibilidad de que el inconsciente haya influido sobre alguna mente de la Feria del Libro, porque el sábado siguiente encontré por primera vez unos ejemplares de Rastros. Además muy baratos [. . .] (NL, p. 222).

---

561 José Ángel Rosado: *El cuerpo del delito, el delito del cuerpo: la literatura policial de Edgar Allan Poe, Juan Carlos Onetti, Wilfredo Mattos Cintrón*. San Juan: Ediciones Callejón 2012, p. 19.
562 Sobre la genealogía quijotesca del fenómeno, cf. el apartado 2.2.1 de este trabajo.

El suceso se vuelve a mencionar en el «Epílogo del diario» con una nota sucinta: «*Telepatía con el librero*. No ha vuelto a funcionar» (NL, p. 562). En otro pasaje, el diarista vincula los títulos de un par de libros que acaba de comprar con el contenido de sueños que ha tenido, elaborando complejas «explicaciones parapsicológicas» en las cuales se entrecruzan los campos hermenéuticos de los sueños y los libros:

> Dos de los títulos son significativos en relación a mi sueño, y en relación a otros contenidos de mi mente al despertar [. . .] El libro, con dos contratapas, se titula *Asalto impune*, lo que lo relaciona con la escena de violencia que me transmitió anoche Chl por teléfono. Y el otro título significativo es *La muerte asiste a la boda* (lo que relaciona este libro con ese detalle del sueño, de que cada muerte estaba ligada con una historia de amor) (NL, p. 215).

Como lo comentamos a propósito de la práctica del «discurso vacío» (cf. 3.2.2.3), es como si el *patrón* paranoico de la ficción policial[563] fuera contaminando otras esferas de la vida del diarista-lector, y así transformara su cotidianidad en una investigación permanente en la cual cada detalle se tiene que interrogar y puede, de repente, cobrar la significación de una pista. Así en cuanto a la identidad de los escritores que está leyendo:

> Terminé de leer *No es asunto mío*, de Raymond Marshall [. . .] algo resonaba en mi mientras lo leía, algo como una impresión de *déjà-vu*. Después pensé en Graham Greene, más especialmente en el clima tan particular de *El tercer hombre*. Mucho más adelante me encontré con una escena que parecía salida de Chandler, y ahí creí comprender. «Raymond Marshall es un seudónimo de James Hadley Chase», me dije [. . .] Fui al libro de Vázquez de Parga, que hacia el final trae una utilísima lista de seudónimos [. . .] para mi decepción encontré que Raymond Marshall se llama, o tal vez se llamaba, René Raymond.
>
> Me quedó la espina clavada, y un rato más tarde volví a revisar la lista de nombres y seudónimos, y ahí saltó: James Hadley Chase es un seudónimo de René Raymond (NL, p. 380).

El *déjà-vu*, la «espina clavada» del detective tras haber seguido a una falsa pista son detalles tópicos del policial, a través de los cuales el diarista moldea su relato de lectura en una suerte de micro-policial: más adelante en el mismo párrafo, se trata así de las «huellas digitales de James Hadley Chase» (ibid.). Otra entrada, pocas páginas después, retoma el tema de los *nombres falsos* en autores de novelas policiales —esta vez se trata de Ellery Queen—, con el diarista en el papel del detective que quita las máscaras:

> Desde hace muchos años tengo la teoría, o la sospecha, que los primos que firman «Ellery Queen», una vez asentada su fama, dejaron de escribir. Fueron los editores de *Ellery*

---

563 Ignacio Echevarría: Levrero y los pájaros, p. 99.

> Queen's Mystery Magazine, publicación periódica también muy exitosa dedicada a selecciones de cuentos y novelas breves. Deben de haber hecho mucho dinero.
> Dejaron de escribir, según mi teoría, pero no de publicar libros con la firma de Ellery Queen. Tal vez alguien sepa algo de esto; debería buscar información en Internet. *Las dos caras de la moneda* está muy lejos de tener la menor similitud con sus antecesoras. Sólo el endeble ingenioso enigmita policial, muy del estilo de E.Q., pero que no daba más que para un cuento de veinte páginas. Esta novela tiene 192 páginas de letra pequeña (quizá un cuerpo 8), y aburre, aburre hasta lo indecible [. . .] (NL, p. 386).

Anticipándose, muy literalmente, a la afirmación pigliana de que «[u]n crítico literario es siempre, de algún modo, un detective»,[564] el diarista va juntando indicios para apuntalar su hipótesis, en lo que él mismo nombra una «investigación» de «mucho trabajo» (NL, p. 387). Encuentra una ayuda preciosa en Internet; como en el caso del retroanálisis onírico de los títulos de libros, los espacios de producción de sentido se entrecruzan y se nutren mutuamente:

> Busqué «Ellery Queen» y encontré cantidad de referencias. Una de ellas corresponde a un sitio con gran cantidad de páginas, que narra exhaustivamente la vida y obra de estos primos. También encontré lo que más me interesaba: «Since 1950 they started recruiting and training ghost-writers they already had used on some juvenile adaptations of Queen movies and radioshows.» [. . .] La novela que acabo de leer y que tanto fastidio me causó fue publicada en español en 1951. El 28 de agosto, para ser más preciso (NL, p. 387).

Cabe observar que la intensidad del trabajo investigativo contrasta con su motivo: solo se trata de entender por qué *Las dos caras de la moneda* es una novela tan mala, buscando a quién se esconde bajo el nombre de su autor. Al llenar su diario con los detalles de su investigación, el diarista lo transforma a su vez en una *mala* novela detectivesca. Otro pasaje del «Diario de la beca», sin embargo, permite arrojar una luz nueva sobre la obsesión del diarista por las novelas policiales. Comentando sobre *El lugar de los caminos muertos* de Burroughs, el diarista hace la siguiente observación:

> lo que parece ser en Burroughs fantasía producto de la droga, no siempre lo es; y llegué a pensar que ciertos drogadictos, come él y como Philip Dick (y tal vez como yo, salvando las distancias en todo sentido), no deben su obra a la droga, sino que la droga es para ellos el escape imprescindible para poder seguir viviendo con toda esa percepción natural del universo [. . .] Es muy difícil vivir con esas percepciones, intelecciones y/o intuiciones a cuestas. De ahí la necesidad de la droga, y no la inversa (NL, p. 333).

---

[564] Ricardo Piglia: *Nombre falso*. Barcelona: Anagrama 2002, p. 144. Contestando un cuestionario de Pablo Rocca, Levrero ya declaraba: «Los críticos se parecen a los policías no sólo en su carácter represor (para bien o para mal), sino también en su carácter investigador.» Pablo Rocca: Formas del espionaje, p. 110.

En el caso del diarista, es una tendencia natural a encontrar *señales* e interpretarlas, continuamente tejiendo redes hermenéuticas, lo que lo empuje al consumo de novelas policiales —la adicción siendo consecuencia, y no causa, de su peculiar manera de *percibir el universo*—. Análogamente, la atención prestada a los seudónimos y a la identidad de *quien escribe*, sin duda encuentra su impulso en el fenómeno de escisión autorial entre Varlotta y Levrero, y la preocupación constante del escritor por el *origo* verdadero de lo literario.

3.3.3.2 La interpretación de los sueños

—El yo onírico. . . —murmuró Henrrike—. Usted, ¿con qué sueña?[565]

Como los libros, los sueños y su interpretación son omnipresentes en el proyecto luminoso: muy interesado en la (para)psicología y el psicoanálisis, el escritor anota todos sus sueños —en el «Diario de la beca», menciona verdaderos «archivos de sueños» (NL, p. 81)— y se reconoce «cierta habilidad» para interpretarlos (DV, p. 85). En la ontología particular, de genealogía macedoniana, que sostiene su *realismo introspectivo*, sueño y vigilia son dos planos distintos de realidad, pero poseen el mismo grado ontológico.[566] En sus escritos, el diarista dedica entonces la misma atención descriptiva e interpretativa a sus sueños como a otros sucesos de su vida cotidiana, haciendo del relato de sueño un subtipo abundante entre los micro-relatos del *de/lirio* levreriano. Muy a menudo, los sueños influyen directamente sobre la cotidianidad «vigil» del diarista: «ensoñaciones altamente eróticas» le dejan «extenuado» (DV, p. 78); en otro pasaje, la presencia de su amigo Jorge en un sueño suyo le decide a llamarle, «una de las cosas que venía postergando sin ninguna razón válida» (NL, p. 27). Obviamente, la dinámica inversa —efectos de la vigilia en el sueño—, también se observa repetidas veces: el clima de «tormenta, humedad, calor, lluvia, ráfagas de frío» impone «cosas engorrosas, complicadas, fastidiosas, pegajosas» en el sueño (NL, p. 112). Así, en DV las interrupciones/irrupciones que puntúan tanto los «Ejercicios» como el «Discurso» también se comunican a los sueños del diarista. Por un lado, los sueños

---

[565] Mario Levrero: La cinta de Moebius, p. 76.
[566] Remito a las palabras de Levrero ya citadas en introducción: «Yo me pregunto por qué un sueño debe ser menos real que una vigilia, o un pensamiento, un sentimiento, una idea o una vivencia debe ser menos real que una piedra o un poste de teléfono». Pablo Rocca: Formas del espionaje, p. 108. Macedonio Fernández, en *No toda es vigilia la de los ojos abiertos*, sostiene por su parte: «Si sólo hay una Sensibilidad, la misma en que acontece el Ensueño y la Vigilia, no es de esperar que hallemos en este estudio diferencia alguna esencial entre éstos.» Macedonio Fernández: *No toda es vigilia. . .*, p. 30.

interrumpen los «Ejercicios», desviando la atención del diarista de la letra hacia el ámbito narrativo-interpretativo: «antes de ayer lo que hice no fue precisamente ejercicios caligráficos sino varias hojas con relatos de sueños [. . .] Ayer, de todos modos, tuve otro sueño; lo anoto y me despreocupo por lo tanto de la letra» (DV, p. 65). Por otro lado, cuando «[i]rrumpe un sueño en el discurso vacío» (DV, p. 95), su transcurso erótico se halla, a su vez, interrumpido por un Juan Ignacio onírico, «quien se para en la puerta y trata de entrar» (DV, p. 96); en otra escena del mismo sueño, es «un hombre de lentes negros» que se acerca al diarista y a su mujer, ambos «muy molestos por la interrupción» (ibid.).

La permeabilidad entre sueño y vigilia es tal que, en el «Diario de la beca», ciertos relatos de sueño ni siquiera se anuncian como tales: «Mi doctora me había conducido a un sanatorio» (NL, p. 388); «Yo estaba a cargo de una librería» (NL, p. 397). Solo el tiempo imperfecto, inusual para abrir una entrada de diario, y el contenido diegético de los pasajes, que no encaja con las entradas previas/subsecuentes, revelan que se trata de relatos oníricos. Interesante es también la dimensión intersubjetiva: como las lecturas, los sueños se comparten y su interpretación se debate, con Ginebra (NL, pp. 358–363), Carmen (NL, pp. 381–382), y obviamente Chl (NL, pp. 373–375), cuyos relatos oníricos son «prodigiosos; cada uno de esos sueños que me contaba era casi una novela, y una novela de ciencia-ficción» (NL, p. 377). Con este paralelo entre sueño y novela, el diarista apunta al papel muy específico de lo onírico en la creación literaria y, por ende, en la realización del proyecto luminoso. Pues si los sucesos oníricos tienen el mismo grado de realidad que los de la vigilia, no son exactamente la misma cosa. Como lo expone Levrero en una de sus *Irrupciones*, mientras que la vigilia es el ámbito del *yo* consciente, los sueños, en cambio, brotan de una instancia distinta, superior —que recuerda al *daimon* de la inspiración, en su dimensión arquetípica—, instancia a la cual el *yo* «vigil» no tiene acceso:

> Los sueños muestran una actividad superior, una forma de pensar y de sentir a la que difícilmente tendríamos acceso en estado vigil. Los sueños que soñamos están fabricados por algo o por alguien que no es exactamente nosotros, porque despiertos no podemos fabricarlos —a veces imitarlos, y pocas de esas veces bien.
>
> Los sueños son la materia prima del arte y de la ciencia y están en la raíz del instinto religioso. Los sueños invitan y muchas veces conminan al hombre a mirarse a sí mismo desde una altura moral que no siempre es la del yo de las vigilias y a preguntarse si está bien lo que hace con su vida y con la vida de los otros. Dormir sin soñar se parece a estar muerto.[567]

---

[567] Mario Levrero: *Irrupciones*, vol. 1. Montevideo: Cauce 2001, p. 38.

Se reconoce aquí la influencia de Carl Jung, para quien los sueños, al igual que la práctica artística, permiten la individuación o *devenir-consciente* de contenidos inconscientes, propios no del individuo sino, ante todo, de la psique colectiva ancestral y arquetípica:

> in eclipses of consciousness—in dreams, narcotic states and cases of insanity— there come to the surface psychic products of contents that show all the traits of primitive levels of psychic development [. . .] these manifestations of the collective unconscious [. . .] are compensatory to the conscious attitude. This is to say that they can bring a one-sided, abnormal, or dangerous state of consciousness to equilibrium in an apparently purposive way. In dreams we can see this process very clearly in its positive aspect.[568]

Aclara Christian Gaillard sobre el vínculo entre sueños y creación en Jung —en términos muy levrerianos—: «A dream of course is enigmatic, and a work of art even more so. But this enigma is often the best possible expression of something that we could not express or experience in any other way. In this sense a dream is an interrogation, a provocation».[569] Así, de manera casi sistemática, los sueños del diarista mediatizan una revelación, un elemento nuevo de autoconocimiento: «mi comprensión llegó a través de un sueño» (NL, p. 81); «otro sueño revelador» (NL, p. 89). Hay que observar, al respecto, que entre los *hechos luminosos* relatados en la «Novela» cuentan dos sueños, el de la muchacha de los ojos verdes, que le revela a la —en aquel entonces «estrecha»— consciencia del escritor «el amor, el espíritu», en tanto «soplo eterno que sopla a través de los tubos vacíos que somos nosotros» (NL, p. 473); y el del colchón de goma, sueño erótico acompañado de un orgasmo que le permite alcanzar «la percepción de [s]í mismo en todas [su]s dimensiones reales, o por lo menos en una dimensión más de las que suel[e] percibir» (NL, p. 490). Los sueños desempeñan, en este sentido, un papel de suma importancia para el proyecto luminoso en su dimensión epistémica (cf. 3.4.3).

Justamente por no proceder de la consciencia, los sueños se revelan muchas veces difíciles de entender y requieren trabajo interpretativo. Verdadero «detective psíquico» (NL, p. 213), el diarista recurre a varios instrumentos de análisis: la Biblia (NL, p. 176), pero sobre todo conceptos psicoanalíticos como el «putísimo Edipo resurgente, causa de todos mis males (y desgraciadamente, de todos mis bienes)» (NL, p. 269)[570] y «la castración, o la amenaza de castración, como castigo del Edipo» (NL, p. 267). En este trabajo de recuperación del

---

[568] Carl G. Jung: Psychology and literature, pp. 190–191.
[569] Christian Gaillard: The arts. In: Renos K. Papadopoulos (ed.): *The handbook of Jungian psychology. Theory, practice and applications.* London/New York: Routledge 2006, p. 333.
[570] A propósito del Edipo, cf. también la interpretación del sueño del gusano (NL, p. 435).

Lebenswissen onírico, el diarista tiene que lidiar con fenómenos de censura. En DV, si la temática erótica que domina los sueños del diarista a veces provee un escapismo agradable —«suave erotismo» (dos ocurrencias, DV, p. 65), «vivo y alegre deseo sexual» (DV, p. 96)—, suscita también resistencias morales en el soñador, en particular una serie de «fantasía[s] erótica[s] recurrente[s], durante un estado entre el sueño y la vigilia, como de trance hipnótico» (DV, p. 78) que protagonizan «mujeres desvalorizadas» (DV, p. 89), «despreciable[s] y odiosa-[s]» (DV, p. 78). Para *actualizar* el saber encapsulado en sus sueños, el diarista tiene que lidiar con defensas conscientes, las del asco y la vergüenza:

> Quería relatar los sueños, pero no quería; hay uno de ellos que, más que disgustarme, me produce perplejidad; me parece descabellado, y al mismo tiempo me da la sensación de que en esa imagen oprobiosa, que me abochorna, hay un mensaje importante; no soy capaz de descifrarlo, y lo que hice hoy fue huir todo el tiempo del diario, porque necesito registrar el sueño, y no me atrevo (NL, p. 141).

En otra entrada del «Discurso vacío», el diarista descubre que ya no recuerda todos sus sueños, y se preocupa por el origen de tal «borrado». Inmediatamente, sospecha en el fenómeno una censura superyoica —«una maniobra de eso que Freud llama superyó [para] mantener al yo ignorante de ciertas cosas» (DV, p. 85)—:

> Mucho me temo que se trate de una conciencia dividida: yo, por un lado, que quiero recobrar el sueño y yo, por otro lado, que no quiero hacerme cargo de él. El primer yo inquisitivo es mi viejo yo, el de toda la vida, el que se acostumbró al ejercicio de registrar los sueños, de paladearlos, de escribirlos y incluso tratar de interpretarlos. Tengo muchas ojas con sueños anotados durante largos períodos de mi vida. Pero ahora hay un nuevo yo (ciertamente, con mucha influencia del superyó, pero yo al fin), más volcado hacia cosas prácticas y exteriores [. . .]. Este nuevo yo ha tomado posesión de mi ser, se ha instalado fuertemente en mi vida, sin que yo termine de aceptarlo (y cuando digo «yo», ahora, estoy hablando de mi viejo yo) . Se ha hecho fuerte y no hay modo de realojarlo, y por ahora tampoco he encontrado la manera de conciliar ambos yoes y fabricar con ellos un solo y único y fuerte yo (DV, p. 86).

Estamos frente a un conflicto similar al presentado en la confesión del canalla (véase 3.2.2.1), entre un *yo* creativo —más precisamente, atento y benevolente hacia las potencias creativas que se expresan en él— y otro *yo*, «con mucha influencia del superyó», práctico y eficaz, dedicado al *service des biens* lacaniano. Tal «mecanismo de borrado» (NL, p. 122) también se documenta en el «Diario de la beca»: *materia prima del arte*, el *Lebenswissen* onírico siempre se ha de rescatar de las garras represivas del superyó. Otro pasaje, que le da al exceso de computadora la culpa del «borrado», resalta el vínculo profundo que existe entre sueños, imaginación/imágenes, y arte: «El abuso de pantalla me ha privado de la imaginación, de la facultad de evocar imágenes, y así me olvido de la mayor parte de mis sueños» (NL, p. 305). Desactivar los bloqueos que impiden al diarista acceder a los propios sueños es, en este contexto, una tarea central para la realización del proyecto luminoso, y esto, a su vez, se convierte en material onírico: ciertos sueños cobran así una dimensión, se podría decir, meta-onírica, problematizando la propia represión: «Cuando desperté, me pregunté en qué clase de abismo había estado a punto de caer. ¿Locura, devorado por el inconsciente? O tal vez simplemente fuera la expresión del miedo a enterarme de esas cosas que he sepultado, a ‹caer› entre esos materiales desagradables» (NL, p. 353).

Paralelamente a este trabajo hacia el *devenir-consciente* de ciertos contenidos inconscientes y la desactivación de mecanismos de represión, quiero destacar dos funciones adicionales de los relatos de sueños. En DV, operan a nivel metatextual, anunciando o reproduciendo fractalmente partes más extensas de los textos, incluyendo los textos enteros: ya lo mostramos en nuestro análisis del doble sueño relatado en el prólogo de DV (véase 3.2.1), pero hay muchos otros ejemplos. Así, paradigmáticamente, en el siguiente sueño, en el cual el protagonista ha ganado la quiniela y quiere informar a los demás de su buena fortuna, sin conseguirlo; en pocas líneas, el relato de sueño condensa todo DV —«siempre lo circunstancial desplazando a lo esencial» (DV, p. 66)—:

> Esta anécdota la quise contar varias veces, a varias personas, pero hacía la historia demasiado larga, con demasiados detalles, y nunca nadie me dejaba contarla hasta el final; me interrumpían hablando de otras cosas, y eso me excitaba y me daba rabia. También me daba rabia hacia mi mismo, por no poder sintetizar la historia, ir a la esencia de lo que quería contar (DV, p. 62).

En NL, los relatos de sueños tienen efectos pragmáticos muy concretos, recordando al diarista sus obligaciones escriturales: «Al despertar interpreto rápidamente este sueño, en lo esencial, como un llamado de atención al hecho de que ‹he perdido› (he dejado de trabajar en) dos libros, a saber: este diario, y el proyecto de la beca» (NL, p. 398). Notablemente, otrxs escritorxs intervienen en estos sueños, alentando al diarista —de manera más o menos explícita— a seguir con la escritura. Así en este encuentro con Rosa Chacel:

> En determinado momento yo le decía: «Rosa, por favor: pase lo que pase, por nada de este mundo, usted vaya a dejar de escribir». Lo decía desde el fondo del alma, y con mucho énfasis. Luego decía algo acerca de nosotros, los escritores malditos (aunque no con esas palabras; no recuerdo la frase, pero sí la intención, y el dolor), y me ponía a llorar de modo incontenible, inconsolable (NL, p. 89).

En otro sueño aparece Mario Vargas Llosa:

Hoy soñé con Vargas Llosa, el escritor. Se ve que la literatura sigue empeñada en acosarme. [. . .] Él se movía por la habitación y ponía un disco, que yo debía escuchar de punta a punta. Era un disco long play, y yo calculaba que iba a durar como una hora, y la verdad es que no tenía ganas de escuchar ese disco y menos de punta a punta. Pero a Vargas le parecía muy importante que lo hiciera, y daba la impresión de que ese disco contenía un secreto o una verdad que yo debía conocer. [. . .]

Luego el disco seguía y seguía, mientras Vargas, parado a unos pasos frente a mí, conservaba la expresión que significaba poco más o menos «espera y verás», siempre en relación a ese disco (NL, pp. 399–401).

Por medio onírico, la literatura *acosa* al diarista, y asegura que lleve a cabo su proyecto luminoso, *de punta a punta*. En todos los ejemplos citados aquí, vemos que los sueños tienden puentes entre la cotidianidad fragmentada de la escritura diarística y el contexto más amplio en el que se inserta: el proyecto luminoso.

3.3.3.3 La «fuga permanente en la computadora» (NL, p. 38)

Un tercer espacio abierto de exploración hermenéutica es el que ofrece la computadora a partir de DV. En contraste con «los trabajos rutinarios, repetitivos» que son los «Ejercicios», las actividades digitales cuentan para el diarista entre «las experiencias que tienen algo novedoso, imprevisto, aventurero» (DV, p. 18) y cobran, por eso, un poder de atracción casi irresistible, similar al que ejercen las novelas policiales. Lo que ocupa al diarista es, a principios de DV, «el problema de la fabricación de sonido en la computadora» (DV, p. 21), problema cuya resolución le cuesta «muchas horas y muchos días de trabajo y de investigación», otra vez en la postura de un detective juntando pistas: solo tiene un manual incompleto para orientarse (DV, p. 18). Si los pasajes vinculados a la computadora se integran indirectamente en la grafoterapia —a través del trabajo sobre el subrayado: «<u>sabiendo</u> lo que hacía [. . .] por fin ayer pude hacer <u>música</u>» (DV, p. 19)—, relatan en su gran mayoría momentos de entrega escapista a un espacio completamente autónomo de la realidad cotidiana del diarista: «me olvidé, y me puse a trabajar en la computadora» (DV, p. 19); «opto por desentenderme de todo y jugar con la computadora» (DV, p. 98). Por eso cuenta «el jugar con maquinitas electrónicas» (DV, p. 118) —otra vez, al igual que la lectura de novelas policiales— entre los *hábitos negativos* que la terapia grafológica se propone *desplazar*. Sin embargo, es con la exploración del inconsciente y no con la investigación policial que el diarista destaca un paralelo (reproduzco el pasaje con subrayado original):

> <u>Creo que la computadora viene a sustituir lo que un tiempo fue mi Inconsciente como campo de investigación.</u> En mi Inconsciente llegué a investigar tan lejos como pude, y el subproducto de esta investigación es la literatura que he escrito (aunque al mismo tiempo también la literatura oficiaba como instrumento de investigación [. . .]).

> Y la verdad es que el mundo de la computadora se parece mucho al mundo del Inconsciente, con cantidad de elementos ocultos, con un lenguaje a desentrañar. Es probable que sienta agotadas mis posibilidades de investigación del Inconsciente, y por otra parte con la computadora se corren riesgos menores, o de otro tipo.
> Lo más curioso es el valor que le atribuyo a la investigación de algo que, en definitiva, no representa para mi ninguna utilidad. Sin embargo reconozco que lo percibo como un valor inmenso, como si en la máquina hubiera ocultas unas claves de importancia vital (DV, p. 26).

Alternativa de menor riesgo a la exploración del inconsciente, la computadora ofrece profundidades nuevas a *investigar* y *desentrañar*, de manera inútil —en el sentido que definimos en 3.3.3.1—, enteramente autotélica. Pero a diferencia de la introspección, las investigaciones realizadas sobre la computadora no producen ningún *subproducto* de índole literaria; llenan, a lo sumo, unas entradas de diario. Este problema —por lo menos en lo que atañe a la finalización del proyecto luminoso— se va agravando en NL, donde la computadora ya no es un espacio autónomo del resto de la vida del diarista, sino un instrumento de trabajo —para sus talleres virtuales (NL, pp. 38, 46) y la escritura diarística que ahora realiza, por lo menos parcialmente, en el programa Word (NL, pp. 46, 52, 70, 196–197)—. En este contexto, el uso de la computadora se desprende cada vez más de la esfera del ocio, hacia entrar en conflicto con ella. Familiar ahora con el lenguaje de programación Visual Basic, el diarista se dedica a la creación de programas informáticos, con fines *útiles*: elabora así un programa para controlar la toma de sus medicamentos (NL, pp. 26, 42); otro para controlar sus gastos mensuales en Internet (NL, p. 84); otro más para ayudarle en su «propósito de desintoxicación» de la computadora (NL, p. 158; «no estoy seguro de que vaya a resultar», apunta prudentemente). En este sentido, Julio Premat habla de la integración de la computadora en «una instancia normativa que organiza el tiempo y la escritura».[571] Según intenta argumentar el diarista, la programación se diferencia de videojuegos como Golf (NL, pp. 40, 78), Pipe Dream (NL, p. 61) o Free Cell (NL, pp. 105, 128–129) por su dimensión creativa, la cual influye positivamente en la *disposición* del escritor para la escritura:

> De todos modos, el Visual Basic es un puente hacia un rescate de mí mismo; cuando tengo necesidad de programar, es porque estoy despegándome de los jueguitos. Después de programar satisfactoriamente, la escritura queda más accesible; tengo mejor disposición. El lenguaje de programación parece ser, según me di cuenta hace ya cierto tiempo, una transición necesaria entre un estado digamos de dependencia, hacia otro de mayor libertad mental. En la programación hay un buen margen de creatividad; no es como un juego donde uno es un instrumento pasivo, casi idiota (NL, p. 45).

---

571 Julio Premat: Las puertas de Levrero, p. 16.

En realidad, la programación tiene el mismo carácter compulsivo y adictivo que los videojuegos o cualquier otra actividad digital —ya sea «la limpieza periódica de archivos» (NL, pp. 54, 179) o el consumo de pornografía (NL, pp. 50, 76-78, 429; cf. 3.4.2)—. Lo observa el mismo diarista: «la computadora genera automatismos; es un autómata, y cuando uno frecuenta a los autómatas a la larga se transforma en uno de ellos» (NL, p. 79). A lo largo del «Diario de la beca», la programación alcanza así dimensiones homéricas:

> ¿Qué estuve haciendo en estos meses? Estuve coleccionando programas para la computadora, bajándoles de Internet, aprendiendo a manejarlos los describí y ordené las descripciones en una base de datos, porque son muchos; a esta altura son exactamente 394 los programas que he acumulado, y todavía sigo buscando [. . .] Recorro Internet buscando craqueos para esos programas en páginas de craqueadores. He llegado a abrir programas y a examinarlos en un visor hexadecimal para tratar de modificarlos, y a veces, pocas, lo he conseguido (NL, p. 429).

Según se vuelve a confirmar una y otra vez, los varios modos de la adicción digital del diarista —«tareas obsesivas delirantes» (NL, p. 205)— cobran una doble función: se trata, por un lado, de lidiar con la ausencia de su ex amante Chl —«lo que hago con mis adicciones y mis trasnochadas es esperarla» (NL, p. 138)— y, por otro lado, de huir de la angustia difusa que precede el ocio (NL, p. 45) y, por ende, la escritura. El diagnóstico es formulado con toda claridad por el diarista:

> Estaba sentado en el sillón, el de repantigarse [. . .] y empecé a percibir una necesidad imperiosa de venir hasta la computadora y jugar juegos. [. . .] traté de resistir. Entonces de golpe comprendí, y dije: «La puta que lo parió», en voz alta, y me levanté del sillón y me vine a la computadora y jugué al Pipe Dream y después al Golf. Lo que había comprendido era que estaba por presentarse la angustia difusa (NL, p. 64).

Hemos visto que la lectura y la exploración onírica son prácticas —por lo menos parcialmente— intersubjetivas, que permiten la creación y circulación de cierto *Lebenswissen*: pese a las conductas obsesivas que producen en el diarista y lo alejan puntualmente de su proyecto luminoso, tienen ambas un rol auxiliar en la realización de dicho proyecto, por *traer a la luz* bloqueos, contenidos reprimidos, conflictos egoicos y así «abrir[le] camino [al diarista] hacia el ocio y hacia la novela que quier[e] escribir» (NL, p. 79). Las actividades digitales, en cambio, se ubican enteramente del lado de lo oscuro, se parecen a un agujero negro solipsista, «un mundo cerrado, o casi cerrado» (NL, p. 230), que aísla al diarista de sus amigxs —una de ellxs, Julia, le comenta que se ha convertido en un robot (NL, p. 79)— sin producir nada concreto, ni siquiera en el ámbito de lo *inútil* o *grato para el alma*. El diarista lo tiene claro:

> Casi desde los comienzos de mi adicción a la computadora tuve la certeza de que ese diálogo con la máquina era, en lo profundo, un monólogo narcisista. Una forma de mirarse en el espejo. Este diario también es una forma de monólogo narcisista, aunque a mi juicio no tiene las mismas connotaciones patológicas del diálogo con la máquina. No quiero decir que no tenga en absoluto connotaciones patológicas, sino que al mismo tiempo operan ciertos factores positivos que de algún modo equilibran las cosas. El diálogo con la máquina, en cambio —y en la medida de su carácter compulsivo— no contiene prácticamente ningún elemento positivo que oficie de contrapeso (NL, p. 169).

Este *monólogo narcisista* constituye quizás lo que más se parece, en Levrero, a un verdadero *discurso vacío*, no en el sentido del experimento discursivo-terapéutico de DV, sino en el de lo que Julio Premat nombra «un espacio vacío, que materializa el agujero o la nada de la depresión, una especie de forma hueca [. . .] la apoteosis de una despersonalización, pérdida de sentido, organización absurda de puro código, inherentes al sujeto melancólico».[572] De hecho, en el marco existencial del proyecto luminoso —el *exorcizar* la muerte a través del tiempo abierto, siempre reiniciado, del diario—, el tiempo pasado en la computadora corresponde a un «tiempo de nada»:

> estas adicciones que me perturban actualmente no son otra cosa que adicciones al estado de trance; un medio de abreviar el tiempo, de que el tiempo pase sin que yo sienta dolor. Pero así también es cómo se me va la vida, cómo mi tiempo de vida se transforma en tiempo de nada, en tiempo cero (NL, p. 136).

Puro desperdicio de un tiempo de vida que va disminuyendo, se opone a la dinámica de *rescate*,[573] que es la razón de ser del proyecto luminoso y tiene que posibilitar, en última instancia, el *recordar* las experiencias luminosas.

3.3.4 El diarista en su ecosistema: relatos animales

Entre los (micro-)relatos *involuntarios* del proyecto luminoso, cabe aislar un conjunto de relatos animales que abarca, en DC, las historias de un pichón de paloma (DC, pp. 134–141), dos ratas (DC, pp. 135–140), una abeja (DC, pp. 141–142), un «pichoncito de gorrión» pronto apodado «Pajarito» (DC, pp. 147–168); en DV, la historia del perro Pongo y del gato, que ocupa buena parte del «Discurso» (DV, pp. 39–84) y a la cual se alude otra vez en el «Diario de la beca» (NL, pp. 258–259); en NL se añade a esta serie la historia de una paloma muerta y su «viuda» que se extiende en la casi totalidad del «Diario de la Beca» (NL, pp. 144–449), así como la

---

[572] Julio Premat: Las puertas de Levrero, p. 16.
[573] Cf. Reinaldo Laddaga: Una escritura de rescate.

de unas plantas —que el diarista considera también «seres vivientes y sensibles» (NL, p. 114)—. Más allá de la continuidad temática, estos relatos animales se destacan por una gran virtuosidad narrativa, tanto en la construcción del suspense, como en los desarrollos psicológicos que el diarista-narrador atribuye a cada animalito, y en el hábil equilibrio que orquesta entre los registros cómico y trágico.[574] Muchos —el diarista en primer lugar— han destacado la dimensión simbólica que cobran las *apariciones* animales («epifanía» es el término griego que se usa en NL) en el proyecto luminoso, en particular de pájaros, a nivel tanto psicológico como metafísico. «En los últimos años,» apunta el diarista en DV, «compruebo sistemáticamente que, cada vez que me pongo a escribir algo como esto que he comenzado a escribir hace unos días, algo sucede con los pájaros» (DV, p. 56). Manifestación de «un funcionamiento secreto de las cosas» (ibid.), los pájaros que surgen repetidas veces a lo largo del proyecto luminoso se insertan en la búsqueda espiritual del escritor, su intento de reanudar con aquellas cosas que han muerto en él —entre ellas, el *daimon*—, y cuya ausencia hace imposible la escritura de la «Novela». En DC, tras la llegada de un pichón de paloma al patio trasero de su apartamento, el diarista habla inmediatamente de «una señal del Espíritu, una forma de aliento para este trabajo que tan penosamente he comenzado» (DC, p. 135); más adelante, ve en Pajarito otra «señal del Espíritu», el cual «tal vez sólo espera que escriba lo que est[á] escribiendo, que siga adelante con esta novela, diario, confesión, crónica o lo que sea» (DC, p. 152). Que el Espíritu se manifieste a través de pájaros remite a la iconografía del cristianismo;[575] como lo observa Ignacio Echevarría, «la genialidad de Levrero reside, a partir de *Diario de un canalla*, en aceptar y hacer verosímil que el Espíritu se le anuncie conforme a la más ortodoxa iconografía cristina: en forma de pájaro».[576] Sin embargo, la noción levreriana de «Espíritu» es más bien heterodoxa y se inscribe, mucho más que en el cristianismo, en una suerte de panteísmo empírico que el diarista presenta en el siguiente *credo*:

> Creo, desde luego, en mi propio espíritu [. . .]; creo, también, en el espíritu de toda cosa, viviente o no; creo que el espíritu forma parte de una hiperdimensionalidad del Universo, y creo que allí es donde el Espíritu, con mayúscula, se mueve organizando ciertas cosas. En esto creo, y no por haberlo leído ni por una forma de fe que me hayan inculcado, sino por conclusiones que he sacado de mi propia experiencia y por lo que he escuchado de varias experiencias ajenas (DC, p. 144).

---

574 Sobre «la dinámica de *diversión* y *agonía* (o bien, el trenzamiento de tragedia y comedia)» en la escritura de Mario Levrero, cf. Julio Prieto: Apuntes autoficcionales, pp. 141–142.
575 Cf. el análisis del prólogo de DV en 3.2.1.
576 Ignacio Echevarría: Levrero y los pájaros, p. 101.

Más que el símbolo cristiano del Espíritu en tanto Verbo divino, los pájaros en Levrero materializan la articulación entre el espíritu individual del escritor y el *Espíritu* (con mayúscula) del cual el primero «no es otra cosa que una parte modificada» (DV, p. 94; cf. la conclusión de 3.2); sirven para recordarle su propósito creativo, más allá de la «lucha por la subexistencia [. . .] dirigida por algún minúsculo centro cerebral sumamente práctico» (DC, pp. 144–145). En NL, tras descubrir «el cadáver de una paloma en una azotea» (NL, p. 144), el diarista no tarda en atribuir al suceso un «carácter simbólico» (NL, p. 197) y relacionarlo con lo que pasó en DC:

> Debo explicar al lector, o recordarle por si ya lo sabía, que hace unos cuantos años escribí un texto llamado *Diario de un canalla*. Lo escribí en Buenos Aires. Mi impulso inicial había sido continuar la «novela luminosa» [. . .], y apenas me puse a escribir comenzaron los problemas con los pájaros. Primero cayó un pichón de paloma en el estrecho fondo de mi apartamento en planta baja; y cuando el pichón logró irse volando, cayó otro, ahora no de paloma sino de gorrión, y esta presencia de pájaros caídos se fue transformando en el tema principal de lo que estaba escribiendo [. . .] Entendí que esa epifanía de pájaros tenía un carácter simbólico; lo cierto es que a veces la llamada realidad objetiva se hace presente con un fuerte carácter simbólico. [. . .]
>
> Ahora, entonces, me pongo en marcha con mi proyecto de continuación de la novela luminosa, incluso recibo una beca para que pueda dedicarme por completo a esa tarea, y he aquí que nuevamente pasa algo extraño con unos pájaros. Aparece una paloma muerta, aparece la posible viuda con sus extrañas conductas. ¿No será esto, recién lo pienso en estos días, también un símbolo? Un símbolo de mi espíritu muerto, que ninguna viuda (digamos, mi yo consciente) pueda resucitar [. . .] (NL, pp. 199–200).

De «señal del Espíritu» en DC, que alienta al escritor a seguir con su proyecto luminoso, el pájaro ahora es «símbolo de [su] espíritu muerto»; del exclamativo, mayúsculo «¡¡¡¡¡¡¡PAJARITO VIVE!!!!!!!» (DC, p. 156), solo queda la comprobación, fríamente descriptiva, de la muerte en toda su materialidad: «la calavera [. . .] una bolita insignificante con una gran saliente en forma de pico, o sea el pico. La cabeza de una paloma sin plumas ni carne es casi puro pico» (NL, p. 449).

Desde el punto de vista de su simbolismo espiritual, los pájaros del proyecto luminoso tienen entonces una dimensión fúnebre, mortuoria: atestiguan lo que el diarista cree ser el fracaso de su empresa. Pero quisiera detenerme aquí en otro aspecto, ecológico y relacional, de los relatos animales levrerianos, que sí se pueden inscribir en la búsqueda luminosa del escritor. De hecho, mucho más que símbolos abstractos, los animales del proyecto luminoso son personas/personajes quienes, pese a su alteridad radical (no-humana), tienen subjetividad propia y apelan, por su vulnerabilidad, a la responsabilidad ética del diarista. En el proceso de *retorno a sí mismo* que inicia para poder seguir con su proyecto luminoso, los animales constituyen irrupciones del Otro en tanto responsabilidad e imperativo de cuidado.

En DC, el relato de las dos ratas —recuerdo de un episodio sucedido un año antes de la llegada del pichón de paloma— apunta claramente en esta dirección. Poco después de haber descubierto una rata muerta en el patio trasero de su departamento, el diarista encuentra otra, viva, que decide alimentar y con la cual pronto desarrolla una *relación* —el término es suyo— casi parental. Recuerda el suceso con mucha emoción:

> Superada la primera reacción cultural de asco, miedo y odio, me dediqué a observarla. Incluso le arrojé unos trozos de pan y de queso. Me sorprendió encontrarme, a pesar de toda la propaganda, con un animalito elegante, inteligente, grácil y tierno. [. . .] Vi que la rata tomaba el trozo de pan con sus delicadas manitas, y que las utilizaba igual que nosotros las nuestras [. . .] la vi luego comer con mesura y conciencia la otra mitad; mientras uno de sus vivos ojillos permanecía alerta a mis movimientos [. . .] Si yo me acercaba mucho, especialmente al principio de nuestra relación, corría a esconderse con movimientos muy rápidos, ágiles y elegantes [. . .] Yo veía en ella a un niño, con toda su inteligencia pero también con toda su falta de experiencia de vida. Casi diría que veía a un hijo. Y esto que escribo me humedece los ojos y me los hace arder (DC, pp. 137–138).

A través de este encuentro *cara a cara*, la rata pasa a ser, de un animal de «mala fama» (DC, p. 138) solamente definido por su especie y los prejuicios asociados, una persona dotada de características individuales: elegancia, gracia, «mesura y conciencia», vivacidad, «inteligencia», pero también «falta de experiencia». Cobra, se podría decir con Emmanuel Levinas y Donna Haraway,[577] un

---

577 El rostro (*visage*) está al centro de la filosofía de Emmanuel Levinas en tanto ética y ontología. Para Levinas, el sujeto adviene en la exterioridad, al salir de su soledad originaria para establecer una relación con Otro —la cual se define, desde el principio, por la responsabilidad—: «la relation intersubjective est une relation non-symétrique. En ce sens, je suis responsable d'autrui sans attendre la réciproque [. . .] C'est précisément dans la mesure où entre autrui et moi la relation n'est pas réciproque, que je suis sujétion à autrui; et je suis ‹sujet› essentiellement en ce sens». Emmanuel Levinas: *Éthique et infini. Entretiens avec Philippe Nemo*. Paris: Fayard/Radio France 1982, p. 105. El Otro se presenta primariamente como *visage*: «La manière dont se présente l'Autre, dépassant l'idée de l'Autre en moi, nous l'appelons [. . .] visage. Cette façon ne consiste pas à figurer comme thème sous mon regard, à s'étaler comme un ensemble de qualités formant une image. Le visage d'Autrui détruit à tout moment, et déborde l'image plastique qu'il me laisse [. . .]. Il s'*exprime*.» Emmanuel Levinas: *Totalité et infini. Essai sur l'extériorité* [1971]. Paris: Le Livre de Poche 2000, pp. 43–44. El rostro físico en tanto conjunto de calidades sensibles es, entonces, solo el punto de partida fenomenológico del encuentro ético con el *visage*. Expresión de una alteridad fundamental, inconmensurable al Mismo y desbordando toda definición, el *visage* abre sobre lo infinito: «recevoir d'Autrui au-delà de la capacité du Moi; ce[la] signifie exactement: avoir l'idée de l'infini» (ibid., p. 44). Pero es también desnudez, vulnerabilidad, indigencia absoluta: el infinito que se presenta en el *visage* apela también a una responsabilidad infinita: «L'épiphanie du visage comme visage, ouvre l'humanité. Le visage dans sa nudité de visage me présente le dénue-

visage, cuya *expresión* convoca la responsabilidad del diarista y con ella, la prohibición de matar.[578] Cuando, «bajo un sinfín de presiones sociales» (DC, p. 139), el diarista y su mujer finalmente se deciden a matar al animalito, se describe «un crimen repugnante» y, contrastando con la barbarie humana, la dignidad de la rata en su última hora: «El animal se fue quedando quieto, mirándonos con tristeza desde su nido en la maceta volcada; ya no trataba de huir cuando uno se acercaba [. . .] La mirada, sin embargo, siguió siendo inteligente y lúcida, aunque muy triste, hasta los últimos momentos» (ibid.).

Este antecedente trágico, al cual se añade el vacío dejado por la partida del pichón de paloma («hoy ya no está», DC, p. 140), aclara sin duda el fuerte vínculo afectivo que el diarista va a desarrollar con Pajarito, que aparece un día en el mismo lugar:

> al despertar, esta mañana, o mediodía, mientras desayunaba, pensé: «Debería haber otro pájaro en el patiecito», más como un deseo —porque extrañaba al pichón de paloma— que como aseveración. Y cuando descorrí el cortinado rojo allí estaba él: un pichoncito de gorrión anidado en una maceta. Cuando me vio se asustó, se bajó de la maceta y se escondió detrás (DC, p. 147).

Como en el episodio de las ratas, la descripción del animalito se hace en términos muy marcados afectivamente —con diminutivos («pichoncito», «pajarito»), abundantes adjetivos y adverbios que denotan afectos, muchas veces en forma superlativa—, que resaltan la vulnerabilidad de la cría. Animado, como en el relato de las ratas, por una «preocupación maternal» (DC, p. 150) hacia el pequeño gorrión, el diarista se ve irresistiblemente atraído, una y otra vez, al patiecito:

> Y allí afuera está el pajarito, piando fuerte y desconsoladamente (DC, p. 149).

> Recién dejé de escribir y fui a ver al pichón: me partió el alma. Está acurrucado en un rincón, como tratando de pasar inadvertido. El rincón está totalmente desprotegido ante el frío; la lluvia [. . .] No quiero traerlo a casa porque me parece todavía más traumático

---

ment du pauvre et de l'étranger; mais cette pauvreté et cet exil qui en appellent à mes pouvoirs, me visent [. . .] pour m'appeler à la responsabilité» (ibid., pp. 234–235.).

La zoóloga y filósofa Donna J. Haraway, en su estudio posthumanista *When species meet*, aplica este concepto de *visage* no solo a los humanos sino también a sus «companion species», las especies animales con la cuales estamos en el mundo y hacemos mundo: «The ones with face were not all human.» Donna J. Haraway: *When species meet*. Minneapolis: The University of Minnesota Press 2008, p. 42.

578 Cito otra vez a Levinas: «il y a dans le visage une pauvreté essentielle [. . .] le visage est exposé, menacé, comme nous invitant à un acte de violence. En même temps, le visage est ce qui nous interdit de tuer». Emmanuel Levinas: *Éthique et infini*, p. 90.

que su desamparo en el patio; quedaría separado de sus padres, sin posibilidades de alimentarse y, sobre todo, se llevaría el susto más grande de cuantos se ha llevado hasta ahora (DC, p. 150).

Aun sabiendo que a Pajarito le conviene ser cuidado por miembros de su propia especie, el diarista se siente personalmente responsable de su sobrevivencia y le pide —le ordena— al Espíritu que proteja a la criatura, incluso amenaza con perder la fe: «Si el bicho no sobreviviera, me sentiría hondamente vejado y mi fe sufriría el más rudo golpe posible [. . .] ¡Atención, Espíritu! [. . .] ¡Protege al pajarito!» (DC, p. 150). Ya no simple «señal del Espíritu», Pajarito es un ser viviente, sumamente frágil —«pobre, desgraciado, torpe y desvalido pequeño mortal» (ibid., notar la impresionante anteposición de adjetivos)—, que requiere la protección de dicho Espíritu. Su vulnerabilidad absoluta lo individúa, y esto obliga al diarista a cuidar su existencia particular: de «el pajarito», «el pichón» se convierte en «Pajarito» con mayúscula (DC, p. 150); nombre que pierde al final de DC, cuando, casi adulto ya, abandona el patiecito: «Ahora Pajarito no tiene nombre. Nadie lo quiere» (DC, p. 168). El nombre propio es el equivalente discursivo del *visage*: «saluer autrui», escribe Levinas, «c'est déjà répondre de lui».[579] Cierto, la mirada antropomorfizadora no está ausente en el relato, y el diarista tiende, por propia confesión —y no sin ironía hacia sí mismo—, a identificarse con el pequeño gorrión:

> A diferencia del pichón de paloma (cierto que éste es mucho más joven), [Pajarito] no asumió su cautiverio y vive quejándose y tratando de escapar. En eso nos parecemos (DC, p. 149).

> Yo pensaba que con la costumbre de verme aparecer a cada rato se iba a cansar de su manía de persecución y perdería el miedo; pero no. Es indudable que me he constituido en su trauma psíquico más importante; Pajarito se convertirá, con toda seguridad, en un adicto a su propia adrenalina, como yo mismo lo he sido durante muchos años (y aún hoy, tengo mis recaídas) (DC, p. 151).

> Está bien, sabihondo hipotético lector: me has descubierto. Ya sabes, porque eres astuto, que me he identificado con el pequeño gorrión. Es Nochevieja y estoy solo. Tengo, es cierto, mi nido de lujo [. . .] Pero tengo frío, qué carajo; tengo el alma recagada de frío (DC, p. 156).

Pero más allá tanto de la proyección psicológica como del simbolismo religioso —más allá «[d]el tema humano y el tema divino» (DC, p. 155)—, la historia de Pajarito corresponde, en DC, a un descentramiento del diario, del *retorno* a sí mismo, del *rescate* de sí mismo (cf. DC, pp. 133-134; cf. 3.2.1), hacia el encuentro de un

---

[579] Ibid., p. 93.

Otro, mediatizado de manera muy concreta por los sentidos de la vista («vi que Pajarito ya podía alimentarse solo», DC, p. 163) y del oído («más tarde lo oí piar», DC, p. 161). El *estado de alerta* que describimos como propio de la actividad diarística (cf. 3.2.1) y ligado a la hipersensibilidad del diarista (cf. 3.3.1), ahora se concentra exclusivamente sobre el bebé gorrión. Día tras día, el diarista documenta la joven existencia de Pajarito, su modo de ser, sus hábitos, sus progresos en el aprendizaje del vuelo; registra cada detalle con interés etológico, pero también con ternura, otra vez, casi parental; la proliferación interpretativa —si no falta enteramente— deja lugar a la atención descriptiva:

> (¿sabía usted que después de comer o de dar de comer, los gorriones se limpian el pico frotándolo contra algo, de un lado y del otro?) (DC, p. 151).

> Después de haber sido alimentado —como es el caso en este momento—, se transforma en una bola esponjosa, arrepollado e indiferente, autosatisfecho y casi solipsista. [. . .] Cuando lo ataca el hambre se va poniendo cada vez más nervioso; a cada momento está a punto de irse de narices contra el piso, porque los movimientos nerviosos perturban su precario equilibrio, y continuamente debe recurrir a desesperados aletazos para recuperar su posición (DC, p. 160).

> En los días que siguieron a esa noche, Pajarito fue adquiriendo una cierta maestría de vuelo; ahora, salvo que quiera desentumecer las patas, rara vez se lo ve caminando a saltitos nerviosos; ahora vuela (DC, p. 162).

En una ocasión, el diarista incluso convoca a Anna Freud para apuntalar su interpretación de un comportamiento de Pajarito; como lo veremos también en el caso de la paloma muerta y de su viuda (NL), los animales participan en la producción y circulación de *Lebenswissen*:

> Para etólogos y psicólogos no debe ser ninguna novedad, pero por las dudas lo consigno aquí: ese sonido amenazador que emiten los pájaros, es *exactamente igual* al que emiten cuando se asustan *ellos*, es decir, «yo te asusto con mi expresión de miedo» (y recuerdo un libro donde Anna Freud contaba de una niña que le enseñaba a su hermanito un sistema infalible para no sentir miedo en la oscuridad: caminar bamboleándose y diciendo «buuu» como un fantasma. Si uno es un fantasma, ¿cómo tener miedo a los fantasmas?) (DC, pp. 162–163).

Animado por una curiosidad que entra en conflicto con su sentido de responsabilidad, el diarista intenta «espiar sin alterar al objeto espiado (Pajarito) y sus congéneres» (DC, p. 161); «moviéndo[se] por la casa como un duende» (DC, p. 163) sin ruido ni movimientos bruscos, solo sale al patio para regar las plantas. Al tomar consciencia de la co-dependencia de su mundo y del de Pajarito, al adaptar la propia conducta para no dañar al gorrión, acepta la interrelacionalidad de sus existencias: hay así una dimensión profundamente ecológica en el relato. El diarista resiste el impulso de abrigar a Pajarito «ante la amenaza de tormenta»,

3.3 Interrupciones de la escritura, irrupciones de lo real — 147

sabiendo que «más que protegerlo probablemente le provocaría un infarto» (DC, p. 155). La encrucijada ética —ser responsable del Otro, sin poder controlarle o tomar decisiones en su lugar— se hace aguda en el episodio de Pajarito «en la casa del Ogro» (DC, p. 166), cuando el gorrión se mete en la casa del diarista:

> Me fui angustiando cada vez más. En la casa hay mil escondites, y mil peligros y mil acechanzas. Imaginaba a Pajarito electrocutado por un cable de la heladera, asfixiado por una bolsa de nailon, o frito por el calor de la chapa de la heladera, o simplemente muriendo de hambre sin atreverse a salir de su escondite [. . .] Pajarito estaba mudo. O tal vez muerto. Imaginaba su menudo cadáver en algún oscuro rincón, y no podía tolerar la imagen (DC, p. 164).

Tras una «búsqueda metódica», el diarista lo encuentra, pero ni una «ofrenda de pan mojado» y ni un largo parlamento (¡!) logran hacer que el gorrión salga de su refugio, por lo que el diarista se resuelve a una «persecución violenta» (DC, p. 165). Felizmente, sus esfuerzos son exitosos y consigue «depositarlo [a Pajarito] sano y salvo y su maceta» (DC, p. 166). La conclusión del relato compensa dos páginas de suma tensión dramática con *comic relief*, sin poder borrarla completamente:

> Al rato ya tuve que espiarlo otra vez, por entre las tablitas de la persiana del escritorio. Tenía todo el aspecto de una damisela violada; se acomodaba las plumas, una por una, con la púdica indignación y la dolorida escrupulosidad de una doncella. Estoy seguro de que, además, se cree un héroe: «Estuve en la casa del Ogro», contará, a lo largo de su vida, en turbios cafetines portuarios a otros pájaros de su calaña: «Me persiguió sin tregua, toda una tarde. Llegó a tenerme varias veces entre sus manos. Pero yo me escapé, porque la maña vale más que la fuerza». Imbécil. Más que imbécil. Yo quería ser tu amigo, Pajarito (DC, p. 166).

El fracaso rotundo, en este episodio, de la comunicación *interespecie* —la confirmación de una alteridad irreductible entre pájaro y humano— no significa, para el diarista, la desaparición de los afectos que lo vinculan al pequeño gorrión. Pese a haber resuelto «olvidar[se] para siempre del hijo de mil putas» (ibid.), el diarista lo extraña inmediatamente cuando sale «rumbo a la vida adulta» (DC, p. 167). En este sentido, el relato refleja y destaca una tensión presente en todo el proyecto luminoso, que ya comentamos abundantemente, entre el proceso de *retorno a sí mismo* y las exigencias del *mundo exterior*, no solo en tanto imposiciones externas, sino también en tanto necesidad relacional profunda del diarista. Si, concluyendo DC con cierta tristeza, el diarista solamente quiere retener de Pajarito «el recuerdo de una señal» —«Su presencia física, sus reclamos, su torpe comicidad, habían hecho que me olvidara de la señal», nota (DC, p. 168)—, el texto nos dice exactamente lo contrario. Al trasformar el encuentro con Pajarito en un cuentito perfectamente pulido dentro de DC, el diarista reanuda con la maestría narrativa que añoraba —los llamados de Pajarito, al parecer, han despertado al *daimon*—, y a la vez documenta un primer ejemplo de lo que en NL se nombrara *hecho luminoso*: un encuentro encarnado, pero fugaz, con la gracia del Espíritu, que solo la forma literaria permite *recordar*, salvar de la oscuridad:

> Para mí ya es recuerdo; es el que fue, no el que es. Es el que estuvo en mi patiecito, el que yo miraba entre las tablitas de la persiana, durante mucho tiempo, a la caída del sol, con la esperanza de verlo hacer algún preparativo especial para dormir —pero simplemente parecía quedarse ahí, como un penacho desgraciado en la punto de la varita doblada por su peso, disolviéndose, al huir la luz, asemejándose su color al color de todo lo que lo rodeaba, borrándose. Yo dejaba de verlo y entonces me esforzaba, forzaba la vista, y lo veía, o me lo imaginaba, y después lo volvía a perder, absorbido por la oscuridad creciente (DC, p. 168).

En DV, la historia del perro y del gato se inscribe en un contexto un poco diferente, pues se elige, lo vimos, como «contenido falso» (DV, p. 44) del «Discurso vacío», con el único objetivo de que *delate* otro contenido, «real» pero reprimido (véase 3.2.2.3). Como en DC, se observa cierta tendencia a la identificación por parte del diarista, quien se compara con el gato en tanto «recién venido» (DV, p. 40); hace un paralelo entre la cautividad del perro en el patio y la suya, en la propia «prisión del espíritu» (DV, p. 44). Pero *por debajo* del ansia hermenéutica del diarista, a ras del texto por así decirlo, se lee un relato ecológico-familiar,[580] detallada y dramáticamente construido, sobre la relación triangular entre el perro, el gato y el diarista. Como en los episodios de las ratas y de Pajarito, la relación del diarista con el perro empieza con el *souci*, la preocupación del primero por el otro, quien vive hacinado «en el amplio fondo de la casa, cercado por una alta pared, un seto vivo y un tejido de alambre; jamás podía salir de allí» (DV, p. 40). «Siempre me preocupó» —escribe el diarista—, «aún antes de instalarme en esta casa [...], esa vida tan limitada y oscura del pobre animal» (DV, p. 41), por lo que decide «ir ensanchando poco a poco una abertura en el tejido de alambre» (DV, p. 42) y darle así la posibilidad de salir si quisiera hacerlo. Este gesto de cuidado —que, como el acto de dar de comer (DV, p. 42), supone el reconocimiento de las necesidades materiales y, por así decirlo, espirituales del perro— implica inmediatamente la responsabilidad ética del diarista hacia el animal, el cual le parece —exactamente como la rata de DC— vulnerable e indefenso ante el vasto mundo; decidido a darle más libertad de movimiento —porque «una vida sin libertad no tiene ningún valor» (DV, p. 77)—, también teme accidentes potenciales:

---

[580] «El perro,» declara el diarista, «está muy integrado a la familia» (DV, p. 68).

> Al mismo tiempo esa libertad del perro implicaba una responsabilidad, y yo no quería para mí la responsabilidad de lo que al perro pudiera sucederle, en su desconocimiento del mundo, cuando pudiera andar libremente por él. Muchas noches he sufrido en silencio la tortura de imaginar al perro bajo las ruedas de un auto (DV, pp. 42-43).

El vínculo afectivo hacia el perro y la obligación moral que le es consustancial no están libres de conflicto. Recordemos que, en DV, el diarista se encuentra «prisionero de un sistema ecológico» (DV, p. 82) que le impide, a través de interrupciones repetidas, seguir con lo que se ha planteado (la grafoterapia, por un lado, y el «discurso vacío», por el otro). El perro Pongo no es simplemente el «asunto trivial» (DV, p. 38) del discurso vacío, sino también es actor de este sistema; no es pura construcción discursiva, sino ser vivo con necesidades y volición propias. Prueba de esto son las interrupciones generadas por él, que el diarista documenta con irritación tanto en el «Discurso» como en los «Ejercicios»: ladra durante la noche (DV, p. 41); se le tiene que dar de comer varias veces al día para que adelgace («a mí me da la impresión de que el perro me considera más bien un empleado suyo», DV, p. 42); mata a un pájaro y Alicia, la mujer del diarista, lo ha de castigar («una interrupción, como siempre», DV, p. 54); después de la mudanza, el diarista incluso tiene que abrir la puerta cada vez que quiera salir o entrar: «Ahora debo interrumpir un momento, pues el perro Pongo ladra afuera y espera que le abra la puerta (otra adquisición de la mudanza; mi calidad de portero, ya que aquí no hay alambrado con hueco para que entre y salga a voluntad» (DV, p. 122). En otra ocasión, el diarista sorprende al perro jugando con un trozo de carne podrida que había enterrado en el jardín: tiene que limpiar «esa chanchada» del perro (DV, p. 116) y llega a la conclusión de que «HAY QUE LIBRARSE DE ÉL YA MISMO» (DV, p. 117, mayúsculas del autor) (no se sabe si el proyecto se lleva a cabo o no).

El perro Pongo no sirve de pretexto al «Discurso vacío», sino que se impone a ello y lo llena. Observemos el vocabulario elegido cuando, al acostumbrarse el perro a salir al baldío por el hueco en el alambre, el diarista consigna su preocupación por él: «De cualquier manera, no puedo evitar la preocupación, y siento su ausencia como un vacío llamativo» (DV, p. 68). La tensión entre vacío y contenido se desplaza aquí fuera del «Discurso» propiamente dicho, para ubicarse en el entorno material inmediato del diarista: son los seres que lo rodean los que forman el *vacío llamativo* —en tanto inquietud, preocupación, cuidado— en el cual el «Discurso» (y los «Ejercicios», de hecho)[581] se proyecta. Por eso, y pese a estar «tremendamente aburrido de hablar del perro» (DV, p. 70), el diarista sigue

---

[581] El episodio del trozo de carne podrida, por ejemplo, se relata en una entrada de los «Ejercicios».

con su relato, el cual pronto se independiza de cualesquiera «contenidos ocultos tras el aparente vacío del discurso» (DV, p. 50) para seguir su propia lógica diegética: la llegada del gato —«Un gato blanco, muy lindo, de ojos amarillo-verdosos y una especial elegancia altiva» (DV, p. 71)—; la «época del celo» que se desencadena en el perro (DV, p. 76), sus fugas prolongadas, y una mañana, un incidente «trágic[o]»: «el perro había aparecido lastimado» (ibid.). El diarista hace una descripción patética del animal herido en el ojo:

> Era conmovedor. Sentado a la sombra en un rincón del patio, con la cabeza inclinada, expresaba con todo su ser una profunda depresión y, seguramente, dolor. Debí golpear insistentemente el vidrio de la ventana; al fin levantó la cabeza con dificultad y me miró. Fue una mirada que no quise intentar ver otra vez. El ojo derecho parecía vacío (DV, pp. 76–77).

«[C]arcomido por la culpa» (DV, p. 77), el diarista siente inmenso alivio cuando el perro se recupera completamente de la herida; lo que se expresa en el relato, igual que en DC, con *comic relief*: «durante unos cuantos días más, el perro fue el vivo retrato de Sartre: el ojo derecho aparecía entero y ya no de color sangre, pero apuntaba para cualquier lado. Ahora el perro está nuevamente bastante igual a sí mismo» (DV, p. 78). A continuación, se documenta una sorda lucha entre perro y gato por el poder en el hogar, alternando agresión abierta, competencia por el favor de los dueños de casa, y conquista del interior de la casa (DV, pp. 80–84), que acaba, a favor de Pongo, con la derrota del «gato traidor»:

> sucedió que por azar volviera a verlo instalado en el mismo sitio [junto al hueco del alambrado] justo en el momento en que el perro entraba, y vi con estos ojos cómo el gato le tiraba un zarpado contra un costado, y oí al perro dar un aullido de dolor. A partir de ese instante, el gato se acabó para mi (DV, p. 83).

Otra vez, estamos frente a un relato perfectamente pulido, de muchísimos detalles, con peripecias y clímax, muy lejos del juicio que formula el diarista a su propósito («siento que mi discurso se ha desnaturalizado por completo, que ya no conserva su forma, su ritmo inicial», DV, p. 70). En el contexto complicado, a veces desesperado de DV, la preocupación por el perro, sea relatada *desde la forma* en el «Discurso», sea impuesta por las interrupciones del mismo perro, opera un descentramiento similar al que se observa en DC de la contemplación de las *ruinas* del *yo* (DV, p. 94) a la inquietud por el Otro, que es movimiento hacia él y su mundo singular, y produce pequeños fractales de luminosidad (así la primera salida del perro al baldío, DV, pp. 49–50).

El relato de la paloma muerta y de su viuda, en NL, no se centra sobre la relación entre el diarista y los animales, pues no la hay: el diarista no interactúa con las palomas (con razón: una de ellas es un cadáver), sino que permanece, «fascinado» (NL, p. 145), «absorto» (NL, p. 146), en posición de observador. El relato se cuenta, literalmente, desde el punto de vista del diarista; como en DC y DV, numerosas ocurrencias de verbos de la vista operan un descentramiento del universo hogareño del diarista hacia afuera —ya no el patio trasero (DC), ni el baldío (DV), sino «una azotea muy próxima» (NL, p. 144)—. En el contexto de adicción a la computadora que es el de NL (cf. 3.3.3.3), observar las palomas permite «dar un vistazo un poco más tranquilo al mundo exterior» (NL, p. 417).

También común a DC y DV es la preocupación inmediata por el animal vulnerable: la llamada «viuda», «la pareja de la paloma muerta en actitud de velorio» (NL, p. 144). El diarista percibe su duelo —«se veía que no podía contener su dolor; no sabía qué hacer con él» (NL, p. 146)— y se solidariza con ella cuando padece un cruel ataque de honda: «Espero que la viuda se salve» (NL, p. 146). Este *souci* se mantiene con notable constancia a lo largo del «Diario de la beca», con anotaciones regulares; su ausencia, en particular, se registra como *vacío llamativo*:

> Hoy levanté la persiana y no vi a la viuda (NL, p. 146).

> La viudita no hay vuelto; se ve que el duelo concluyó, si es que se trata de un duelo (NL, p. 153).

> A la viuda no la he visto más (NL, p. 223).

> En cuanto a la viuda, no recuerdo si conté que ya no se la veía a menudo (NL, p. 295).

> No he vuelto a ver a la viuda, o no sé si la he visto. En realidad miro poco por la ventana (NL, p. 448).

El relato tiene dos caras: se enfoca por un lado en el cadáver de paloma que constituye, lo vimos, un símbolo del espíritu muerto del diarista (NL, p. 200) a la vez que un *memento mori* para él (cf. 3.2.1) —recordándole en cada momento «la fea, patética y horripilante presencia de la muerte» (NL, p. 423)—; por otro lado, en tono muy diferente, el relato se dedica a la observación de la viuda, su duelo, su dedicación para con el muerto —hasta la desaparición casi completa de sus restos—, las aventuras de su nueva familia.

La *crónica del cadáver* se hace en un registro frío y macabro, con pasajes inquietantes, como el episodio del «macho necrófilo» —posiblemente caníbal— que intenta acoplarse con la paloma muerta (NL, pp. 171–173), bajo la mirada horrorizada del diarista: «Ojalá no me pase lo mismo cuando yo muera» (NL, p. 172). También *unheimlich* es la extraña permanencia del cadáver en «forma de paloma» frente a los desgastes del tiempo (NL, pp. 194, 223, 230), que lleva el diarista a preguntarse: «¿Las ratas no se comen a las palomas muertas? ¿La carne no se pudre?» (NL, p. 233). Cuando por fin empieza a descomponerse, la paloma muerta se vuelve grotesca:

> El cadáver sigue en la azotea [. . .]. Ha perdido toda su dignidad; probablemente haya sido corrido con un pie, o pateado, hasta ese lugar junto al pretil opuesto, que siempre está a la sombra. Tiene una forma sumamente confusa, algo parecido a un plumero viejo y gastado al que le falta el mango (NL, p. 393).

La descripción de su estado final —una calavera de «puro pico», «una bolita insignificante» (pasaje ya citado, NL, p. 449)—, marca el final del «Diario de la Beca», con tono frío y apenas una tentativa de *comic relief* por parte del diarista, burlón pero triste: «Con razón son tan estúpidas [las palomas]».

Muy distintos en tono y estilo son los pasajes que se dedican a la viuda o «paloma fúnebre» (NL, p. 193), cuya pena visible suscita primero el *souci* del diarista. Incluye páginas hermosas, que retratan no la muerte en su cruda materialidad, sino el duelo en tanto proceso hacia la despedida de un ser querido. Por ejemplo, este pasaje sobre la viuda velando el muerto, antes de desaparecer en la oscuridad de la noche cayendo —otra escena *luminosa* que el diarista rescata de la oscuridad, relatándola—:

> volvió a posarse en una baldosa, muy cerca del cuerpo muerto, y se sentó. Se sentó. Quiero decir: [. . .] se quedó en la posición de una gallina clueca, como empollando, con las patas ocultas por el cuerpo, la panza apoyada sobre las baldosas. Y ahí quedó. [. . .] Parecía una escena familiar, la forma de instalarse la viuda creaba un ambiente amable y tierno, conmovedor; un ambiente de hogar, de nido. Sólo falto que se pusiera a tejer. [. . .]
> Más tarde volvió y se paró en el pretil, bastante cerca di mi ventana; estaba próxima la puesta del sol, y yo sabía que si esperaba unos minutos la vería partir. Tuve paciencia y esperé [. . .] De pronto se agitó, se rascó entre las plumas del pecho repetidas veces, y luego sin mirar atrás, hacia el difunto, levantó vuelo rumbo hacia ese ignoto lugar adonde van las palomas cuando empieza a caer la noche (NL, pp. 194–195).

Más adelante, el relato sigue con la «saga de la familia de palomas» (NL, p. 240) que ofrece un contrapunto vitalista al cadáver yaciendo al lado:

> Y la paloma muerta sigue ahí, muerta y sin modificaciones visibles. Sin embargo, hay novedades en el entorno; hace dos o tres día aparecieron unos jóvenes, muy parecidos a la viuda; y apareció la viuda con un nuevo marido. [. . .] Muy parecidos entre sí y a la madre, muy jóvenes, con las plumas muy brillantes. Hoy uno de ellos tenía miedo de volar (NL, p. 230).

Con la atención al detalle que se le conoce, el diarista documenta las complicadas relaciones intrafamiliares («es una familia tensa», NL, p. 240), la emancipación de los hijos y la separación de la pareja: «Hace muchos días que los jóvenes se fueron a hacer su vida independiente, y durante poco tiempo se vio a la pareja sola [. . .] muy rápido dejaron de aparecer juntos» (NL, p. 262). Crucialmente, el hecho de que la viuda tenga descendencia constituye un final alternativo —vivo, luminoso quizás— al «Diario de la beca», que se registra en su

«Epílogo»; la siniestra calavera sobre la azotea se transfigura en una multitud de palomas jóvenes:

> El 3 de marzo de este año, apenas hube levantado la persiana del dormitorio, vi llegar y aposentarse en distintos lugares de la azotea una nutrida delegación de palomas. Curiosamente, la mayoría, si no todas, tenía un aspecto muy similar al de la viuda, o más exactamente al de los hijos de la viuda, porque eran palomas jóvenes. Me costó contarlas, porque se movían y se acomodaban y cambiaban de lugar en los pretiles y salientes; finalmente pude redondear un número: eran cuarenta y cinco (NL, p. 564).

De evidente efecto humorístico es el uso que hace el diarista de una nomenclatura marcadamente humana para describir e interpretar lo que pasa entre las palomas: además de «marido», «viuda» y «nuevo marido», habla del «padre, o jefe de familia» (NL, p. 240); más adelante, comenta sobre el nuevo «compañero» de la viuda, «que según [sus] cálculos es su tercer marido» (NL, p. 416) y observa que la viuda «ha dejado el luto. Las plumas efectivamente se le aclararon mucho» (ibid.). Más que categorías, es una ficción entera que el diarista plasma sobre el grupo de palomas, que en realidad no hacen mucho más que «rascarse y rascarse» (NL, p. 230). Por propia confesión, sabe muy poco de palomas: «Cuando la ignorancia es tan grande como la mía, no se debería sacar conclusiones de los fenómenos que se observan» (NL, pp. 177-178). Si los verbos de la vista abundan en su relato, también es el caso de expresiones relativas, al contrario, al campo de vista limitado del diarista («no pude ver exactamente», NL, p. 177; «sigue siendo invisible para mí», NL, p. 194), la suposición («es probable», NL, p. 145; «supongo que», NL, p. 153; «me parece que», NL, p. 240), la duda («no sé», «tal vez», numerosas ocurrencias en NL, p. 177), e incluso la imaginación («me imaginé que», NL, p. 240). El relato de la paloma muerta y de su viuda es una fabulación apenas disfrazada —«Es posible que todo esto sea una construcción arbitraria de mi raciocinio, pero así se fueron dando las cosas y así las cuento» (NL, p. 231)—, que acompaña al escritor a lo largo del «Diario de la Beca» con *Lebenswissen* esencial acerca de la relacionalidad fundamental de la existencia: si la muerte es sin duda posible un final brusco, definitivo, y feo, hay seres queridos que sobreviven *recordando* al fallecido y hacen que la vida continúe. Familiarización con la muerte, consuelo anticipado, el relato es también aproximación a lo luminoso —lo vimos en el pasaje del velorio—, ensayo para la redacción de la «Novela»: como lo confiesa el escritor en esta, fueron animales —perros, hormigas, pero también arañas y pulgas— quienes «ayudaron a [que él vaya] formándo[se] esa impresión de que existía una dimensión ignorada [...]» (NL, p. 513).

Unas palabras de conclusión. Cediendo a la *tentación narrativa*, el diarista levreriano se hace cronista del propio cotidiano, documentando la cibernética del *sistema* hogareño: la manera con la cual humanos, animales y objetos conviven en y acerca de la casa, las acciones y retroacciones de los unos sobre los otros. Los (micro-)relatos así producidos, en tono contemplativo, angustiante, trágico, o francamente cómico, demuestran por su precisión psicológica y eficacia narrativa que el diarista, sin duda, se mantiene como narrador en «las añoradas alturas que [él] había sabido frecuentar hace ya mucho tiempo» (DV, p. 30). Si con Alberto Giordano y Roland Barthes consideramos que «el devenir-obra del diario es un don de lectura»[582] y que este depende del placer que su lectura produce,[583] podemos refutar la conclusión formulada en 3.2.1 y afirmar que los diarios levrerianos, definitivamente, *hacen obra*. Y no solo por eso forman estos relatos parte integrante del proyecto luminoso: como lo resume Ignacio Echevarría, «si la experiencia luminosa no es narrable [. . .], sí es posible, a cambio, narrar la oscuridad que la rodea, y la necesidad de la luz».[584] Crónicas de lo oscuro, estos relatos registran la fragmentación de un cotidiano regido por las exigencias del *service des biens* lacaniano, las interrupciones constantes, la imposibilidad de entregarse al ocio verdadero, y numerosos trastornos relacionados —cansancio y abulia, compulsión, adición, angustia, melancolía—; en otras palabras, un despliegue impresionante de *de/lirio*. En una dialéctica típicamente levreriana, sin embargo, lo oscuro consigue ciertas aperturas sobre lo luminoso: porque las interrupciones registradas también son, muchas veces, irrupciones del Otro, que recuerdan al diarista la relacionalidad de su existencia y le permiten trascender, por unos momentos, el solipsismo. En este sentido, los (micro-)relatos del proyecto luminoso sí demuestran algo del «compromiso con la realidad» que Levrero identifica en las «obras maestras», y del cual él cree carecer: «los límites de mi literatura», deplora así en una entrevista, «están impuestos por mi egoísmo, mi narcisismo, mi limitada experiencia del mundo, mi casi solipsismo o casi autismo».[585] Pasa que, muy al contrario, estos relatos tienden «lazos diversos con el mundo» que contribuyen a *exorcizar el miedo a la muerte*, inscribiéndose en lo que Leonor Arfuch describe como «uno de esos ardides, siempre renovados, a la manera de Scheherazade, que intentan día a día el anclaje con el otro —y la otredad—, una ‹salida› del aislamiento que es también una pelea contra la muerte».[586]

Irrupciones de lo real —en toda su alteridad— en el *casi solipsismo* diarístico, los relatos del proyecto luminoso también son incursiones en la ficción, a

---

[582] Alberto Giordano: Vida y obra. Roland Barthes y la escritura del Diario. In: *La contraseña de los solitarios. Diarios de escritores*. Rosario: Beatriz Viterbo 2011, p. 101.
[583] Roland Barthes: Notes sur André Gide et son Journal [1942]. In: *Bulletin des Amis d'André Gide* 13/67 (1985), p. 88.
[584] Ignacio Echevarría: Levrero y los pájaros, p. 102.
[585] Pablo Silva Olazábal: *Conversaciones*, p. 25.
[586] Leonor Arfuch: *El espacio biográfico*, p. 101.

través de situaciones de lectura —interpretación de libros, sueños, comportamientos animales— que llevan a menudo al *dé-lire* sobre-interpretativo y a la ficcionalización. Mediatizan, sin embargo, un *Lebenswissen* precioso, ya no solo para exorcizar la muerte, sino también para enfrentarse con la difícil tarea de vivir, aprehender la complejidad de lo real: según Julio Prieto, se trata en la ficción levreriana de un «re-trazado del 'dibujo de la vida': lo que se opone a lo real en cuanto incognoscible, asimilando sus intempestivas irrupciones, para hacer la vida tolerable o vivible».[587]

Más que desvíos en el *retorno a sí mismo*, en fin, los (micro-)relatos del proyecto luminoso constituyen excursos necesarios que alientan al escritor a completar su «Novela luminosa». Algunos de estos relatos se pueden incluso leer como «ejercicio[s] de calentamiento» (NL, p. 455) para la «Novela luminosa», pues anuncian hechos luminosos narrados allí: la larga investigación acerca del «borrado» de sueños hace eco al sueño de «la muchacha de los ojos verdes» y la revelación existencial que mediatizó (NL, pp. 471–475); la historia del perro Pongo —el pasaje del baldío en particular— recuerda el «nacimiento espiritual» del diarista, a través de «una cavilación suscitada por un perro» (NL, pp. 455–456), etc.

3.4 *De/lirando* hacia/desde la experiencia luminosa

Hemos visto que el *de/lirio* levreriano articula, a lo largo del proyecto luminoso, una práctica cotidiana de escritura destinada a exorcizar el miedo a la muerte y una empresa terapéutica de retorno a sí mismo, que intenta reconciliar un *yo* en ruinas —aquejado de los más varios males— con el *daimon* (arquetípico/ayoico/divino) de la inspiración literaria. El objetivo es, ya en su formulación, contradictorio y condenado al fracaso, pues se trata por un lado de posibilitar la redacción de la «Novela luminosa», y por otro, de postergar indefinidamente un punto final que, bien lo sabe el escritor, «sólo se alcanza con la muerte» (NL, p. 478). Por suerte —y para desesperación del diarista—, el *de/lirio* se desvía permanentemente de su propósito, produciendo (micro-)relatos involuntarios que documentan lo oscuro y lo luminoso de la existencia del narrador, en su inextricable dependencia, y mediatiza el acceso al *Lebenswissen* compilado a lo largo de una vida individual, sin duda mínima, pero según el mismo Levrero «única e infinita y valiosísima. Y es lo mejor que uno puede darle a los demás».[588] Pero no podemos concluir este estudio del *de/lirio* levreriano sin acercarnos a la «Novela luminosa», cuya finali-

---

[587] Julio Prieto: El discurso y el dibujo, p. 5.
[588] Citado en Liliana Villanueva: *Maestros de la escritura*, p. 139.

zación tan laboriosa en NL (pp. 451–557) lleva el proyecto luminoso, sino a su conclusión (imposible, cf. 3.2.1), a una suerte de remate. Anunciada en DC como «luminosa, póstuma, inconclusa» (DC, p. 129), y calificada en el prefacio histórico de «trunca» (NL, p. 16), la «Novela» existe pese a todo: sus poco más de cien páginas atestiguan que el escritor ha tenido cierta forma de éxito en su empresa —pese al fracaso que documenta con profusión en DC, DV y el «Diario de la beca»—. Aparte de la ausencia de fechas ya comentadas (cf. 3.2.1), sin embargo, la «Novela» no rompe con los diarios que la preceden y acompañan, sino que presenta muchas similitudes de forma y de contenido con ellos, lo que tiene el efecto de anular completamente la tensión genérica construida a lo largo del proyecto entre los diarios y la «Novela». Si empezamos el presente estudio con la paradoja de un proyecto novelístico que se realiza a través de un diario, lo terminamos ahora con el análisis de una «novela» contaminada por la forma diarística —aquella «escritura desprovista de ataduras genéricas, abierta a la improvisación» que para Leonor Arfuch caracteriza el diario—:[589] interrupciones y digresiones espontáneas, incursiones en el ensayo, así como una reflexividad metatextual muy concreta, enfocada sobre el proceso de escritura en toda su inmediatez. En esta última sección, habrá entonces que volver sobre la cuestión genérica en un texto que es, a la vez, un relato de índole autobiográfica sobre hechos luminosos, la teorización —y puesta en práctica— de una poética del *recordar* del alma, un compendio de *saberes sobre el vivir* adquiridos tanto en lo oscuro como en lo luminoso, y una reflexión semántica-pragmática sobre la capacidad comunicativa del texto literario (3.4.1). Propondré luego dos acercamientos a lo luminoso en la «Novela»: partiendo del carácter mediado del hecho luminoso, mostraré como corresponde a la superación del *yo* en una apertura radical a la alteridad —apertura que instituye en Levrero la posibilidad de la relación ética, y es la matriz de su creación literaria (3.4.2)—; segundo, consideraré la dimensión propiamente religiosa de la experiencia luminosa y, convocando la tradición mística teresiana, resaltaré su papel determinante en la génesis del *de/lirio* levreriano (3.4.3).

3.4.1 Otra vez, la cuestión genérica: una poética del recordar

Luego, una vez en la estación, comencé a vivir las cosas de otra manera, a recordar.[590]

no hay mayor deleite que recordar —hasta el mayor dolor o el mayor horror—: recordar es la posibilidad de resurrección que se nos da al pormenor. Una resurrección modesta, es

---

589 Leonor Arfuch: *El espacio biográfico*, p. 110.
590 Mario Levrero: *París*, p. 327.

> cierto, pero tan positiva como una constatación de nuestro propio ser. Y narrar también es positivamente una forma de poder.[591]

La «Novela luminosa» tiene una estructura compleja, en cinco capítulos, dos de los cuales son dobles (tres-cuatro y cuatro-cinco), y un relato sin número titulado «Primera comunión». Eso se debe, según aclara el escritor en el «prefacio histórico» a NL, a la larga y dificultosa redacción de la obra: hubo por un lado un capítulo «desestimado y destruido», que el escritor finalmente retomó en forma sintetizada y «en esos pasos se [l]e complicó la numeración de los capítulos» (NL, p. 16); por otro lado, el relato «Primera comunión» fue escrito durante el período de la beca Guggenheim, a principios de los años 2000, o sea mucho más tarde que los demás capítulos; «yo había cambiado mi estilo, y habían cambiado muchos puntos de vista,» justifica el escritor, «de modo que lo conservé como relato independiente» (ibid.). El *tiempo largo* del proyecto luminoso, lo vimos, pone de manifiesto de manera muy concreta la ficción de un *yo* estable y unitario capaz de narrarse a sí mismo, retrospectivamente, en la autobiografía (cf. 3.2.1). La inquietud genérica que habita los diarios del proyecto luminoso no desaparece en la «Novela», muy al contrario: «la novela luminosa, sea novela o lo que fuere» (NL, p. 454) se abre precisamente con una reflexión sobre el tema, que desemboca sobre un reluctante pacto autobiográfico. Si el escritor tiene claro el contenido de su texto —los hechos luminosos son «hechos reales» (NL, p. 453), «experiencias que qu[iere] dejar escritas como testimonio», y de las cuales ya tiene una «lista mental» (NL, p. 462)— se plantea de manera aguda la cuestión de la forma:

> La novela luminosa [. . .] no puede ser una novela; no tengo forma de transmutar los hechos reales de modo tal que se hagan «literatura», ni tampoco logro liberarlos de una serie de pensamientos —más que filosofía— que se les asocia en forma inevitable. ¿Tendrá que ser, pues, un ensayo? Me resisto a la idea (me resisto a la idea de escribir un ensayo, y al mismo tiempo [. . .] me resisto a la idea, a las ideas —muy especialmente a la posibilidad de ideas como impulsoras de literatura. [. . .] Obviamente, la forma más adecuada de resolver la novela luminosa es la autobiografía. Y también la forma más honesta (NL, pp. 453-544).

Como en el «Prefacio histórico», nos encontramos frente a una serie de tensiones que el escritor expone sin resolver: hechos reales/«literatura» —otra vez entre comillas—, hechos/pensamientos, novela/ensayo/autobiografía. Y estas tensiones recorren toda la «Novela», haciendo de ella un objeto sumamente *friccional* en el cual el relato de los hechos luminosos se revela indisociable no

---

[591] Rosa Chacel: *La confesión*, p. 11.

solo de ciertos preliminares oscuros, sino también de una serie de reflexiones ensayísticas —«panfletarias», según las califica el escritor—, y de disquisiciones metatextuales sobre la dificultad (imposibilidad) de la autobiografía en general y de la «Novela luminosa» en particular. Pero más que un fracaso novelístico, ello atestigua del compromiso del escritor con una poética-epistemia del *recordar* en tanto literatura nutrida «de la vida misma»[592] y susceptible, a su vez, de nutrirla con aquellos *saberes sobre el vivir* que guarda y trasmite.

Según mi recuento —veremos que la delimitación exacta de lo luminoso no es cosa fácil—, se relatan en la «Novela» 17 hechos luminosos que van, siguiendo un orden cronológico mantenido con dificultad, del «nacimiento espiritual» del escritor (NL, p. 455) que ocurre a sus veinticinco años, a lo que él nombra su «conversión» religiosa (NL, p. 533) a sus treinta y seis años (NL, p. 476):

Tabla 1: Los hechos luminosos (HL).

HL	Cap. 1	Cap. 2	Cap. 3	Cap. 3–4	Cap. 4–5	«La primera comunión»
1	«mi nacimiento espiritual: una cavilación suscitada por un perro» (NL, p. 455)					
2	«una experiencia sexual para mí bastante insólita [con] una vieja amiga» A (NL, p. 459)	El coito anal con A: «el orgasmo más asombroso que pudiera imaginarse» (NL, p. 477)				

---

592 Citado en Liliana Villanueva: *Maestros de la escritura*, p. 143.

3.4 De/lirando hacia/desde la experiencia luminosa — 159

Tabla 1 (continuación)

HL	Cap. 1	Cap. 2	Cap. 3	Cap. 3–4	Cap. 4–5	«La primera comunión»
3	**Un niño danzando sobre música hindú** «en una perfecta concentración y concertación de movimiento» (NL, p. 460)					
4	**«otro encuentro espiritual con una mujer»** B (NL, p. 461); «ese ‹nacimiento› de un hijo efímero y no carnal» (NL, p. 467)					
5	**La joven que** «robó un **apreciable montón de hojas de una oficina donde trabajaba**, y me las hizo llegar» (NL, p. 463)					
6		«la muchacha de los ojos verdes» y el sueño subsecuente (NL, p. 471)				

Tabla 1 (continuación)

HL	Cap. 1	Cap. 2	Cap. 3	Cap. 3–4	Cap. 4–5	«La primera comunión»
7		El llanto de la «ovejita descarriada» D (NL, p. 483); «aquella paz misteriosa, blanca» NL, p. 485)				
8			El «humilde racimo de uva» (NL, p. 486)	«un racimo de uvas» y el «vino bendito»; «la plena consciencia de que Dios existe y me ama» (NL, pp. 517–518)		
9			la «diosa» G (NL, p. 487); «el recuerdo de haber sido muy feliz por unas horas; enormemente feliz, delirantemente feliz» (NL, p. 491)			
10			la «polución nocturna» en el colchón de goma (NL, p. 489)			

Tabla 1 (continuación)

HL	Cap. 1	Cap. 2	Cap. 3	Cap. 3–4	Cap. 4–5	«La primera comunión»
11			**la prostituta H**: «yo amaba a esa buena mujer» (NL, p. 498); «ella [. . .] no me despreciaba. Tenía piedad de mí» (NL, p. 500)			
12				la «**danza ritual**» **de la hormiga** (NL, pp. 515–516)		
13					**la araña y avispa** (NL, p. 521)	
14					«**el asunto de las rocas**» durante el paseo con C (NL, p. 526)	
15					el **semáforo rojo** (NL, pp. 529–530)	
16		«Una vez, quizá por azar, **la Gracia me tocó en una Iglesia**» (NL, p. 476)			«**que hubo conversión, la hubo**; y que fue una experiencia luminosa, lo fue» (NL, p. 533)	La revelación de la Virgen: «**Ella, la mismísima María,** en toda su fuerza y toda su presencia» (NL, pp. 552–553)

Tabla 1 (continuación)

HL	Cap. 1	Cap. 2	Cap. 3	Cap. 3–4	Cap. 4–5	«La primera comunión»
17						la comunión «Fue en ese momento que me rozó el ala de un ángel» (NL, p. 556)

Partiendo otra vez de la imagen obsesiva (NL, p. 453) que impulsó el proyecto, el relato sigue el *recordar* dinámico del escritor, o sea las imágenes y los pensamientos que surgen, se imponen y van asociándose libremente, a veces provocando «relámpagos luminosos» (NL, p. 489), pero también, inevitablemente, muchas digresiones (NL, pp. 475, 541, etc.). Este *recordar* levreriano, que es a la vez el método de la escritura y su objetivo, ya se ha introducido en DV: «Cree la gente, de modo casi unánime, que lo que a mí me interesa es escribir. Lo que me interesa es recordar, en el antiguo sentido de la palabra (= despertar). Ignoro si recordar tiene relación con el corazón, como la palabra cordial, pero me gustaría que fuera así» (DV, p. 94). Tomado a la vez en su sentido común de *rememorar* y en el sentido, hoy anticuado, de *despertar*,[593] *recordar* implica para Levrero escribir sobre experiencias del propio pasado, pero no en tanto eventos objetivados y racionalizados, sino en tanto vivencias del corazón, o del alma, ocurridas en un plano íntimo —mucho más profundo—, de la realidad. Tales vivencias del alma incluyen las experiencias luminosas y los «secretos de la vida» que revelan (NL, p. 529), pero no se limitan a ellas: de hecho, el interés por el *recordar* no es propia del proyecto luminoso, sino que aparece temprano en la obra levreriana —lo atestigua el pasaje de *París* citado al principio de esta sección—. El *recordar* levreriano tiene una similitud asombrosa con el uso que hace Rosa Chacel del mismo verbo (por ejemplo, en la segunda cita destacada supra);[594] así se entiende mejor el pro-

---

[593] «Mx, Gu, ES, Ni, CR, RD, Ec:S, Ch, Ar:NO, Ur. obsol. Despertarse, dejar alguien de dormir». *Diccionario de americanismos*, voz «recordar», http://lema.rae.es/damer/ (17.5.2020).
[594] Cf. también el pasaje siguiente, tomado de *La sinrazón*: «Lo que vivimos recordando —que no es vivir de los recuerdos, no es vivir un pretérito magnificado por la fantasía; es vivir un presente que se confronta con el recuerdo y que le responde—, lo que vivimos recordando,

fundo parentesco literario que debe haber sentido el diarista de NL al descubrir la obra chaceliana (cf. 3.3.3.1). Pero son las aclaraciones del mismo Levrero que sin duda permiten mejor precisar la noción:

> Yo nunca he escrito nada que no haya vivido y no me refiero a lo autobiográfico sino a «cosas vividas» [. . .] Se escribe a partir de vivencias, hay que trabajar con la materia que uno tiene. La literatura se nutre de la vida misma.[595]

> Si escribo es para recordar, para despertar el alma dormida, avivar el seso y descubrir sus caminos secretos; mis narraciones son en su mayoría trozos de la memoria del alma, y no invenciones (DV, p. 94).[596]

Este proceso de rememorarse «cosas vividas» para «despertar el alma» se realiza a través de la escritura literaria, gracias a la mediación del *daimon* que —lo vimos (cf. 3.2.2)— conecta el escritor con dimensiones de la realidad a las cuales su *yo* consciente e individual —ligado a y limitado por la *subexistencia* práctica— no tiene acceso directo. De ahí la lenta progresión de la «Novela», interrumpida repetidas veces por los caprichos del *daimon*:

> poco a poco, y respetando los designios del *daimon* que me guía la mano, nos vamos aproximando (NL, p. 466)

> Debo hacer un alto aquí y esperar el regreso del *daimon* (NL, p. 468)

> Pero ahora no puedo continuar con el tema, pues mi espíritu errático o *daimon* caprichoso ya está, al parecer, en otra cosa (NL, p. 507)

> Ahora, tengo que salir a buscar al *daimon* que, la verdad sea dicha, me acompañó hasta que me despedí de las rocas como lomos de ballena, y después se hizo humo (NL, p. 531)

> voy a limitarme por ahora a una imagen, que me ha sugerido desde luego el *daimon* (NL, p. 532);

pero también enriquecida por él de recuerdos espontáneos:

> Noto que la novela luminosa marcha, de un modo muy distinto del que podría haber imaginado, pero marcha. Curiosamente, de lo que he narrado hasta ahora sólo tenía en

---

vivificamos de tal modo nuestros recuerdos que pueden, incluso, darnos sorpresas». Rosa Chacel: *La sinrazón*. Andorra/Barcelona: Editorial Andorra 1970, p. 196.

595 Citado en Liliana Villanueva: *Maestros de la escritura*, p. 143.

596 Levrero retoma aquí los primeros versos de las *Coplas* de Jorge Manrique: «Recuerde el alma dormida, / avive el seso y despierte / contemplando / cómo se pasa la vida / cómo se viene la muerte tan callando». Jorge Manrique: *Coplas por la muerte de su padre* [1476]. In: *Obras completas*. Madrid: Espasa-Calpe 1979, http://www.cervantesvirtual.com/nd/ark:/59851/bmcgx488 (13.9.2021). Sobre el recordar/despertar en la mística levreriana, cf. 3.4.3.

mente lo del perro, y otras cosas que espero narrar luego; estas mujeres, y el disco de música hindú, no estaban para nada previstos en mi lista mental de experiencias que quería dejar escritas [. . .] Y son, sin embargo, tanto o más significativas que las que tenía en mente. Gracias, *daimon* (NL, p. 462).

La poética del *recordar*, su estrecha dependencia respecto del *daimon*, no explican enteramente la progresión dificultosa de la «Novela». El escritor tiene que contar, además, con numerosas dificultades metodológicas, semánticas y pragmáticas ligadas a la idiosincrasia de lo luminoso: por un lado, a la hibridez genérica de la «Novela» y, por otro, a la anticipación de su recepción.

El primer problema tiene que ver con el objeto mismo de la «Novela»: lo luminoso. ¿Cómo delimitar los «chispazos o relámpagos o momentos luminosos» (NL, p. 454) de la oscuridad que, ya lo comentamos, necesariamente los rodea? ¿Cómo llegar a su «esencia» (NL, p. 462)? Como lo comprueba el escritor una y otra vez, la «Novela» no puede limitarse a lo luminoso, no solo porque «los momentos luminosos, contados en forma aislada, se parecerían a un artículo optimista del *Selecciones del Reader's Digest*» (NL, p. 454), sino también porque no se pueden entender sin ciertos «preliminares insoslayables» (NL, p. 466), que se ubican a veces «en el extremo opuesto de las experiencias que [el escritor desea] incluir en la novela luminosa» (NL, p. 464). Para relatar el advenimiento de lo luminoso en su vida, el escritor tiene necesariamente que volver a lo oscuro, a «las entrañas oscuras de la represión» (NL, p. 493) en las cuales vivía antes de *despertar* espiritualmente, y emprender de nuevo los «camino[s] difícil[es], tortuoso[s], espinoso[s] —y triste[s]—» (NL, p. 486) de su pasado. La «Novela» incluye así un aborto que tuvo que tener la mujer A y que «todavía [l]e pesa» al narrador (NL, p. 464), el intento de violación de una muchacha (NL, p. 482), encuentros con prostitutas, «mujeres frías, crueles, duras» (NL, p. 495), años de «miedo sordo» (NL, p. 498), «rabia y humillación» (NL, p. 507). Tales recuerdos oscuros preceden o acompañan, en la mayoría de los casos, un hecho luminoso: el aborto de A precede así al acto sexual de HL 2; el pasaje sobre la búsqueda de prostitutas introduce la historia de H, etc. Pero no siempre es el caso: el episodio de la joven C —muchacha que el narrador intenta violar, por suerte sin éxito—, no desemboca en un momento que realmente se pueda calificar de luminoso, ni tampoco introduce directamente HL 14 (el asunto de las rocas, que se relata más adelante, en el capítulo 4-5):

> Esa historia me duele, me interioriza, me avergüenza. Ella necesitaba a un loco [. . .] Sin embargo, sin embargo, me consuelo medianamente pensando que algo de lo que buscaba encontró en mí, ya que volvía [. . .] Creo que lo que obtuvo finalmente de mí fue la risa. Me sorprendió mucho un día cuando la oí reír por primera vez, unas carcajadas cristalinas, tintineantes. Creo que eso le debe de haber curado algo porque, después, pronto desapareció (NL, p. 482).

Externo a la dialéctica luminosidad/oscuridad de la «Novela», este relato cumple la función de ilustrar una de las «acotacion[es] panfletaria[s]» (NL, p. 461) que desarrolla el narrador justo antes: «Cuando todo lo demás te falle, cuando carezcas por completo de puntos de referencias, cuando sientas que nada ni nadie te puede ayudar, busca un loco [. . .] mi auténtica función social es la locura» (NL, p. 481). Casos similares se encuentran a finales del capítulo cuatro-cinco, con relatos sobre experiencias parapsicológicas con I (la caricia sobre la cara, NL, p. 530) y con O (la mordedura en la espalda, NL, p. 531) —«pequeños temas» que completan y apuntalan el relato de las rocas—, así como la historia de la mujer Q y su «enorme crucifijo» (NL, p. 532), que ilustra «esa difícil, aunque imprescindible, relación entre la religión y el sexo» (ibid.).

Si, como lo anunciaba el escritor a principios de su «Novela», los hechos luminosos se asocian «en forma inevitable» a ciertas reflexiones y pensamientos (NL, p. 453); estos a su vez apelan a otros relatos, no necesariamente luminosos, que ofrecen documentación adicional sobre uno u otro fenómeno. Queda claro, entonces, que el propósito de la «Novela» no estriba simplemente en dar un testimonio sobre hechos luminosos, sino también en compilar y compartir saberes sobre el vivir (*Lebenswissen*) que se han adquirido paralelamente a ellos, en la oscuridad; y ciertos «detalles más bien desagradables y poco literarios» resultan «indispensables para llegar al conocimiento» (NL, pp. 500–501). Pese a desmentirlo —«Que nadie se llame a engaño: no tengo ninguna gran sabiduría para transmitir y espero no llegar a tenerla nunca» (NL, p. 478)—, el narrador consigna en varios pasajes trozos de este *Lebenswissen*: la certeza, en primer lugar, de que «hay felicidad en la tristeza y aun en la desesperación: la cosa es estar vivo y saberlo, sentirlo» (NL, p. 499); más adelante, estrategias prácticas para superar crisis depresivas que recuerdan —o anuncian retrospectivamente, si se toma en cuenta la cronología real de los textos— los experimentos de DV:

> Yo había descubierto hacía un tiempo [. . .] que mis depresiones se correspondían con castigos por ciertas culpas. Había desarrollado toda una teoría al respecto, y la teoría me venía bien para superar las crisis. No digo que sea cierta; digo que funcionaba bien. [. . .] Lo peor que podía hacer era tratar de nadar contra la corriente, porque de ese modo no sólo no conseguía eludir la condena, sino que mi vida comenzaba a destrozarse por todos lados. En cambio, aceptando, todo marchaba todo lo bien que pueden marchar las cosas en un estado depresivo (mediante el truco de la aceptación, descubrí que solía transformarse en un estado melancólico, casi placentero) («Transforme su depresión en melancolía mediante la aceptación y ¡viva!», podría titularse mi artículo para el *Reader's*) (NL, pp. 465–465).

> a veces despertaba deprimido o rabioso, y mi manera de curarme consistía en quedarme en la cama [. . .] repitiéndome una y otra vez «no tengo *nada* que hacer; se pueden arreglar muy bien sin mí; no tengo que hacer *nada*», fórmula que inconscientemente había

adoptado como mantra, plegaria o inducción al relax, cuya técnica desconocía pero que, luego, aprendí (NL, p. 515).

Más allá de este *(Über)lebenswissen* práctico, la «Novela» incluye también teorías más abstractas. Así, la «Teoría global de [Su] Vida» (NL, p. 505) que el escritor expone usando una metáfora ferroviaria para describir la vida y la escritura en tanto artes *combinatorios*:

> según esta teoría, uno viene tomando trenes que van hacia distintos destinos y marchan a diferentes velocidades —y toma varios de estos trenes al mismo tiempo, incluso algunos que viajan en sentidos exactamente opuestos— [. . .] trenes que llegarán o no a destino, que volverán o no a la estación, portando cada uno de ellos un pequeño yo ansioso [. . .] esta novela me ha transformado en uno de esos trenes, uno de lo más importantes; allí viaja un yo más grande que casi todos los otros juntos [. . .] Al mismo tiempo, y desde otro punto de vista, desde ese tren ese yo hace partir multitud de otros pequeños trenes, en los cuales también viajan otros pequeños yoes míos —y donde espero que se hayan subido algunos yoes de lector—. Saber combinar la marcha de los trenes en su conjunto es el arte de escribir, como sería el arte de vivir saber combinarlos en la vida real (NL, pp. 503–505).

En otro pasaje, tras una experiencia sobre la «capacidad de transgresión» de las hormigas (NL, p. 510), el escritor retoma el hilo de una reflexión que ha sido desarrollando desde DC sobre la valoración social del trabajo y del ocio, de la salud y de la enfermedad:

> Por momentos siento, o pienso —superyó mediante— que esas hormigas relajadas y yo somos como las respectivas células cancerosas de nuestros respectivos individuos sociales; luchando a brazo partido contra el superyó puedo llegar a pensar del modo exactamente opuesto: esas hormigas y yo somos las células salutíferas de nuestras sociedades. Hasta donde me es dado juzgar, considero al hormiguero como un individuo absolutamente enfermo, decadente e inútil, que sólo es capaz de bastarse a sí mismo (subexistencia); y del mismo modo considero a la sociedad humana actual (NL, p. 511).

Tales «incursiones panfletarias, un poco deshilachadas» (NL, p. 524) sobre diferentes tipos de *Lebenswissen* cobran, compiladas, por lo menos la misma importancia que los hechos luminosos y, retomando temas de los diarios, participan de la unidad del proyecto en su conjunto: un compendio de *saberes sobre el vivir* que el escritor quiere compartir, por ejemplo, con su hija: «esta novela, que le prometí, forma parte de la respuesta a sus preguntas. Y sepa el lector que pongo al escribir toda la buena fe y toda la responsabilidad de un padre hacia su hija. Elle tiene que saber estas cosas, para que su vida valga la pena» (NL, p. 482). Esta dimensión pragmática de la «Novela» se inscribe en la concepción profundamente comunicativa y relacional de la práctica literaria —y del arte en general — que tiene Levrero:

3.4 De/lirando hacia/desde la experiencia luminosa — 167

> [El arte] es, a mi criterio, el intento de comunicar una experiencia espiritual.[597]
>
> Lo esencial en el arte es la comunicación. El arte atiende a ciertos niveles de comunicación, a los más profundos. No me preocupa el libro en sí, no la literatura en sí, me preocupa la comunicación, que es una necesidad vital.[598]

Como lo ilustra la imagen de los trenes —los *yoes* del escritor se cruzan con los de sus lectores, viajando cada uno en un pequeño tren—, la literatura responde a una profunda necesidad comunicacional, que no siempre se puede satisfacer a través de la interacción de los *yoes* conscientes, irremediablemente separados por la vida práctica y sus solipsismos. «La verdad de los hechos,» escribía el diarista en DV, «es que no somos otra cosa que un punto de cruce entre hilos que nos trascienden, que vienen no se sabe de dónde y van no se sabe adónde, y que incluyen a todos los demás individuos» (DV, p. 23). Son aquellos hilos (trenes) que se tejen (cruzan) en el texto literario.

Volviendo a la estructura de la «Novela luminosa» y a su difícil progresión: esta orientación profundamente comunicativa del texto, tan importante para el escritor, también pone obstáculos a su redacción. Muchos pasajes atestiguan que el escritor tiene, en cada momento, a su lector en mente al interrogar la sinceridad de su relato, pero también los parámetros lingüísticos, socioculturales y políticos de su recepción. La dinámica del *recordar*, en primer lugar, no siempre es compatible con la «buena fe» y «responsabilidad de un padre hacia su hija» (NL, p. 482), por depender no solo del *daimon*, sino también de la memoria del escritor —que lamenta ser «lo suficientemente viejo para olvidar y confundir un montón de cosas» (NL, p. 469)—. Sus dudas sobre la sucesión cronológica de los hechos, o su naturaleza, interrumpen una y otra vez el relato, a veces mediante corchetes que ponen de relieve todo este trabajo de construcción y revisión del texto:

> esa historia del perro que conté con tanto entusiasmo está plagada de errores y mentiras involuntarias: no sucedió en la época que dije (un año antes de que el *daimon* se largara a escribir) sino un año después, o eso creo; en realidad, lo que hice fue confundir la historia del perro con la historia de la muchachita de los ojos verdes (NL, p. 469).
>
> [En esta revisión, que estoy haciendo en el año 2002, advierto que la memoria me engañó cuando escribí eso [. . .]] (NL, p. 480).

El *recordar*, por tomar forma literaria, también pone a prueba la *veracidad* del escritor, o fidelidad al *pacto autobiográfico* implícito establecido a lo largo del

---

[597] Mario Levrero: Entrevista imaginaria con Mario Levrero, p. 172.
[598] Levrero, citado en Liliana Villanueva: *Maestros de la escritura*, p. 155.

proyecto luminoso y renovado (si bien solo por falta de alternativa) a principios de la «Novela»:

> Uno se deja llevar por la literatura y sacrifica a menudo la verdad de los hechos; o simplemente toma un aspecto parcial de los hechos, el que desea destacar (NL, p. 479, sobre HL 6).

> La historia debería terminar acá para ser perfecta, pero nada es perfecto en este mundo [. . .] He prometido, y necesito, ser veraz (NL, p. 484, HL 7).

Ser veraz, desgraciadamente, no depende solo de la voluntad del escritor, sino también del medio lingüístico que tiene a su disposición: se plantea la cuestión de la palabra justa para describir experiencias luminosas cuya idiosincrasia excede de mucho el instrumento compartido, común, que por definición es el lenguaje: así, comentando sobre su relato del HL 4, el escritor reflexiona sobre la adecuación de «la cómoda palabra ‹dimensión› —tal vez porque ha sido ya demasiado usada y de muy distintos modos para tratar de estos temas [ocultos, esotéricos]» (NL, p. 467). Hay en la «Novela» —en Levrero en general— una aguda consciencia de la *dialogicidad* del lenguaje, tal como la definió Bajtín:[599] cada palabra lleva consigo la voz de todos los que ya la usaron; eso es lo que hace la comunicación posible —«Este mismo lenguaje que estoy empleando, no me pertenece; no lo inventé yo, y si lo hubiera inventado no me serviría para comunicarme,» observaba el diarista en DV (p. 23)— pero también puede limitar el sentido de ciertas palabras a su uso mayoritario, plasmar connotaciones inoportunas sobre ellas. El riesgo del cliché, de la trivialización de lo luminoso —la inquietud expresada en el «Prefacio histórico» de que «los hechos luminosos, al ser narrados, dej[e]n de ser luminosos, decepcion[e]n, suen[e]n triviales» (NL, p. 17)— acompaña al escritor en toda su empresa. La cuestión de las palabras y de su definición se plantea de manera tanto más aguda cuando el escritor habla desde «la actitud individualista» que le confiere su «rol social [. . .] de loco» (NL, p. 512). Lo vimos ya en varias ocasiones, el diarista-narrador levreriano practica muchas veces la inversión de valores —salud/enfermedad, útil/inútil, etc.— que caracteriza desde siempre la eficacia política de la locura.[600] El escritor tiene que negociar entre el idiolecto subversivo que reivindica y la necesidad de comunicarse, de ser entendido mediante un lenguaje común.

---

599 Según Bajtín, tanto el lenguaje como la existencia en su conjunto, son «eventos compartidos»: siempre implican la interrelación de varios sujetos. Una palabra nunca «pertenece» al sujeto hablante, sino que abarca la totalidad de sus ocurrencias previas y futuras; en este sentido el locutor es siempre a la vez receptor, y viceversa. Cf. Michael Holquist: *Dialogism*.
600 Cf. el apartado 2.2 del presente estudio.

3.4 De/lirando hacia/desde la experiencia luminosa — 169

Otro factor de complicación para la «Novela luminosa» en tanto objeto comunicativo estriba en la naturaleza más bien heterodoxa de los hechos luminosos, que combinan, recordemos, varios actos de sexo no marital y no reproductivo (si bien heterosexual), una serie de experiencias parapsicológicas, y, *last but not least*, la fe católica. El escritor siente pudor al relatar ciertos de estos hechos, HL 2 en particular, que le suscita «una resistencia importante»: eso distorsiona la estructura la «Novela», introduciendo a través de varios preliminares y relatos intercalados un efecto de suspenso «por completo involuntario» (NL, p. 466). Para no revelar las identidades de las mujeres con las cuales compartió sexo «luminoso», el escritor opta por la asignación de letras alfabéticas (mujer A, B, etc.). Aclara a propósito de la mujer A (la del aborto, y la del coito anal):

> No puedo nombrar a esta dama de ninguna manera, ni mencionar un solo dato que pudiera permitir siquiera la sospecha de su identidad. Puedo parecer un poco chapado a la antigua con estos remilgos, ya que una simple relación sexual no bendecida por la Iglesia no es hoy escándalo para nadie, tal vez ni siquiera para la Iglesia, pero debe comprenderse que más adelante deberé señalar ciertos detalles íntimos que a nadie le gustaría —supongo yo— ver publicados (NL, pp. 460-461).

El sistema de las letras alfabéticas permite proteger adecuadamente la identidad de las protagonistas implicadas, pero el problema que el escritor califica de «ideológico» no se resuelve tan fácilmente. Se trata de uno de los aspectos que al escritor le dan «la certeza de la imposibilidad de continuar» su «Novela» (NL, p. 469):

> atisbando hacia los materiales que, de continuar escribiendo, debería manejar casi inmediatamente, advierto que no puedo seguir eludiendo ciertas definiciones ideológicas —definiciones que molestarían mucho a ciertos sectores de poder: el gobierno, la oposición [...] Probablemente también se molestarían la Iglesia católica, los masones, los mormones, los Testigos de Jehová, [...] (NL, p. 470).

Si la larga enumeración no carece de exageración irónica, tampoco se ha de subestimar —en escritores de la generación de Levrero, que han (sobre)vivido el trauma de las dictaduras argentina y uruguaya—[601] la percepción del poder/Estado como

---

[601] «Proceso de Reorganización Nacional» argentino (1973-1986); dictadura cívico-militar uruguaya (1973-1985). Los eventos políticos son casi totalmente ausentes de los textos del proyecto luminoso —a la excepción de una alusión al alzamiento «carapintadas» de diciembre de 1990 («una nueva conmoción en la Argentina», DV, p. 54)—, pero eso no significa que el contexto político no ejerza ningún tipo de determinación en ello. A partir de lo que Francine Masiello describe como las «resistencias de la cultura» a la dictadura, se podría investigar el *de/lirio* levreriano en tanto «desarma el ideal de un sujeto unificado, y disuelve el cuerpo humano coherente que pueda ser utilizado por el régimen militar». Francine Masiello: La Argentina durante el Proceso: las múltiples resistencias de la cultura. In: Daniel Balderston et al.: *Ficción y política*.

una amenaza muy real para la libertad de expresión y la seguridad personal. Pero incluso más que el Estado —dictatorial o no—, es la normatividad de la sociedad, tal como se sanciona a través de la institución psiquiátrica y su poder disciplinario, la que el escritor ve como un peligro para la recepción de su «Novela luminosa»:

> Me hago cargo del peligro que implica decir estas cosas, pero estoy harto de callarlas como si fueran crímenes. Conocí el caso de un muchacho que un día descubrió que [. . .] podía comunicarse con algunos [animales]. Cometió el error de comentárselo a su psicoanalista. Créame, lector, no volvió a ser el mismo de antes; nadie vuelve a serlo, después de una buena serie de electroshocks (NL, p. 525).

El «rol social» de loco no es una empresa sin riesgos, especialmente cuando se cumple por medio lingüístico, con palabras *demasiado usadas*, y coordenadas de recepción pre-determinadas a nivel social y político.

La «Novela luminosa», cabe concluir, no es ni luminosa, ni siquiera es una novela. La dialéctica necesaria entre los hechos luminosos y la oscuridad de su contexto constituye solo el primero de una larga serie de problemas —pragmáticos y semánticos, éticos y políticos— que encuentra el escritor en la realización de su proyecto:

- Entregado al *recordar*, con la ayuda del *daimon*, el escritor consigue puntualmente «transmutar los hechos reales de modo tal que se hagan ‹literatura›» (NL, p. 453), pero no puede dejarse completamente «llevar por la literatura» (NL, p. 479), porque ello significaría romper con el imperativo de «buena fe» (NL, p. 482) que, implícito en el pacto autobiográfico, se hace explícito en la intención pragmática-comunicativa de un texto escrito «de un padre hacia su hija».
- Si el escritor se resuelve, a principios de su texto, a la forma autobiográfica —aunque no «con todas las de la ley» (NL, p. 454)—, pronto se impone la necesidad de «sacarle el cuerpo a los materiales autobiográficos» (NL, p. 460) para no comprometer a personas implicadas en ciertos de los sucesos relatados, recurriendo a la abstracción anónima de letras alfabéticas.
- Constata también, para colmo, que los *hechos reales* que «quería dejar escrit[o]s como testimonio» (NL, p. 462) son inseparables de «definiciones ideológicas» (NL, p. 470), ciertas de ellas ya contenidas en las mismas palabras que tiene que usar para escribir; y eso implica aclaraciones, desarrollos y justificaciones *panfletarias*.

La narrativa argentina durante el proceso militar. Minneapolis/Buenos Aires: Institute for the Study of Ideologies and Literature/Alianza Editorial 1987, p. 13.

Todos estos obstáculos prácticos confirman en la «Novela luminosa» el fracaso anunciado sin rodeos en el «Prefacio histórico» (cf. 3.2.1). Este fracaso, sin embargo, se tiene que matizar. En primer lugar, desde el punto de vista genérico: precisamente por fracasar en una supuesta perfección novelística y proponer una mezcla, más o menos estructurada, de autobiografía, ensayo y ficción, el texto se inscribe en una tradición sumamente novelística, centrada en la plasticidad extrema del género y su productividad oposicional —Novelas con mayúscula que en realidad son otra cosa—. Es Macedonio el que viene primero a la mente, con lo que Julio Prieto nombra su «inconclusa (e inconcluible) antinovela *Museo de la Novela de la Eterna*».[602] Se puede también convocar aquí a Roland Barthes y su concepto de «Roman» como «*tièrce forme*»,[603] que ejemplifica según él *La recherche* de Proust:

> des fragments, intellectuels ou narratifs, vont former une suite soustraite à la loi ancestrale du Récit ou du Raisonnement, et cette suite produira sans forcer la tièrce forme, ni Essai ni Roman. La structure de cette œuvre sera, à proprement parler, *rhapsodique*, c'est-à-dire (étymologiquement) *cousue* [. . .] des pièces, des morceaux sont soumis à des croisements, des arrangements, des rappels.[604]

Desde el punto de vista de su objeto —lo luminoso—, la «Novela luminosa» tampoco fracasa completamente: no consigue capturarlo en forma pura, pero sí permite acercarse a ello.

3.4.2 Primer acercamiento a lo luminoso: mediación y alteridad

Las experiencias luminosas presentan, a nivel fenomenológico, una gran diversidad: como lo subraya el narrador en varias ocasiones, «nunca el espíritu es mo-

---

602 Julio Prieto: La inquietante extrañeza de la autoría. Contrapunto, fugas y espectros del origen en Macedonio y Borges. In: Roberto Ferro (ed.): *Historia crítica de la literatura argentina*, vol. 8: *Macedonio*. Buenos Aires: Emecé Editores 2007, p. 477. Según Alicia Borinsky, «Macedonio, [. . .] opuesto a las trivialidades de la novela, usó, sin embargo, el género como laboratorio ideal para proponer una práctica de escritura deliberada y decididamente antirrealista [. . .] consciente también de la interdependencia entre lo que se proyecta y aquello que se quiere dejar atrás, titula su texto *Adriana Buenos Aires (última novela mala)* y *Museo de la Novela de la Eterna (primera novela buena)*». Alicia Borinsky: La Novelística de Macedonio Fernández. Entre la teoría y el chiste. In: Roberto Ferro (ed.): *Historia crítica de la literatura argentina*, vol. 8: *Macedonio*. Buenos Aires: Emecé 2007, p. 262.
603 Cf. Roland Barthes: Longtemps, je me suis couché de bonne heure [1978]. In: *Le bruissement de la langue*. Paris: Seuil 1984, p. 317. Sobre la *tièrce forme* barthesiana aplicada a la autoficción de Levrero, cf. Julio Prieto: Apuntes autoficcionales, p. 152.
604 Roland Barthes: Longtemps, je me suis couché de bonheur, p. 317.

vido dos veces por la misma palanca» (NL, pp. 461, 490). El carácter retrospectivo de la «Novela» y las imprecisiones mnemónicas, inevitables en el proceso del *recordar*, hacen difícil un acercamiento metódico a lo luminoso: en HL 8, por ejemplo, lo luminoso en tanto «plena consciencia de que Dios existe» (NL, p. 518) parece surgir directamente de las «uvas negras muy apretadas y gorditas» y la «pequeña cantidad de vino bendito» (ibid.) que proporcionan al narrador. Este precisa a continuación, sin embargo, que no fue exactamente así:

> La existencia de Dios no se desprende naturalmente de la anécdota, sino que surgió en mí simultáneamente con la percepción del racimo entre las hojas de parra. [. . .] la anécdota se hizo milagrosa por esa presencia de Dios que se reveló simultáneamente en mí. Lo mismo podía no haber habido uvas. Las uvas son como mi ayuda-memoria para fijar lo que sentí en aquel momento [. . .] un mudo sentimiento de maravilla (NL, p. 519).

Aun aceptando esta limitación, me parece importante destacar el carácter mediado de lo luminoso: en su gran mayoría, los hechos luminosos no ocurren de por sí sino a través de la mediación de Otro, ya sea humano (un niño, HL 3; una mujer, HL 2, 4-7, 9, 11) o animal (el perro, HL 1; una hormiga y su hormiguero, HL 12; una avispa, HL 13). Como lo apuntamos en varias ocasiones, la experiencia luminosa corresponde a una situación de comunicación profunda, que permite al «sujeto» de la experiencia, precisamente, salir de sí mismo, desbordar las fronteras —artificiales— de su yo. Ya analizamos el papel de los animales en el contexto «oscuro» de los diarios, y mostramos cómo, por su vulnerabilidad, por el cuidado que exigen, consiguen hacer salir al diarista de su solipsismo y darle acceso a un modo de ser en el mundo radicalmente otro, abriéndole así —muy fugazmente— a lo luminoso en tanto superación o desbordamiento del *yo*. Los animales de la «Novela» desempeñan un papel muy similar, con la diferencia que sus encuentros con el diarista no ocurren en contexto hogareño ni desembocan sobre relaciones de convivencia y cuidado: el perro olfateando una perra, la hormiga en su danza ritual, la avispa devorando la araña, solamente son *observadas* por el escritor, contempladas desde una distancia, y lo luminoso surge de esta contemplación en forma de una *resonancia*: «la escena me llenaba de alegría extraña, como si encontrara en zonas de mi espíritu factores de resonancia,» consigna así el escritor a propósito de HL 12 (NL, p. 516). Comunicación no verbal pero profunda con seres no humanos, este fenómeno de resonancia se establece a nivel infra- o supra-yoico y permite al escritor descentrarse radicalmente del punto de vista de su *yo* consciente para acceder a otros modos de percepción propia y ajena. Aclara a propósito de HL 13:

> ¿A usted nunca le pasó, mirando un insecto, o una flor, o un árbol, que por un momento se le cambiara la estructura de valores, o de jerarquías? [. . .] Es como si mirara el universo desde el punto de vista de la avispa —o la hormiga, o el perro, o la flor—, y lo

encontrara más válido que desde mi propio punto de vista. [. . .] comprendo [. . .] que ella es importante para sí misma como yo lo soy para mí, y que es importante a secas, que a Algo le importa; o, desde otro ángulo, que si yo fuera avispa no sentiría ante los hombres ningún complejo de inferioridad. Hay árboles que me han hecho saber lo mismo. Y piedras (NL, p. 522).

Los animales de la «Novela» mediatizan así un acceso —fugaz, momentáneo— a lo que el escritor describe con la noción jungiana de «la *participacion mystique*, es decir, del desmoronamiento de un *yo* hipertrofiado en favor de la percepción de la realidad *con todas sus dimensiones*» (NL, p. 525, énfasis en el original). La *participation mystique* designa en Carl Jung la profunda conexión inconsciente que unía a los hombres «arcaicos» entre sí, «that all embracing, pristine unconsciousness which claims the bulk of mankind almost entirely»,[605] y que el hombre moderno, dotado de un alto grado de consciencia individual, ha perdido irremediablemente. La posibilidad de la *participation mystique* se funda en las raíces colectivas del inconsciente, que Jung asocia con el sistema nervioso simpático —el que regula las funciones vegetativas del cuerpo, provoca sus reacciones instintivas, y conecta al individuo con el rebaño—:

> The unconscious is the psyche that reaches down from the daylight of mentally and morally lucid consciousness into the nervous system that for ages has been known as the «sympathetic». [. . .] [F]unctioning without sense-organs it maintains the balance of life and, through the mysterious paths of sympathetic excitation, not only gives us knowledge of the innermost life of other beings but also has an inner effect upon them. In this sense it is an extremely collective system, the operative basis of all *participation mystique*, whereas the cerebrospinal function reaches its high point in separating off the specific qualities of the ego [. . .] [it is] the realm of the sympathetic system, the soul of everything living [. . .]; where I am indivisibly this *and* that; where I experience the other in myself and the other-than-myself experiences me.[606]

Lo que ocurre en lo luminoso, tal como surge *en resonancia* con ciertos animales, es una reactivación de esta *participation mystique*, la cual, a su vez, constituye la matriz primaria de toda creación artística: «The secret of artistic creation and of the effectiveness of art is to be found in a return to the state of *participation mystique*—to that level of experience at which it is man who lives, and not the individual».[607] El proceso simbólico que se activa en el arte —como en los sueños— corresponde al devenir-consciente o individuación de contenidos del in-

---

[605] Carl G. Jung: The spiritual problem of modern man. In: *Modern man in search of a soul*. Trad. W. S. Dell/Cary F. Baynes. London: Kegan Paul, Trench, Trubner & co. 1933, p. 227.
[606] Carl G. Jung: Archetypes of the collective unconscious, pp. 19–20.
[607] Carl G. Jung: Psychology and literature, pp. 198–199.

consciente colectivo, debajo (o arriba) de la consciencia egoica: son ellos los que sostienen la poderosa universalidad del arte.

En muchos de los hechos luminosos, sin embargo, no son animales sino mujeres que mediatizan lo luminoso, en constelaciones diversas que requieren unos comentarios. En dos ocasiones,[608] lo luminoso surge a través del acto sexual entre el escritor y una mujer: en HL 2, con el orgasmo «asombroso» de A, «en oleadas incontenibles como de muchos mares de fuerte oleaje, uno encima de otro, en cascada» (NL, p. 477); en HL 4, con «un acto sexual inusualmente bello, inusualmente prolongado, inusualmente lleno de espiritualidad» (NL, p. 461) que provoca el «'nacimiento' de un hijo efímero y no carnal» entre B y el escritor (NL, p. 467). Otra vez, se trata de momentos de comunicación espiritual profunda, aunque no articulada, entre dos seres:

> Algo se movía fuera de nosotros y en nosotros, y ese algo no era exactamente yo ni exactamente ella sino que éramos ella y yo, aunque no del todo, puesto que una parte de mí necesitó hablar con una parte de ella para preguntarle: «¿Vos sentís lo mismo?», y la parte de ella respondió, con absoluta tranquilidad y seguridad, que sí. Y no hacía falta comunicarnos más detalles por que yo sabía, aunque sin preguntarlo, que estábamos íntimamente comunicados, sabiéndolo todo, en algún secreto lenguaje, uno del otro (NL, p. 462).

Para relatar HL 2, el escritor recurre a la metáfora musical, que anticipa la idea de «resonancia» convocada en HL 12 y apunta a una dimensión sinestésica de lo luminoso (cf. la música hindú en HL 3, el canto en HL 8):

> como música de fondo, su voz, que siempre yo sentía como naciendo dentro de mí, modulaba las quejas amorosas más profundas y prolongadas, llenas de matices, con notas que llegaban desde el mismo Infierno, quejas de almas en pena, hasta cantos de pájaros en las ramas de un árbol cargado de frutas, a pleno sol, y por encima aún el cielo poblado de ángeles con mandolinas [. . .] (NL, p. 477).

La imagen de los ángeles seguramente puede sorprender en un contexto explícitamente sexual, pero no conociendo la afinidad levreriana para la iconografía cristiana y la espiritualidad más bien heterodoxa que el diarista expone en estos términos en el «Diario de la beca»:

> Estoy a punto de ser casi blasfemo, pero nuevamente, nuevamente, al llegar a este punto, no puedo menos que volver sobre lo mismo: en el amor erótico, en el sexo con amor, en la tensión del deseo, en la proyección de las energías del hombre y de la mujer hacía la creación de una nueva vida, allí, en esa tensión y en esa circunstancia íntima, es cuando en ambos se hace presente lo que en cada ser, habitualmente escondido, hay de Dios (NL, p. 378).

---

[608] Tres, si se toma en cuenta HL 10, experiencia de sexo onírico que desemboca en un orgasmo real, y luminoso, del escritor (NL, p. 489).

La noción de que el acto sexual reproduce, de cierta manera, la creación divina, difícilmente se puede relacionar con el dogma católico —pues este solo autoriza sexo dentro del matrimonio, para la concepción de un hijo, y como excepción al imperativo general de castidad—.[609] Evoca más bien el sexo ritual practicado en el tantra,[610] con el cual se alcanza, a través del orgasmo, una expansión de la consciencia tal que permite unirse con la divinidad.[611] Es sin duda en la dimensión carnal/sexual de los hechos luminosos que se revela más nítidamente la idiosincrasia espiritual de la mística levreriana (cf. 3.4.3); y el narrador de la «Novela» lo resalta con humor, anticipando su condenación a la hoguera en un pasaje hilarante (NL, p. 475).

Importantemente, sin embargo, el papel de las mujeres en las experiencias luminosas y el *alargamiento de la consciencia* propio de ellas no se limita al acto sexual, ni siquiera a lo erótico. En muchos casos, el sexo desempeña un papel secundario —como en la historia de G (HL 9) y de H (HL 11), experiencias más amorosas que carnales—, o nulo: en HL 5, así, «no hay sexo ni romance» (NL, p. 463) sino un regalo —unas cuantas hojas de papel— que recibió el escritor de parte de una muchacha desconocida, y que le sirvieron para empezar la «Novela»:

> Una joven a quien apenas conozco [. . .] se enteró hace ya cierto tiempo, por intermedio de una amiga común, de que yo andaba en una situación económica tan desesperada que no tenía ni papel para escribir [. . .] de inmediato y sin vacilar robó un apreciable montón

---

609 «La *unión del hombre y de la mujer* en el matrimonio es una manera de imitar en la carne la generosidad y la fecundidad del Creador». La Santa Sede: *Catecismo de la Iglesia Católica*, §2335.

610 Contrario al budismo zen o al taoísmo, no hay en el proyecto luminoso ninguna referencia explícita al tantra. Sin embargo, se puede suponer que Levrero conocía esta tradición religiosa y filosófica, por lo menos a través de la lectura de Jung. Sobre Jung y la tradición tántrica del yoga kuṇḍalinī, cf. Harold Coward: Jung and kuṇḍalinī. In: *Jung and Eastern thought*, pp. 109–124.

Dentro del hinduismo y el budismo, el tantra constituye una tradición esotérica basada, según David Gordon White, en «the principle that the universe we experience is nothing other than the concrete manifestation of the divine energy of the godhead that creates and maintains that universe, seeks to ritually appropriate and channel that energy, within the human microcosm, in creative and emancipatory ways». David Gordon White: *Tantra in practice*. Princeton/Oxford: Princeton University Press 2000, p. 9. El *kāmā*, resalta André Padoux, constituye un elemento central del tantra, «not merely sex or desire but passion, a joyful, receptive opening to and enjoying of the beauty, fullness, and infinite diversity of the world, knowing how to live in it while also transcending it». André Padoux: *The Hindu tantric world. An overview*. Chicago, IL: University of Chicago Press 2017, p. 87.

611 «to step through orgasm beyond the limits of his ordinary human condition and, by such an expansion of consciousness, attain union with the deity». André Padoux: *The Hindu tantric world*, p. 55.

de hojas de una oficina donde trabajaba, y me las hizo llegar. Admirable sensibilidad, increíble capacidad de comprensión. [. . .] Porque estas hojas [. . .] me hicieron sentir que mi literatura era más importante que yo mismo, lo cual, independientemente del valor objetivo de mi literatura, es cierto: [. . .] buena, regular o mala, me trasciende [. . .]. [Yo] sabía, de modo oscuro, que debía escribir con tinta china sobre este papel —o no escribir nunca más—. Gracias, muchacha (NL, pp. 463-464).

Más que en las hojas de papel regaladas, lo luminoso aquí estriba en la *capacidad de comprensión* de esta mujer desconocida —otra vez, una suerte de comunicación no verbal—, quien supo adivinar lo que más necesitaba el escritor en un momento de gran pobreza, revelándole en el mismo movimiento el carácter trascendente, e indispensable, de su literatura. Similarmente, no hay sexo —ni ningún tipo de interacción directa— con la muchacha de los ojos verdes en HL 6, a quien el escritor solo encuentra «sentada en una cerca» (NL, p. 471) durante un recorrido en bicicleta, y cuyos ojos se le aparecen luego en un sueño:

> No había nada acusador, ni traspasador, ni quemante, ni destructivo en [su mirada]. Había solamente un amor, un amor que yo no estaba preparado para recibir. Un amor que, por otra parte, no estaba necesariamente dirigido a mí [. . .] No eran los ojos brillantes de una enamorada —era la mansa mirada del amor—. Y la mirada seguía aquí. [. . .] Y sigue aquí, te aseguro que sigue viviendo en mí, magnífica muchacha (NL, p. 473).

«Aquella mirada de amor que Dios me hizo llegar a través de los ojos de una mujer,» sigue el escritor, fue para él un verdadero «instrumento de liberación» (NL, p. 475), lo que desactivó «la prohibición de amar» que existía hasta entonces en él (NL, p. 471) y abrió su percepción a la «dimensión ignorada» (NL, p. 479). La joven C opera una mediación similar en HL 14: «En el asunto de las rocas, no lo voy a negar, tuvo un papel decisivo C [. . .]. Una vez me convenció de hacer cierto paseo, hasta [. . .] un lugar que ella había descubierto» (NL, p. 526). Si la experiencia luminosa propiamente dicha ocurre entre el escritor y una roca, es permitida y preparada por cierto *trabajo psíquico* de C, casi «en oración» en la playa (NL, p. 528):

> Playa sin arena, o con arena escasa y gruesa y, sobre todo, cantos rodados, y piedras más grandes —y aquellas rocas, negras, lisas, como lomos de ballenas encalladas [. . .] Me senté en la roca, apoyé mi mano en ella y la sentí palpitando. [. . .]
> Y mi estado de ánimo cambió. No sé que clase de trabajo psíquico hacía [C], a unos treinta metros de mí y de mi roca, pero lo cierto es que mi estado de animo cambió por completo y, sí, allí estaba de nuevo esa dimensión que me faltaba, que me falta siempre, y qué serenidad, qué linda tibieza, qué seguro me siento, qué bien está todo. Gracias, C; gracias, gracias C por tu paseo y tu playa y tu secreto (NL, pp. 528-529).

En HL 7, lo luminoso también ocurre en un momento de comunión entre el escritor y la «ovejita descarriada» o mujer D —una comunión física pero casta—:

espontáneamente, se tendió sobre mi cuerpo —vestidos, quietos—, callados. La paz se volvió algo tangible y descendió sobre nosotros, una paz que recuerdo apenas como un color blanco que llenaba por completo mi cuerpo. El sexo, la mente, los sentidos —todo parecía muerto, alegremente muerto— (NL, p. 484).

La relación sexual que ocurre en otra ocasión entre el escritor y esta mujer no es luminosa del todo sino caracterizada por «el máximo desprecio y rencor» (ibid.). El sexo es un modo de acceso a lo luminoso, entre otros, no una condición suficiente para su advenimiento. En realidad, no hay en lo luminoso dicotomía u oposición entre lo sexual por un lado, y lo espiritual/platónico por el otro, sino más bien un continuo entre «sexo, erotismo y mística» (NL, p. 34), amor —en el sentido más amplio del término— y trascendencia. En este vasto continuo de «espiritualidad muy ligada a la carne», según se formula en un pasaje del «Diario de la beca» (NL, p. 334), son las figuras femeninas las que hacen de mediadoras hacia lo luminoso/divino, en un proceso de revelación que alcanza su remate en HL 16, con la aparición de la Virgen María durante una misa del padre Cándido:

> vi, no me pregunte nadie con qué ojos, pero vi, en mi interior, la cara de una mujer conocida y amada, y luego la cara de otra, y luego de otra, y fue una legión de mujeres amadas, que incluía a mi madre, y en tal cantidad y a tal velocidad que ya no pude reconocerlas una por una, pero estaban todas allí, desfilando, acercándose a mí, y todas parecían decirme lo mismo, un reproche, un «por qué no me quieres», y supe que eso que me estaba hablando, esa esencia pura de lo femenino, ese denominador común a todas las mujeres y a todos los amores, era Ella, la mismísima María, en toda su fuerza y toda su presencia. No se parecía a las estampitas. No era una mujer, sino todas las mujeres. Una abstracción viviente y presente (NL, p. 553).

Última mujer de la «Novela», la Virgen María subsume a «todas las mujeres» en una única «abstracción», «esencia pura», o un matemático «denominador común»: una figura idealizada y virginal, fijada en una actitud pasiva de queja («por qué no me quieres»). El pasaje resalta una constante en la «Novela»: pese a la diversidad fenomenológica de las experiencias luminosas, las mujeres cobran en ellas un papel siempre idéntico, el de mediadoras entre la trascendencia luminosa y el escritor.[612] Estamos frente a lo que se llama desde Goethe «el eterno femenino» (*das Ewig-Weibliche*), o sea la tendencia ubicua en el arte occidental a representar a las mujeres «from penitent prostitutes to angelic virgins in just this role of interpreters or intermediaries between the divine Father and his human sons».[613] En Levrero, estas representaciones del eterno femenino

---

612 Un aspecto que Mariano García destaca como «fundamental» en NL. Mariano García: Las dos caras de la autoficción, p. 146.
613 Cf. Sandra M. Gilbert/Susan Gubar: *The madwoman in the attic*, p. 21.

se inscriben claramente en un subtexto jungiano. Ya mencionamos que el *daimon* de la inspiración, buscado desesperadamente por el diarista en DC, DV y el «Diario de la beca», evoca en ciertos de sus aspectos el ánima arquetípica (cf. 3.2.2). La «Novela» relata, precisamente, los primeros encuentros del escritor con este *daimon* o Espíritu, las primeras etapas de un proceso de crecimiento espiritual o ensanchamiento de la consciencia más allá de los límites del yo, que hicieron que se «largara a escribir» (NL, p. 469). En su función mediadora hacia lo luminoso, las mujeres de la «Novela» participan de este proceso; son, cada una a su manera, proyecciones anímicas.[614] Ciertas —pienso en la mujer del papel robado, la diosa G y la prostituta H, en particular— tienen características de la madre arquetípica:[615] «maternal solicitude and sympathy; the magic authority of the female; the wisdom and spiritual exaltation; any helpful instinct or impulse».[616] Recordemos que, según Jung, «the creative process has feminine quality, and the creative work arises from unconscious depths—we might say, from the realm of the mothers».[617] Como en el caso de los encuentros luminosos con animales y del retorno que permiten a alguna forma de *participation mystique*, la mediación operada por mujeres hacia lo luminoso reconecta al escritor con las profundidades de su inconsciente, fuente originaria de la creatividad.

Esa dimensión arquetípica —y estereotípica— de las mujeres en la «Novela» tampoco debe ser exagerada. El escritor ha advertido —profusamente— sobre los límites alcanzados por su prosa en la descripción de lo luminoso, y la trivialización que ocurre inevitablemente al plasmar aquellas experiencias en el texto literario. La dimensión retrospectiva del *recordar*, así como todos los factores expuestos en 3.4.1 seguramente participan en fijar/simplificar la caracterización de las protagonistas femeninas de la «Novela». En los «Diarios», las mujeres se retratan de manera más individual, sin por eso desprenderse completamente de su fuerza arquetípica: son, de hecho, dos mujeres que permiten la realización del proyecto luminoso. Se trata primero de Alicia en DV, cuyo «mundo» fractal, lo vimos (cf. dedicatoria de DV y 3.2.1, 3.3.1), determina en buena medida la escritura de DV: su

---

[614] En su presentación del arquetipo del *ánima*, Verena Kast problematiza, por parte del propio Jung, «the problem of gender issues, combined with a slight devaluation of women and the idealisation of the anima». Verena Kast: Anima/Animus. In: Renos K. Papadopoulos (ed.): *The handbook of Jungian psychology*. London/New York: Routledge 2006, p. 116.

[615] Para Jung, ánima y madre arquetípicas están estrechamente ligadas en la psique del sujeto de género masculino, el ánima representando el *eros* de la madre. Carl G. Jung: Archetypes of the collective unconscious, p. 29. Cf. también: Verena Kast: Anima/Animus, p. 116.

[616] Carl G. Jung: Psychological aspects of the mother archetype. In: *Collected works of C. G. Jung*, vol. 9/1: *The archetypes and the collective unconscious*. Eds. Herbert Read/Michael Fordham/Gerhard Adler. Trad. R. F. C. Hull. New York: Pantheon Books 1959, p. 82.

[617] Carl G. Jung: Psychology and literature, pp. 196–197.

difícil convivencia con el diarista —el permanente «choque de dos voluntades» (DV, p. 67)— no solo provee el material narrativo de DV, sino también permite articular elementos de *Lebenswissen* claves para el proyecto luminoso: el amor como responsabilidad (DV, p. 51), incluso hacia sí mismo; el «dejarse llevar» (DV, p. 132) como manera de recuperar cierta agencia dentro de un sistema disfuncional; y, sobre todo, la dimensión fundamentalmente comunicativa de la propia escritura. De hecho, según se revela a mitad de DV, Alicia es la primera lectora de los «Ejercicios»:

> Creo haber descubierto la razón por la cual estos ejercicios que comenzaron siendo caligráficos, a menudo degeneran en otras cosas. Ello se debe, según mi teoría, a la falta de comunicación directa con Alicia. Como yo comencé por dejarle estas hojas en su mesa de luz para que fuera controlando los avances o retrocesos en mi letra, eso se transformó con la mayor naturalidad en un medio de comunicación. De ahí viene, por ejemplo, la ansiedad que me hace escribir apresuradamente cuando tengo algo importante que comunicar (DV, p. 73).

De simples ejercicios terapéuticos, las entradas de DV se convierten entonces en «mensajes [. . .] arroja[dos] al mar dentro de una botella» (DV, p. 74), objetos comunicativos que reintegran el campo —dialógico, relacional— de lo literario. No sabemos si este intento de restablecer algún tipo de comunicación con Alicia mediante los «Ejercicios» tiene éxito; lo cierto es que la relación de pareja (y la convivencia entre los dos) termina para transformarse en una estrecha amistad. En NL, Alicia sigue presente en tanto «doctora» del diarista —que controla su tensión arterial (NL, pp. 192, 444), ofrece consejos sobre salud mental (NL, pp. 28, 90, 157, 261)— y amiga suya —con quien comparte lecturas (NL, p. 49) y charlas (NL, p. 357)—. Inscrita en el tiempo largo de los diarios, la relación con Alicia no produce «relámpagos» luminosos, sino que evoluciona en un cotidiano oscuro, marcado por conflictos egoicos, pero también por afectos y responsabilidad mutua. Con Alicia, la comunicación ya no es un fenómeno espontáneo y no-verbal como en la experiencia luminosa: no es fácil, necesita esfuerzo; pero si funciona, también permite una suerte de desbordamiento del propio *yo* en la relación ética con Otro.

Otro personaje femenino clave es Chl o «chica lista»,[618] amante y amiga del diarista a lo largo del «Diario de la beca,» más precisamente, en forma interrogativa: «¿novia, hija, hermana, amiga? Ya no amante, pero en cierto modo sí, amante también» (NL, p. 43). Como lo ha apuntado Adriana Astutti, el amor que siente el diarista por Chl es «uno de los temas insoportables de la novela y

---

[618] La génesis de este nombre se explica en la entrada del 3 de marzo de 2001, oportunamente titulada «Donde se explica el curioso nombre ‹Chl›» (NL, p. 370).

a la vez una de las intrigas novelescas que nos hacen seguir leyendo hasta el final,» haciendo de NL «una última, vulgar, monumental novela de amor».[619] De hecho, la relación con Chl acompaña todo el «Diario», hasta su epílogo («Chl», NL, p. 563); al recuperar los últimos objetos personales que tenía en casa de Chl, el diarista apunta: «Pensé: ‹La novela se está terminando›. Esta novela también se está terminando, porque parece que ambas son una y la misma» (NL, p. 425). Chl se ubica, consistentemente del principio al fin, del lado de lo luminoso, como lo hace claro la semántica convocada una y otra vez para describirla:

> Chl [. . .] irradiaba luminosidad (NL, p. 87)
>
> Irradia atracción sexual —entre otras cosas, todas buenas y extraordinarias— (NL, p. 346)
>
> si hay algo luminoso en todo esto, es ella misma, luminosa, pletórica de luz, y tan llena de gracia y de bondad que llegué a adorarla como a un ser sobrenatural (NL, p. 377)
>
> Siempre con su belleza radiante que lastima (NL, p. 387).

Polo luminoso en el cotidiano oscuro del «Diario», Chl mantiene una relación compleja con el diarista, que evoluciona con el tiempo sin por eso disminuir en intensidad afectiva. En realidad, el «Diario» empieza al final de la relación romántica y sexual entre los dos: «Adiós, Chl, amante mía. Hola, Chl, hermana mía» (NL, p. 138). La «novela de amor», si se trata de una, relata el fin de la pasión —de las «horas maravillosas» (NL, p. 127), de la «magia» (NL, p. 378)—, los celos (NL, p. 264) y el «neurosis de abandono» (NL, p. 132) que padece el diarista, su negociación con la pornografía (NL, pp. 50, 76, 133) en tanto retorno al solipsismo tras la separación, y la aceptación, finalmente, de que «Chl está creciendo» (NL, p. 407), que dejar atrás la relación amorosa entre los dos es una etapa necesaria para «poder iniciar alguno que otro romance, de los que no cabe dar aquí mayor información» (NL, p. 562). En su caracterización, el personaje de Chl condensa —otra vez, un fractal— todas las mujeres del proyecto luminoso: santa, madre, hija, lectora, amiga. Encarna aquella figura faustiana de la mujer redentora, íntimamente ligada a lo divino —una «santa» (NL, pp. 43, 562), «especie de diosa» (NL, p. 114), a la cual el diarista «ador[a] religiosamente» (NL, p. 109)—, y se inscribe así en la serie que abarca a la muchacha de los ojos verdes (cuya descripción evoca «ciertos cuadros religiosos, [. . .] la mirada de ciertas vírgenes», NL,

---

[619] Adriana Astutti: Escribir para después: Mario Levrero. In: Ezequiel de Rosso (ed.): *La máquina de pensar en Mario. Ensayos sobre la obra de Levrero*. Buenos Aires: Eterna Cadencia 2013, p. 222.

p. 479), la «diosa» G que inspira «amor y adoración» al escritor (NL, p. 491) y, por supuesto, la Virgen de HL 16. Chl personifica, además, una instancia maternal idealizada, paciente (NL, p. 43), cariñosa (NL, pp. 58, 92, 138, 195), proveedora de *care* en el sentido más elemental: le prepara la comida al diarista —sus guisos y milanesas haciendo de *objeto transicional* (¡!) mientras el diarista se va acostumbrando al nuevo platonismo de la relación—:

> el guiso de Chl está exquisito. Yo preferiría que ella me diera, como antes, satisfacción sexual, pero no, me da guisos. Bueno, también me da buena compañía y mucho cariño durante unas cuantas horas a la semana, de modo que no puedo quejarme (NL, p. 31, cf. también NL, pp. 43, 85, 86, 109, 143, 195).

Esta dinámica unilateral de la relación, muy regresiva por parte del diarista, corresponde a una necesidad interna a su proceso creativo: como lo observamos en varias ocasiones ya (cf. 3.2.2, 3.3.1–2), las cosas del mundo exterior, el *service des biens* —incluso, aparentemente, la compra y preparación de comida—, son incompatibles con el ocio necesario a la escritura:

> hace muchos años que no tengo a nadie que me cuide el sueño [. . .] no sé de dónde puedo sacar una madre, a mis años, pero al menos podría intentarlo; alguien que vigile mi descanso y me provea de alimentos durante unos días es exactamente lo que necesito para ese «retorno a mí mismo» que estoy intentando (NL, pp. 35–36).

Al posibilitar por sus cuidados la entrega del escritor al *daimon*, Chl evoca aquí a la mujer del papel robado, pero también a la «piadosa» prostituta H, con su «paciencia y tolerancia» (NL, p. 501). Chl se inscribe así, innegablemente, en la «función estrictamente asistencial» que Martín Kohan ve en las mujeres de NL: «un deber salvacional; cuidan al narrador ante todo de sus propios descuidos, restablecen para él una cierta relación con el mundo».[620]

A lo largo del «Diario», sin embargo, Chl cobra también un rol exactamente inverso: de madre proveedora, cuya atención el diarista monopoliza enteramente, se convierte en hija melancólica y vulnerable, que él debe proteger y acompañar en su emancipación —a semejanza de la «ovejita descarriada» en la «Novela»—. En varias ocasiones, no es Chl quien vigila el sueño del diarista, sino al contrario el diarista el que acompaña el suyo —«si no estoy a su lado a una hora razonable se siente mal» (NL, p. 51)—. Siguiendo estrechamente los progresos de su terapia (NL, pp. 61, 263), el diarista demuestra, a su vez, cariño paternal hacia ella: «Procuro tener paciencia. Me enternezco. Cuando se deprime la percibo muy frágil, y de algún modo me hace bien que me llame aun-

---

[620] Martín Kohan: La inútil libertad. Las mujeres en la literatura de Mario Levrero. In: *Cuadernos LIRICO* 14 (2016), p. 6, https://doi.org/10.4000/lirico.2291.

que sea para comunicarme su silencio, que necesite compartir conmigo sus abismos» (NL, p. 56). Con el paso del tiempo, el diarista registra su transformación con benevolencia, aun sabiendo lo que ello significa para su relación mutua:

> Tal como la había percibido por teléfono, se la ve más madura y con mayor confianza en sí misma [. . .] Espero que pueda darle un giro a su vida, que aproveche el estado actual para afirmarse en lo que es propiamente ella misma (NL, p. 311).

> Me sentía morir, pero decía la verdad. [. . .] Ahora estaba llegando al desprendimiento de mí y, sobre todo, según imagino, al mucho más importante desprendimiento de su padre. Mi querida Chl está creciendo, o al menos hace lo posible. Perderá mucho. . ., y yo perderé más; pero creo que lo que ganará será infinitamente más valioso (NL, p. 407).

De cierta manera, el diarista es testigo, en Chl, de una transformación que él mismo vivió, en la época de DC: una transición progresiva hacia la «salud» psíquica y social, que si bien es incompatible con ciertos modos perceptivos del alma —cierta «fenomenología»—, también se revela «más conveniente» y «más feliz»:

> En los comienzos de nuestra relación, en aquellos meses de infierno y paraíso extremos, Chl era un ser completamente distinto del que es hoy. Hoy se muestra como una joven común y corriente [. . .] En cierto sentido es una persona más sana, y quizás más feliz. Cuando la conocí sufría de frecuentes depresiones, durante las que no conseguía hablar. Vivía largos lapsos de silencio, revertida en sí misma. También muy a menudo tenía sueños prodigiosos; cada uno de esos sueños que me contaba era casi una novela, y una novela de ciencia-ficción [. . .] Los fenómenos paranormales entre nosotros eran frecuentes [. . .].
> Después, toda la fenomenología fue desapareciendo, borrándose [. . .], y Chl fue convirtiéndose en una chica lista común y corriente [. . .] Una personalidad dejó paso a otra, tal vez más conveniente para ella. Esa personalidad ya no me ama, aunque siente por mí mucho cariño; pero se terminó la pasión, y se terminó la magia (NL, pp. 377–378).

En este pasaje, no hay *othering*[621] de Chl en tanto mujer arquetípica (ya sea madre o ánima): el diarista expresa preocupación por su bienestar en tanto persona nor-

---

[621] Introducido por Gayatri Chakravorty Spivak en su análisis del discurso imperial británico sobre India, el *othering* es un concepto clave en los estudios feministas y poscoloniales. Gayatri Chakravorty Spivak: The Rani of Sirmur. An essay in reading the archives. In: *History and Theory* 24/3 (1985), pp. 247–272. Remite a la construcción discursiva del Otro como objeto, en oposición al sujeto-*mismo* que lo considera desde una norma implícita, negándole toda complejidad o subjetividad individual. Fred Dervin: Cultural identity, representation and othering. In: Jane Jackson (ed.): *The Routledge handbook of language and intercultural communication*. New York: Routledge 2012, p. 187; cf. también: Sue Wilkinson/Celia Kitzinger: Theorizing representing the Other. In: Sue Wilkinson/Celia Kitzinger (eds.): *Representing the Other. A feminism & psychology reader*. London/Thousand Oaks/New Delhi: Sage Publications 1996, pp. 1–32.

mal, no fijada en una esencia ahistórica, sino inscrita en procesos de transformación, crecimiento y maduración que son propios de toda existencia, una persona con necesidades y deseos independientes de los del escritor —incluso opuestas a ellos—. Esta es sin duda la faceta más interesante de la relación entre Chl y el diarista: la que se realiza en pie de igualdad, en la reciprocidad. Los dos comparten lecturas, sueños (cf. 3.3.3), así como aquella comunicación profunda que caracteriza lo luminoso —«no deja de asombrarme, por más que estas cosas se repitan y se repitan, el grado de unión que tengo con esta mujer» (NL, p. 311)— y permite «fenómenos paranormales» entre ambos (NL, pp. 215, 377, 563). Como Alicia en DV, es Chl quien relee las primeras páginas del «Diario»; su risa al leer ciertos pasajes —señal de que el acto de comunicación literario es exitoso— alienta al diarista a seguir con su proyecto:

> Le pedí a Chl que leyera lo que llevo escrito de este diario. Lo había impreso la otra noche y lo leí parcialmente, y me aburrió bastante, porque es muy fresco y todo lo que allí se dice lo tengo muy sabido; quería una opinión que no fuera la mía, para ver si vale la pena que continúe con esto. Es cierto que ella también está implicada, como personaje de este diario, y su criterio no puede ser muy objetivo, pero es buena lectora y muy equilibrada en sus juicios, de modo que imaginé que se esforzaría por alcanzar cierta objetividad [...] lo leyó y le pareció interesante; oí como se reía en algunas partes, lo cual es buen indicio. Su opinión me alienta a continuar y a dejar en suspenso mi propia opinión para más adelante (NL, p. 73).

A la luz de Chl y Alicia, la mediación operada por las mujeres hacia lo luminoso/divino se revela más plural y matizada de lo que se describe en HL 16. Es cierto que, a través del cuidado sexual, afectivo y físico —incluso médico, en el caso de Alicia—, la preparación de comida, etc., las mujeres del proyecto luminoso contribuyen a resolver, o por lo menos atenuar, la tensión central que existe en Levrero entre materia y espíritu, debilidad del cuerpo (enfermo, envejeciendo, sumiso a impulsos y adicciones) y potencias «álmicas», *service des biens* y entrega al *daimon*. Hacen de hecho, en este sentido, de mediadoras entre la trascendencia luminosa y el escritor, pero —crucialmente— no de manera pasiva. A la excepción de la muchacha de los ojos verdes (que funciona en la «Novela» más como imagen onírica que como protagonista),[622] y de la ya comentada Virgen María (otra imagen), su mediación es más bien una negociación activa entre lo oscuro y lo luminoso (cf. 3.4.1, los ejemplos de A, C y H), que no solo permite acceder, puntualmente, a la experiencia luminosa, sino también produce y hace circular saberes sobre el vivir; los cuales posibilitan la

---

[622] Precisa el narrador: «No es tu fotografía lo que llevo en el alma, muchacha sin rasgos, es tu mirada, justamente lo que no era tuyo, lo que no era tú» (NL, p. 473).

escritura de la «Novela» y, a su vez, se compilan en ella. Si su dimensión arquetípica es innegable, las figuras femeninas del proyecto también encarnan una alteridad dialógica, productiva, en tanto lectoras, interlocutoras, escritoras también —no olvidemos a doña Chacel, ni a Teresa de Jesús—: al ser las primeras lectoras de DV y NL, son Alicia y Chl quienes hacen advenir el monólogo diarístico a la dialogicidad (literaria, novelística).

Es útil, a mi parecer, considerar los diarios ya no en el orden de la escritura/lectura, como prolegómenos a la «Novela», sino en el orden vivencial de los sucesos narrados, como «continuación» (NL, p. 17) de la historia espiritual inaugurada en la «Novela». Lo que se presenta en la «Novela» con el fulgor de un relámpago, evoluciona en los diarios hacia más complejidad; la dimensión del *souci*, del cuidado recíproco, puede verse como el desarrollo de lo luminoso en el tiempo largo, hacia el ámbito ético de lo relacional. El amor ya existe en el hecho luminoso, en forma pura o divina —la «mansa mirada de amor» en los ojos verdes de la muchacha (NL, p. 473), «la plena consciencia de que Dios existe y me ama» (NL, p. 518), etc.— pero es un amor revelado y no practicado, un amor que se recibe sin reciprocidad. En el cotidiano oscuro de los diarios, el amor —o quizás en forma más modesta (para incluir a Pajarito, Pongo, etc.), el vínculo afectivo— no tiene este carácter absoluto, porque implica a seres de carne y hueso, con necesidades materiales y psicológicas propias. La relación afectiva a Otro solo de manera excepcional se realiza en la comunión luminosa; el resto del tiempo, como lo documentamos en 3.3.1 y 3.3.4, implica el reconocimiento de la alteridad irreductible del Otro, y de la deuda ética originaria que su *visage* nos impone. Engendra entonces, necesariamente, fricciones, conflictos, incluso con la escritura en tanto proceso *daimónico* supra-/infra-/ayoico. Muy interesante, al respecto, es la propuesta de Julio Prieto, según la cual «la tesis de la negación del yo», tal como se encuentra en Macedonio y Borges —así como en Levrero, añado—, sería una «fantasía canalizadora de un deseo tan imposible como prohibido: evadirse de las onerosas demandas éticas y simbólicas de la subjetividad», una «forma de diferir aquella (ya que eludirla es imposible)».[623] Pero la relación afectiva también permite superar los límites del propio *yo* —muy concretamente, su soledad y aislamiento—, y constituye, en este sentido, una modalidad de lo luminoso. Se podría hablar de una causalidad circular entre alteridad y luminosidad: siempre es Otrx quien mediatiza el hecho luminoso, el cual desata en el sujeto de la experiencia la «capacidad de amar», le abre «[a]l amor, [a]l espíritu [. . .] un soplo eterno que sopla a través de los tubos vacíos que somos nosotros» (NL, p. 473).

---

[623] Julio Prieto: La inquietante extrañeza de la autoría, pp. 485–486.

3.4.3 Segundo acercamiento a lo luminoso: una mística levreriana

Hasta ahora hemos visto que, desde el punto de vista de su fenomenología, la experiencia luminosa corresponde a un momento muy circunscrito en el tiempo — un *relámpago* que abarca a lo sumo (en el caso de HL 8, el racimo de uva) un día y una noche— en el que, gracias a la mediación externa de Otro (Otra, muy a menudo), el individuo consigue superar los límites de su *yo* consciente, ensanchar su consciencia hasta alcanzar «la percepción de [s]í mismo en todas [su]s dimensiones reales» (NL, p. 490). Aniquilando por un momento las fronteras artificiales del ego —el individuo en tanto «ilusión óptica», según se formula en el «Diario de la Beca» (NL, p. 63)—, la experiencia luminosa hace posible el retorno a la *participation mystique* jungiana, «es decir, [e]l desmoronamiento de un *yo* hipertrofiado en favor de la percepción de la realidad con todas sus dimensiones» (NL, p. 525). Al reanudar, en la *participation mystique*, con el inconsciente colectivo y los arquetipos milenarios que alberga, el sujeto de la experiencia luminosa libera fuentes poderosas de creatividad. En varios casos, el narrador de la «Novela» vincula explícitamente la experiencia de lo luminoso con el nacimiento del *daimon* y el principio de su práctica literaria; así, a propósito de HL 1 (el perro):

> Sentí la alegría de un descubrimiento íntimo, y el temor, y el miedo, como si acabara de penetrar en un recinto ajeno y misterioso, como si hubiera abierto una puerta prohibida [. . .] sólo estaba creándose el alma, demonio o espíritu, lo que sea que, un año más tarde, se pondría a escribir (NL, p. 456).

Asimismo, al concluir el relato de HL 12: «La hormiga, pues, se sumó al perro —¡y a la muchacha de los ojos verdes!, y a tanta cosa que ya había empezado a sucederme, y así fue como, en ese tiempo, pude escribir una novela» (NL, p. 517). En esta perspectiva, la «Novela» documenta, más que la esencia o el contenido exacto de cada uno de los hechos luminosos, su papel transformativo en el devenir-escritor del narrador: fue la experiencia de lo luminoso la que hizo posible e impulsó en primer lugar su práctica literaria. Objeto inefable de la escritura, lo luminoso existe en ella como su matriz originaria: todas las novelas, los textos levrerianos proceden de lo luminoso; la «Novela» solo narra su orgen común.

Sugerido repetidas veces por el mismo narrador de la «Novela», el acercamiento jungiano a lo luminoso en tanto retorno a la *participation mystique* es muy productivo, porque permite entender esta determinación luminosa de la obra levreriana en su conjunto. Sin embargo, no permite elucidar todos los aspectos del hecho luminoso: ni la dimensión ética que contiene en germen (cf. 3.4.2), ni su dimensión noética o cognitiva —a saber, las verdades que revela, los «secretos de la vida» que menciona el narrador en HL 14 (NL, p. 529)—, ni tampoco su dimensión religiosa, que lleva al narrador a una profesión de fe explícita («soy católico»,

NL, p. 577). Para abordar estos temas, me parece importante profundizar el análisis hacia lo propiamente *místico* en la *participation mystique*; o sea, intentar leer la experiencia luminosa en tanto experiencia mística.[624]

Entendida «en sentido amplio», esta no se inscribe necesariamente en un contexto religioso, sino que se puede definir en términos racionales, como los de Jerome Gellman en la *Stanford encyclopedia of philosophy*:

> a (purportedly) super sense-perceptual or sub sense-perceptual experience granting acquaintance of realities or states of affairs that are of a kind not accessible by way of sense perception, somatosensory modalities, or standard introspection [. . .] The inclusion of «purportedly» is to allow the definition to be accepted without acknowledging that mystics ever really do experience realities or states of affairs in the way described.[625]

Asimismo, la psicología ha intentado acercarse al fenómeno místico en tanto fenómeno de consciencia, susceptible de ser descrito empíricamente y aclarado por dinámicas inconscientes, sin tomar posición en la discusión metafísica sobre si lo místico manifiesta realmente (o no) una trascendencia.[626] En *The varieties of religious experience*, William James aísla así cuatro constantes de la experiencia mística, independientemente de la cultura, práctica espiritual o religión en la cual se produce: inefabilidad, transitoriedad (de la experiencia), pasividad (del sujeto) y —de especial relevancia en el caso de la experiencia luminosa— cualidad noética:

> Although so similar to states of feeling, mystical states seem to those who experience them to be also states of knowledge. They are states of insight into depths of truth unplumbed by the discursive intellect. They are illuminations, revelations, full of signifi-

---

[624] Muchxs críticxs han subrayado la importancia de la mística en la obra levreriana: cf. Ignacio Echevarría: Levrero y los pájaros, p. 96; Luciana Martinez: La ciencia y la literatura, p. 170; Jesús Montoya Juárez: *Levrero para armar*, p. 15.
[625] Jerome Gellman: Mysticism. In: Edward N. Zalta (ed.): *The Stanford encyclopedia of philosophy. Summer 2019 edition*, https://plato.stanford.edu/archives/sum2019/entries/mysticism/ (28.3.2021), §1.1.
[626] Cf. este comentario de William James en su lección sobre el fenómeno de la conversión: «if you [. . .] ask me as a psychologist whether the reference of a phenomenon to a subliminal self does not exclude the notion of the direct presence of the Deity altogether, I have to say frankly that as a psychologist I do not see why it necessarily should». William James: Lecture X. Conversion – concluded [1902]. In: *The varieties of religious experience*. New York etc.: Longmans, Green, and Co 1917, p. 242, https://www.gutenberg.org/files/621/621-h/621-h.html (28.3.2021).

cance and importance, all inarticulate though they remain; and as a rule they carry with them a curious sense of authority for after-time.[627]

Carl Jung, por su parte, va más allá del enfoque simplemente descriptivo e inserta la experiencia mística en su teoría de los arquetipos, como encuentro del sujeto con el arquetipo «Dios» que existe en la capa más profunda, primaria, del inconsciente colectivo; al devenir consciente, el arquetipo sustituye al ego —el *yo* superficial, que el narrador de la «Novela» nombra la *consciencia estrecha* (NL, p. 472)— para permitir la etapa final del proceso de individuación, el advenimiento del *Selbst* («sí mismo», totalidad que incluye el ego consciente, el inconsciente individual y el inconsciente colectivo). Aclara el especialista en ciencias de la religión Harold Coward:

> [For Jung, t]he God-image or archetype is inherent in the collective unconscious as the primal stratum or foundational matrix. The experiencing of the God archetype has a unifying effect upon the whole personality. Especially noticeable is the way in which the opposing tensions are brought together by the guiding influence of the God archetype over the individual ego. [. . .]
>
> As [. . .] the God archetype achieves full individuation at the level of the conscious awareness, there occurs what Jung describes as a shift in the center of gravity within the psyche from the ego to the self. This is the mystical moment of illumination when the ego becomes aware of the larger and deeper collective dimension of consciousness and reality. In religious terms it may be variously described as a sudden or a gradual awakening. But the key is that whereas previously things were experienced in a narrow egocentric way, now it is a sense of profound identity with the universal «self» which dominates.[628]

Levrero muy probablemente conocía la teoría jungiana del *self*: recordemos que el diarista del «Diario de la beca» menciona en algún pasaje haber experimentado «[a]quel agradable calorcillo del *self*» (NL, p. 166). La mención reiterada, en la «Novela luminosa», de la apertura a una «dimensión ignorada» (NL, pp. 479, 513) —«esa otra dimensión» (NL, p. 485), «esa dimensión que me falta siempre» (NL, p. 529), más precisamente «la percepción de mí mismo en todas mis dimensiones reales, o por lo menos en una dimensión más de las que suelo percibir» (NL, p. 490)— hace eco a este carácter *unitivo* de la experiencia mística. Según Jerome Gellman, de hecho,

---

627 William James: Lectures XVI and XVII. Mysticism [1902]. In: *The varieties of religious experience*. New York etc.: Longmans, Green, and Co 1917, p. 381, https://www.gutenberg.org/files/621/621-h/621-h.html (28.3.2021).
628 Harold Coward: *Jung and Eastern thought*, pp. 128–132. Sobre el concepto jungiano de *Selbst*, cf. Warren Coman: The self. In: Renos K. Papadopoulos (ed.): *The handbook of Jungian psychology*. London/New York: Routledge 2006, pp. 153–174.

> a unitive experience involves a phenomenological de-emphasis, blurring, or eradication of multiplicity, where the cognitive significance of the experience is deemed to lie precisely in that phenomenological feature Examples are experiences of the oneness of all of nature, «union» with God, as in Christian mysticism, the Hindu experience that Atman is Brahman (that the self/soul is identical with the eternal, absolute being), the Buddhist unconstructed experience, devoid of all multiplicity.[629]

Quisiera, para concluir, detenerme brevemente sobre el caso particular de la tradición mística cristiana, que permite entender mejor la revelación divina que se juega en la experiencia luminosa. Vimos que HL 6 (la muchacha de los ojos verdes) inaugura una serie de experiencias luminosas que el narrador vive como las etapas de un proceso de conversión y que desembocan sobre un *credo* explícito. La «mansa mirada de amor» percibida en los ojos de la muchacha (NL, p. 473) constituye un «fermento espiritual» (NL, p. 517) que da frutos, literalmente, en HL 8 (el racimo de uva), llevando al narrador a «la plena consciencia de que Dios existe y [l]e ama» (NL, p. 518). Esta certeza se refuerza en HL 15, con el semáforo pasando «de amarillo a rojo y ahí, [. . .] un torrente de sangre, de vida, de amor, [. . .] un ‹Dios existe y te recuerda›» (NL, p. 530), para luego desembocar en la conversión de HL 16 (aparición de la Virgen María) y HL 17 (el roce del ángel). Al movilizar el simbolismo y el vocabulario cristiano (el «vino bendito» del racimo de uvas, la figura mariana, la comunión en tanto *incorporación* de «ese símbolo de algo innombrable, que llaman Cristo», NL, p. 557), estas experiencias luminosas presentan una fenomenología un poco diferente de lo que se ha descrito previamente con la noción de *participation mystique*: no implican el retorno a una inmanencia monádica pre-egoica, sino un encuentro fusional, en plano individual e intensamente afectivo, con la trascendencia divina. El uso de los pronombres de objeto directo en los siguientes pasajes lo hace claro: «aquella mirada de amor que Dios me hizo llegar» (HL 6, NL, p. 475); «la plena consciencia de que Dios [. . .] me ama» (HL 8, NL, p. 518); «me rozó el ala de un ángel» (HL 17, NL, p. 556). Crucialmente, no hay en el arrobamiento místico disolución o superación del *yo* individual; se trata más bien de la comunión o compenetración del sujeto con Dios. El teólogo católico Rogelio García Mateo habla así de «unión mística»:

> La vivencia paulina «ya no vivo yo, es Cristo quien vive en mí» (Gál. 2, 20) marca la pauta de la mística cristiana: en ella lo divino no se vivencia según la oposición sujeto-objeto, sino según la unión sujeto-sujeto, de modo que la peculiaridad personal queda salvaguar-

---

[629] Jerome Gellman: Mysticism.

dada; los dos sujetos no se funden, pese a toda intima unión, el uno en el otro; la singularidad personal habilita, más bien, a una inhabitación recíproca entre los dos.[630]

Rogelio García Mateo resalta la dimensión transformativa de la experiencia mística para la persona, que se ve «capaz de desplegar energías [. . .] que antes de esa experiencia eran impensables;»[631] esta observación se encuentra también en William James[632] y puede corresponder a lo que Levrero describe como el nacimiento del «alma, demonio, o espíritu» (NL, p. 456) después de sus primeras experiencias luminosas.

Cabe a esta altura mencionar a Teresa de Jesús, una de las representantes más destacadas de la mística cristiana, cuya obra acompaña toda la escritura de NL (pp. 13, 237–239; cf. 3.3.3.1). En *Las moradas*, de hecho, Teresa describe las «maneras con que despierta Nuestro Señor el alma»[633] en términos que evocan innegablemente lo luminoso. La noción del *despertar el alma dormida* se encuentra textualmente en Levrero (cf. 3.4.1): es lo que se busca en el *recordar* y lo que adviene, con la ayuda del *daimon*, en la práctica literaria. En Teresa de Jesús, corresponde a manifestaciones directas de Dios en el alma de sus fieles: «muchas veces estando la misma persona descuidada y sin tener la memoria en Dios, Su Majestad la despierta, a manera de una cometa que pasa de presto, o un trueno, aunque no se oye ruido; mas entiende muy bien el alma que fue llamada de Dios».[634] Según Teresa, tales llamadas pueden tomar varias formas, ya sea «una gran quietud en el alma»,[635] la cual «queda sosegada, y sin ninguna [pena], y con gran luz»;[636] una *suspensión* en «arrobamiento, o éxtasis, o rapto»;[637] un «vuelo del espíritu» —«movimiento tan acelerado del alma, que parece es arrebatado el espíritu con una velocidad que pone harto temor»—;[638] o una «visión intelectual», en la cual el alma «siente cabe sí a Jesucristo, Nuestro Señor, aunque no le ve».[639] Se encuentran en la «Novela» varios ecos de la experiencia mística teresiana, no solo en los hechos luminosos que mencionan explícitamente a

---

630 Rogelio García Mateo: *Mística trinitaria. Ignacio de Loyola, Teresa de Jesús, Juan de Ávila*. Roma: Aracne 2014, p. 12.
631 Ibid., p. 13.
632 «Mystical conditions may [. . .] render the soul more energetic in the lines which their inspiration favors.» William James: Mysticism, p. 415.
633 Teresa de Jesús: Moradas sextas. In: *Castillo interior o las Moradas*, p. 150.
634 Ibid., pp. 150–151.
635 Ibid., p. 160.
636 Ibid., p. 159.
637 Ibid., p. 168.
638 Ibid., p. 180.
639 Ibid., p. 210.

Dios (HL 6, 12, 15-17), sino también en otros contextos: pienso en HL 7, y la mención de «aquella paz misteriosa, blanca, que descendía sobre nuestros cuerpos y nos iluminaba por dentro» (NL, p. 485). Muy teresiana es, sobre todo, la gama de emociones hiperbólicas[640] que caracteriza muchas veces lo luminoso: «ese goce y ese temor» en HL 1 (NL, p. 458), la felicidad «enorme», «delirante» del narrador en HL 9 (NL, p. 491); su «alegría extraña» en HL 12 (NL, p. 516), etc.

Sin descartar la relevancia de otras tradiciones místicas para lecturas futuras de lo luminoso en Levrero —pienso en el tantra, que abordamos brevemente en 3.4.2, así en como en el budismo zen, que mencionamos en 3.2.2.2 a propósito de la terapia grafológica—,[641] el enfoque cristiano-teresiano es interesante porque da cuenta de la dimensión patética/patológica de la experiencia luminosa, y permite así vincularla no solo con la creatividad literaria de Levrero, sino específicamente con el *de/lirio* que se despliega en el proyecto luminoso. Siguiendo a Luciana Martinez, se puede considerar «[l]a mística como tradición epistemológica ‹humillada›», en «continuidad subterránea» con «otros paradigmas asimismo alternos, digamos, ningunéados por el espíritu racionalista [. . .]: el romanticismo, la filosofía, la parapsicología y también, como dice De Certeau, el psicoanálisis»[642] (así como, podríamos añadir, la psicología jungiana).[643] Estos saberes *alternos* coexisten en la prosa levreriana, conformando una «*scientia ficción*, ficción de conocimiento o, más propiamente, de ficción como modelo de (auto)conocimiento»[644] que solo se puede articular en lo patológico, porque implica «el extravío del sujeto de la realidad cotidiana» en tanto «artificialidad neurótica».[645] Si la creación literaria solo es posible superando o desbordando los límites del *yo* consciente, habitual y práctico, para entregarse a la experiencia de la realidad *en todas su dimensiones* —incluyendo los tesoros del inconsciente colectivo (en la *participation mystique*) y/o la revelación de Dios mismo (en el arrobamiento teresiano)—, el escritor es condenado a una vida de inadecuación en una sociedad que requiere, a nivel social como económico, un ego perfectamente funcional pero —según afirma el narrador de la «Novela» a propósito de las hormigas disciplinadas— «enfermo, decadente e inútil, que sólo es capaz de bastarse a sí mismo (subexisten-

---

640 William James habla, a propósito de Teresa, de un «higher level of emotional excitement». William James: Mysticism, p. 414.
641 Sobre la iluminación zen o *satori*, cf. Suzuki Daisetz Teitaro: On satori – The revelation of a new truth in Zen Buddhism. In: *Selected works*, vol. 1. Ed. Richard M. Jaffe. Oakland, CA: University of California Press 2015, pp. 15–16.
642 Luciana Martinez: La ciencia y la literatura, pp. 174–175.
643 Sobre las ambigüedades del rigor empirista de Jung, cf. Gary Lachman: *Jung the mystic. The esoteric dimensions of Carl Jung's life and teachings*. New York: Tarcher/Penguin 2010.
644 Luciana Martinez: La ciencia y la literatura, p. 190.
645 Ibid., pp. 179–180.

cia)» (NL, p. 511). La «Novela» lo documenta extensamente: las experiencias luminosas, al *despertar* el alma del escritor, le permitieron escribir pero le llevaron también a la «marginación —al borde mismo de la sociedad— y lo que muchos y [él mismo] considera[ron] ‹[su] locura›» (NL, p. 473). Lo que describimos a lo largo de este estudio como *de/lirio* levreriano, no es más que el intento de recobrar esta locura *daimónica*, creativa, que le fue confiscada por el *service des biens*.

Eso nos lleva, en conclusión, a una paradoja: si el diarista-narrador afirma una y otra vez que el *yo* individual es una *ilusión óptica*, que solo se construye para lidiar con las necesidades impuestas por el orden socioeconómico y acaba educiendo la existencia humana a una *subexistencia* privada de toda dimensión espiritual; si el proyecto luminoso en su conjunto corresponde a una empresa de sanación y desprendimiento del propio *yo* para reanudar con el espíritu y volver a la creación literaria; si las experiencias místicas que se narran en la «Novela» siempre estriban en un desbordamiento o superación del ego en tanto *consciencia estrecha* de la realidad, el escritor sigue defendiendo una «actitud individualista»:

> yo soy fuertemente individualista; lo soy por formación —hijo único enfermizo y sobreprotegido, etcétera— pero también por convicción [. . .] No estoy renegando del instinto gregario ni de la sociedad humana; estoy, justamente buscando la síntesis entre las distintas actitudes [. . .] para que pueda vislumbrarse la posibilidad, aunque sólo fuera en teoría, de armonizar al individuo con su especie. Pero no intentaré edificar una ideología [. . .] me limitaré a cumplir mi rol social —el de loco— que, paradójicamente, consiste en mantenerse contra viento y marea en la actitud individualista (NL, pp. 511-512).

Para cumplir con el *rol de loco* al cual sus experiencias luminosas le predestinan, el escritor no tiene otro remedio que adoptar el individualismo en tanto espacio de disidencia/resistencia contra el conformismo burgués, la disciplina egoica que impone, y el horizonte cerrado de la *subexistencia*. Se trata, en las palabras de Gabriel Inzaurralde, de «practicar una distancia frente a los dispositivos ideológicos, tecnológicos o productivos que capturan o condicionan las vidas y los comportamientos del animal humano, obliterando su indeterminación originaria».[646] Obviamente, la actitud individualista implica un riesgo: el de convertirse en solipsismo defensivo —la *chifladura galopante* de DV— que impida, a su vez, todo contacto auténtico con las potencias «álmicas». Esto constituye, sin duda, una de las encrucijadas del *de/lirio* levreriano que se problematiza a lo largo del proyecto luminoso en el campo ético de las relaciones (humanas o no-humanas), con la tensión irreductible entre las obligaciones fa-

---

646 Gabriel Inzaurralde: Apuntes, p. 1060.

miliares, hogareñas —que están definitivamente del lado de lo oscuro—, y el amor —que abre sobre formas de lo luminoso—.

3.5 Conclusión

En el proyecto luminoso, el *de/lirio* levreriano presenta una estrecha concatenación entre la cuestión genérica y la locura en tanto fenómeno psicológico, pero también práctica poética, función social y reivindicación política. Se observa a tres niveles distintos:

A nivel escritural-vivencial, el *de/lirio* permite articular dos imperativos contradictorios: la necesidad terapéutica, por un lado, de *exorcizar el miedo a la muerte* a través del tiempo abierto de la escritura diarística, de reconstruir un *yo en ruinas* para devolverlo a su rol de *custodio del espíritu* y así reanudar con la creación literaria —la cual se equipara con la prospectiva «Novela luminosa»—; y la necesidad existencial, por otro lado, de postergar indefinidamente esta misma «Novela», cuya conclusión correspondería a un *punto final* demasiado fúnebre.

A nivel epistémico, el *de/lirio* conforma un instrumento *friccional* que moviliza el diario, la microficción, la autobiografía y el ensayo («acotaciones panfletarias») —con reminiscencias del policial— para compilar y comunicar *saberes sobre el vivir* —prácticos, psicológicos, éticos y metafísicos— que el escritor ha acumulado a través de una vida tan oscura como luminosa, y que quiere compartir con lectorxs conocidxs (Alicia, Chl, su hija) o no —aquellos trenes de la «Teoría global de mi vida»—, exactamente como los libros de otrxs escritorxs — Rosa Chacel, Teresa de Jesús, Carl Jung, para nombrar algunxs— le ayudaron a él en ciertos momentos de su vida.

A nivel sociopolítico, el *de/lirio* acompaña al loco en el cumplimiento de su *rol social*: marcado por sus *experiencias luminosas*, el loco es el que se niega para siempre la disciplina egoica y la *subexistencia* que esta implica. Reivindicación del individualismo en tanto espacio de resistencia espiritual frente a la *modalidad eficaz* que impera en el neoliberalismo contemporáneo, el *de/lirio* es también lugar de una negociación permanente entre una profunda necesidad relacional y el riesgo del solipsismo.

Retomando la idea de una *bipolaridad* levreriana, de sus *dos caras* (cf. 3.2.1), se puede proponer la tabla siguiente:

Tabla 2: Polaridades del *de/lirio* levreriano.

Oscuro	Luminoso
Diario	Novela, «literatura»
Subexistencia	Vida
«Cadáveres de mí mismo» (NL, p. 502)	*Daimon*, Espíritu, alma
Superyó (Freud), ego (Jung)	*Yo* íntimo, *self* (Jung)
«Salud» social, enfermedad del alma	Enfermedad social/«locura», salud del alma
«Contemplación narcisista» (DV, p. 94)	Percepción de la «dimensión ignorada», expansión del *yo* hasta sus dimensiones verdaderas
Conformismo, disciplina egoica	Transgresión, «actitud individualista» (NL, pp. 511–512)
Solipsismo	Amor
Relacionalidad	Marginación
Tiempo abierto, fractalización	Finitud, muerte («poder decir: ‹ya está›», NL, p. 478)

Más que un intento de aislar lo luminoso —tarea imposible, por el principio de *enantiodromia*, que se visualiza en las dos últimas líneas de la Tabla 2—, el *de/lirio* levreriano corresponde a la búsqueda de un equilibrio entre lo oscuro y lo luminoso: un acercamiento al *Secreto de la Alquimia*. Aquella *coniuctio* se alcanza, finalmente, no en la captura literaria de una experiencia luminosa pura, aislada de lo oscuro en la cual surge, sino en el *recordar* dinámico que permite plasmar en el texto literario su heterogeneidad fundamental, articularla con lo oscuro que es también, muchas veces, un *chiaroscuro* —las zonas grises de lo cotidiano, con sus conflictos y dificultades—.

4 El realismo delirante de Alberto Laiseca

4.1 Introducción

Poblada de monstruos, zombies, sabios locos y fantasmas, abundante en peripecias folletinescas y viajes espaciotemporales, la narrativa laisecana contrasta fuertemente, en forma y contenido, con los diarios levrerianos. Una lectura atenta de *El gusano máximo de la vida misma* (1998),[647] *Las aventuras del profesor Eusebio Filigranati* (2003)[648] y *Sí, soy mala poeta pero. . .* (2006),[649] sin embargo, permite identificar los rasgos típicos del *de/lirio*. Reconocemos, en primer lugar, la omnipresencia de un *yo* hipertrofiado, de incierto/plural estatuto enunciativo, pero dotado de un anclaje vivencial claro: la vejez, la muerte que se acerca cada día más y lleva al *yo* a una verdadera obsesión por el contar, con tendencia compulsiva hacia el desvío, la repetición y la fractalización —todo para *negarse a terminar*—. Orquestando relatos proliferantes entrecortados de reflexiones metaliterarias, recuerdos autobiográficos, pasajes ensayísticos o de puro *nonsense*, este *yo* inestable reivindica la pertinencia epistémica de su *de/lirio* contra los «objetivistas y sanos de mierda» (SMP, p. 21) cuyos discursos fijan, jerarquizan, empobrecen lo real: al *realismo introspectivo* de Levrero responde aquí el *realismo delirante* de Laiseca. Asimismo, interroga el individualismo en tanto postura necesaria para resistir la homogeneización impuesta por los *sanos*, pero que amenaza en cada momento con verter en el solipsismo —con sus dos polos: melancolía y paranoia—. En Laiseca como en Levrero, el *de/lirio* articula un deseo profundo, si bien contradictorio, de relacionalidad: se trata de volver a abrir, mediante la práctica literaria *delirante*, un horizonte intersubjetivo cerrado por el utilitarismo y el conformismo imperantes.

Nacido en 1941 en Rosario, Alberto Laiseca se cría en Camilo Aldao, provincia de Córdoba —son años difíciles marcados por la pérdida de su madre, a los tres años, y la relación traumática con un padre despótico, que calificará, con el anticomunismo que se le conoce, de «dictadura soviética»[650]—. Es este mismo

---

[647] Alberto Laiseca: *El gusano máximo de la vida misma*. Buenos Aires: Tusquets 1998. En adelante: EGM.
[648] Alberto Laiseca: *Las aventuras del profesor Eusebio Filigranati*. Buenos Aires: Interzona 2003. En adelante: LAPEF.
[649] Alberto Laiseca: *Sí, soy mala poeta pero. . .* Buenos Aires: Gárgola 2006. En adelante: SMP.
[650] Cristian Vázquez: Alberto Laiseca, el maestro que espera junto a la puerta del viento. In: *Letras Libres* (2015), https://www.letraslibres.com/mexico-espana/alberto-laiseca-el-maestro-que-espera-junto-la-puerta-del-viento (24.1.2019). Cf. también Silvina Friera: «La realidad no

padre tiránico, paradójicamente, quien lo alienta a leer —empezando por *El fantasma de la ópera*, de Gaston Leroux—, abriéndole así el indispensable refugio de la ficción: «Mi padre tuvo muchísimas cosas malas que a mí me hicieron un enorme daño, pero me estimuló la lectura y la lectura me salvó la vida».[651] Tras empezar una carrera de Ingeniería Química en la Universidad del Litoral (Santa Fe) y abandonarla a los pocos años —consumando la inevitable ruptura con el padre—,[652] trabaja de peón y cosechero en Mendoza, en el norte de Santa Fe y en la propia provincia de Córdoba.[653] En Buenos Aires, donde se traslada en 1966,[654] «se cag[a] de hambre»;[655] es empleado de limpieza, luego operario telefónico. Esta época de gran precariedad económica[656] deja huellas en la producción literaria del escritor, donde el tema del dinero, ya sea su falta o su abundancia fantaseada, siempre está presente. Corresponde, sin embargo a la «primera vinculación con el ambiente literario» del escritor, «entre los grupos del bar Moderno, en particular entre los llamados ‹anti-poetas› de *Opium*:»[657] Marcelo Fox, Reynaldo Mariani y Sergio Mulet.[658] Laiseca, que ya desde la niñez inventaba ficciones, solo publica

---

me interesa, lo mío es realismo delirante». Alberto Laiseca, las letras, el arte y la inspiración. In: *Página 12* (28.2.2007), https://www.pagina12.com.ar/diario/suplementos/espectaculos/4-5519-2007-02-28.html (24.1.2019).

651 Cristian Vázquez: Alberto Laiseca, el maestro. . . Cf. también: César Aira: El alquimista del delirio. Entrevista a Alberto Laiseca. In: *Revista Ñ* (20.5.2011), https://www.clarin.com/rn/literatura/ficcion/Entrevista_Alberto_Laiseca_0_HJelYmfpPXx.html (17.06.2018).

652 La relación se reanuda unos años después, y Laiseca visitará a su padre hasta su muerte. Cf. Cristian Vázquez: Alberto Laiseca, el maestro. . . Comentó Laiseca en una entrevista del 2012: «Me he reconciliado con él, de manera total y bien, pero me costó muchísimo». Agustín Vázquez/Juan Millonschick: Entrevista a Alberto Laiseca.

653 Patricio Pron: «Me lo permito todo en este libro». Entrevista a Alberto Laiseca (1941–2016). In: *El Boomeran(g)* (2016), http://www.elboomeran.com/blog-post/539/18077/patricio-pron/me-lo-permito-todo-en-este-libro-alberto-laiseca-19412016/ (27.12.2017).

654 Agustín Vázquez/Juan Millonschick: Entrevista a Alberto Laiseca.

655 Yamila Bêgné: Alberto Laiseca. La imaginación tiránica del maestro zen. In: *Revista Anfibia* (s. f.), http://revistaanfibia.com/cronica/la-imaginacion-tiranica-del-maestro-zen/ (25.1.2019).

656 Después de su primer encuentro con Laiseca, Ricardo Piglia consigna en su diario: «es muy pobre, tan pobre que cuenta los fósforos y ya no los cigarrillos [. . .] No puede ganarse la vida, en eso también se parece a muchos de nosotros, pero en él es una imposibilidad casi majestuosa». Ricardo Piglia: *Los diarios de Emilio Renzi*, vol. 3: *Un día en la vida*. Barcelona: Anagrama 2017, p. 65. (Agradezco a Julio Prieto por compartir este pasaje conmigo).

657 Agustín Conde de Boeck: El Monstruo aparece: horizonte de emergencia de Alberto Laiseca en el campo literario argentino (1973–1990). In: María Celeste Aichino/Agustín Conde de Boeck (eds.): *Sinfonía para un monstruo. Aproximaciones a la obra de Alberto Laiseca*. Córdoba: Editorial Universitaria Villa María 2019, p. 34. Ecos de ese tiempo se encuentran en Alberto Laiseca: *Por favor, ¡plágienme!* [1991]. Buenos Aires: Eudeba 2013, p. 28.

658 Agustín Conde de Boeck: El Monstruo aparece, p. 46.

su primer cuento a principios de los 70: titulado «Mi mujer» y firmado bajo el seudónimo de Dionisios Iseka, aparece en el diario *La Opinión* el 19 de agosto de 1973.[659] Sigue «Feísmo» en 1974, también firmado por Iseka, en la antología *El humor más negro que hay*. «Rabiosamente singular», según la describe Cristian Vázquez,[660] la escritura de Laiseca difícilmente encuentra lugar en el paisaje editorial argentino: la novela *Su turno*, firmada en nombre propio, tiene que cambiar de título para publicarse en 1976 en la editorial Corregidor[661] —décadas más tarde, una segunda edición (Mansalva, 2010), le devolverá su título original—. Caso más extremo aún, el *magnum opus* laisecano, *Los sorias* (Simurg, 1998), se termina de redactar en 1982, pero tarda dieciséis años en publicarse:[662] «es una obra muy gorda, daba miedo editarla, los editores dudaban»,[663] recuerda el escritor. Pese a las dificultades, Laiseca sigue con lo que Fernando Molle nombra «el lento trabajo de abrirse camino como escritor»,[664] y logra publicar, en editoriales alternativamente confidenciales e internacionales: *Matando enanos a garrotazos* (Ediciones de Belgrano, 1982), *Aventuras de un novelista atonal* (Sudamericana, 1982), *La hija de Kheops* (Emecé, 1989), *La mujer en la muralla* (Planeta, 1990), el ensayo *Por favor, ¡plágienme!* (Beatriz Viterbo, 1991), *El jardín de las máquinas parlantes* (Planeta, 1993)... En esas obras se afirma ya con madurez el inconfundible estilo laisecano: la omnipresencia del exceso, la fascinación tecnicista, un orientalismo fuertemente taoísta,[665] la ética del plagio, y sobre todo un escribir «a pura presión

---

659 S. a.: Alberto Laiseca: Cuentos Completos. In: *El Blog de Simurg* (16.4.2011), http://elblogde simurg.blogspot.com/2011/04/alberto-laiseca-su-primer-cuento.html (24.1.2019).
660 Cristian Vázquez: Alberto Laiseca, el maestro...
661 «Mientras que la censura suele actuar por supresión, esta vez las leyes del mercado impusieron la amplificación: a *Su turno* era necesario agregarle el ‹para morir›; quedaba así condensada —por lo pronto en el título— la cuota de sangre, violencia y crímenes imprescindibles para atraer a un público con elecciones y preferencias definidas». Adriana Rodriguez Pérsico/ Renata Rocco-Cuzzi: *Su turno* o la escritura robinsoniana. In: *Lecturas Críticas* 1/1 (1980), p. 31.
662 S. a.: La historia de un libro legendario. In: *Revista Ñ* (20.5.2011), https://www.clarin.com/rn/ literatura/ficcion/Los_Sorias-un_libro_legendario_0_BJ6Y7MTw7l.html (24.1.2019). Cristian Vázquez relata la siguiente anécdota: a Laiseca le preguntaron una vez Jorge Dorio y Ricardo Ragendorfer: «Che Lai, ¿por qué no la acortás apenas un poco para que la acepte alguna editorial?» Contestó Laiseca: «¡Mercenarios! ¡son unos mercenarios igual que todos!». Cristian Vázquez: Alberto Laiseca, el maestro...
663 Juan Rapacioli: Reeditan dos obras fundamentales de Alberto Laiseca. In: *Télam* (8.1.2014), http://www.telam.com.ar/notas/201401/47493-reeditan-dos-obras-fundamentales-de-alberto-laiseca.html (24.1.2019).
664 Fernando Molle: Yo deliro pero con realismo. In: *Perfil* (2011), http://www.perfil.com/edi ciones/cultura/Yo-delirio-pero-con-realismo-20116-578-0028.html (19.3.2015).
665 Omnipresente en su obra, la fascinación de Laiseca por la historia china y el taoísmo se origina en un libro: «A los chinos llegué a los veinte años. Mi interés nació a partir de un libro

y desajuste friccional», un «puño-grafiado» acompañado de «gritos de combate»[666] —no sin recordar el «cross a la mandíbula» arltiano—.[667] Particularmente interesante, entre las obras de este período, es el primer y único poemario de Laiseca, *Poemas chinos* (Libros de Tierra Firme, 1987). Redactado de forma clásica en versos, el libro sorprende, como hace notar José María Marcos, «por tener un lenguaje directo y metáforas claras»,[668] donde contrasta fuertemente con la dimensión delirante y *maximalista*[669] de su narrativa. Sin embargo, su estructura enunciativa ostenta rasgos indudablemente *de/lirantes*, pues el *yo* lírico se disfraza en ellos de varias máscaras apócrifas, que le permiten encarnar a numerosos *viejos maestros* —ficticios— de la historia literaria china, a la vez que a su antólogo «Lai Ts Chiá».[670] Como tendremos ocasión de comprobarlo, es en la fractalización ficcional que el *yo* laisecano encuentra la propia voz lírica. El poemario constituye, en este sentido, un perfecto punto de entrada en el *de/lirio* laisecano —el poema «Mascaras chinas», por ejemplo—:

> A una señal, con gran algarabia,
> se arrancan mutuamente sus falsos rostros.
> Son tapas.
> Abajo hay otras.[671]

Hacia la mitad de los 80, la situación económica de Laiseca mejora: empieza a trabajar como corrector de pruebas de galera en el diario *La Razón*,[672] y a dar los talleres literarios que, a lo largo de veinte años, tendrán una influencia decisiva para toda una generación de escritorxs.[673] Con la Beca Guggenheim de narrativa,

---

que me compré en Santa Fe, el cual aún conservo como objeto. Es *Sabiduría China*, de Lin Yu Tang (1895–1976). Ahí está la mejor traducción del *Libro del Tao*, la más clara, la más llena de imágenes. Durante años he leído muchas traducciones, pero ninguna me conmovió como aquella primera. En el libro de Lin Yu Tang había poesía china, filosofía de Lao Tse (570–490 a.C.) y Confucio (551–479 a.C)». José María Marcos: El mundo de Alberto Laiseca. In: *Insomnia* 124 (2008), p. 27, https://www.stephenking.com.ar/archivo/INSOMNIA%20124.pdf (2.5.2021).
666 Alberto Laiseca: *Matando enanos a garrotazos* [1982]. Buenos Aires: Gárgola 2004, p. 132.
667 «Palabras del autor», cf. Roberto Arlt: *Los lanzallamas* [1931]. In: *Los siete locos. Los lanzallamas*. Editado por Adolfo Prieto. Caracas: Biblioteca Ayacucho 1978, p. 190.
668 José María Marcos: El mundo de Alberto Laiseca, p. 28.
669 Según el término de Stefano Ercolino: *Il romanzo massimalista. Da «L'Arcobaleno della Gravità» di Thomas Pynchon a «2666» di Roberto Bolaño*. Milano: Bompiani/RCS Libri 201.
670 Alberto Laiseca: *Poemas chinos* [1987]. Buenos Aires: Gárgola 2005, p. 9.
671 Ibid., p. 71.
672 Patricio Pron: «Me lo permito todo en este libro».
673 Gustavo Yuste: Alberto Laiseca, el escritor que puso su vida en función de la literatura. In: *La primera piedra* (2016), https://www.laprimerapiedra.com.ar/2016/12/alberto-laiseca-escritor-puso-vida-funcion-la-literatura-lugar-mucha-soledad/ (24.1.2019). Cf. también Mauro Libertella:

que recibe en 1991, y el Premio Konex Novela, que se le otorga en el 2004, Laiseca también alcanza, poco a poco, cierto reconocimiento institucional. Finalmente hecha posible gracias al apoyo de Aira, Fogwill y Piglia, la publicación de *Los sorias* —cuyo tiraje inicial de 350 ejemplares (Simurg, 1998) es seguido por otro, más ambicioso, en el 2004 (Gárgola, 1500 ejemplares), y un tercero en el 2014 (Simurg)— consagra a Laiseca como autor «de culto». Cuenta el mismo, no sin amplificar lo que José Agustín Conde Boeck ha nombrado la «mítica condición de inédita»[674] de su novela:

> Fogwill me dio una mano bárbara. Fogwill y César Aira. Y Piglia también. Me dieron una mano bárbara con *Los sorias*. Porque era un best-seller en el underground, todo el mundo hablaba de esa novela y muy pocos la habían leído. Entonces cuando yo ya empezaba a perder mi fe de que me la publicasen alguna vez, creo que fue César Aira a quien Gastón Gallo le preguntó qué escritor argentino le gustaba: «*Los Sorias*, Alberto Laiseca», Y me la publicaron. Pero ya venía con... se hablaba, se hablaba... Piglia hablaba, Fogwill por supuesto, y César Aira hablaban de esta obra, se encargaron de propagar el mito, ¡se transformó en mito![675]

Cuando, de 2002 a 2005, aparece en la señal I-Sat como narrador del ciclo *Cuentos de Terror*,[676] el «ogro bueno»[677] de «bigote nietzscheano»[678]—según lo retratan Cristián Vázquez y Guillermo Saavedra— ya posee cierta aura mítica. Más loco que nunca, intensifica su producción literaria: *El gusano máximo de la vida misma* (Tusquets, 1999), *Gracias Chanchúbelo* (Simurg, 2000), *Beber en rojo (Drácula)* (Altamira, 2001), *Las aventuras del profesor Eusebio Filigranati* (Interzona, 2003), *Las cuatro Torres de Babel* (Simurg, 2004), *Sí, soy mala poeta pero....* (Gárgola, 2006), *Manual Sadomasoporno (Ex Tractat)* (Carne Argentina, 2007), *El artista* (Mondadori, 2010), *La puerta del viento* (Mansalva, 2014). Laiseca incluso explora la actuación en dos películas: *El artista* (2009) y *Querida, voy a comprar cigarrillos y vuelvo* (2011), ambas bajo la dirección Mariano Cohn y Gastón

---

Adiós a Alberto Laiseca, el autor que hizo delirar a la realidad. In: *Clarín* (22.12.2016), https://www.clarin.com/cultura/adios-alberto-laiseca-autor-hizo-delirar-realidad_0_rkFct6F4l.html (25.1.2019); Liliana Villanueva: Alberto Laiseca. «El maestro Lai» o el escritor maldito que hablaba del amor. In: *Maestros de la escritura*. Buenos Aires: EGodot Argentina 2018, pp. 169–204.

674 [José] Agustín Conde De Boeck: *Los Sorias* y la escritura como guerra, p. 107.
675 Mauro Libertella: Adiós a Alberto Laiseca.
676 Hoy se puede ver en YouTube: «Alberto Laiseca-Cuentos de Terror (VHS Completo)», vídeo añadido el 28 de marzo 2017, https://www.youtube.com/watch?v=5FJpZUW1fWA (24.1.2019). También se publicaron los cuentos narrados en el programa: AA.VV.: *Cuentos de terrores*. Buenos Aires: interZona 2013.
677 Cristian Vázquez: Alberto Laiseca, el maestro. . .
678 Guillermo Saavedra: Alberto Laiseca: retrato de artista con novela. In: *La curiosidad impertinente: entrevistas con narradores argentinos*. Rosario: Beatriz Viterbo 1993, p. 119.

Duprat.[679] Su delirante universo inspira también a artistas gráficxs, dando luz a hermosas creaciones: *iluSORIAS*, una versión ilustrada de *Los sorias* que reúnió a unos 168 artistas (Muerde Muertos, 2013), así como el cuento *La madre y la muerte* ilustrado por Nicolás Arispe (Fondo de Cultura Económica, 2015). Aparte de algunas traducciones al francés y al italiano,[680] esta prolífica obra todavía no ha alcanzado una recepción internacional, muy a pesar de su autor: «Sólo una revista norteamericana tradujo y publicó un cuento de *Matando enanos a garrotazos*: ‹La Serpiente Kundalini›. Es lo que me tocó», constata en una entrevista con José María Marcos en 2008.[681] «Lo menos que podrían hacer es publicar mis libros al inglés,» refunfuña en otra entrevista. «Igual,» concluye, «hay algo mucho peor que no ser traducido y es que no le gustes a los jóvenes».[682] De manera notable para quien ha rechazado, a lo largo de su carrera, todo compromiso *mercenario* con el mercado editorial, Laiseca expresa —según señala Agustín Conde de Boeck— «una constante insatisfacción con la proyección receptiva de su ficción».[683] Esta contradicción, lo veremos, atraviesa toda la obra laisecana, y subraya la orientación fundamentalmente comunicativa de su práctica literaria, tal como se articula y problematiza en el *de/lirio*: si la escritura procede de una idiosincrasia propia del *loco* o *monstruo*, ser leído es la única manera de superar la «soledad intelectual»[684] —y afectiva— que esta le impone.

El gigante camiloaldense fallece el 22 de diciembre de 2016 en la capital argentina. Hedonista hasta el fin —como el Dionisios Iseka de sus primeros textos—, lamentaba poco antes: «Tendría que haber vivido mucho más».[685]

En los incipientes estudios laisecanos, quisiera destacar dos líneas de fuerza que ofrecen puntos de partida productivos para el presente trabajo. La

---

679 Para un excelente análisis de estas dos películas dentro del paisaje cultural argentino, cf. Pedro Arturo Gómez/Agustín Conde de Boeck: Dignidad plebeya, actitud de culto y emblematismo postmoderno: Alberto Laiseca y el cine argentino. In: María Celeste Aichino/Agustín Conde de Boeck (eds.): *Sinfonía para un monstruo. Aproximaciones a la obra de Alberto Laiseca*. Córdoba: Editorial Universitaria Villa María 2019, pp. 297–320.
680 Cf. 1.1, nota 15.
681 José María Marcos: El mundo de Alberto Laiseca, p. 27.
682 Juan Rapacioli: Reeditan dos obras fundamentales de Alberto Laiseca.
683 Agustín Conde de Boeck: El Monstruo aparece, p. 61. Cf. también María Celeste Aichino: El realismo delirante en *Gracias Chanchúbelo* (2000). In: María Celeste Aichino/Agustín Conde de Boeck (eds.): *Sinfonía para un monstruo. Aproximaciones a la obra de Alberto Laiseca*. Córdoba: Editorial Universitaria Villa María 2019, pp. 132–133.
684 José María Marcos: El sainete negrótico de Laiseca. In: María Celeste Aichino/Agustín Conde de Boeck (eds.): *Sinfonía para un monstruo. Aproximaciones a la obra de Alberto Laiseca*. Córdoba: Editorial Universitaria Villa María 2019, p. 173.
685 Cristian Vázquez: Alberto Laiseca, el maestro. . .

primera atañe a la estructura general de la obra de Laiseca y a su epicentro: *Los sorias*. Existe consenso en que la gruesa novela constituye una clave para leer a Laiseca; como lo observa Hernán Bergara, la novela es «representada como el punto máximo, la exhibición más enfática de los principales elementos de la estética laisecana,»[686] haciendo de la obra del escritor un vasto «esquema soriacéntrico».[687] Hablando todavía de un inédito, Rodolfo Fogwill resalta en 1983 dos aspectos centrales de lo que se titulaba, en aquel entonces, *Los Soria*: identifica, en primer lugar, la estructura *fractal* del texto, en tanto «figura demarcada por líneas o planos que se compone de líneas o planos cuyas anfractuosidad repiten, a menor escala, la morfología del nivel anterior».[688] Al renunciar así «al modelo sinóptico audiovisual», la novela forma un «delirio organizado» en el cual «toda desopilancia es pertinente y se imbrica con precisión en la geometría de su conjunto». Aquel sistema sofisticado de *mise en abyme* hace posible que «el paso de la escala narrativa a la escala ‹real› asimil[e] el tiempo de la lectura al tiempo del acontecimiento y algo se modifi[que] en el lector».[689] Fogwill vincula así la construcción fractal de la novela con una peculiar fenomenología de la lectura, entre la tremenda dificultad de recorrer el infinito fractal, y el goce masoquista que produce. Describe su propia experiencia en términos que cualquier lector de Laiseca encontraría apropiados:

> Había pasado cerca de ciento cincuenta horas leyéndolo, odiando a Laiseca en las jornadas durante las que su trabajo apunta a horadar minuciosamente la paciencia del lector, adorándolo cada vez que su imagen se me representaba como parte de algo sublime inalcanzable y amándolo al cabo de cada capítulo interminable, cuando volvía a la convicción de que su empeño en torturarme perseguía el goce de producir un cambio en mí, convenciéndome, al mismo tiempo, de que yo lo merecía. [. . .]
>
> Llegado al tercer mazo de fotocopias el lector se entrega definitivamente a creer y cree, preguntándose si acaso no había creído antes en Francia, España, Norteamérica, con la misma confianza que lo llevó hasta a creer a Argentina. De la mano de Laiseca se cree en Soria, en Tecnocracia y en el inmenso desierto que las circunda y donde sólo habita el antiser. . .[690]

---

[686] Hernán Bergara: «*Los sorias*» *de Alberto Laiseca. Una poética del delirio*. Tesis de maestría. Buenos Aires: Universidad de Buenos Aires 2011, http://repositorio.filo.uba.ar/handle/filodigital/2034 (26.1.2019).
[687] Hernán Bergara: Plagios con un plagio de plagios, p. 16.
[688] Rodolfo Fogwill: Fractal: una lectura de *Los Soria* de Alberto Laiseca [1983]. In: *Los libros de la guerra*. Buenos Aires: Mansalva 2008, p. 121. Para la definición del fractal según Mandelbrot, cf. 3.2.1, nota 476.
[689] Ibid., p. 124.
[690] Ibid., pp. 123–125.

Quince años más tarde, en su ya famoso prólogo a la edición de 1998, Ricardo Piglia habla de la «mejor novela que se ha escrito en la Argentina desde *Los siete locos*», un libro «enciclopédico, único, misterioso y larguísimo» que ubica en el doble linaje de Arlt y de Macedonio.[691] En este corto texto, Piglia deslinda características centrales de *Los sorias* que configuran «un metatexto crítico»[692] para el conjunto de la obra laisecana. Según Piglia, el libro «no tiene al delirio sólo como tema», sino que «se construye desde el delirio». Haciendo «un uso de la lengua en condiciones de peligro extremo»[693] en el cual «el estilo es el mundo [narrado]», «zafa de las convenciones de la ‹alta› cultura (es decir, del falso arte) y se conecta con los modos y las formas y las jergas del folletín popular y de la cultura de masas». Crucialmente, la construcción delirante de la obra se inscribe en un proyecto de subversión epistémica: «novel[a] del saber absoluto»,[694] *Los sorias* articula según Piglia «un sistema complejísimo de representación de lo real» que hace del texto la matriz del *realismo delirante* laisecano en tanto propuesta poética y política, estética y epistémica.

José Agustín Conde Boeck, si se distancia de la «leyenda» construida por el propio Laiseca alrededor de *Los sorias*, también identifica en esta obra el «centro gravitatorio de [la] poética [laisecana], [su] culminación [y] punto de partida, [que] genera un efecto rizomático».[695] Rizoma, fractal: la estructura interna de *Los sorias* es también la de la obra laisecana en su conjunto, que crece y se extiende horizontalmente a través de lo que Hernán Bergara nombra un «sistema de autoplagio y de autoremisión»[696] —una intratextualidad profusa que permite *imbricar* a cada texto laisecano en el resto de su obra—. Y, como observa María Celeste Aichino, esta especificidad estructural genera un público propio, un «lector culto», capaz «de regocijarse [. . .] en las remisiones a un sistema de referencias propias, de reconocer los chistes familiares esparcidos por la obra».[697]

Esta obra fractal y proliferante —verdadera «gigantomaquía literaria» según María Celeste Aichino y Agustín Conde de Boeck[698]— nos lleva a una segunda línea de fuerza en la crítica laisecana actual: «la cualidad de lo monstruoso»[699]

---

691 Ricardo Piglia: La civilización Laiseca, pp. 9–10.
692 [José] Agustín Conde De Boeck: *Los Sorias* y la escritura como guerra, p. 110.
693 Ricardo Piglia: La civilización Laiseca, p. 11.
694 Ibid., p. 12.
695 [José] Agustín Conde De Boeck: *Los Sorias* y la escritura como guerra, p. 107.
696 Hernán Bergara: Plagios con un plagio de plagios, pp. 9–10.
697 María Celeste Aichino: El realismo delirante en *Gracias Chanchúbelo* (2000), pp. 137–138.
698 María Celeste Aichino/Agustín Conde de Boeck: Introducción. In: María Celeste Aichino/ Agustín Conde de Boeck (eds.): *Sinfonía para un monstruo. Aproximaciones a la obra de Alberto Laiseca*. Córdoba: Editorial Universitaria Villa María 2019, p. 9.
699 Ibid., p. 11.

en tanto «sem[a] centra[l] de la figura del autor»,[700] reivindicado y asumido por el mismo Laiseca.[701] Interesantemente en términos de *de/lirio*, lo monstruoso califica tanto la persona física del escritor —su metro noventa de altura, su «bigotes desmesurados»[702]— como su obra maestra *Los sorias* —«monumental saga novelística [. . .] de mil quinientas páginas»[703]—, la figura autorial —mítica, *underground*— que construye en sus textos y entrevistas, así como muchos de su personajes —del Monitor al Conde Drácula, pasando por el Gusano máximo de la vida misma o el Sapo—; se establece una continuidad orgánica entre Laiseca, sus libros, su imagen autorial y su universo ficcional, que extrema el gesto vanguardista de borrar el límite entre vida y literatura[704] hasta el ámbito de la materialidad corporal y libresca. Además de resaltar esta transitividad delirante entre cuerpo, libro y autor, la categoría de monstruo permite plantear dos cuestiones centrales en el *de/lirio* laisecano. Como lo subraya Elena Alonso Mira, «el monstruo [. . .] se aparta —o más bien, es apartado— de la especie y condenado al ostracismo de la soledad»:[705] si bien la monstruosidad laisecana corresponde a la construcción activa de un «régimen de singularidad»[706] autorial —aquel «mito [. . .] de gran autor marginal y culto»—,[707] también implica, a nivel afectivo y ético, una soledad que el autor y sus personajes no dejan de intentar superar. Confiesa Laiseca: «Monstruo quiere decir ‹único en su especie›. Yo siempre fui un monstruo, un único en mi especie, y por eso sufrí mucho desde chico. A la fuerza terminás viendo con simpatía a los monstruos, porque vos mismo lo sos. Ellos son de tu raza».[708] El monstruo, por otro lado, tiene un propósito epistémico, el de

---

700 Es el enfoque de muchos trabajos recientes sobre Laiseca: cf. Agustín Conde de Boeck: *El Monstruo del delirio. Trayectoria y proyecto creador de Alberto Laiseca*. Buenos Aires: La Docta Ignorancia 2017; María Celeste Aichino/Agustín Conde de Boeck (eds.): *Sinfonía para un monstruo. Aproximaciones a la obra de Alberto Laiseca*. Córdoba: Editorial Universitaria Villa María 2019; Elena Alonso Mira: *Muestra de monstruos. César Aira, Alberto Laiseca, Diamela Eltit, Lina Meruane*. Madrid: Verbum 2020.
701 El blog del escritor tiene así como subtítulo «La guarida oficial del monstruo». Cf. http://albertolaiseca.blogspot.com/ (25.1.2019).
702 Silvina Friera: «La realidad no me interesa».
703 Ibid.
704 En la famosa teoría de Peter Bürger, la vanguardia histórica se define por su objetivo de «devolver el arte a la praxis vital», contra la autonomía o «carencia de función social» que tiene la «institución arte» en la sociedad burguesa. Peter Bürger: *Teoría de la vanguardia* [1974]. Trad. Jorge García. Barcelona: Ediciones Península 1987, pp. 62, 65.
705 Elena Alonso Mira: *Muestra de monstruos*, p. 13.
706 Agustín Conde de Boeck: El Monstruo aparece, p. 56.
707 Ibid., p. 49.
708 José María Marcos: El mundo de Alberto Laiseca, p. 28.

«arrastrarnos a los límites de la realidad»[709] para formular una crítica hacia ella, incluso anunciar su renovación: Elena Alonso Mira remite aquí a la etimología de la palabra latina *monstrum*, derivado de *mōnstrāre* («mostrar, indicar, señalar el camino») y de *mōnere* («advertir»).[710] Es, lo veremos, precisamente lo que hace el *realismo delirante* del monstruo Laiseca. Pero, para retomar una formula predilecta de sus narradores, «no nos adelantemos».[711]

Para el estudio del *de/lirio* laisecano, EGM, LAPEF y SMP forman una trilogía de particular relevancia. Relativamente tardía en la obra del escritor, tiene una fuerte dimensión autobiográfica/autoficcional, en la cual se deslinda cierto afán terapéutico: «Esas son mis tres obras underground,» —comenta el escritor en una entrevista—, «hago un rescate de mi existencia underground. Anduve en muchos sitios, algunos poco recomendables, debo reconocer».[712] Y eso fue cuando se dio cuenta, sin duda posible, de que «vivimos en un mundo de locos»:[713] como Levrero, Laiseca cuestiona la *salud* de la sociedad contemporánea y le opone, a modo de antídoto, el propio *de/lirio*.

Para abordarlo, empezaré por analizar la estructura enunciativa-genérica de las tres obras, mostrando como la multiplicidad del *yo* —alternativamente narrador, personaje ficcional, figura autorial, voz lírica-autobiográfica— se conjuga con una serie de trastornos psíquicos para fomentar una impresionante proliferación ficcional, en la cual se articulan los principios de un arte poético-catártico. En un segundo momento, me acercaré al universo ficcional exuberante de los textos laisecanos, para mostrar como *hace delirar* los discursos hegemónicos que sostienen nuestra realidad, radicalizándolos, invirtiéndolos, subvirtiéndolos. A partir de esta definición —primariamente discursiva— del *realismo delirante*, contextualizaré la propuesta laisecana en el marco de lo que Miguel Dalmaroni nombra las «resistencias del realismo» argentino o «realismos adjetivados»[714] contemporáneos, para luego explorar su productividad ética, estética y epistémica en la articulación de un *Lebenswissen* integral.

---

709 Elena Alonso Mira: *Muestra de monstruos*, p. 19.
710 Ibid., p. 27.
711 Alberto Laiseca: *Los sorias*. Buenos Aires: Simurg 1998, p. 17.
712 Agustín Vázquez/Juan Millonschick: Entrevista a Alberto Laiseca.
713 Silvina Friera: «La realidad no me interesa».
714 Miguel Dalmaroni: Incidencias y silencios. Narradores del fin del siglo XX. In: Roberto Ferro (ed.): *Historia crítica de la literatura argentina*, vol. 8: *Macedonio*. Buenos Aires: Emecé 2007, pp. 117, 119.

4.2 Laiseca, *mal poeta*: el *de/lirio* enunciativo

A diferencia de Levrero, Laiseca no escribe primariamente en primera persona. Sus relatos son narrados en tercera persona, (aparentemente) desde el *origo* «cero» de la enunciación ficcional. Pronto, sin embargo, el narrador omnisciente típico de esta estructura enunciativa se revela problemático: en primer lugar, porque deja a menudo que se exprese un *yo* subyacente, alternativamente vivencial y autorial, meta y autoficcional, que sigue interrumpiendo el hilo de la narración con sus comentarios y digresiones, y se divierte muchísimo al observar las dificultades del lector frente a sus textos *pésimamente escritos* (cf. EGM, p. 50). En segundo lugar, porque el narrador primario «delega» recurrentemente su tarea a otros narradores de segundo y hasta tercer grado —proyecciones metalépticas que comparten sus trastornos psíquicos: una fijación infantil sobre la relación conflictiva con el padre, fantasmas de omnipotencia personal (y/o narrativa), una paranoia narcisista que los lleva a siempre hablar de sí mismo, explicándose y repitiéndose *ad infinitum*, así como, para colmo, una angustia aguda frente a la perspectiva de la muerte, que resulta en una obsesión por seguir contando—. Aquí tenemos el marco general del *de/lirio* enunciativo en Laiseca, cuyas características voy a deslindar ahora. Me detendré primero sobre sus dos procedimientos centrales, a saber, las irrupciones recurrentes de un *yo* de estatuto inestable en la narración principal, por un lado, y la fractalización de la instancia enunciativa en personajes-narradores enmarcados, por otro lado (4.2.1). Abordaré luego las consecuencias de estos fenómenos: una ficcionalización de la función-autor[715] que mediatiza una confrontación lúdica al proceso de canonización-mitificación institucional (y comercial) del autor, a la vez que lo inscribe en la tradición prolífica de lo que Julio Prieto nombra las *malas escrituras* hispanoamericanas[716] (4.2.2). Finalmente, destacaré la presencia, *en filigrana*, de una voz lírica-autobiográfica, que en vez de disciplinar la estructura narrativa participa de la proliferación ficcional enloquecida, encontrando en ella una terapéutica emancipadora (4.2.3).

---

[715] Sobra la definición foucauldiana de la función-autor, cf. 2.1.2; sobre la ficcionalización de la función-autor en tanto rasgo carasterístico de la autoficción, cf. 2.1.3.
[716] Para un primer acercamiento a la noción, cf. Julio Prieto: Sobre ilegibilidad y malas escrituras.

4.2.1 «Ésta es una novela pésimamente escrita»: el escritor, el narrador, y sus fractales

La estructura enunciativa de los textos laisecanos es sumamente compleja. El narrador omnisciente que introduce EGM, LAPEF y SMP pronto se ve relegado a un segundo plano por un *yo* logorreico que interrumpe el relato para comentar, criticar o añadir cosas. Típicamente, EGM se abre *in medias res* con el imperfecto narrativo, introduciendo la «petisa tetona» que será la primera víctima del gusano «máximo de la vida misma» (el monstruo fálico-romántico que protagoniza la novela). Ya en la tercera frase, sin embargo, interviene el narrador, dirigiéndose directamente al lector: «Noten esto porque es importante para la historia» (EGM, p. 9). Este narrador hiperintrusivo nos cuenta, a lo largo de casi 200 páginas, las aventuras amorosas tragicómicas del gusano, en una sucesión de cuentitos siempre entrecortados por digresiones y relatos enmarcados de varias índoles —que Hernán Bergara nombra «injertos narrativos»—.[717] «Esta manera de narrar es sin duda atroz (¡no tiene unidad temática! —entre otras carencias—)», admite el narrador, «pero usarla a veces hace bien» (EGM, p. 89). La historia del gusano incluye así, entre otros: un pasaje mítico-documental muy detallado sobre geografía, población y economía de las cloacas de Nueva York/Buenos Aires (EGM, pp. 21–36), una cita de *Su turno para morir*, con comentario y mensaje promocional (EGM, pp. 58–63), unas memorias de infancia que documentan la vocación de escritor del narrador (EGM, pp. 63 y 65–80), extensas reflexiones metatextuales (sobre las cuales volveremos), y los resúmenes de tres cuentos sacados de «un libro genial de cuentos policiales chinos» supuestamente escrito por el gusano, llamado *Los casos del Honorable Juez Lai Chú*: «El horrible caso de las nubes flotantes», «El abominable caso de la bestia inofensiva», «El caso aterrador de la caligrafía perfecta» (EGM, pp. 123–131).

El estatuto enunciativo del *yo* que aparece en estos pasajes es casi imposible de definir: consideramos por ejemplo el pasaje dedicado a las cloacas de Nueva York (o Buenos Aires, no se sabe exactamente). De manera perfectamente usual en la tradición novelística, la descripción pausa el relato después de una sucesión de episodios, para introducir una nueva secuencia. Aquí, tras el final infeliz de una relación amorosa, «el gusano abrió una boca de tormenta y se internó por las clacas de Nueva York». Sigue entonces la descripción de dichas cloacas, pero en vez de introducir brevemente el nuevo escenario de la acción, el pasaje se desolidariza por completo del hilo narrativo para seguir un desarrollo propio a lo largo de quince páginas, exponiendo en detalle la geografía, fauna, población, y economía de las cloacas neoyorquinas (¿o porteñas?).

---

[717] Hernán Bergara: Plagios con un plagio de plagios, p. 10.

En cierto momento vuelve a aparecer el *yo* del narrador: «Me contó un amigo*
que en su época no había equipos que permitiesen respirar en lo profundo.
Éstos aparecieron recién en la década del setenta» (EGM, p. 30). La estructura
evidencial en primera persona «Me contó un amigo*» remite a una nota expli-
cativa a pie de página: «*Enrique César Lerena de la Serna, oficial de Bomberos
durante más de una década. Él fue quien me proporcionó la información sobre
las cloacas de Buenos Aires». Si la nota al pie parece anclar el pasaje en la factualidad, el estilo altamente literario de la descripción sugiere precisamente lo
opuesto: los numerosos símiles, metáforas, e incluso referencias intertextuales
hacen del pasaje un *morceau de bravoure* de invención literaria:

> las entrañas (así las llaman los raqueadores), torrentosas como el Danubio o el Volga-
> Don en los lugares donde tales ríos visibles se estrechan, con remansos profundísimos
> que tragan a todo mortal que pudiera confiar en ellos. Auténticos vórtices (remolinos disi-
> mulados) peores que el Maelström de Poe.
> Hay cataratas de seis metros de altura [. . .] y hondas simas. [. . .]
> Abajo el agua se mueve, según los sectores, [. . .] hasta el brutal empuje y el Iguazú
> de la caída. Hay paredes que se encorvan, llenas de jorobas. Catedrales con sus coros y
> cruceros. Bóvedas de techos nebulosos y por cuyos muros chorrean vapores transforma-
> dos en gotas. Diría que son tumbas egipcias [. . .] (EGM, pp. 31–32).

El paréntesis —«(ya sé que lo dije antes, pero lo repito porque sospecho que
han de creer que se trataba de una exageración poética de mi parte)»— insiste
en el asunto de la veracidad de una manera que refuerza aún las sospechas del
lector. A lo largo de la descripción, el «me contó un amigo» pierde su valor evidencial para transformarse en un guiño formal al *pacto ficcional* de las novelas
de aventura, en las cuales el narrador siempre vuelve a afirmar la rigurosa
exactitud de los hechos narrados —pienso aquí, típicamente, en Edgar Poe—.[718]

---

[718] Falsificador notorio, Poe recurre a menudo a notas al pie para dar la apariencia de verdad, por ejemplo en «The Thousand-and-Second Tales of Scheherazade». En *The narrative of
Arthur Gordon Pym* (1838), la construcción paratextual es más compleja aún: en el «Prefacio»,
el protagonista A. G. Pym presenta las circunstancias que lo llevaron a relatar sus aventuras
—extraordinarias pero totalmente verídicas— en las mares del sur, y el papel de un periodista, el
señor Poe, en su publicación; al final de la novela, el periodista-autor Poe toma la pluma en una
«Nota» editorial para justificar la pérdida de tres capítulos en un accidente que costó la vida a
A. G. Pym. Edgar Allan Poe: *The narrative of Arthur Gordon Pym*. New York: Harper & Brothers
1838, https://en.wikisource.org/wiki/The_Narrative_of_Arthur_Gordon_Pym (16.5.2021).
Para Ricardo Piglia, «[e]s una técnica que viene de lejos, desciende de ilustres antepasa-
dos, el origen de la novela inglesa es el falso documento autobiográfico de un náufrago que
sobrevive en una isla desierta y cuenta su epopeya, tal cual imagina Defoe en *Robinson Crusoe*
(y ahí inventa la historia pero también el procedimiento de narrarla como si fuera un documento real). [. . .] Lo curioso de este aparente verismo es que justifica, con los hechos ‹verda-

Sin embargo, en una entrevista a Patricio Pron, Laiseca confirma la autenticidad del pasaje:

> – En el libro [EGM] hay una descripción exhaustiva de la vida en las cloacas de Buenos Aires, ¿cómo se informó al respecto?
> – Esas cosas me las contó un amigo que fue oficial de bomberos durante más de diez años, Enrique César Lerena de la Serna. Él me contó todos los detalles de cómo es una cloaca y del lunfardo que usan los raqueros, las personas que viven en ellas, para una nota para el diario *Tiempo Argentino*. Todos dijeron «qué maravilloso el trabajo de ficción de Alberto Laiseca», pero esa parte es rigurosamente verdad: en las cloacas hay derrumbaderos y cataratas de seis metros de alto, hay inscripciones cuyas nomenclaturas se han perdido y remolinos enormes donde si usted se cae sale en el Río de la Plata muerto, hay ratas de Noruega enormes a las que los gatos les tienen miedo. Todo eso es cierto.[719]

Este es un ejemplo paradigmático del ambiguo estatuto del *yo* en la ficción laisecana: nunca se sabe exactamente quién está hablando. Demuestra también la permeabilidad entre las obras laisecanas y sus paratextos (contratapas, entrevistas, vídeos...): como señala acertadamente Hernán Bergara, las entrevistas de Laiseca comparten con sus obras un «código común» «de frases, de giros, de conceptos puntuales», formando un «sistema de estribillos»[720] —aquí, la conclusión «todo eso es cierto»— que hace muy difícil diferenciar entre el discurso de Laiseca en una entrevista periodística, y el discurso ficcional de sus narradores, en libros designados como novelas.[721] (Correlato: es arriesgado buscar en

---

deros›, una narración imaginaria. Son escritores decididamente antirrealistas [. . .] que usan esa técnica para contrabandear historias extremas». Ricardo Piglia: *Los diarios de Emilio Renzi*, vol. 1: *Años de formación*. Barcelona: Anagrama 2015, p. 283.
719 Patricio Pron: «Me lo permito todo en este libro».
720 Hernán Bergara: Plagios con un plagio de plagios, pp. 10–11. En otra publicación, Hernán Bergara añade al respecto: se trata de «algunas frases, expresiones o giros [que] se reiteran de libro en libro, en casi todos los casos sin verse modificados. Construcciones fosilizadas, *fórmulas* desperdigadas [. . .], tales como: ‹morirse pa' siempre›; ‹qué conchaza tenía la vieja!›; ‹si no le gusta vayasé›; ‹lo que no es exagerado no vive›. [. . .] Estas frases están trasplantadas, por un lado, de vivencias personales de Laiseca, de acuerdo con sus declaraciones en entrevistas; tal en el caso de ‹si no le gusta vayasé›, que proviene de sus experiencias en pensiones, y de ‹morirse pa' siempre›, frase vivida en su experiencia como cosechador. Por otro lado, ‹lo que no es exagerado no vive› puede leerse como su principal *slogan* ético, político y estético». Hernán Bergara: Matando al Anti-ser a ladrillazos: sobre la obra-Laiseca. In: María Celeste Aichino/Agustín Conde de Boeck (eds.): *Sinfonía para un monstruo. Aproximaciones a la obra de Alberto Laiseca*. Córdoba: Editorial Universitaria Villa María 2019, p. 209.
721 Es también la conclusión de María Celeste Aichino: «en el caso [. . .] de Laiseca, la referencia a entrevistas y discursos pronunciados por el autor no son accesorios sino fundamentales en la construcción de la idea de *autor de culto* y alimentan sus ficciones de manera significativa». María Celeste Aichino: El realismo delirante en *Gracias Chanchúbelo* (2000), p. 129.

dichos paratextos claves de lectura para entender la obra laisecana, porque no hay novelas *delirantes* por un lado y entrevistas serias por otro —Laiseca siempre habla en serio, pero delirando—).

Otro factor de complejidad enunciativa estriba en recurrentes deslizamientos, que se operan muchas veces sin cesura visible en el tejido textual (en el mejor caso: un paréntesis, un cambio de párrafo) y obligan al lector a estar constantemente atento para lograr seguir la narración. Dentro de las 50 primeras páginas de EGM (pp. 9–60), se identifican así no menos de 12 deslizamientos enunciativos, debidos a tres *yoes* distintos (además del narrador omnisciente que abre el relato), así como un diálogo teatral en el cual ya no hay narrador, sino meramente didascalias.

Tabla 1: Deslizamientos enunciativos en las 50 primeras páginas de EGM.

	Narrador omnisciente	*yo* metanarrativo-autorial	*yo* autoficcional	*yo* ficcional	Ø narrador: diálogo teatral
1	Incipit: «Ella era gordita. . .» (p. 9); «el gusano se internó por las cloacas de Nueva York» (p. 21); pasaje documental sobre las cloacas				
2			«Me contó un amigo que en su época. . .» (p. 30); «lo repito porque. . .» (p. 31)		
3	«El gusano sabía todo eso pero le importaba un carajo. . .» (p. 36); «Delante suyo estaba Dorys, la Reina» (p. 37)				

Tabla 1 (continuación)

Narrador omnisciente	*yo* metanarrativo-autorial	*yo* autoficcional	*yo* ficcional	Ø narrador: diálogo teatral
4	«Pero ésta es una novela pésimamente escrita. Recién se me ocurre aclarar qué es un Gaitero de la Reina. Páginas y páginas después» (p. 49); «Porque en *Los Sorias* yo digo . . .» (p. 50)			
5		«Es que antes yo era culto. En este momento para nada» (pp. 50–51)		
6			«En realidad yo sólo cumplía las órdenes. Le explico» (p. 51)	
7	«Pero volvamos atrás» (p. 52); digresión sobre Escocia; «Pero entonces y definitivamente, el asunto de los gaiteros» (p. 53)			
8		«(Me encanta ser corrector de pruebas de galera. Es mi pasatiempo favorito)» (p. 54)		

Tabla 1 (continuación)

Narrador omnisciente	*yo* metanarrativo-autorial	*yo* autoficcional	*yo* ficcional	Ø narrador: diálogo teatral
9 Vuelta al relato principal: el gusano en las cloacas con la gorda Dorys.				
10				Pasaje teatral a la manera del *Henry IV* de Shakespeare (pp. 55–57)
11 Vuelta al relato principal: «A una orden gestual de Dorys. . .» (p. 57); «Otro de los presentes era. . .» (p. 58)				
12	«el guardián (o exguardián) de la morgue, delirante incomparable que ya conocimos en *Su turno*. . .»; «ustedes pueden comprar la novela en una librería de viejo o pedírmela a mí» (pp. 58–60)			

De la izquierda a la derecha, distinguimos:
– el relato principal, o sea las aventuras del gusano anunciadas por el título de la obra y narradas en tercera persona;
– las varias intervenciones de un *yo* metanarrativo e —implícita, luego explícitamente— autorial, cuyos comentarios tienen por objeto el relato principal u otras obras de Laiseca;
– las intervenciones de un intermitente *yo* autoficcional, quien se abandona a digresiones relacionadas a la biografía del autor Laiseca;
– la irrupción de un *yo* ficcional que nos cuenta su extraño destino de nazi con problemas gramaticales;
– un diálogo teatral en el cual los personajes, bajo nombres shakespearianos, hablan en discurso directo.

Como se lee, el uso de *shifters* («conmutadores») enunciativos[722] —el pronombre «yo», obviamente, pero también adverbios o locuciones adverbiales con valor deíctico «recién», «en este momento», «entonces y definitivamente»— se combina con conectores opositivos («pero») y sobre todo causales-explicativos —«porque», «es que», «en realidad»— para organizar la proliferación narrativa: los varios *yoes* que cuentan y comentan siempre tienen algo más que añadir, explicar, corregir, precisar. César Aira tiene toda la razón: «El Yo como instrumento artístico o literario lleva a la proliferación, o es ya de por sí una proliferación [. . .] Con el yo, la expresión se vuelve ventriloquia».[723] Interesante es, en particular, la promoción que hace el *yo* autorial de la novela *Su turno*, sugiriéndole al lector opciones para comprar el volumen: «ustedes pueden comprar la novela en una librería de viejo o pedírmela a mí» (EGM, p. 60). El *yo* en esta frase no es una instancia metanarrativa que comenta sobre el relato, ni tampoco un *yo* autobiográfico retrospectivo, sino que corresponde al escritor Laiseca en tanto actor económico en el mercado editorial que tiene que lidiar con la escasa disponibilidad de sus libros. Este tipo de «cortocircuito» ontológico[724] —salto repentino del *yo* narrador al *yo* autorial extraliterario— es recurrente en las obras que nos ocupan: poco después del pasaje sobre *Su turno*, se lee así: «Y suspendo aquí la novela porque tengo que pasar a buscar a Graciela para ir a lo de una amiga suya donde estamos invitados» (EGM, p. 63). Análogamente, en este pasaje de «La casa de la Bruja» en LAPEF:

> Mientras escribía lo anterior encendí uno de mis deliciosos *Achalay* con los dedos húmedos por la cerveza y la consecuencia fue que el cigarrillo, de piel de seda, casi se destruye. Pero voy a fumarlo igual. (Así habló Alberto Laiseca).
> Pero el Profesor Filigranati estaba en otra cosa (LAPEF, p. 71).

Inscrito en la genealogía macedoniana,[725] por un lado, y característico de la literatura autoficcional,[726] por otro, este procedimiento recurrente participa de la

---

722 Cf. 1.4, nota 48.
723 César Aira: Dalí. In: *Evasión y otros ensayos*. Barcelona: Random House 2017, p. 101.
724 Traduzco la formula de Brian McHale: *Postmodernist fiction*, p. 213.
725 En varios textos de los *Papeles de Recienvenido*, Macedonio Fernández pone en escena el propio proceso de escritura como si ocurriera simultáneamente a su lectura, sin la mediación del libro impreso: «Un instante, querido lector: por ahora no escribo nada. Estoy callado para meditar acerca de un telegrama que leo en ‹La Prensa› [. . .].» Macedonio Fernández: *Papeles de Recienvenido y Continuación de la nada*. Buenos Aires: Corregidor 2007, p. 14. Cf. también Diego Vecchio: «Yo no existo». Macedonio Fernández y la filosofía. In: Roberto Ferro (ed.): *Historia crítica de la literatura argentina*, vol. 8: *Macedonio*. Buenos Aires: Emecé 2007, pp. 407 y siguientes.
726 Sobre la categoría de autoficción, cf. 2.1.2.

ficcionalización de la función-autor laisecana —que analizaremos en 4.2.2—; a nivel enunciativo, tiene ante todo el efecto de aumentar la entropía provocada por el *yo*-narrador en sus varios roles, obligando incluso al narrador omnisciente a intervenir para restablecer el orden enunciativo —aquí mediante el paréntesis «(Así habló Alberto Laiseca)»—.

Detengámonos ahora sobre el recurso a la puesta en escena teatral (EGM, pp. 55–57). Factor adicional de fragmentación narrativa, da otra vuelta de tuerca al *de/lirio* enunciativo, pues no parece impulsado por una u otra instancia enunciativa: ocurre de por sí, producido casi autónomamente por el relato mismo. De hecho, el pasaje sigue directamente el encuentro del gusano con la Reina Dorys, quien cita a Shakespeare en cada momento, y la manía llega a contaminar al gusano:

> Luego, muy a la manera de la gorda, el máximo de la vida misma citó al Bardo: «‹La miseria da al hombre extraños camaradas de lecho.› *La tempestad*. Acto II. Escena II.» Lo citó para sí mismo, claro está, pues no quería que Dorys lo oyese. Podía tomarlo mal, sospechó. Lejos estaba de percatarse de que ella bien hubiera podido decir lo mismo de él» (EGM, p. 55).

Justo después sigue algo que todavía no es una didascalia (no está ni en cursiva ni entre paréntesis), pero que sí tiene un estilo y una función similar: sirve para introducir el discurso directo teatral: «Vanse. Llegados que son a la Sala del Trono, la Reina eleva despótico y ufanal dedo» (ibid.). El *de/lirio* prolifera hasta autonomizarse en el texto; los narradores se multiplican hasta desaparecer, como «tragados» por las didascalias. Un fenómeno similar ocurre en LAPEF, cuando el Profesor Filigranati, tras una discusión con Enrique César sobre la próxima escena de la película sadomasoporno *El Cid Campeador*, absorto en sus pensamientos, observa a «tres punks [. . .] jóvenes malísimos, llenos de odio y nihilismo, e implacables», cuya conversación se transcribe en forma de diálogo teatral entre Punk I, II y III (LAPEF, pp. 115–119). El pasaje entero se estructura de manera teatral, como si la puesta en escena del *Cid Campeador* se trasladara a la narración principal: Filigranati está al principio en posición de *voyeur* —«Don Eusebio, como el jalifa Harum Al Raschid, caminaba por uno de los subterráneos espiando cuartos desde sitios secretos [. . .] desde uno de sus escondrijos, vio a tres punks [. . .]» (LAPEF, pp. 114–115)— e irrumpe luego en la escena, casi *ex machina* —«Pero entonces, y mediante una fulguración escénica, apareció Don Eusebio. Los punks lo miraron sorprendidísimos y aterrados» (LAPEF, p. 118)—. Lo mismo se observa en el cap. 14 de SMP, que relata la filmación de *La Fantasma de la Ópera* en forma de guion cinematográfico (SMP, pp. 240–259).

El *de/lirio* laisecano también incluye a narradores secundarios que acaparan, a veces durante capítulos enteros, la función narrativa. En LAPEF, se trata del Profesor Eusebio Filigranati, quien le cuenta historias a la joven Analía-Drusilita (LAPEF, pp. 137 y siguientes, 147 y siguientes, 159 y siguientes), y luego a Rosinha (LAPEF, pp. 215 y siguientes). En SMP, son Tojo —japonés necrófilo que «se gan[a] la vida contando cuentos japoneses de fantasmas» (SMP, p. 19) y narra los 29 relatos enmarcados, numerados con letras en orden alfabético, del largo cap. 7 «Cuentos pornográficos para niñas inocentes»—, así como el Monitor Al Iseka —personaje que conocimos en *Los sorias*—. Este aparece en los cap. 10 y 15 de SMP dando interminables «monólogos democráticos» (SMP, p. 160) que incluyen relatos de índole autobiográfica, fantástica o «serie B». Más que narradores-personajes independientes, Filigranati, Tojo y el Monitor funcionan como *mises en abyme*, o fractales, del narrador principal: reproducen en los relatos enmarcados su comportamiento narrativo, marcado por las interrupciones y digresiones de un *yo* omnipresente. También comparten la misma inestabilidad enunciativa y ontológica, pues transparece a menudo, en sus relatos, el *yo* autorial y/o vivencial de Laiseca (volveremos en detalle sobre este punto en 4.2.2 y 4.2.3). El cap. 15 de SMP, «En mi pueblo había un filósofo (Nuevos monólogos de Su Excelencia, Al Iseka, Monitor de la Tecnocracia y Dictador perpetuo de Camilo Aldao)», enteramente contado por Al Iseka, ilustra perfectamente el fenómeno. El capítulo elabora sobre un pasaje de *Los sorias* en el cual el Monitor hace planos para su jubilación: quiere «transformarse en simple particular» y dedicarse al arte cinematográfico;[727] en SMP, habla de convertirse en escritor y presenta sus ideas de libros. Reconocemos, en primer lugar, la hiperactividad metanarrativa del *yo* que comenta sobre el propio contar, en vez de simplemente contar: «Anoche imaginé una historia. No sé si la voy a escribir porque el pueblo tecnócrata me lleva todas mis horas de día y de noche, pero igual se la cuento» (SMP, p. 291). También se observa una marcada tendencia a la «enumeración proliferante» que María Celeste Aichino describe en Laiseca:[728] el Monitor resume así no menos de ocho «novelitas clase ‹B›» con las cuales se formó (SMP, p. 292), y prosigue entonces con la presentación de una serie de «proyectos novelísticos» al «público cautivo» (SMP, p. 302) de sus subordinados... que somos también nosotrxs lectorxs. Notar el uso característico de los *shifters* enunciativos —«esto», «lo mismo»— para arrancar, una y otra vez, un nuevo relato:

---

727 Alberto Laiseca: *Los sorias*, p. 119.
728 María Celeste Aichino: El realismo delirante en *Gracias Chanchúbelo* (2000), p. 133.

Y a propósito, esto me recuerda algo que no tiene nada que ver. Cuando me jubile de Monitor y pase a la vida civil voy a escribir una novela policial de asqueroso misterio. Ya tengo el título: *La mansión del gaznápiro* (novela de horror gótico) (SMP, p. 297).

Y hablando de lo mismo para cambiar de tema. Unos amigos (Federico Mercuri e Iván Romanelli) me hicieron una película para mí solo. Se llama *La isla de los cuatro juguetes*, título de uno de los cuentos del Profesor Eusebio Filigranati (SMP, p. 317).

Ya no para el Monitor, siguiendo compulsivamente con «[o]tros cuentos que se [l]e han ocurrido para cuando [s]e jubile de Monitor [. . .] aquí van otros dos cuentos por el mismo precio. Ña ña ña» (SMP, pp. 320, 326). El ritmo de la narración va acelerando, hasta producir microrrelatos,[729] esbozos de cuentos de apenas unos renglones. La última historia del capítulo, sobre la disolución de la Unión Soviética (SMP, p. 338), cabe en menos de media página: si el gesto recuerda, otra vez, a Macedonio, sus «Esquemas para arte de encargo»[730] o «Títulos-Textos»,[731] la «pulsión novelesca»[732] del Monitor se vincula explícitamente con el placer suscitado por «miles de aventuras deliciosas y delirantes» (SMP, p. 179); como observa Miguel Dalmaroni, el énfasis está en «la peripecia y la intriga [. . .] atributos de lo que Macedonio Fernández llamó [. . .] ‹alucinación› o, lisa y llanamente, ‹novela mala›».[733] Evocando una historieta que solía leer de niño, *Langostino Mayonesi (el navegante solitario)*, el Monitor esboza una *ars poetica* delirante: «Me gustaría leer una novela, uno de estos días, donde ciertas partes funcionen independientes [. . .]. Algún capítulo, si bien se mira con el resto, sea autónomo. Podrían mezclarse, si quisieran, ya que tienen el mismo motor ontológico. Pero se niegan» (SMP, p. 180).[734] Para el Monitor, hay una dimensión fundamentalmente emancipatoria en el contar-delirar en tanto «más libre instrumento de expresión», que le permite a uno «sentir[se] autorizado» (ibid.). *Negarse* como auto-afirmación: en esto transparece, detrás

---

729 Sobre microrrelato, cf. 3.3, nota 541.
730 Cf. Macedonio Fernández: Esquemas para arte de encargo. In: *Obras Completas*, vol. 7: *Relato: cuentos, poemas y misceláneas*. Buenos Aires: Corregidor 1987, p. 69.
731 Cf. Macedonio Fernández: *Museo de la Novela de la Eterna*. Ed. César Fernández Moreno. Caracas: Biblioteca Ayacucho 1982, p. 234.
732 Miguel Dalmaroni: Incidencias y silencios, p. 122.
733 Ibid.
734 En *Los sorias*, el Monitor presenta su proyecto de película así: «Una especie de *Comedia humana* de Balzac, pero captada solo en sus puntos más interesantes y altos, cada proceso sin principio ni fin, unicamente tomado en el medio, para luego unir todos los pedazos dispersos mediante un artificio continuo a inventar posteriormente, cuando dejara de ser Monitor y tuviese tiempo. En caso de que no pudiera resolver el aspecto de la continuidad tomaría prestado de una realización ajena: ‹Hay ciertos plagios que son una necesidad histórica [. . .]›.» Alberto Laiseca: *Los sorias*, p. 119.

del Monitor, el narrador primario —y el autor Laiseca—, a quien reconocemos en otro capítulo a través del estribillo «Pero me niego»:

> Por lo que sigue los lectores van a comprender que la novela podría terminar aquí de una. Pero me niego. ¿Sabén por que? Cómo se ve que ustedes no escolasean y que tampoco leyeron a Plutarco. Cuenta el gran Maestro griego que los egipcios tenían al 17 por número nefasto, ya que era el día de la muerte de Osiris. [. . .] Por lo tanto les anticipo que pienso hacer trampas con el número de capítulos (SMP, p. 345).

Aun ubicados en diferentes niveles de la narración, los narradores primarios y enmarcados tienen entonces un comportamiento muy similar; incluso formulan y defienden los mismos principios narratológicos y estéticos, conformando un discurso metapoético en el cual transparece la voz autorial de Alberto Laiseca.

Resumiendo lo que hemos analizado, hasta ahora, del *de/lirio* enunciativo en Laiseca: tenemos un narrador primario, omnisciente, en cuyo relato surge intermitentemente un *yo* de estatuto inestable —metaficcional, autoficcional, autorial. . .—, que entrecorta a gusto el hilo de la narración con comentarios, digresiones y chistes. Hiperactivo y muchas veces molesto, este narrador desaparece en ciertos pasajes por completo, al recurrir a la puesta en escena teatral-cinematográfica para relatar varios sucesos de su historia bajo la forma de diálogos directos con didascalias y/o partes sinópticas. Delega, por fin, su tarea narrativa a una serie de narradores secundarios que adoptan un comportamiento mimético al suyo y fomentan la proliferación narrativa con igual entusiasmo. Figuras de escritores o contadores *delirantes*, su similitud les define menos como narradores diegéticamente independientes que como *fractales* del narrador principal —él mismo siendo una ambigua proyección (auto)ficcional del autor Alberto Laiseca—.

4.2.2 El autor (de cabecera), el lector (plebeyo) y el plagiario (amoroso)

La entropía enunciativa que acabamos de describir se asocia, en la trama textual, a una ficcionalización de la función-autor que mediatiza una confrontación lúdica al proceso de canonización institucional (y comercial) del autor. Este fenómeno se puede analizar a través de tres aspectos: el uso recurrente de la metalepsis en tanto proyección textual de Laiseca$_a$,[735] la puesta en escena del nombre propio «Alberto Laiseca», así como el manejo de la intra- e intertextualidad.

---

[735] Para evitar posibles confusiones, escribo Laiseca$_a$ cuando hablo del autor «real» (cuyo nombre se encuentra en la tapa de los libros), y Laiseca$_i$ cuando se trata de su imagen metaléptica en un relato u otro.

4.2 Laiseca, *mal poeta*: el *de/lirio* enunciativo — 217

Las proyecciones metalépticas —procedimiento de «diseminación del *yo* del autor en diversos personajes»[736]— abundan en las tres novelas que nos ocupan, y los nombres y obras que se le atribuyen remiten sistemáticamente a Laiseca$_a$. Entre esas figuras cuenta el gusano de EGM, quien, como lo vimos, también escribe —con talento, pero poco éxito—:

> escribió un libro genial de cuentos policiales chinos llamado *Los casos del Honorable Juez Lai Chú*. Fue un fracaso completo, desde ya les adelanto. [. . .] Eran ciento ochenta y ocho los casos del Honorable Maestro Lai Chú. Todo ello insumía doscientas cincuenta páginas. [. . .] Sólo citaré los tres primeros casos (EGM, p. 123).

El nombre «Lai Chú», cabe observar, retoma la primera silaba de «Laiseca»; maestro taoísta héroe de la novela *La mujer en la muralla*,[737] Lai Chú el «nombre chino de guerra» del Profesor Eusebio Filigranati en LAPEF (p. 10); en SMP, es un amigo de Tojo que él menciona en un cuento suyo (SMP, p. 61), y que luego se halla explícitamente relacionado con el Lai Chu de LAPEF (SMP, p. 184, sin acento); también fusiona con el célebre detective Charlie Chan en el personaje de «Charlie Chanchú», protagonista de una de las novelas del Monitor (SMP, p. 309). El trabajo onomástico que Laiseca$_a$ realiza con sus nombre y apellido es constante: en otro cuento del Monitor, se trata de cierto «Albertoto IV el Horrible» (SMP, pp. 320, 321), cuyo nombre evoca evidentemente el de Laiseca$_a$. En el mismo libro, también se encuentra una versión germanizada, con título: «Herr Professor Albert von Laiseca» (SMP, p. 176). En LAPEF, por fin, se menciona muchas veces a «Alberto Laiseca» —así sin modificación—: es el escritor de cabecera de Filigranati (LAPEF, p. 37), autor de *Los sorias* (LAPEF, pp. 196 y 201–202, pasaje ya citado). Es también el falso nombre que él elige para disimular su identidad en su viaje hacia el pasado (LAPEF, p. 65).

El Profesor Eusebio Filigranati, personaje y narrador secundario en LAPEF, es otra metalepsis laisecana. Como en el cuento «Los magister de la ciudad de los Nibelungen» de la colección *Gracias Chanchúbelo*,[738] Filigranati es en LAPEF el autor (¡nobelizado!) de una gran obra titulada *Los atroces*. Al encontrarse con un entusiasta lector suyo, expresa su admiración por *Los sorias* de Laiseca en los siguientes términos:

> – Maestro: me alegré muchísimo cuando supe que le habían dado el Premio Nobel.
> – Yo también. Ayuda a distribuir los libros. Entre otras cosas.
> – Y leí *Los atroces*, su obra maestra. Me cambió la vida. Por lo menos por dentro.

---

736 [José] Agustín Conde De Boeck: *Los Sorias* y la escritura como guerra, p. 120.
737 Alberto Laiseca: *La mujer en la muralla*. Buenos Aires: Planeta 1990.
738 Alberto Laiseca: *Gracias Chanchúbelo*. Buenos Aires: Simurg 2000.

— Ah: qué bueno es eso. El mejor elogio que se puede recibir [. . .] ¿Si no para qué escribe uno?
— *Los atroces* es una novela fantástica, increíble. Tiene mil cuatrocientas cuarenta páginas, pero cuando uno la termina se siente triste de que se haya acabado. ¿Y ahora dónde voy?, me decía. Es la obra de ficción más larga de Argentina, ¿cierto?
— De ninguna manera. *Los sorias*, de Alberto Laiseca, tiene el mismo número de páginas.
— No la leí. Es más: ni siquiera oí hablar del autor.
— No es raro. Él se merecía el Nobel. No yo (LAPEF, pp. 201-202).

En SMP, el narrador designa a Filigranati como su Maestro (SMP, p. 20). También es el «autor de cabecera» de Gofio (SMP, p. 37) y de Analía, cuya novela favorita es LAPEF: «Ya la leí como veinte veces y jamás me canso» (SMP, p. 100). El cuento «La isla de los cuatro juguetes», que el Monitor atribuye al profesor Filigranati (SMP, p. 317), es en realidad un relato del propio Laiseca, publicado en 2001 en la colección *En sueños he llorado*. Incluso Tojo es un gran lector de Filigranati: su cuento «Daisy» remite a un pasaje de «La humanización de la mafia» en LAPEF, así como «Luisa» «es una de las aventuras del profesor Eusebio Filigranati: pero de cuando era chico» (SMP, p. 109). El mismo Tojo tiene también una dimensión metaléptica: además de narrar el cap. 7 de SMP, «Cuentos pornográficos para niñas inocentes», comenta cada cuento con Analía, componiendo un verdadero *arte poético* sobre el realismo delirante laisecano (aunque este se atribuye a Filigranati, SMP, p. 20). Lo mismo se puede decir del Monitor Al Iseka —cuyo nombre es un palíndromo fonético de «Laiseca»— en la vasta acumulación que comentamos en la sección precedente.

Para aumentar la confusión, el narrador y sus dobles fractales incurren constantemente en reflexiones metatextuales, no solo sobre sus propios relatos, sino también sobre obras existentes, publicadas, de Laiseca$_a$. Ya mencionamos los pasajes sobre *Los sorias* y *Su turno para morir* en EGM, así como las referencias a LAPEF en SMP. En SMP observa así el Monitor, interpelando al lector: «tal vez ustedes se asombren de que mi novia (la pelirrojita que me ganó la partida de ajedrez) se llame Teresa y no Kundry. ¿Pero saben qué pasa?: Kundry es mi novia en *Los sorias*. Esta es otra novela. Distinta ficción, distinta mujer» (SMP, p. 342). Con esta intervención, el Monitor (narrador secundario en SMP, y personaje en *Los sorias*), *usurpa* a Laiseca$_a$ la autoría de sus dos obras.

Se ve entonces que los personajes laisecanos se mueven con gran flexibilidad entre los varios niveles diegéticos, de personaje a narrador y viceversa. La dimensión metaléptica que destacamos —narradores y personajes en tanto proyecciones textuales de Laiseca$_a$—, se invierte a menudo hasta hacer de este un epifenómeno de su propia creación, permutando el vínculo causal entre el autor y su obra: son los personajes quienes han escrito las obras de su autor. Así, el escritor Laiseca$_a$ reescribe la propia carrera literaria y encuentra en el *de/lirio* una resolución fantaseada de sus ambiciones contradictorias de genio inédito y *best seller*. Tanto Filigranati como Laiseca$_i$ y Lai Chú son autores de estatuto canónico —«Maestro», «autor de cabecera», «Premio Nobel»—; paralelamente, los narradores laisecanos nunca pierden ocasión para criticar el mercado editorial. En EGM, por ejemplo, el narrador alude a las severas constricciones de formato que se impone el gusano para conseguir publicar: «Su libro tenía un formato argentino (o norteamericano): doscientas cincuenta páginas. Ni una más, ni una menos, para no tener problemas» (EGM, pp. 122–131). En SMP, la reescritura que propone el Monitor de *La pata de mono* de W. W. Jacobs (SMP, pp. 337–338) reflexiona con humor sobre la vanidad de muchos escritores, pero ante todo sobre la casi imposibilidad de obtener una entrevista en una «multinacional editora» —menos aún un adelanto—.

Paralelamente a esa (de)construcción de la figura autorial, se ponen en escena sus lecturas: un canon alternativo en la herencia del cual Laiseca$_a$ inscribe su proyecto literario. Esta «biblioteca extravagante»[739] o «insólita»[740] abarca a autores tan conocidos como oscuros, escritores *plebeyos* o malditos. La descubrimos en LAPEF, con la descripción de la biblioteca de Filigranati. Detalle importante: su biblioteca «verdadera» está escondida en un cuarto secreto; los libros que Filigranati da a ver a sus invitados son otros: «La rareza provenía de su contenido: imposible en un intelectual de su categoría. Eran todos best sellers, tanto argentinos como extranjeros, perfectamente ilegibles. Filigranati ni los había abierto» (LAPEF, p. 35). Se lee aquí una inversión típica del *de/lirio*, que transforma lo hiper-legible que circula en el mercado literario (los *best sellers*) en *perfectamente ilegible*, así como una dramatización del carácter subversivo, *ilegal*, de lo que Filigranati/Laiseca$_a$ consideran literatura *legible* (auténtica): el Profesor Filigranati no puede dejar que sus enemigos se enteren de lo que lee de verdad.[741] De cierta manera, el pasaje literaliza y extrema lo que Piglia ha descrito

---

[739] Miguel Dalmaroni: Incidencias y silencios, p. 121.
[740] Guillermo Saavedra (1993), «Alberto Laiseca: retrato de artista con novela», p. 120.
[741] El motivo de la biblioteca falsa se encuentra otra vez en el Hotel Soria de Santos (ciudad brasileña donde la cual el Profesor viaja tras la muerte de Analía-Drusílita): «Recordaba a esas bibliotequitas chasco que sólo tienen lomos pero ningún libro real. Sin embargo puede leerse: *La República*, de Platón; *El Paraíso Perdido*, de Milton; *La Divina Comedia*, de Dante Alighieri, etcétera. Aquí también pero gigantesco: los falsos y gordos lomos llegaban hasta el comienzo del primer piso. El descascaramiento, la progresiva caída de los materiales de construcción, ya estaban borrando los títulos en portugués pero aún podían descifrarse algunos: *Rosinha minha canoa*, de Jose Mauro Vasconcelos; *O vampiro de Curitiba*, de Dalton Trevisan; *Os Sertos*, de Euclides de Cunha; *Historia do Cerco de Lisboa* y *O ano da morte de Ricardo Rais* [sic], de Saramago; *Gabriela Cravo e Canela*, de Jorge Amado; *As Velhas Fabulas*, de Monteiro Lobato, y *La puta que te parió*, pero el nombre del autor era ilegible» (LAPEF, pp. 195–196). Es

como la práctica de lectura vanguardista: «borrar el texto del enemigo, convertirlo en ilegible».[742] Pero volvamos al contenido de la biblioteca de Filigranati:

> Estaban, por de pronto, sus verdaderos libros: magia, ciencias militares, astrología, historia, geografía, arqueología. Y novelas: el *Ulises* de «James» (no pronunciar a la inglesa: castellanizar), «Joice» de Joder, Lezama Lima, Nicolás Guillén, Knut Hamsun, Gustav Meyrink, Kafka [. . .] Hermann Hesse [. . .], veinte novelas de Rider Haggard [. . .] *Sinuhé el egipcio*, *El ángel sombrío*, *El etrusco* y otros muchos de Mika Walthari (el Genio Grandioso), Shakespeare, Any Rand [sic], Edgar Allan Poe, Dostoievski, Oscar Wilde y las obras completas de Marcelo Fox, el Dr. Enrique César Lerena de la Serna y Alberto Laiseca (sus escritores de cabecera) (LAPEF, pp. 36–37).

Hay mucho humor en esta enumeración barroca —el James Joyce castellanizado, el «‹Joice› de Joder», las «obras completas» de Fox (dado que éste solo publicó dos libros)—, pero nos permite echar un vistazo en el universo intertextual laisecano: tenemos la filiación hermética-barroca (Joyce, Lezama), la pasión por los relatos históricos y las novelas de aventuras (Haggard, Walthari, Meyrink), el humor como método antropológico y crítico (Hamsun, Kafka, Wilde, Guillén), la preocupación por la salvación (Doistoievski, Hesse, Fox) asociada al constante cuestionamiento de las normas morales (Wilde, Fox), cierto esoterismo (Meyrink, Fox), el delirio distópico en primera persona (Fox), lo grotesco (Guillén, Wilde). La biblioteca de Filigranati/Laiseca$_a$ se deja completar, a lo largo de EGM, LAPEF y SMP, por numerosas otras referencias —puntales o recurrentes, implícitas o explícitas— a autores y libros: Macedonio Fernández, lo vimos, es omnipresente (por la tendencia plagiaria, los chistes, los «esquemas» narrativos, cf. 4.2.1), así como Roberto Arlt (por la fascinación por la ciencia y los sabios locos que son Eusebio Filigranati, Wong y Lai Chú, cf. 4.3.2),[743] el Marqués de Sade (por la pornografía delirante: el capítulo «La humanización de la mafia» reescribe *Los 120*

---

evidente que un lugar como el Hotel Soria, con su muy molesto gerente Ezequiel Soria, no puede albergar ninguna biblioteca bien cuidada.

742 Ricardo Piglia: *Las tres vanguardias: Saer, Puig, Walsh*. Buenos Aires: Eterna Cadencia 2016, p. 44.

743 Para Laiseca, Arlt es «un grande en la literatura argentina. Es verdad que hay conspiración en su obra y en la mía, mi obra es totalmente delirante pero creo que él era un poco más loco». Juan Rapacioli: Reeditan dos obras fundamentales de Alberto Laiseca. Volveremos sobre la herencia arltiana en Laiseca, pero ya podemos remitir al muy interesante artículo de Conde de Boeck sobre la *angustia de la influencia* laisecana, su anti-borgeanismo conflictivo y «el paradigma Arlt-Laiseca [como] arco canónico alternativo a la centralidad borgeana». [José] Agustín Conde de Boeck: Parodia, extremación y degradación: Alberto Laiseca, lector de Borges. In: *CiberLetras: revista de crítica literaria y de cultura* 35 (2015), http://www.lehman.edu/faculty/guinazu/ciberletras/v34/condedeboeckcor.htm (20.1.2019).

días de Sodoma),⁷⁴⁴ Rodolfo Fogwill (por el amor a los malos poetas).⁷⁴⁵ También se citan Dino Buzzati (*El desierto de los tártaros*, LAPEF, p. 185), Stephen King, Ray Bradbury, *Frankenstein* y *Drácula* (LAPEF, p. 228), Julio Verne (SMP, p. 143), Arthur Miller (SMP, p. 164), Gaston Leroux (*la* Fantasma de la ópera dirige la filmación de una película epónima en el cap. 14, SMP, p. 239 y siguientes) y por supuesto las novelitas «clase B» que homenajea el Monitor (SMP, p. 292 y siguientes). Crucialmente, —y contrario a lo que la crítica a los *best sellers* formulada por Filigranati parece sugerir— no se trata solamente de obras exclusivas, reservadas a un *happy few* intelectual, muy al contrario. Según muestra Guido Herzovich, de hecho,

> las lecturas fundantes que menciona una y otra vez Laiseca fueron casi todas de amplia circulación popular [. . .] *El fantasma de la ópera* (de Gastón Leroux), *Drácula* (de Bram Stoker), *El Golem* (de Gustav Meyrink): literatura popular, aun best sellers de su época respectiva, multiplicado enseguida por la cultura audiovisual, infinitamente difundidos por los kioscos y librerías argentinas; textos que en el vértigo de su circulación multiforme siguen perdiendo a menudo el nombre de autor.⁷⁴⁶

En otras palabras, la literatura *legible* que Filigranati esconde por subversiva, casi peligrosa, consta en mayor parte de «lecturas plebeyas» de acceso fácil y amplia difusión en todas las capas sociales —textos, de hecho, muy *legibles* y leídos—. Si Laiseca y sus narradores-personajes siempre vuelven a criticar cierta literatura estandarizada, solamente destinada a la comodificación en el mercado literario, también rechazan decididamente lo que Guido Herzovich nombra «el elitismo de bajofondo que es el puerto habitual de la deriva maldita»,⁷⁴⁷ a favor de un *goce* del texto reconciliando —para retomar la nomenclatura de Barthes— lo *legible* y lo *scriptible*.⁷⁴⁸ De lectura fácil, consumidos con

---

744 En este capítulo, Filigranati incluso es apodado «el Marqués de la Mugre» (LAPEF, p. 140).
745 Cf. Rodolfo Fogwill: *Llamado por los malos poetas*. Buenos Aires: Eloísa Cartonera 2003.
746 Guido Herzovich: La condición plebeya. El origen de la escritura en *Los sorias* de Alberto Laiseca. In: María Celeste Aichino/Agustín Conde de Boeck (eds.): *Sinfonía para un monstruo. Aproximaciones a la obra de Alberto Laiseca*. Córdoba: Editorial Universitaria Villa María 2019, pp. 84–85.
747 Ibid., p. 87.
748 Según elabora Barthes en *S/Z*, el texto *lisible* autoriza la pasividad, incluso la ociosidad del lector. El texto *scriptible*, al contrario, requiere el trabajo productivo de su lector: «Le texte scriptible est un présent perpétuel, sur lequel ne peut se poser aucune parole *conséquente* (qui le transformerait, fatalement, en passé); le texte scriptible, c'est *nous en train d'écrire*, avant que le jeu infini du monde (le monde comme jeu) ne soit traversé, coupé, arrêté, plastifié par quelque système singulier (Idéologie, Genre, Critique) qui en rabatte sur la pluralité des entrées, l'ouverture des réseaux, l'infini des langages». Roland Barthes: *S/Z*. Paris: Seuil 1970,

fines de entretenimiento o escapismo, los clásicos de la literatura popular se caracterizan por una productividad literaria e intermedial con la cual la literatura «alta» no puede competir: suscitan reescrituras nuevas, secuelas, adaptaciones cinematográficas y televisuales, etc. Son procedimientos que Laiseca y sus fractales convocan una y otra vez en las propias ficciones: en este sentido, demuestran que el placer de lo *legible* no se opone a la co-creación gozosa del texto *scriptible*, al contrario: la estimula.[749] Guiño humorístico hacia cierto academismo elitista, la puesta en escena de la biblioteca «secreta» de Filigranati tampoco se reduce a una celebración de la literatura *legible*-popular, pues incluye títulos de corte mucho más experimental y/o subversivo: pienso en *Invitación a la masacre*, de Fox,[750] o en los textos de Sade. Como ya tuvimos ocasión de comprobarlo, el *de/lirio* laisecano se conforma muy bien con las contradicciones y puede, sin ninguna dificultad, citar obras confidenciales de autores malditos a la vez que éxitos novelísticos que han cautivado a generaciones de lectores, criticar el mercado editorial y los procesos de canonización literaria, y fabularse paralelamente *autor de cabecera* o *best seller*, etc.[751]

Quisiera detenerme, en este contexto, sobre dos autores extensamente citados en las tres obras aquí estudiadas: Shakespeare y Edgar Poe. *El cuervo* de Poe es el hipertexto de «No me digas gorda» en LAPEF, y el capítulo retoma casi literalmente su famoso estribillo —«Es tan sólo un tardío visitante. Sólo

---

p. 11 (bastardilla en el original). En *Le plaisir du texte*, Barthes sostiene que, si el texto lisible produce «placer» (*plaisir*) en su lector, el «goce» (*jouissance*) solo se alcanza en el texto scriptible. Roland Barthes: *Le plaisir du texte*, pp. 10–11.

[749] Laiseca cuenta así, a propósito de la películas de clase B, «donde siempre existe un elemento de imaginación, aunque sea chiquito»: «eso me fue ayudando en la vida y en la literatura. No es fácil explicar la relación, pero aquellos elementos aún hoy son como cientos de motores sincrónicos que trabajan de alguna manera mágica a la hora de escribir una obra». José María Marcos: El mundo de Alberto Laiseca, p. 26.

[750] Sobre *Invitación a la masacre*, «libro maldito e intoxicado por Lautréamont, citado continuamente por Laiseca como un referente ineludible de los extremismos literarias de aquellos años», cf. Agustín Conde de Boeck: El Monstruo aparece, p. 46 y siguientes.

[751] Esta contradicción sitúa a Laiseca, paradigmáticamente, en la filiación de Roberto Arlt: Julio Prieto muestra muy bien como las veleidades inventoras del escritor se pueden vincular productivamente con su proyecto literario, en tensión entre «el deseo de triunfar como escritor, de competir exitosamente en el mercado [. . .], que pone en juego una lógica de lo legible» y «el delirio inventivo, la entrega a una imaginación furiosa que opaca y degrada la legibilidad de la invención, problematizando su potencial eficacia comercial —pero a la vez generando una distintiva marca autorial que tendría la posibilidad de inscribirse de forma duradera en el campo literario—.» Julio Prieto: *La escritura errante*, p. 48.

esto y nada más»[752] (LAPEF, pp. 9, 25)—; en EGM, Shakespeare es el autor de cabecera de Dorys —«Era inglesa, según ella, y hasta de sangre real [. . .] tenía una única pertenencia: un tomo rotoso, manoseado e inmundo de las obras completas de Shakespeare» (EGM, p. 40)[753]— quien lo cita a gusto, como aquí durante la «gran batalla de los Ríos Cloacales»:

> No contaban, los muy canallas, podridos y piojosos [cocodrilos], con que la Reina pronunciaría las palabras del Bastardo, en *La tragedia del Rey Juan*, de William Shakespeare: «¿Cómo? ¿Vendrán a desafiar al león en su antro? ¿Lo harán temblar allí? [. . .]» (EGM, p. 45).

Si Shakespeare y Poe cumplen la misma función que los demás autores citados —nutriendo y expandiendo la proliferación ficcional—, también desempeñan un papel metaliterario decisivo. De hecho, ambos fueron —siguen siendo— sospechosos de plagio; al «plagiarlos» a su vez, Laiseca$_a$ se inscribe en su heterodoxa filiación. Documenta Emily Apter en cuanto al caso Poe:[754]

> Poe was and remains at the roiling center of property disputes that have shaped literary history in dissolving the lines between literary- und self-properties. Rumors that Poe had stolen «The Raven» (poem) were rife even during his lifetime. Eliza Richards[755] has tracked the plagiarism allegations that beset the poem's reception, ranging from those of well-known English writers (Samuel Taylor Coleridge, Charles Dickens, Alfred Lord Tennyson, Elizabeth Barrett) to obscure Italian, Persian and Chinese sources that Poe putatively translated into English. She makes the interesting observation that «The Raven» cultivates its reception as stolen or «borrowed» words. The raven, after all, mechanically repeats the word of an unknown person to profound effect.[756]

«Plagiar al plagiario es todavía más interesante que plagiar a los creadores. Sale tan desfigurado que a menos que el que lea sea hechicero cafre, no descubre su

---

[752] En Poe: «Some late visitor entreating entrance at my chamber door; / This it is and nothing more.» Edgar Allan Poe: The Raven. In: *The Raven and Other Poems*. New York: Wiley & Putnam 1845, pp. 1–5, https://en.wikisource.org/wiki/The_Raven_and_Other_Poems/The_Raven (16.5.2021).

[753] Notar aquí otro guiño autobiográfico: «Fijate vos, yo leí las obras completas de Shakespeare: no cabe la menor duda de que en cada obra de teatro de Shakespeare te vas a encontrar con la frase poética, la frase galana, ingeniosa, genial». Citado por Agustín Vázquez/Juan Millonschick: Entrevista a Alberto Laiseca.

[754] A Shakespeare también se le ha cuestionado la autenticidad de sus obras; sobre la *Shakespeare authorship question*, cf. James Shapiro: *Contested Will: who wrote Shakespeare?*. New York et al.: Simon and Schuster 2010.

[755] Eliza Richards: Outsourcing «The Raven»: retroactive origins. In: *American Victorian Poetry* 43/2 (2005), pp. 205–221.

[756] Emily Apter: *Against world literature. On the politics of untranslatability*. London/New York: Verso 2013, p. 309.

origen,» sostiene Laiseca en *Por favor, ¡plágienme!*.[757] Se puede leer, en tal celebración del *plagio al cuadrado*, otra manera de extremar/sobrepasar gestos vanguardistas hoy en día asimilados por el canon: el de Macedonio Fernández en su célebre defensa de la «libre apropiación de los bienes del genio y del ingenio» y de la «literatura infinita»,[758] y sobre todo el de Borges en su «Pierre Ménard, autor del Quijote».[759] Si la práctica laisecana del *plagio de plagiario* se inscribe inevitablemente en esta doble herencia, reivindica por su «estilo desfigurativo» —«aplastar, machacar, estirar cual aculla goma [. . .] ¡Es una trabajo horrible-basta!»[760]— la línea macedoniana del *escribir mal y pobre*,[761] en rechazo abierto del canon borgeano: la erudición formal, auto-representativa del «sistema de citas, referencias culturales, alusiones, plagios, traducciones, pastiches que recorre la literatura argentina desde Sarmiento hasta Lugones», y del cual, según Piglia, Borges sería la «verdadera realización».[762] Con irreverencia burlona, el narrador de EGM comenta así, al final de su novela: «Y mejor doy aquí por terminada la novela. [. . .] porque si lo sigo citando a Shakespeare voy a terminar por ponerlo todo, y entonces me van a acusar de plagiarlo a Borges y su Pierre Ménard» (EGM, p. 184).[763] Ahora bien: más que un posicionamiento «contra-

---

[757] Alberto Laiseca: *Por favor, ¡plágienme!*, p. 29.
[758] Macedonio Fernández: El plagio y la literatura infinita [1944]. In: Adolfo de Obieta (ed.): *Papeles de Buenos Aires*. Edición facsimilar. Buenos Aires: Biblioteca Nacional 2013, p. 43, https://www.bn.gov.ar/micrositios/admin_assets/issues/files/d52e1ef88c8e12f006af b6920e91b109.pdf (26.9.2021).
[759] Jorge Luis Borges: Pierre Ménard, autor del Quijote [1939]. In: *Ficciones. Obras Completas 1923–1972*. Buenos Aires: Emecé 1974, pp. 444–450.
[760] Alberto Laiseca: *Por favor, ¡plágienme!*, p. 29.
[761] Cf. Julio Prieto: *La escritura errante*, p. 15.
[762] Ricardo Piglia: Parodia y propiedad. Entrevista. In: *Lecturas Críticas* 1/1 (1980), p. 37.
[763] Sobre la genealogía antiborgeana de Laiseca, cf. Graciela Montaldo: Un argumento contraborgiano en la literatura argentina de los años '80 (sobre C. Aira, A. Laiseca y Copi). In: *Hispamérica. Revista de literatura* 55 (1990), pp. 105–112.

Cabe notar que *Por favor, ¡plágienme!* incluye, pese a todo, un hermoso y delirante homenaje a Borges y su «Pierre Ménard». En un corto cuento, el doble astral del escritor —«un viejito en una de las repúblicas sudamericanas, autor de numerosas ficciones»— se encuentra manipulado por un aparato especialmente desarrollado para desenmascarar a escritores plagiarios. Creyendo tener en mano las *Obras Completas* de Shakespeare (las cuales, en ese plano astral, nunca fueron publicadas), el doble de Borges se niega a plagiarlas y publicarlas bajo su propio nombre: «El doble [. . .] estaba aterrado. No sólo por la responsabilidad terrible, sino porque además, de un solo plumazo podrían quedar borrados cuatrocientos años de citas, abreviamientos estéticos y plagios». Tras haber considerado «viajar al pasado e instalarse definitivamente en él; permutar su nombre por el de William Shakespeare, cambiar su vida repitiendo los pasos del genio, a fin de que la historia no cambiase», decide finalmente «us[ar] su magia para una solución muy suya [. . .] El doble produjo una inflexión en el espacio-tiempo y

canónico»[764] dentro del conflictivo —y angustiante— campo de las influencias literarias, el plagio «como operación creativa»[765] constituye en Laiseca el eje central de una poética vitalista y emancipadora. En un fragmento del ensayo ya citado, atribuido a un alienado, se expone que si bien «es cosa sabida que los hombres crean para liberarse de las presiones internas», «la mayoría de los hombres posee mecanismos de presión comunes a todos ellos [. . .] son impotentes creadores».[766] El artista que Laiseca nombra *impuro*[767] o *esquizofrénico*,[768] al contrario, encuentra en sus lecturas y la apropiación plagiaria que hace de ellas, un *poder motor* gracias al cual, aun en el plagio, consigue inventar «formas nuevas»:[769]

> La esperanza del plagiario consiste en ser herido alguna vez por un impacto salvador en una zona del alma particularmente sensible y en liberarse algún día de los mecanismos extraños, asimilados quieras o no por su personalidad. Esto último se produce por fortuna siempre, pues los mecanismos, fuera de un auténtico poder motor (lugar de origen) se van frenando por sí solos hasta detenerse por completo o prácticamente.[770]

La obra del artista impuro corresponde así a un *de/lirio* de doble *origo* («lugar de origen») que procede simultánea e indivisiblemente del texto plagiado y su incorporación plagiaria. «Vemos una de sus obras y pensamos: esto es un plagio. Pero en realidad no lo es, sólo parece. El caso es que tampoco resulta una auténtica creación».[771] Y según Laiseca, aquella condición plagiaria del artista impuro no es nada reprehensible, porque se concibe en tanto acto de amor: «el plagio, aparte de ser un homenaje al creador, trae implícita una forma de amor».[772] Filigranati —plagiando aquí a Laiseca$_a$— declara por su parte en LAPEF: «más allá del homenaje obvio ¿para qué cita uno? Se trata de una apropiación legal de bienes ajenos. Si yo escribo en uno de mis libros: ‹Edgar Allan Poe›, de

---

situó en la época de Shakespeare un laberinto invisible, en el centro del cual estaban las *Obras Completas*». A través de esta operación, realiza que «si creaba el laberinto, [. . .] trasladaría buena parte de sus obsesiones al pasado, actuando sobre él. Previó toda una cadena de escritores influenciados por sus temas sin ellos saberlo, y anticipándosele. Ya no podría escribir [. . .] sin que lo acusasen de plagio. [. . .] Se dio cuenta pero, pese a todo, Borges construyó el laberinto». Alberto Laiseca: *Por favor, ¡plágienme!*, pp. 65–70.
764 Carlos Fernández González: Alcances y dimensiones del plagio en la narrativa de Alberto Laiseca: Alrededor de *Por favor, ¡plágienme!*. In: *Revista Chilena de Literatura* 87 (2014), p. 92.
765 Ibid., p. 90.
766 Alberto Laiseca: *Por favor, ¡plágienme!*, p. 31.
767 Ibid., p. 82.
768 Alberto Laiseca: *El artista*. Buenos Aires: Mondadori 2010, pp. 23, 75.
769 Alberto Laiseca: *Por favor, ¡plágienme!*, p. 38.
770 Ibid., p. 32.
771 Ibid., p. 80.
772 Ibid., p. 53.

alguna manera lo incorporo y lo hago parte mía. Es un acto de amor, polo opuesto a la envidia» (LAPEF, p. 231). Y en Laiseca, el amor salva:[773] arraigado en el afecto, el plagio es *salvador* no solo para el plagiario y las propias «presiones internas», sino también para el escritor plagiado, quien encuentra en su plagiario un «médium» capaz de resucitarlo: «Hace hablar a los muertos».[774]

Opuesto a lo que se concibe tradicionalmente como el «acto ilícito» de un «villano paratextual»,[775] el plagio laisecano es un acto amoroso-vampirista que celebra la vida y la creación *impura*, contra las «máquinas represoras»[776] y su obsesión por la pureza estética.

Así pues, la reivindicación vitalista del plagio —a la vez amoroso y *desfigurativo*— se conjuga en Laiseca con una biblioteca *plebeya* y la celebración de cierta «agramaticalidad» —el *yo* multireferencial y logorreico, su uso caótico de los *shifters*, sus digresiones— para configura una poética y una ética de *mal poeta* (cf. el título fogwilliano de SMP). Inscribe así su práctica literaria en lo que Julio Prieto ha caracterizado como «malas escrituras» latinoamericanas:[777] «un gesto de des-escritura —una puesta a la deriva de lo prescrito y de lo preescrito que norman el discurso—»,[778] una «salida de sí» del texto (a nivel transdiscursivo, intermedial a la vez que ético y político)[779] que sostiene en buena parte, lo veremos, el *realismo delirante* laisecano (cf. 4.4).

Unas conclusiones para cerrar esta breve reflexión sobre la biblioteca laisecana, su ficcionalización, y sus implicaciones para la *función-autor* Laiseca. En Laiseca, los personajes son autores a la vez que lectores de otros autores, quienes también son personajes y lectores —incluso Laiseca$_i$—; y Laiseca$_a$ no hace excepción, pues el mismo reescribe a sus autores favoritos, haciéndolos partes productivas de sus propias ficciones. Tal puesta en escena del escritor-lector (y viceversa), al superponerse a una polifonía enunciativa ya compleja, es el lugar de una nutrida reflexión metaliteraria sobre la autoría institucional —sus jerarquías intelectuales y económicas—. A la figura monolítica-burguesa del escritor de éxito, Laiseca opone una multiplicidad de escritores (más o menos) locos y (más o menos) fracasados que se reparten como fractales en los diferentes niveles diegéticos del relato. A los monumentos del canon argentino, opone una bi-

---

[773] Sobre el amor laisecano en tanto principio vitalista y único horizonte de la salvación, cf. 4.3.1, 4.4.2.
[774] Alberto Laiseca: *Por favor, ¡plágienme!*, p. 40.
[775] Carlos Fernández González: Alcances y dimensiones del plagio, pp. 93, 96.
[776] Alberto Laiseca: *Por favor, ¡plágienme!*, p. 78.
[777] Julio Prieto: *La escritura errante*, p. 13.
[778] Ibid., p. 20.
[779] Ibid., p. 14.

blioteca heteróclita —en mayoría anglosajona— de escritores *plebeyos*, genios escandalosos y (potenciales) plagiarios. A la recepción masiva y canonización institucional que no deja de fantasear, opone una relación afectiva, transformativa con sus lectores *cultos*, aunque estos escaseen: «¿Si no para qué escribe uno?» (LAPEF, p. 202). A la originalidad idiosincrásica del Autor, por fin, opone la *literatura infinita* que permite el plagio —acto de amor transformativo y potencialmente *salvador*—. La *mala escritura* laisecana —incluyendo la escritura, la lectura y todo tipo de intricaciones plagiarias entre las dos— corresponde entonces a una práctica profundamente vitalista que se orienta hacia la emancipación creativa, del lado de la producción tanto como de la recepción.

4.2.3 Contar «por desesperación» (EGM, p. 88): la lírica del «último orejón del tarro»

En la red de instancias enunciativas y/o proyecciones autoriales descrita hasta ahora, el hombre Laiseca$_h$ se halla muy difícil de encontrar. Fogwill lo ha observado con acierto: Laiseca es omnipresente en sus textos, pero siempre «referido a una obra total que se nutr[e] del hombre hasta convertirlo en una huella [. . .]».[780] Como lo mostramos en 4.2.1, el *corpus* laisecano incluye numerosos paratextos de índole periodística que dialogan intensamente —a través de ciertos *estribillos*— con sus obras de ficción, por medio de los cuales se borra el límite entre invención ficcional y hechos biográficos. La fractalización del autor en varias figuras de escritores ficticios que (re-)escriben la obra laisecana contribuye también, como lo analizamos en 4.2.2, en absorber completamente a Laiseca en la propia ficción: la obra de Laiseca$_a$ es una creación de sus personajes; Laiseca$_h$, una mera *huella* dentro de ella. Eso lleva a Hernán Bergara a descartar por completo la relevancia de Laiseca$_h$ para la interpretación de sus textos, y a enfocarse en el proceso de co-construcción del autor y de la obra:

> El hombre es completamente irrelevante para nuestras indagaciones. Nada en él contribuye a despertar sentido en su obra, aunque él sea indudablemente su origen. El autor es, en cambio, la única figura bajo la cual el hombre ingresa, utópicamente, en su propia obra. [. . .] la narración de Laiseca no tiene nada que ver con su vida, sino con *lo vivo, como obra, en el autor, como tal*.[781]

---

[780] Rodolfo Fogwill: La otra literatura: los inéditos de Laiseca [1986]. In: *Los libros de la guerra*. Buenos Aires: Mansalva 2008, pp. 138–139.
[781] Hernán Bergara: Matando al Anti-Ser a ladrillazos, p. 212.

De hecho, los muchos *biografemas*[782] que contienen EGM, LAPEF y SMP son ante todo anécdotas entretejidas en el relato ficcional, y que no necesariamente tienen que leerse en el estricto marco referencial autobiográfico: así en EGM, cuando el Gaitero de la Reina habla de «ENCOTEL, Empresa Nacional aún no privatizada» (EGM, p. 49), se trata de una referencia a la empresa estatal Entel, en la cual Laiseca trabajó de operario telefónico;[783] asimismo, en el siguiente pasaje de LAPEF, cuando Don Ezequiel (del Hotel Soria) habla de tíos suyos quienes «conocieron a ese tal Laiseca (o Iseka, ya no recuerdo cómo se llamaba)» (LAPEF, p. 197) pero nunca consiguieron hacer del joven escritor un hombre de provecho:

> [. . .] mis dos tíos (Juan Carlos y Luis) lo cagaron a consejos; éstos, de lo más fraternales. Querían que trabajase con ellos en lavaderos de coches y zanahorias. Pero él: ni bola. [. . .] Los tíos incluso intentaron llevarlo a vender medias, repasadores y toda clase de zoquetes a Villa Caraza. Pero ni con ésas (ibid.).

El escritor cuenta este mismo episodio de Villa Caraza —un suceso real— en el documental de Eduardo Montes-Bradley, *Deliciosas perversiones polimorfas con Alberto Laiseca* (2004).[784] Del lado de la recepción, el efecto de esos *juegos al escondite* del autor en su obra es innegablemente lúdico: como bien lo muestra María Celeste Aichino, el significado de tales «chistes familiares» se reserva al «lector culto» laisecano, quien disfruta de la connivencia así establecida con una comunidad estrecha.[785]

En la sección que sigue, quiero proponer una lectura un poco diferente de lo autobiográfico en Laiseca, más centrada en lo que María Celeste Aichino y Agustín Conde de Boeck han calificado de «visceralidad autobiográfica arltiana».[786] Hay en los tres textos que nos ocupan, paralelamente a la diseminación lúdica de *biografemas*, pasajes en los cuales se identifica nítidamente el profundo anclaje vivencial que Käte Hamburger asocia con la enunciación lírica y que, en el *de/lirio*, conforma también el *origo* de la proliferación ficcional. Caracterizada por una alta carga afectiva —palpable, lo veremos, tanto en la se-

---

[782] Retomo la noción de Roland Barthes, quien propone en *Sade, Fourier, Loyola* la idea de una biografía centrada en «quelques détails, à quelques goûts, à quelques inflexions, disons des ‹biographèmes› dont la distinction et la mobilité pourraient voyager hors de tout destin et venir toucher, à la manière des atomes épicuriens, quelque corps futur, promis à la même dispersion: une vie ‹trouée›, en somme». Roland Barthes: *Sade, Fourier, Loyola*. Paris: Seuil 1971, p. 14.
[783] Cf. Yamila Bêgné: La imaginación tiránica del maestro zen.
[784] Eduardo Montes-Bradley: *Deliciosas perversiones polimorfas con Alberto Laiseca*. 2004, https://vimeo.com/150449246 (30.1.2018).
[785] María Celeste Aichino: El realismo delirante en *Gracias Chanchúbelo* (2000), p. 137.
[786] María Celeste Aichino/Agustín Conde de Boeck: Introducción, p. 13.

mántica como en la sintaxis—, la expresión lírica responde en Laiseca a la necesidad de exteriorizar y exorcizar un pasado difícil, haciendo un uso terapéutico de la escritura no sin recordar lo que propone Levrero en sus diarios. Con una diferencia: mientras que Levrero separa claramente la escritura terapéutica de la escritura ficcional —con los numerosos problemas que esto provoca—, Laiseca hace de la ficción, precisamente, su terapéutica. Lo lírico se torna así en poderosa máquina ficcional: se identifican, en cada libro, episodios y motivos recurrentes, que protagonizan a diferentes personajes pero cuentan todos la misma historia —la niñez en Camilo Aldao, las vejaciones constantes del despótico Dr. Laiseca, el mundo de la imaginación como única escapatoria, una vocación de escritor desarrollada casi paralelamente a las primeras lecturas, la angustia paranoica y la neurosis de abandono que acompañan a Laiseca y a sus personajes a lo largo de su obra—. Así se dibuja *en filigrana* —recordemos el apellido del Profesor Eusebio *Filigranati*— la figura vivencial de Laiseca$_h$, mientras el material lírico va produciendo cada vez más relato. Así en el siguiente pasaje de EGM:

> El gusano vio que las cosas iban cada vez peor con Sthefani. Entonces perdido por perdido, habló por última vez. Hizo esta fiel confesión, preste amigo atención, en un viejo almacén:
> «La casa de los Robbiano, en Camilo, era para mí un lugar encantado. Es decir, no toda ella sino dos sitios: une bibliotequita, en el living, donde había varios libros gorditos, de bolsillo, que sacó Editorial Abril: *El ratón Mickey y el misterio del mar, El ratón Mickey y la isla del cielo* [. . .] *El pato Donald y sus (mal) aventuras, Rebo el Conquistador, Saturno contra la Tierra, Bichito Bucky, Charlie Chan y la jaula misteriosa* y etcétera. [. . .] También me ayudaron mucho Julio Verne y Salgari, para qué lo voy a negar. [. . .]
> Todo esto puede ser molesto para el lector porque él no lo vivió. Lo reconozco. Pero significó mucho para mí. Creo que estos libros me salvaron la vida.
> El otro lugar hechizado en la casa de los Robbiano, se encontraba en el fondo, cruzando el patio: era una depósito con puerta destartalada, donde yo podía entrar sin pedir permiso. Allí, y hasta la altura del mentón de un niño, había una montaña de revistas viejas: *Pato Donald, Patoruzú, Rico Tipo, Patoruzito, Patoruzú de Oro, Rico Tipo de Oro* y, también una incontable cantidad de números de *Mecánica Popular* (EGM, pp. 175–177).

En este pasaje se articula una enunciación doble: por un lado, la «fiel confesión» del gusano a Sthefani en el contexto de la inminente ruptura entre los dos —un pasaje en discurso directo que se integra al relato principal—; por otro lado, la confesión del *yo* del discurso directo —el cual ya no es el gusano, sino Laiseca mismo: se lo reconoce a través del *estribillo* «estos libros me salvaron la vida»[787]—, dirigida ya no al personaje Sthefani, sino explícitamente al lector. El

---

[787] La aseveración se encuentra, con variaciones, en numerosas entrevistas, por ejemplo: César Aira: El alquimista del delirio; Cristian Vázquez: Alberto Laiseca, el maestro. . .

pasaje a la enunciación lírica-autobiográfica se observa a nivel sintáctico por el uso de frases cortas y simples, y en el tono general por una inusual consideración hacia el lector: «Todo esto puede ser molesto para el lector [. . .] Lo reconozco». A nivel de los tiempos verbales, el imperfecto iterativo del recuerdo y el presente de enunciación («reconozco», «creo que») pronto desembocan sobre un relato enmarcado, en pretérito simple: el gusano-Laiseca se deja llevar por el recuerdo y vuelve a proyectarse en sus fantasías de niño:

> Pero si no podía tener mi submarino, ya y hoy, al menos tendría mi Cueva Secreta. Di una orden despótica a mis enanos (a los pibes de la pandilla) y se pusieron a trabajar como esclavos. Aquello fue como la Gran Muralla china o la Gran Pirámide y yo parecía Kheops. [. . .]
> Y una buena hora, día, mes y año, mi Cueva Secreta (o Refugio Anti-padre) tuvo feliz conclusión. Recuerdo que al fin de los trabajos decreté Jubileo del Faraón (o sea de mí mismo) e hicimos una gran fiesta con mis subordinados en el Sancta Sanctorum, iluminándonos con dos botellitas llenas de kerosén y que tenían mecha [. . .], comimos galletitas saladas que afané del botellón de mi viejo y tomamos agua con gas (decíamos que era grapa y simulamos ponernos en pedo) (EGM, pp. 178–179).

Y este pequeño relato enmarcado, a su vez, funciona como matriz productiva para el relato principal, pues el gusano elige esconderse, para escapar a Sthefani, en una cueva:

> El gusano le contó estas cosas a Sthefani, para luego preguntarle: «¿Qué pensás de lo que te conté, mi amor?». La muy sabandija de la escorpiana en Leo respondió eso que, obviamente, era inevitable que contestase: «Decadente. No hay verdadera voluntad de poder. Usted es puto.» [. . .] Cuando la policía Secreta de Sthefani quiso asesinarlo, el gusano rajó a la mierda y se escondió en una cueva (EGM, p. 180).

Hay más: el pasaje también será reescrito y extendido en LAPEF, hasta formar una pequeña novela familiar[788] titulada «La casa de la Bruja» (LAPEF, pp. 33–78).

---

[788] Cf. Sigmund Freud: Der Familienroman der Neurotiker [1909]. In: *Gesammelte Werke*, vol. 7: *Werke aus den Jahren 1906–1909*. Frankfurt am Main: Fischer [7]1993, pp. 225–232. Para el niño que va adquiriendo cada vez más autonomía en el día a día, la novela familiar permite justificar el hecho de que sus padres ya no le dedican el cien por ciento de su tiempo, atención y cuidados. Marthe Robert, en su ensayo seminal de crítica psicoanalítica, define el fenómeno como un *arreglo* con la realidad, una *fábula biográfica* que el niño inventa para aclarar su desgracia, sanar la herida narcisista: «C'est ainsi qu'il en vient à se raconter des histoires, ou plutôt une histoire qui n'est rien d'autre en fait qu'un arrangement tendancieux de la sienne, un fable biographique conçue tout exprès pour expliquer l'inexplicable honte d'être mal né, mal loti, mal aimé.» Marthe Robert: *Roman des origines et origines du roman* [1972]. Paris: Gallimard 2006, p. 46. Para la psicoanalista francesa, esa novela familiar infantil corresponde a «une forme de fiction élémentaire[,] consciente chez l'enfant, inconsciente chez l'adulte normal et tenace dans de nombreux cas de névroses. [C]'est [. . .] un morceau de littérature silencieuse, un texte non écrit qui, quoique composé sans mots et privé de tout public, n'en a pas

Este capítulo cuenta las memorias «de disco rayado» (LAPEF, p. 33) del profesor Filigranati, centradas en la relación con su querida hermana Laura: sus distintas estrategias de resistencia al padre en la niñez, su descubrimiento de la sexualidad, y finalmente su reencuentro inesperado. Interesantemente, el capítulo entero se dedica «A Laura, nuestra hermana» (ibid.): el uso del deíctico *nuestra* apunta otra vez a una situación de doble enunciación, el *yo* autorial dibujándose detrás del personaje Eusebio Filigranati. No se trata simplemente de contar una aventura más del Profesor, sino también, para Laiseca$_h$, de reescribir la novela familiar con afán terapéutico: «Que se acordase de su hermana [era] algo luminoso y esencial. La adoraba. ‹Puta de cintura para abajo. De cintura para arriba, no siempre. Pero a pesar de todo le estoy agradecido. Ella me salvó›» (LAPEF, p. 34). En este capítulo, la «Cueva secreta» se duplica temporal, geográfica, y ontológicamente: en el relato principal, es el Cuarto Secreto del Profesor en su propiedad de San Miguel, descrito con ayuda un pequeño esquema (LAPEF, p. 36) que recuerda el de EGM (p. 178); en los recuerdos de Filigranati, es una entidad imaginaria con la cual sueña lograr escapar a su padre:

> Cuando Eusebio era chico hubiese deseado que las paredes tuvieran enormes huecos secretos, a los cuales sólo él pudiese acceder. En fin: en todo caso invitarla a Laura. Su hermanita era la única persona con quien, hasta un punto, podía hablar. [. . .]
> En cuanto a la casa secreta. Imaginaba que pulsando un resorte se abriría una puerta de piedra, que daría al cuarto mágico, maravilloso. ¿Qué hacer ahí adentro y qué cosas contendría? No tenía ni idea. Cosas ricas para comer o libros infantiles jamás vistos. Revistas de historietas. Pero, sobre todo, estar a salvo del Dr. Filigranati. Un refugio antipadre.
> Incluso soñaba con esta vaina. Estaba en lo de su profesora de piano y, en un momento en el que ella lo dejaba solo, veía un hueco cerca del zócalo de una de las paredes. Espiaba entonces el lugar donde cualquier otro niño sería feliz. Había juguetes, libros no leídos, revistas muy gordas y paquetes de caramelos. [. . .] Para su contrariedad la profesora de música

---

moins l'intensité et le sens d'une authentique création» (ibid., pp. 41–42). De hecho, si la novela familiar solo toma dos formas fundamentales —la novela del *niño encontrado* correspondiendo a su vertiente *maravillosa*, y la del *hijo bastardo*, a su vertiente *realista* (ibid., pp. 48-62)—, su contenido autoriza varaciones infinitas —y eso le confiere una afinidad profunda con el género novelístico—: «le roman n'est qu'un genre ‹œdipien› parmi d'autres, à ceci près pourtant [. . .] qu'au lieu de reproduire un phantasme brut selon les règles établies par un code artistique précis, il imite *un phantasme d'emblée romancé*, une ébauche de récit qui n'est pas seulement le réservoir inépuisable de ses futures histoires, mais l'unique convention dont il accepte la contrainte» (ibid., pp. 62–63, bastardilla en el original). Típicamente, las novelas de Laiseca se presentan como variaciones (reescrituras), cada vez reinventadas, de un mismo núcleo narrativo, a manera de exorcismo. Para un acercamiento más profundo al discurso psicoanalítico —y su crítica— en Laiseca, cf. 4.3.3.

> lo sorprendía: «¿Qué es esto?», preguntaba Eusebio para disimular. «La casa de la Bruja — respondió la señora muy enojada—, Pero allí no se puede entrar y no se toca». [. . .]
> Ya de adulto y con dinero se dijo que lo de la Casa de la Bruja era irrenunciable. Cierto que ya la había tenido, pero *in abstractum*, dentro de sus obras (era escritor). El asunto, por lo importante, requería un tratamiento físico (LAPEF, pp. 39–40).

En el *de/lirio*, la fantasía de los personajes —formulada desde el *origo* lírico del escritor— tiene poder de causación sobre el desarrollo ficcional y —en otro ejemplo de cortocircuito ontológico— sobre la propia vida del escritor y sus obras.

En SMP, el motivo de la Cueva Secreta/Casa de la Bruja experimenta otra reescritura en el capítulo 10, esta vez con el Monitor Iseka como protagonista y narrador secundario:

> Cuarto General del Monitor. Sala de situación. Bunker cavado en roca sólida, a quinientos metros bajo la ex Casa Rosada. [. . .]
> El bunker medía cuarenta mil metros cuadrados. Contaba con usina propia, extractores y fábrica de aire (no fuese cosa que los diablos norteamericanos y sus lacayos, espías, saboteadores y traidores lograran contaminar el exterior con gases tóxicos, radiaciones y/o pestes varias).
> Los acompañantes del Monstruo (Bestia) serían unos doscientos. Les reservas de alimentos, bebidas y cigarrillos estaban calculadas para veinte años (SMP, pp. 129–130).

El pasaje corresponde a una de las numerosas apariciones del Monitor de *Los sorias* en la obra laisecana, en el contexto ficcional que le caracteriza: vigilando a los enemigos de la Tecnocracia, con paranoia complotista-arltiana. Pero su bunker se parece muchísimo a la Cueva Secreta de la infancia del gusano y a la Casa de la Bruja de Filigranati, tanto en su absoluta autarquía como en sus hiperbólicas dimensiones y contenidos. Pronto surge Camilo Aldao en el discurso del Monitor (SMP, p. 132) y los recuerdos empiezan a fluir, desde el mismo desdoblamiento enunciativo que describimos en EGM y LAPEF:

> Tal vez ustedes se pregunten por qué no vuelvo a Camilo Aldao, me instalo allí, y nombro a mi pueblo capital del país. Muy sencillo: porque estoy enojado. [. . .] Cuando yo era chico, siempre fui, notoriamente, el último orejón del tarro. [. . .]
> ¿Saben por qué nunca supe multiplicar? Yo era un chico muy bloqueado. Creo que cuando la educación que recibiste es de tipo monstruoso, algo dentro de uno se niega a aprender como protesta. Resistencia pasiva. Recuerdo que en un famoso viaje de Camilo a Córdoba, mi viejo me enseñó las tablas de multiplicar a cachetazos. Algo muy típico de su brutalidad (SMP, pp. 134–135).

Otra vez, la voz autobiográfica de Laiseca se identifica en el discurso ficcional del Monitor no solo a partir de ciertos motivos transversales en su obra —Camilo Aldao, la violencia del padre—, sino también en los ya mencionados *estribillos* que recorren todos sus textos y paratextos: «el último orejón del tarro» en el pasaje citado, el adjetivo «máximo de la vida misma» (SMP, p. 133), «qué conchaza tenía la vieja» (SMP, p. 135), etc. Típica del *de/lirio* laisecano es también la manera con la cual lo lírico se concatena orgánicamente con lo ficcional en este capítulo titulado «El compositor que murió un año antes de haber nacido». El tema anunciado por el título es tratado por el Monitor en no más de un par de líneas: «Pero antes de que me olvide, quisiera comentarles uno de los artículos de mi diario chasco —relee para sí—. En efecto, aquí está: vida corta la de este compositor. Nació en 1965 y murió en 1964. Un año antes. Corta si las hay. Muy poca obra y hay que escucharla al revés» (SMP, p. 132). El relato —un chiste, en realidad— acaba aquí y no vuelve a ser mencionado, de una manera que no sorprende por parte ni del Monitor, ni de Laiseca mismo.[789] Leyendo el capítulo más detenidamente, sin embargo, el título del capítulo y el chiste relacionado no son tan anecdóticos, sino que desempeñan un papel programático, anunciando el recuerdo de la tía Zulema y sus «chistes esquizofrénicos»:

> Mi tía Zulema, que era una persona muy distinta a mi viejo, fue la que consiguió el milagro de que yo aprendiese a contar y a leer la hora de los relojes. Y sin pegarme. Lo logró con su infinita paciencia y su infinito amor. [. . .]
> [M]i tía Zulema era una escorpiana delirante. Tenía chistes esquizofrénicos, como los míos. Una tarde, allá en Córdoba, la vi sacar de su cartera diez boletos usados de ómnibus. Me miró y dijo: «No se tiran, porque después sirven para el zoológico». Y lanzó una carcajada. Yo, como soy otro loco, también me reí mucho (SMP, pp. 136–138).

Y de los chistes de la tía Zulema, se pasa al tío Enrique y sus «canciones disparatadas que no sé de dónde las había sacado» (SMP, p. 148), y luego a los chistes del propio Monitor:

> — El botafumeiro de la catedral de Santiago de Compostela pesa tanto como. Es enorme.
> — ¿Pesa tanto como qué? —se cagó de risa Su Excelencia—. Éste me parece un personaje de Joyce.
> — ¿«James» «Joice» «de Joder», mi Monitor? —castellanizó *von* Lindenbrock.
> Este chiste esquizofrénico, insípido y sin gracia, como ambos eran locos, los hizo carcajear.
> Monitor Iseka, ya totalmente poseído por la Diosa de la Demencia, dijo con cierto tufillo histérico, epileptoide, eléctrico y envuelto en fulgores:
> — Y podríamos continuar con nuestros chistes esquizofrénicos, que harían la delicia de la tía Zulema (SMP, p. 149).

---

[789] Para Hernán Bergara, «abandonar, parcial o totalmente, el proyecto que cada libro anuncia y-o supone» es una tendencia característica de la prosa laisecana. Hernán Bergara: Plagios con un plagio de plagios, p. 10.

El Monitor prosigue, de hecho, con «tres chistes: dos argentinos y uno alemán» (SMP, p. 173 y siguientes). Como Laura en LAPEF, la tía Zulema de SMP nutre la máquina ficcional-delirante, ofreciendo así una suerte de antídoto a lo doloroso del recuerdo autobiográfico, que sigue brotando sin parar, con detalles precisos, de la «máquina grabadora y filmadora» (SMP, p. 161) del sujeto lírico:

> ¿Les hablé alguna vez de las hazañas de mi padre? Son incontables. Por ejemplo. [. . .]
> Recuerdo, como anécdota, que luego del almuerzo [. . .]
> Recuerdo que tomé una planchuela de hierro e hice un dibujo sobre ella [. . .]
> Yo ya había decidido dejar los estudios de ingeniería y se lo dije [. . .]
> Como pensaba trabajar en los campos de las provincias argentinas [. . .]
> En el año 1965 yo le pedí [. . .]
> Qué mal padre. Un enemigo en el árbol genealógico (SMP, pp. 160–162).

Numerosos episodios,[790] dentro de las tres obras estudiadas, funcionan de la misma manera, con dos situaciones enunciativas paralelas —una lírica, otra ficcional— concatenadas en relación de absoluta co-dependencia: el pasado traumático del sujeto lírico produce lo ficcional como terapéutica —contar para exorcizar—, mientras que el desarrollo ficcional permite reescribir el pasado —la «novela familiar», en particular— en términos propios. En otras palabras, es a través del contar ficcional que el *yo* lírico consigue afirmarse y emanciparse —*salvarse*, para usar un término muy laisecano—. En este proceso, el *de/lirio* convoca dos tipos de locuras —o a las caras reversibles de una sola locura—: la melancolía angustiada que proviene del trauma infantil, y la «Diosa de la Demencia» —el poder de la imaginación y su concretización literaria— que permite escaparla.

Concluyendo brevemente sobre el *de/lirio* enunciativo en Laiseca: si EGM, LAPEF y SMP se relatan desde el aparente *origo* cero de la ficción, esconden en realidad una estructura enunciativa mucho más compleja, en la cual irrumpe recurrentemente un *yo* múltiple y sumamente *unreliable*. Cobrando sucesiva y simultáneamente las funciones de narrador, instancia metatextual, proyección autorial y, *en filigrana*, voz lírica-autobiográfica, este *yo* también se proyecta en varios personajes-narradores que funcionan como fractales suyos y orquestan la proliferación de relatos enmarcados como *cajas chinas*. Tal entropía enunciativa corresponde ante todo a una constante estructural: la inestabilidad del *yo* y los repetidos deslizamientos enunciativos que provoca son los principales operadores —los *motores ontológicos*— de la proliferación ficcional en Laiseca. A través de la puesta en escena de narradores secundarios que se dedican —con más o menos éxito— a la escritura, permite, por otra parte, la

---

[790] Cf. en SMP la niñez de Analía, la historia de Lai Chu (SMP, pp. 187 y siguientes); el juego de las figuritas en LAPEF (pp. 245 y siguientes) y EGM (pp. 75–80).

articulación de un discurso crítico sobre las categorías de autoría, canon literario y las relaciones de poder asociadas, a la vez que la formulación y puesta en práctica de una *ars poetica*: la práctica literaria en tanto *proceso sin principio ni fin* en el cual se afirma el superpoder vitalista de la imaginación —y el amor plagiario que lo nutre—. Crucialmente, el *de/lirio* laisecano cobra una profunda relevancia existencial, permitiendo la construcción de «un universo propio, un santuario»[791] para la emancipación de un *yo* cuya biografía extraficcional dejó «muy reprimido»[792] y melancólico. En esta perspectiva, la desestabilización hermenéutica producida por la *mala escritura* asumida de los narradores laisecanos funciona como estrategia de protección para el santuario de su ficción: siendo sus claves compartidas solamente con unos lectores *de culto*, el *de/lirio* hace de defensa contra los enemigos, como la falsa biblioteca de Filigranati o el bunker del Monitor.

4.3 «Ah, ¡qué hermosa abadía llena de monstruos!» (SMP, p. 213): manifestaciones discursivas y diegéticas del *de/lirio*

> [TÁCTICA:] La práctica de la monstruosidad de un discurso neurótico colectivo —sociótico— como el medio de revelarlo, formalizándolo. De ponerlo en evidencia.[793]

Característica estructural de la enunciación, el *de/lirio* se manifiesta también de manera versátil en la diégesis de los relatos aquí estudiados. Dos aspectos llaman la atención: primero, la impresionante cantidad de locos que habitan la prosa laisecana, hasta la saturación —en cada página o casi, se encuentran personajes que son *completamente locos* o recurrentemente *entran en delirio*—; segundo, la red semántica convocada para describir estos estados, que se extiende desde el ámbito físico (gordura, fealdad, vejez, discapacidad) hasta lo psicológico y lo moral (depresión, megalomanía, paranoia, perversidad, sadomasoquismo). Las palabras empleadas corresponden a categorías normativas muy cargadas —a veces bastante anticuadas y hoy en día poco vigentes, como las de «frigidez» o

---

[791] María Celeste Aichino/Agustín Conde de Boeck: Introducción, p. 15.
[792] Palabras usadas por el propio Laiseca en una entrevista suya. Cf. Flavia Costa: Delirios de un novelista pasional. In: *La nación* (23.5.99), http://sopadesvan.blogspot.com/2009/01/alberto-laiseca-reportaje-y-fragmento.html (8.5.2021).
[793] Héctor Libertella: *Ensayos o pruebas sobre una red hermética*. Buenos Aires: Grupo Editor latinoamericano 1990, p. 52.

«histeria»—,[794] que sin embargo nunca son ni definidas ni interrogadas por la(s) instancia(s) enunciativa(s): dadas por sentadas de manera —aparentemente— a-crítica, proveen por su vaguedad conceptual el material para constelaciones ficcionales variadísimas, a la vez que sugieren esquemas interpretativos *ready-made* que los narradores se apresuran a compartir con el lector. Como sabemos, las categorías de locura y monstruosidad solo existen en relación con normas histórica, cultural y epistémicamente construidas; es imposible tematizarlas sin convocar, del mismo movimiento, los discursos, saberes y creencias que sostienen esas normas. El *de/lirio* laisecano no hace excepción y abarca, junto con la puesta en relato de diversos fenómenos de locura, monstruosidad o delirio,[795] abundantes discursos etiológicos y juicios valorativos sobre ellos —los cuales pronto empiezan, a su vez, a delirar—. Según mostraré en la sección que sigue, estos discursos interpretativos se despliegan dentro de ámbitos específicos, que identifico como tres de las grandes tradiciones discursivas —y normativas— de la modernidad occidental: moral-metafísica, racional-cientificista, psicoanalítica. Los locos que pueblan EGM, LAPEF y SMP, junto con los narradores que relatan y comentan sus aventuras, van así explorando, extremando, desarmando e impugnando los mecanismos hegemónicos de producción de sentido en nuestras sociedades. Tocan así un aspecto central del *realismo delirante* laisecano: su relación epistémica con lo «real». A la manera del Sapo laisecano, el *realismo delirante* se traga lo real —entendido como el conjunto de discursos que lo tejen— para darle unas cuantas vueltas de tuercas y regurgitarlo hiperbólico, paródico, absurdo.

Antes de empezar, una puntualización conceptual en cuanto a la noción de discurso que trabajo aquí —que difiere levemente de la noción enunciativa desplegada en la sección precedente, en la cual cada discurso remite directamente a la instancia que lo enuncia—. En la pragmática del discurso desarrollada por Dominique Maingueneau, el discurso se define primariamente por «une orientation transphrastique» —o sea «des structures d'un autre ordre que celles de la phrase»—,[796] por una «asunción» (*prise en charge*) subjetiva por parte del locutor, y una contextualización específica.[797] Pero hay más: todo discurso se ubica

---

[794] Aunque la categoría de «histeria» ha pasado, a través del uso coloquial de las palabras «histériqueada/o» e «histeriquear», al lenguaje común y no marcado psiquiátricamente. Cf. Federico Plager (ed.): *Diccionario integral del español en la Argentina*. Buenos Aires: Voz activa 2008, p. 924.

[795] En esta sección, no voy a diferenciar entre locura, monstruosidad y delirio, ya que conforman en Laiseca un continuo poco o no diferenciado.

[796] Patrick Charaudeau/Dominique Maingueneau: *Dictionnaire d'analyse du discours*. Paris: Seuil 2002, p. 187.

[797] Ibid., p. 189.

dentro de un «interdiscurso» (*interdiscours*)—o sea «l'ensemble des unités discursives (relevant de discours antérieurs du même genre, de discours contemporains d'autres genres, etc.) avec lesquelles un discours particulier entre en relation implicite ou explicite»—.[798] De filiación foucaldiana,[799] el interdiscurso abarca todos los campos de la producción discursiva, incluso la literatura:

> si les œuvres se nourrissent d'autres œuvres, elles se nourrissent aussi des relations avec des énoncés qui, dans une conjoncture donnée, ne relèvent pas de la littérature, sans qu'on puisse se contenter d'opposer la littérature à ce qui ne serait pas elle. Car le discours littéraire n'a pas de territoire prédécoupé, stable: toute œuvre est a priori partagée entre l'immersion dans le corpus alors reconnu comme littéraire, et l'ouverture à la multitude d'autres pratiques verbales.[800]

Dicho esto, los *interdiscursos* que propongo considerar para leer al *de/lirio* laisecano son categorías reconstruidas para el análisis, que no se encuentran definidas así en el texto. Veremos que los casos de locura laisecanos a menudo comparten rasgos morales/científicos/psicoanalíticos, lo que desactiva una hipotética lectura jerárquica de los varios tipos de delirio (en la cual la apuesta moral se hallaría superada por la ciencia, que a su vez sería deconstruida desde el psicoanálisis).

4.3.1 Humanización y salvación: el delirio moral-metafísico

Como observa José Agustín Conde De Boeck, «la salvación [. . .] configura una isotopía semántica axial y a la vez compleja dentro de la obra de Laiseca».[801] En las tres obras que nos ocupan, cada uno de los protagonistas —ya sea el gusano, Filigranati, Analía, Tojo, o la Fantasma de la Ópera— intentan «salvarse» de algo, o sea escapar hacia —se supone— una vida más auténtica, menos dolorosa

---

798 Ibid., p. 324.
799 El interdiscurso remite a la «formation discursive» foucaldiana: cf. Michel Foucault: *L'archéologie du savoir*, p. 153.
800 Dominique Maingueneau: *Le discours littéraire. Paratopie et scène d'énonciation.* Paris: Armand Colin 2004, p. 129. Cf. también: Dominique Maingueneau: Linguistique, littérature, discours littéraire. In: *Le français d'aujourd'hui* 175 (2011), p. 80: «La production littéraire ne s'oppose pas en bloc et radicalement à l'ensemble des autres productions, jugées ‹profanes›: elle se nourrit de multiples genres d'énoncés qu'elle détourne, parasite. Elle vit d'échanges permanents avec la diversité des pratiques discursives, avec lesquelles elle négocie des *modus vivendi* spécifiques.»
801 [José] Agustín Conde De Boeck: *Los Sorias* y la escritura como guerra, p. 120.

o solitaria. De hecho, el término de «salvación» y las palabras asociadas se repiten en los más diversos contextos, pero nunca se definen: el delirio laisecano no opera en base a definiciones precisas sino, al contrario, prospera sobre la vagueza del sentido común. El término de «salvación», así, tiene una clara connotación religiosa, cristiana en particular: corresponde a la promesa, para todo creyente piadoso, de una vida eterna después de la muerte. En la ficción laisecana, esa acepción tradicional es el punto de partida implícito de varias operaciones delirantes: la *literalización*, por un lado — los muertos literalmente resucitan de ultratumba, necrófilos, zombies y sabios locos *derrotan a la muerte*, etc.—; la *inversión*, por otro —de lejano horizonte *post-mortem*, la salvación pasa a ser un imperativo vital e inmediato; de preocupación por el alma, se transforma en defensa y celebración del cuerpo—. Se trata de salvarse, entonces, no después de la muerte, sino de la muerte misma: de la vejez que la anuncia, y de todas las normas morales que disminuyen la vida; salvarse, en otras palabras, ya no por la religión y la vida moral, sino *de* ellas. En Laiseca, son las pautas morales las que *joden* a los protagonistas, estigmatizan y reprimen la no conformidad de sus cuerpos (gordos, viejos, etc.), sus deseos (sado-masoquistas, incestuosos... y necrófilos, si a eso vamos) e incluso su estatuto social (el de la mujer, el del hombre sin recursos económicos, el de lxs hijxs frente a sus padres), así condenándolos a la soledad o, peor, a la institución psiquiátrica. La salvación, al contrario, se halla en la corporeidad y su apertura al Otro: corresponde a una celebración del cuerpo vivo, animado —aun feo/gordo/viejo, siempre que esté deseando—, y una condena implacable de todo lo que intenta limitar sus potencialidades —ya sea la institución social, o la finitud del mismo cuerpo—. La locura, en esta constelación, se caracteriza por su reversibilidad: como ya lo vimos en 4.2.3, es la consecuencia patológica de circunstancias sociales enajenantes impuestas al individuo, pero también le ofrece una escapatoria, un refugio, un *motor* emancipatorio.

Empezamos el análisis con LAPEF. Filigranati, el protagonista principal de la obra, es un escritor ciclotímico de inspiración arltiana, sinó y nipólogo, además de jefe de pandilla. En el primer capítulo «NO ME DIGAS GORDA (La venganza de la ‹vámpira›)», el Profesor es un escritor ya grande que disfruta del verano en «una costosa propiedad suya en San Miguel, provincia de Buenos Aires» (LAPEF, p. 9) tras conocer la consagración literaria: «Del premio usé nada más para comprar esta casa. El resto a Suiza» (LAPEF, p. 10). En el capítulo siguiente «Son las veinte horas y veinte mil minutos», es un poeta *maldito*, viejo, solo y pobre, que deambula por las calles de Buenos Aires:

> El profesor Eusebio Filigranati caminaba deprimidísimo en una horrible noche de invierno. [. . .] Los inviernos son para la gente rica. Usted está en su casa, bien calefactado, se acuesta abrigadito previo zamparse unos cuantos whiskeys escoceses y todo es una verdadera maravilla. Eso sí: más vale que no se le ocurra ser viejo y pobre y vivir en una pensión (LAPEF, p. 27).

Este abrupto contraste ilustra la profunda instabilidad ontológica del universo ficcional de LAPEF, que dificulta considerablemente los intentos del Profesor, a lo largo de sus aventuras, para *salvarse* —de su edad avanzada y de la soledad que la acompaña, de las heridas del pasado que vuelven a su mente como memorias «de disco rayado» (LAPEF, p. 33), de los amores perdidos—. Se trata, para él, de reanudar con un modo auténtico de vínculo intersubjetivo, capaz de conjurar tanto la soledad como la vejez: el amor carnal en tanto «asunción» y «reconocimiento de la alteridad».[802] Este paradigma de salvación por el amor se ilustra en el reencuentro entre Filigranati y su hermana Laura, tras décadas de no verse: el sexo incestuoso que ocurre entonces entre ellos les provoca un rejuvenecimiento supernatural:

> Más o menos al año de estos sucesos a Laura se le pararon otra vez las tetas, el culito optó por la forma del pompón y la piel se puso genial. En Eusebio hubo también novedades. Por de pronto le volvió a crecer el pelo, la boca se le arregló como por artes mágicas y marchaba erguido. Ambos se habían sacado dos décadas de encima. [. . .]
> El proceso paró en veintitrés y veintiséis años respectivamente. Eso sí: pudieron comprobar que cada vez que salían de la Roca [. . .] volvían a envejecer. Y con mucha rapidez. Decidieron quedarse en su refugio para siempre (LAPEF, pp. 77–78).

Como apunta Conde de Boeck, «en la vitalidad sexual de los personajes también se revelan los grandes enfrentamientos cosmológicos [entre el Ser y el Anti-Ser], y es usual que las utopías de Laiseca [. . .] encuentren en la sexualidad libre una vía para la humanización y la armonía espiritual».[803] Sistemáticamente, son figuras femeninas las que mediatizan la (posibilidad de la) salvación amorosa: la Tere (la «no me digas gorda») en el primer capítulo, la hermana Laura en «La casa de la bruja», la «viejorra» y Analía-Drusilita en «La humanización de la mafia», y finalmente Rosinha en «Rapariga a saltar».[804] Pero las cosas no son tan simples, y el *eterno femenino*[805] también participa de la locura-monstruosidad que

---
[802] [José] Agustín Conde De Boeck: *Los Sorias* y la escritura como guerra, pp. 120, 121.
[803] Ibid.
[804] Bien lo sabe el escritor que se casó cuatro veces. Cf. Agustín Vázquez/Juan Millonschick: Entrevista a Alberto Laiseca. Comenta Laiseca en otro lugar, con tristeza ontológica: «Tuve muchas mujeres y a veces hasta me lo creí. Pero soy un zombi. ¿Vos sabés qué es un zombi? El que nunca pudo conseguir la felicidad». Citado por Cristian Vázquez: Alberto Laiseca, el maestro. . .
[805] Sobre este concepto, cf. 3.4.2.

circula por la obra: la Tere por su estatura («medía casi uno noventa», LAPEF, p. 13) y peculiar enfermedad mental («con mucha frecuencia, perdía contacto con la realidad», LAPEF, p. 14); Laura por su perversión precoz en tanto *coping mechanism* frente al padre-Ogro («se salvaba por puta», LAPEF, p. 50); Analía-Drusilita «tan mala y perversa como su padre» (LAPEF, p. 136) por su crueldad de «pequeño y hermoso súcubo» (p. 137); Rosinha, en fin, por su «defecto físico» («No tenía brazos ni piernas», LAPEF, p. 209) y la locura en tanto «mundo de fantasías riquísimas» e «intensa vida onírica» (LAPEF, pp. 209–210) que le permite vivir feliz con su discapacidad.

En este contexto, locura y monstruosidad desempeñan un papel sumamente reversible —como el antiguo *fármakon* socrático, a la vez veneno y cura—. No coincido con Conde de Boeck cuando escribe que la salvación laisecana es «siempre salvación de la propia locura».[806] Locura y monstruosidad abren más bien un espacio de negociación —o disenso— dentro de dadas circunstancias (enajenantes, represivas) y son, en muchos casos, instrumental en su superación: así el «delirio» de Eusebio y Laura en el pasaje ya citado, la perversión de la «putísima» niña Laura frente al «puritanismo y las contradicciones de su viejo» (LAPEF, pp. 46, 50), las fantasías erótico-oníricas de Rosinha en tanto «bloqueo de la realidad [...] la cordura la hubiese matado» (LAPEF, p. 209), o la «furia» de la Tere —gracias a la cual se salva de un intento de violación, en el siguiente pasaje—:

> En cierta ocasión, allí en el barrio, a un pobre infeliz se le ocurrió la peregrina idea de violarla [...] La Tere reaccionó muy rápido: de un zurdazo en las costillas lo dejó boqueando y aprovechó para sacárselo de encima. Se incorporó y antes de que el otro pudiera levantarse, hecha una furia, empezó a pegarle patadas y trompadas. [...] El frustado violador pedía socorro a gritos. Confesó todo en el acto (LAPEF, p. 13).

En otros contextos, sin embargo, la locura-monstruosidad no se despliega como dinámica emancipadora contra normas represivas o violencias estructurales, sino que las sirve y refuerza. Es el caso de la «locura amorosa» de Filigranati en el primer capítulo (LAPEF, p. 20), cuando aprovecha un episodio de somnambulismo de la Tere para violarla, usando el pretexto muy cuestionable de curarle la frigidez (LAPEF, pp. 12–13) —«por amor, para que [se] salvas[en] juntos» (p. 22)—. De humillación, la Tere se vuelve «loquísima» y se transforma en «vámpira» (p. 23) —otra vez, la locura-monstruosidad como escapatoria—, para finalmente desintegrarse. A Filigranati le queda por concluir:

---

806 [José] Agustín Conde De Boeck: *Los Sorias* y la escritura como guerra, p. 120.

> Lo que dijo la gorda respecto a que el mundo se va a llenar de «vampíras» es verdad. Está todo lleno de jack destripadores que no han tenido ni la voluntad ni el amor de reformarse. Porque no hace falta matarlas para matarlas. Ellas son el fusible, constantemente quemado por cuanto loco y reprimido. La humillación de la mujer y el menosprecio por ella están a la orden del día y cada vez va a ser peor. Hay un Dios malo, rey del mundo, que no las quiere a las chicas (LAPEF, p. 24).

Aquí, la locura del Profesor no salva a nadie, sino que se hace el instrumento del «Dios malo» de la masculinidad heteropatriarcal que provoca la aniquilación de la Tere y devuelve a Eusebio a su melancolía solipsista: «Su tristeza no podía ser mayor. Se había liberado de la ‹vámpira› pero a su Teresa no iba a volver a verla» (LAPEF, p. 25). La celebración laisecana del sexo como instrumento de salvación —permitida por el impulso liberador de la locura-monstruosidad— permanece entonces ambigua: como lo mostró Bataille en su trabajo sobre Sade,[807] la transgresión erótica de las normas morales no permite eludir completamente la cuestión ética, y la emancipación erótico-vitalista de ciertos cuerpos suele resultar, en su cumplimiento, en la objetificación y enajenación de otros —cuando no en su negación pura y simple—. Eso se observa en «La humanización de la mafia», capítulo en el cual el Profesor Filigranati se da la misión de destruir una peligrosa organización mafiosa dedicada a la filmación de películas *snuff* o «sadomasoporno».[808] Durante los cuatro meses de su infiltración en la Familia (LAPEF, p. 153) —un paralelo obvio con *Los 120 días de Sodome* del Marquis de Sade—, participa con entusiasmo en la tortura y violación de mujeres secuestradas; incluso desarrolla sentimientos amorosos hacia ellas (la gorda, LAPEF, pp. 119 y siguientes, la viejorra, pp. 132 y siguientes), sin por eso mostrar una clemencia que podría traicionar su verdadero objetivo. Durante todo el capítulo, es imposible determinar en qué medida exactamente Filigranati actúa para cumplir con su misión o realmente se deja llevar por la espiral violenta, hasta reivindicarse «Conde de la Basura», «Marqués de la Mugre» (LAPEF, p. 140). La relación —muy problemática— que empieza con Analía-Drusilita, niña de solo trece años de edad, lo lleva a paroxismos de crueldad; solo Wong y su pandilla de chinos consiguen rescatarlo *in extremis* (LAPEF, p. 177), en un *raid* que conduce a la muerte violenta de su amante:

---

807 Georges Bataille: *L'érotisme* [1957]. In: *Œuvres complètes*, vol. 10. Paris: Gallimard 1987, pp. 7–270; en particular: Étude II. L'homme souverain de Sade, pp. 164–175.
808 Volveré en detalle sobre este capítulo; cf. 4.4.2.

> Don Eusebio se detuvo y bajó los brazos. En realidad, ¿quería ser rescatado a esa altura? No lo sabía. Su alquimia era un caos.
> De pronto, horrorizado, se acordó de Drusila. [. . .] en un cuarto cualquiera, la encontró. Le habían roto la cabeza contra una pared, luego de imprimir a su pequeño cuerpo un movimiento giratorio. [. . .]
> Filigranati estaba aniquilado. El amor siempre le venía en forma de apasionada locura (LAPEF, pp. 179-182).

Tras este episodio, Filigranati padece varios meses de depresión; y el capítulo se cierra, otra vez, de manera más bien melancólica, con este intercambio entre Filigranati y su amigo Enrique César:

> — En cuanto al amor. . . No quiero hablar del amor y te prohíbo que vuelvas a pronunciar cierto nombre en mi presencia. Es por densidad de horóscopo: cuando perdés algo perdés todo.
> — Perdóname pero no se justifica que lo veas así. Te queda algo muy importante, que es lo mismo que tengo yo: ser un viejo guerrero. Y esperar el milagro (LAPEF, p. 184).

El milagro, de hecho, acontece. En «Rapariga a saltar», Filigranati todavía no ha superado la perdida de Analía, y se abandona a un delirio no desprovisto de grotesco —la contingencia corporal, en Laiseca siempre trae consigo una suerte de *comic relief*—.[809] Para distraerse, el profesor viaja a la ciudad de Santos, en Brasil. «Llevado por su locura y protegido por enormes dosis de buena suerte» (LAPEF, p. 193), explora esa «ciudad Usher» (LAPEF, p. 189) llena de «mutilados, rengos, jorobados, mendigos de ambos sexos» (LAPEF, p. 191), cuyas deformidades reflejan el estado de ánimo de Filigranati y lo que Enrique César nombra su «nihilismo autodestructivo» (LAPEF, p. 187).[810] Conoce a un lector suyo, un hombre nombrado Getulio Vargas, y a su hija Rosinha, en la cual va a encontrar un *alter ego* delirante y la salvación tan anhelada —por lo menos durante un tiempo—. Discapacitada de nacimiento, la hermosa Rosinha no tiene brazos ni piernas (LAPEF, pp. 209-210, cf. cita supra). Goza en casa de sus padres de una vida protegida que le permite «una intensa vida onírica», «un mundo de fantasías riquísimas y bloqueo de la realidad»: su experiencia del mundo es exclusivamente ficcional, mediatizada por «las historias de los libros» que continúan en sus sueños. Filigranati, tras el «shock inicial», «se acostumbró. Después de todo él también estaba loco» (LAPEF, p. 211). Se lee aquí, de manera paradigmática, cómo la imprecisión de la categoría

---

[809] «Perdido en sus delirios: ‹Mi Anabel Lee, mi Drusila Lee. . .›. Y justo en ese momento el profesor se aligeró de una ventosidad. Aquello fue horrísono e hizo temblar las paredes de la Casa de la Bruja» (LAPEF, p. 187). Cf. también 4.4.2.
[810] Nótese la fomulación casi idéntica: «La parte vieja de Santos se sostenía con alfileres» (LAPEF, p. 189); en el capítulo precedente «su alma, a esta altura, sólo se sostenía con alfileres» (LAPEF, p. 172).

de «locura» sirve para el despliegue de su reversibilidad: la *locura amorosa* que llevó a Filigranati a violar y matar a la Tere, la *apasionada locura* que le arrastró a cometer crímenes horrendos con Drusilita, ahora le muestra, a través de Rosinha, el camino salvador del amor. Loca, Rosinha lo es por su capacidad a entregarse totalmente a la ficción; y este don de lectura absoluta convence a Filigranati de abandonar la escritura para dedicarse al cuidado de la joven, quien acaba de perder a sus padres:

> Si a Rosinha la llevaban a una institución de ahí no salía más. [. . .]
> Filigranati combatió contra su rechazo. Porque la parte joven y linda de ella no se podía negar, pero tampoco su parte monstruosa. [. . .]
> «Ella está loca. ¿Yo también? Ella es un monstruo y yo estoy viejo. ¿Acaso esto no es también una monstruosidad? [. . .] A los dos tendrían que tirarnos por la Roca Tarpeya.»
> Pero en un universo de locos, bajo la presidencia (égida) del Anti-ser sí tenía sentido. Era lo mejor que podía ofrecer la tragedia y, la felicidad de esos dos seres extraños, una bofetada a los sorias. [. . .] ¿Cuál era el límite? [. . .] No había más que una manera de no hacerla sufrir (y no sufrir él mismo): la entrega absoluta. [. . .] «Total ya escribí bastante. Ella será mi verdadera obra maestra» (LAPEF, pp. 217–227).

De hecho, la relación entre Filigraniti y Rosinha está tejida de relatos —el ogro y su gato Chanchúbelo (LAPEF, pp. 215–216), «Los perros del Tigre» (pp. 221–223)—: cuentos de alta inter- e intratextualidad que integran la creación plagiaria de Filigranati al cuidado diario de Rosinha: actos de amor, *stricto sensu*. Dotada por Wong de piernas y brazos de cyborg (LAPEF, pp. 251–252), Rosinha convince a Filigranati de que viajen juntos a Europa; el periplo es tan geográfico como literario, con Leroux y Wilde en París (p. 255), *Los sorias* y Bécquer en «La Madre España» (pp. 257–258), Kafka y Meyrink en Praga (p. 264), *La hija de Kheops* y Gilles Lambert en Egipto (pp. 264–274). Pese a la persistente melancolía de Filigranati —«más triste que vivo» frente a las pirámides de Egipto (LAPEF, p. 274)—, la joven conoce una «enorme felicidad» (LAPEF, p. 276). Tras volver a la casa de San Miguel, sin embargo, muere repentinamente de un «ataque masivo» (LAPEF, p. 277), dejando a su viejo amante, otra vez, en una desesperada soledad. Con la ayuda de Wong, Filigraniti hace momificar el cuerpo de su amada, buscando consuelo en una suerte de ritual necrófilo tecnológicamente aumentado:

> — ¿Qué hiciste con ella?
> — Está embalsamada. Pero no a la moda egipcia sino. . . Wong se encargó.
> — ¿Pero qué hiciste con el cuerpo?
> — Está en el jardín. Junto a la princesa que salió del basalto negro.
> Viendo que [Enrique César] tenía cara de: «Éste ahora sí que de aquí no zafa», Eusebio se apresuró a explicar.

— Así que ahora las dos están en su pequeña tumba y reciben alimentos y ofrendas según nuestra religión. [. . .] Es respeto y amor, no necrofilia.
— Eso espero.
— Pero tené la certeza. Vuelvo a esa frase horrible de Wilde, que no comparto: «Todos matan lo que aman». Pues yo no (LAPEF, p. 277).

El artefacto ayuda a Filigranati a «aceptar lo inaceptable» —negociar un tiempo con el carácter definitivo de la muerte—, de la misma manera que «la tentación de los patos mandarines»: «En China son tomados como símbolos de la fidelidad conyugal, puesto que si muere uno, por el motivo que sea, el otro lo acompaña rápido» (LAPEF, p. 278). Filigranati logra, por suerte, superar estas tendencias nihilistas y tranquilizar a su amigo Enrique César: «He renunciado a mi locura, a la necrofilia y al pato mandarín. Mi problema es otro. Tiene que ver con la realidad. Estoy viejo y estoy solo» (LAPEF, p. 280). Muy nietzscheano, el final de la novela postula la salvación por el amor ya no a alguien en particular —las aventuras de Filigranati han mostrado que estos amores raramente duran— sino a la vida misma: el *amor fati* del *superhombre* nietzscheano.[811] En este sentido, cuando Filigranati dice haber renunciado a la locura, no se trata de una renuncia quijotesca a la locura en absoluto, sino más bien a cierto tipo de locura muy dañosa: la de la melancolía y del nihilismo, la del Anti-ser. Si como argumenta Rosa Montero el Hildalgo de la Mancha muere por haber renunciado a su imaginación loca,[812] Filigranati, al contrario, abraza la locura para seguir viviendo;

---

[811] En *Ecce Homo*, Nietzsche define así este concepto: «Meine Formel für die Größe am Menschen ist *amor fati*: daß man nichts anders haben will, vorwärts nicht, rückwärts nicht, in alle Ewigkeit nicht. Das Notwendige nicht bloß ertragen, noch weniger verhehlen [. . .], sondern es lieben...». Friedrich Nietzsche: *Ecce homo. Wie man wird, was man ist* [1888]. In: *Sämtliche Werke*, vol. 6: *Der Fall Wagner. Götzen-Dämmerung. Der Antichrist. Ecce homo. Dionysos-Dithyramben. Nietzsche contra Wagner*. Berlin/New York: De Gruyter 1988, p. 297.

[812] Remito a la reflexión de Rosa Montero sobre la muerte del Quijote: «Por eso Don Quijote prefiere morir. Cervantes cierra su obra con un desenlace aparentemente convencional y retrata a un hidalgo enfermo que, en sus últimas horas, reniega de su imaginación desbordante. En el momento de la verdad de la agonía habría visto la luz de la Razón. Pero lo que en realidad está sucediendo es lo contrario: no es que se esté muriendo y por eso recupere la cordura, sino que ha renunciado a la imaginación y por eso se muere. [. . .] Un parlamento del lúcido Sancho Panza revela patéticamente cuál es la verdadera tragedia a la que estamos asistiendo: ‹–¡Ay! –respondió Sancho, llorando–: no se muera vuestra merced, señor mío, sino tome mi consejo y viva muchos años, porque la mayor locura que puede hacer un hombre en esta vida es dejarse morir, sin más ni más, sin que nadie le mate, ni otras manos le acaben que las de la melancolía. Mire no sea perezoso, sino levántese de esa cama, y vámonos al campo vestidos de pastores, como tenemos concertado: quizá tras de alguna mata hallaremos a la señora doña Dulcinea desencantada, que no haya más que ver.›» Rosa Montero: *La loca de la casa*. Madrid: Alfaguara 2003, pp. 196–197.

elige las propias potencialidades vitales, contra las oscuras potencias del Anti-Ser: una locura *humanizadora* frente a «un mundo monstruoso» (LAPEF, p. 276). Así concluye Filigranati, conversando con su fiel amigo:

> — El problema con la gente no es aquello de «humano, demasiado humano». Más bien sería: inhumano, demasiado inhumano. Yo no me lo voy a permitir. Bajé al submundo, como Orfeo. Pero no coincido con él en su odio a las bacantes. Más bien al contrario.
> — Por supuesto. Debemos tener la más firme confianza en la victoria final. Aun si todo dijese que no.
> — Sí. Un trabajo de todos los días. La confianza (LAPEF, p. 281).

Hay que ser loco para enfrentarse a una realidad *demasiado inhumana*, más aún para amar e intentar —según una fórmula de SMP (p. 20)— «cambiar el mundo por el solo poder de tu voluntad y de tu infinito amor».

La salvación por el amor, mediante la locura-monstruosidad, es también el hilo rojo de SMP. El libro empieza con la historia de Tojo, japonés necrófilo y «totalmente decidido a jugarse por su amor» por Analía Waldorf Putossi (SMP, p. 7). Tratando de exhumar a la «hermosa muertita» que acaban de enterrar en el mausoleo familiar, sufre un paro cardiaco al darse cuenta de que la chica había sido sepultada viva —Tojo, por suerte, resucitará de este infarto (SMP, p. 119)—. Motivo clásico del relato poeinao,[813] el héroe enterrado vivo y rescatado *in extremis* de una muerte segura se integra, en SMP, al tratamiento delirante de la salvación: literalmente, es la perversión necrófila de Tojo y su empeño en abrir el féretro recién sellado que salva a Analía de su horrendo destino. (Si bien solo por unos momentos: al salir del mausoleo, Analía cae en manos de «los dos sepultureros locos del cementerio de la Recoleta» (SMP, p. 10), que la violan. Los giros y vuelcos folletinescos que abundan en los relatos laisecanos reflejan la inestabilidad ontológica de su universo: Ser y Anti-ser nunca dejan de enfrentarse; la salvación es un proceso siempre recomenzado).

Este relato inaugurador de salvación se repite, profundiza y fractaliza a lo largo de SMP. Las historias retrospectivas de Tojo (cap. 3) y Analía (cap. 2, 4, 5), y su relación amorosa (desarrollada en el cap. 6 y en el largo cap. 7), tienen como base común la necesidad imperiosa de «salvarse» de la alienación y violencia impuestas por su familia y la sociedad en general. Analía padece muy temprano de una opresión heteropatriarcal violentísima: de adolescente, es violada

---

813 Cf., por ejemplo, el cap. 21 del *Narrative of Arthur Gordon Pym*, de Edgar Poe (1838), o el final del cuento de horror «Berenice» (1835): «he whispered me of a violated grave—of a disfigured body discovered upon its margins—a body enshrouded, yet still breathing, still palpitating, still alive!». Edgar Allan Poe: Berenice. A tale [1835]. In: *The annotated Poe*. Ed. Kevin J. Hayes. Cambridge, MA/London: The Belknap Press of Harvard University Press 2015, p. 58.

por obreros de construcción («Volvió llorando a casa pero hizo silencio antes de abrir la puerta», SMP, p. 14); para superar el trauma, «se v[uelve] putísima» (ibid.) y sufre por eso el acoso de sus compañeras del instituto (pp. 15-16); por otro lado, es víctima de la manipulación emocional de sus padres (p. 24), lo que la lleva a crisis histéricas y al neuropsiquiátrico del Dr. Feliche (p. 27), donde sufre electroshocks y violaciones (pp. 28 y siguientes). Considerablemente menos trágica, la historia de Tojo es la de «un ser inofensivo a quien sólo podrían reprochársele ciertas peculiaridades sexuales» necrófilas (p. 17). Empleado de jardinero en casa de los Waldorf Putossi, se enamora de Analía pero realiza pronto la infranqueable distancia socioeconómica que los separa: «Ella era muy amable con él, pero no se le ocurría mirarlo de otra manera que como a un empleado» (p. 19). Por su estatuto subalterno y su parafilía sexual prohibida, «el delirante» tiene que «sacia[rse] con fantasías» (ibid.). Aun tras haber declarado su amor a Analía, después de «cinco largo años» (p. 46), no puede acceder a su petición de que fuguen junto para fundar una familia: «No tengo a donde llevarla. Soy pobre» (p. 47). En Analía como en Tojo, la locura es consecuencia de estructuras represivas; refugio escapista, cobra para los dos la misma dimensión existencial que identificamos en LAPEF: la locura-monstruosidad abre al amor verdadero y a la narración infinita, los cuales — estrechamente vinculados el uno a la otra— permiten vencer la finitud individual. El cap. 7, abecedario de «cuentos pornográficos para niñas inocentes», lo ilustra en una reescritura de las *Mil y unas Noches* (SMP, p. 49). Inspirado por Analía —su «Diosa de la Misericordia budista» (SMP, pp. 85, 93, 109; notar la connotación cristiana-heterodoxa del término)—, Tojo cuenta, y ambos protagonistas están suspendidos a la narración, buscando en cada nuevo cuento escapar de sus existencias trágicas. Así critica Analía el cuento «Los cobardes se esconden detrás de los fuertes (Las ratas no se juegan por el amor)»: «tu cuento es demasiado cierto. Falta delirio que lo haga soportable. Nunca más me cuentes realismos pelados». Eruditos y plagiarios, los cuentos incluyen numerosas referencias a la biblioteca laisecana —Cervantes (SMP, p. 53), Leroux (p. 56), Poe (pp. 57, 85 y siguientes), así como *Los sorias* (p. 62)[814] y LAPEF (pp. 100, 109)— pero su función estriba, ante todo, en la narración siempre reiniciada que logra, conjugada con la celebración del sexo vitalista, derrotar a la muerte. Así en la conclusión del cuento necrófilo «El orgasmo triunfante»: «nosotras las vivientes, mediante el orgasmo triunfante, derrotamos a la muerte»; con este comentario de Analía: «Hasta la Muerte debe estar contenta; a ella no le gusta su trabajo» (SMP, p. 68).

---

[814] Con un cambio de título que ya encontramos en LAPEF: «*Los atroces*, obra de 1440 páginas».

SMP incluye varios otros relatos de salvación por el amor. El de Sarita «la Perdedora», dama de compañía de Analía y virgen —condición verdaderamente trágica en el universo laisecano—, y su novio Gofio, del cual no se sabe si «era tan boludo como los demás creían [. . .] pero de pronto el profesor Eusebio Filigranati era su autor de cabecera y esto sólo ya hablaba bien de él» (SMP, p. 37). Juntos consiguen escapar a la soledad de sus vidas respectivas:

> Al mes Sarita y Gofio vivían juntos. Les fue muy bien, por lo que pude averiguar.
> De modo que Sarita es el primero de los personajes que se salva en esta delirante y realista novela. También Gofio, si a eso vamos.
> Estamos de acuerdo en que la soledad es mala consejera y en que la desesperación puede llevar al delirio tóxico. Pero también es cierto que el veneno sólo se cura con más veneno en dosis homeopáticas (SMP, p. 38).

La referencia a la homeopatía y su heterodoxo principio de *similia similibus curentur* ofrece sin duda una clave de lectura para el *realismo delirante* laisecano: solo delirando se puede curar la locura del mundo, y la enajenación que este impone a los seres vivos.

Muy interesante para iluminar los vínculos productivos entre locura-monstruosidad, amor, ficción y salvación, es el caso la Fantasma de la Ópera. Irrumpe teatralmente (cinematográficamente) en el cap. 9, con un acto heroico: rescata a Analía de las manos de sus sepultureros/violadores —los cuales, tras haber ganado al Loto, están filmando una adaptación de *El Fantasma de la Ópera* (SMP, pp. 122-123)—:

> «Yo soy la verdadera Fantasma de la Ópera —les dijo— y van a cumplir mis órdenes. Páguenles a los actores y que no vuelvan más —luego señaló a Analía— desaten a esa pobre infeliz y que se cubra. Vamos a hacer la película sobre mi vida. Pero yo voy a dirigirla».
> En un triki trake los dos sepultureros habían quedado transformados en gorutas (esclavos) (SMP, p. 127).

A continuación, en el cap. 14, nos enteramos de la triste historia personal de la Fantasma, para la cual el narrador introduce la hermosa palabra de «monstrua», en femenino: excepcionalmente fea, «la infeliz tenía treinta y cinco años y seguía siendo virgen» (SMP, p. 248). Como en el caso de Filigranati y Rosinha, Analía y Gofio, es a través de la ficción que se opera la salvación, ya no por el contar en tanto *acto de amor* siempre renovado y así capaz de *derrotar a la muerte*, sino mediante el control que permite recuperar sobre la propia vida. El personaje de la Fantasma dirigiendo la película de su propia vida resuena hondamente con el mismo Laiseca reescribiendo su vida de *último orejón del tarro* en las propias ficciones (cf. 4.2.3) —recordemos la exclamación del escritor:

«¡Sólo adentro de la literatura he podido sentirme poderoso!»—.[815] Al empoderamiento narrativo, en primera persona («yo voy a dirigirla»), de Erika se añade su poder de *monstrua*, que le da autoridad absoluta sobre los demás; y contrario a lo que la categoría de monstruosidad sugiere, hace un uso benevolente y solidario de ello, protegiendo a Analía de la violencia de los sepultureros: «[A los sepultureros] les prohibió que siguiesen cogiendo con Analía. No por celos sino porque era obvio que a la pobre desgraciada no le gustaba» (SMP, p. 248); «Julio y Pedro, totalmente dominados por la Fantasma de la Ópera, no se atrevieron ni a rechistar» (SMP, p. 344). La monstruosidad física —en tanto fealdad— no solo destaca la *belleza* moral, sino que se hace su instrumento activo. Por otra parte, como la locura de Filigranati, la monstruosidad de la Fantasma también es potenciada por la invención técnica, gracias a la cual puede encarnar ambos protagonistas en su película:

> La directora eligió para sí dos papeles: el del Fantasma y el de Cristina Daaé. Una mujer travestida, que pasa por hombre y, además, es buena actriz, no tiene nada de raro. Pero lo demás era tan horrible que no le hacía falta maquillaje. Era su propia vida la que estaba filmando, de la manera que fuera. Bastante más difícil y extraño resultaba que asumiese a la bellísima cantante sueca. Erika [. . .] tapaba sus más horrendas partes (rostro, brazos, piernas), aplicándose al cuerpo un tejido sintético de su propia invención (SMP, p. 239).

Interesante es la (sobre-)interpretación que el narrador comparte con el lector, o más bien se le impone:

> Que la monstrua hiciese dos papeles (el Fantasma y Cristina) contenía una ironía final, muy de Erika. Que Cristina rechace al Fantasma de la ópera como amante (ya que ambos son el mismo actor-actriz) es la mujer rechazándose a sí-misma. En otro plano: rechaza al único hombre que la podía amar con la excusa que es viejo, feo, etcétera (SMP, p. 248).

De dudoso rigor psicológico, la aclaración que propone el narrador sobre la decisión artística de la directora la remite su condición de víctima de un físico repulsivo, mientras que ella —«inventora de genio» (SMP, p. 247)— puede, gracias a la ««carne» artificial» que fabricó para sí mismo, ser «las dos cosas: linda o fea, a voluntad. Y las dos cosas al mismo tiempo si se le antojaba» (ibid.). Como tendremos oportunidad de comprobarlo (cf. 4.3.3), la actividad interpretativa-psicologizante del (de los) narrador(es) laisecano(s) hace parte de su *mala escritura*; y los protagonistas también tienen que emanciparse de ella.

En la conclusión del pasaje, «la Fantasma, ya tranquila por haber filmado el final [. . .] siguió luego con el principio» (SMP, p. 259). Que haya filmado primero el final de su película, para volver luego sobre el pasado —con carácter, si

---

815 José María Marcos: El mundo de Alberto Laiseca, p. 26.

no celebratorio, por lo menos afirmativo— evoca otra vez el *amor fati* nietzcheano: se trata de asentir sin reserva a la vida tal como se ha dado, al *eterno retorno* de lo mismo.[816] El amor romántico-sexual es valioso, pero el amor a la vida lo es más aún, por no depender de relaciones interpersonales de por sí contingentes. Y es la práctica artística, la fabulación, la que permite articular y potenciar aquel *amor fati*, al sustraerlo a los aspectos demasiado *pelados* de lo real. Afirma Nietzsche en un pasaje célebre de *La gaya ciencia*:

> Als ästhetisches Phänomen ist uns das Dasein immer noch erträglich [. . .] Wir müssen zeitweilig von uns ausruhen, dadurch, dass wir auf uns hin und hinab sehen und, aus einer künstlerischen Ferne her, über uns lachen oder über uns weinen; wir müssen den Helden und ebenso den Narren entdecken, der in unsrer Leidenschaft der Erkenntniss steckt, wir müssen unsrer Thorheit ab und zu froh werden, um unsrer Weisheit froh bleiben zu können![817]

SMP termina con la risa nietzcheana de Lai Chu (SMP, p. 350), por según profesa Zarathustra, «[d]er Mut will lachen [. . .] Wer auf den höchsten Bergen steigt, der lacht über alle Trauer-Spiele und Trauer-Ernste».[818]

En EGM también se encuentran estrechamente concatenadas las problemáticas del amor, de la locura y de la salvación: el gusano intenta incansablemente salvarse de la muerte, de la soledad, del celibato. Si los tres males son casi equivalentes en la ontología laisecana, en la práctica resulta muy difícil, para el gusano, escapar de uno sin caer en otro: las aventuras amorosas-eróticas del gusano repetidamente acaban con muertes más o menos violentas (la petisa, pp. 9–13, la flaca drogadicta, pp. 13–16, la gorda Dorys, pp. 37–108), ruptura unilateral (la concheta, pp. 17–21, Miss Linda, pp. 90–107), psicodrama complotista con secuestro y/o chantaje (la periodista Eva, pp. 132–147, Mirthita, pp. 160–165, Esthefani, pp. 174–180). EGM es sin duda el texto más pesimista

---

816 En *La gaya ciencia*, Nietzsche formula el desafío como sigue: «Wie, wenn dir eines Tages oder Nachts ein Dämon in deine einsamste Einsamkeit nachschliche und dir sagte: ‹Dieses Leben, wie du es jetzt lebst und gelebt hast, wirst du noch einmal und noch unzählige Male leben müssen; und es wird nichts Neues daran sein [...] Die ewige Sanduhr des Daseins wird immer wieder umgedreht —und du mit ihr, Stäubchen vom Staube!—› Würdest du dich nicht niederwerfen und mit den Zähnen knirschen und den Dämon verfluchen, der so redete? Oder hast du einmal einen ungeheuren Augenblick erlebt, wo du ihm antworten würdest: ‹Du bist ein Gott, und nie hörte ich Göttlicheres!›». Friedrich Nietzsche: *Die fröhliche Wissenschaft («la gaya scienza»)* [1882]. In: *Sämtliche Werke*, vol. 3: *Morgenröthe. Idyllen aus Messina. Die fröhliche Wissenschaft*. Berlin/New York: De Gruyter 1988, p. 570.
817 Friedrich Nietzsche: *Die fröhliche Wissenschaft*, pp. 464–465.
818 Friedrich Nietzsche: *Also sprach Zarathustra. Ein Buch für Alle und Keinen* [1883]. In: *Werke*, vol. 2. München: Carl Hanser 1954, http://www.zeno.org/nid/2000925451X (22.5.2021).

en nuestro corpus: la salvación es, a lo sumo, temporal; ni el orgasmo, ni el plagio consiguen *derrotar a la muerte*:

> Uno, dos, tres orgasmos anduvimos bien. Al cuarto la petisa pidió agua. «Basta, me vas a matar.» «Jodéte.» Cuando se desmayaba él la hacía volver a la conciencia. Al orgasmo número catorce tuvo un paro cardíaco. «Muerta soy. ¡Confesión!», como en las obras de Lope de Vega.
>
> Después de comerse todo lo que había en la heladera y bañarse, el gusano máximo de la vida misma se fue (EGM, pp. 13-14).

A lo largo de la corta novela, se acumulan episodios de fracaso amoroso y existencial, que culminan en la muerte de la gorda Dorys, por causa natural —probablemente la única en toda la novela— y con debida cita shakespeariana:

> La gorda estaba tan deteriorada que, algunos meses más tarde, pese a los cuidados y drogas del gusano, cagó fuego. Ni él pudo salvar su débil y enorme corazón. [. . .]
>
> Cuando la gorda Dorys murió, sus tetas fueron comidas en ritual banquete fúnebre. El resto del cuerpo fue entregado al homenaje de sus amadas y valientes ratas. [. . .]
>
> Y dijo el gusano mientras, con lágrimas en los ojos, se comía un pedazo de teta:
> –«Ahora puedes sentirte orgullosa, muerte; estas en posesión de una mujer incomparable.» *Antonio y Cleopatra*. Acto V. Escena II (EGM, p. 108).

Si este homenaje suena bastante nihilista —el *topos* romántico de la mujer perfecta, pero muerta—, el banquete funerario caníbal reanuda con el vitalismo laisecano. Pese a la melancolía omnipresente que resulta de todos esos amores frustrados, el amor a la vida sí triunfa de la muerte. Lo refleja este pasaje, en el cual el gusano usa «drogas mágicas» para curar a la población cloaquera de sus enfermedades venéreas, incluso del sida:

> El gusano máximo de la vida misma no se agarraba el SIDA hiciera lo que hiciese, pero, compadecido de aquel reino sidaco, decidió curarlos a todos con sus drogas mágicas. «La vida del ser humano es cortísima», se dijo. «Miren si voy a permitir que estos desheredados, encima de todos los problemas que tienen, se me mueran de esa enfermedad asquerosa e injusta.» Pero no los curó solamente del SIDA, sino de la sífilis, blenorragias de distintos colores, tuberculosis y otras horripilancias en grado selectísimo (EGM, p. 92).

También ayuda a su amigo el ex guardián de la morgue, quien está muy deprimido por el fracaso de sus intentos necrófilos: «Siempre se me pudren. No logro rescatar la *belleza*. Me dan ganas de suicidarme» (EGM, p. 96).[819] Para resolver esta situación y curar al ex guardián de sus tendencias nihilistas, el gu-

---

[819] El episodio se reescribe en SMP con el necrófilo Masemoto *san*: «Murió de tristeza. [. . .] ‹Lo que no les puedo perdonar es que hayan destruido la belleza. Yo las resucité para que por lo menos su cuerpitos no se perdiesen›» (SMP, p. 18).

4.3 Manifestaciones discursivas y diegéticas del de/lirio — 251

sano imagina «una curación mágica y sacerdotal» (EGM, p. 94), en «un acto científico pero también [. . .] teológico» (EGM, p. 98): «hacer coger a Miss Linda con el ex cuidador de la morgue» (EGM, p. 94). Tras algunas peripecias, Miss Linda acepta, con la condición de que se junte también el gusano:

> El gusano aceptó, no sólo porque deseaba salvar al manijeado acercándolo a la vida (o a un remedo de vida, al menos), sino porque se proponía realizar un experimento científico. Y teológico, por qué no.
> La próxima escena es los tres cojiendo con la muerta. [. . .]
> El gusano se puso abajo y la muerta arriba. Miss Linda sobre la difunta y el ex sobre Miss Linda. [. . .] El máximo de la vida misma hizo de usina mágica porque esta vez tenía que salir todo bien, sí o sí. Luego del cojinche la cada*verona* (la influencia de *The Poet* es clara) movió uno o dos deditos. Como en *La novia de Frankenstein*. [. . .]
> No se trataba de una resucitada, propiamente (eso es imposible), sino más bien de una zombie de lujo. Mucho más Mozart que una zombie común y silvestre, en esto estamos de acuerdo y además esa era la idea, pero una muerta animada al fin. No era, digamos, el Golem (EGM, pp. 101–103).

Coger con la muerta = amar la vida hasta en la muerte. Permitido por los poderes a la vez científicos y mágicos del gusano (cf. 4.3.2), el sexo necrófilo corresponde aquí, otra vez, a la derrota de la muerte, pues la difunta se anima, hecha «zombie de lujo».

Concluyendo: en el delirio moral-metafísico que se despliega en EGM, LAPEF y SMP, el horizonte tradicional de la salvación cristiana es objeto de una serie de operaciones delirantes que lo convierten en celebración pagana-vitalista del amor carnal —cuya máxima expresión se encuentra en el orgasmo triunfante, el que derrota a la muerte, incluso en la necrofilia—. Locura y monstruosidad cumplen, en este contexto, un papel reversible: si bien ofrecen instrumentos de resistencia —y a veces la única escapatoria— contra las violencias impuestas por la familia, el patriarcado, la institución psiquiátrica, o la subalternidad económica, no conducen automáticamente al amor salvador. La aguda consciencia en Laiseca de que son estructuras e instituciones que *joden* a la gente, no dispensa al individuo de *reformarse*: solo así puede someterse al proceso dialéctico de *humanización*, por y para el Otro, que se realiza en el amor. Según comenta Laiseca en una entrevista, a propósito de SMP: «finalmente hay un final feliz, porque la locura se cura con amor, que es lo único que hace que estemos menos solos».[820] Últimamente, sin embargo, los amores son pasajeros y la única salvación duradera estriba en la «fuerza de voluntad y amor por la vida» (LAPEF, p. 38), un *amor fati* cuya reafirmación frente a un mundo *demasiado inhumano* necesita, de

---

[820] Silvina Friera: «La realidad no me interesa».

por sí, cierta locura. Según resume el Monitor: «Sólo cura el amor y hay que estar loco para amar» (SMP, p. 342).

4.3.2 Ciencia, pseudociencia, magia: el delirio racional-cientificista

> *El artista no adhiere a la causa del irracionalismo sistemático sino que pone a prueba, en la multiplicidad de sus pulsiones, el racionalismo imperante.*[821]

Ya lo observamos: los locos y monstruos laisecanos movilizan a menudo las posibilidades de la ciencia para salvarse o salvar a otros. En la pura tradición del relato policial y de aventuras —de Edgar Poe a Ian Flemming pasando por Jules Verne—, los héroes recurren a gadgets *high-tech* para cumplir sus misiones. Se pueden mencionar, entre muchísimos «adelanto[s] seudocientífico[s]» (LAPEF, p. 102), las poderosas pociones del gusano, sus «poderes telepáticos y astrales» (EGM, p. 162), la fortaleza de San Miguel y su «delirante arquitectura» (LAPEF, p. 36), los brazos y piernas de *cyborg* que Wong fabrica para Rosinha, el tejido sintético desarrollado por la Fantasma para el papel de Cristina Daaé (cf. 4.3.1).

En la ficción laisecana, el uso que hacen sabios locos o inventores monstruosos de la ciencia exige una contextualización detallada. Corresponde, por un lado, a un biografema: Laiseca, recordamos, cursó tres años de Ingeniería Química, ante todo para cumplir con el deseo de su padre, pero también con una curiosidad intelectual sincera, que le acompaña toda su vida: «Yo soy un tipo muy serio: estudio de verdad,» declara así el escritor poco antes de su muerte.[822] Con ese gesto de renunciar a una prestigiosa carrera científica para dedicarse a la escritura —«escribir boludeces», según afirma despectivamente Ezequiel Soria en LAPEF (p. 197)—, Laiseca elige deliberadamente lo que Beatriz Sarlo ha nombrado la *imaginación técnica*,[823] su potencial crítico y anticipatorio, contra el rigor descriptivo y analítico de la práctica científica *dura*. El biografema nos lleva así a la inscripción cultural y literaria del delirio científico

---

[821] Juan José Saer: Literatura y crisis argentina. In: *El concepto de ficción*. Buenos Aires: Seix Barral 2014 [1982], p. 97.

[822] Liliana Villanueva: *Maestros de la escritura*, p. 186. Hernán Bergara cita otra entrevista del escritor, con Graciela Speranza (1995), en la cual el escritor declara: «Elegí la literatura y desde ahí puedo acercarme cuantas veces quiera al mundo de la ciencia. Cuando hablo de la ciencia no hay ninguna ironía; le tengo mucho amor a ese mundo». Hernán Bergara: «*Los sorias*» *de Alberto Laiseca*, p. 39.

[823] Cf. Beatriz Sarlo: *La imaginación técnica. Sueños modernos de la cultura argentina*. Buenos Aires: Nueva Visión 1998.

en Laiseca, vinculada con una biblioteca *plebeya* (cf. 4.2.2) y los saberes heterogéneos que esta pone en juego, incluyendo —según apunta Beatriz Sarlo a propósito de la biblioteca arltiana—

> los saberes técnicos aprendidos y ejercidos por los sectores populares; los saberes marginales, que circulan en el underground espiritualista, ocultista, mesmerista, hipnótico de la gran ciudad. Estos últimos saberes son críticos de la razón científica, pero al mismo tiempo adoptan estrategias de demostración que la evocan.[824]

En manos de los locos y monstruos laisecanos, la ciencia siempre es también pseudociencia, e incluso magia: en la herencia de Poe, pero sobre todo de Arlt, Laiseca sabe «combinar el saber técnico con la fabulación»,[825] «opon[iendo] a la rutina del ingeniero la imaginación del artista».[826] Más de medio siglo después del surgimiento de Arlt en la *modernidad periférica* bonaerense, Laiseca, a su vez, «confía a los locos y a los conocedores de máquinas, juntos, un poder de reconfiguración de la sociedad y de la cultura»,[827] en un diálogo tan lúdico como crítico con la ciencia —y la racionalidad hegemónica— del capitalismo tardío globalizado.

Además de Poe y Arlt, Nietzsche ofrece un tercer punto de referencia para el análisis del delirio científico en Laiseca. Como lo destacamos ya en el anterior apartado, el vitalismo nietzscheano atraviesa toda la obra del escritor, y la ciencia en ella es particularmente *gaya* —un conocimiento profundamente encarnado y vivido, inseparable de las coordenadas subjetivas del que lo formula, libre de toda ilusión objetivista o idealista—:

> Wir sind keine denkenden Frösche, keine Objektivir- und Registrir-Apparate mit kalt gestellten Eingeweiden, — wir müssen beständig unsre Gedanken aus unsrem Schmerz gebären und mütterlich ihnen Alles mitgeben, was wir von Blut, Herz, Feuer, Lust, Leidenschaft, Qual, Gewissen, Schicksal, Verhängniss in uns haben.[828]

---

824 Beatriz Sarlo: *Una modernidad periférica: Buenos Aires 1920 y 1930*. Buenos Aires: Nueva Visión 1988, p. 52. Soledad Quereilhac, en su estudio de la temprana ciencia-ficción argentina, confirma este análisis, destacando la figura «del científico experimentador que maneja tanto las ciencias materialistas (las que se aprenden en las universidades y constituyen la llamada ‹ciencia oficial›) como las ciencias ocultas. [. . .] La temprana CF no hizo más que potenciar y tensar esa bifrontalidad, hasta resolverla en la imagen del sabio-brujo, el sabio-mago, el sabio-transgresor». Soledad Quereilhac: Sombras tras la lámpara de gas: la temprana ciencia ficción argentina (1816–1930). In: Teresa López-Pellisa/Silvia G. Kurlat Ares (eds.): *Historia de la ciencia ficción latinoamericana*, vol. 1: *Desde los orígenes hasta la modernidad*. Frankfurt a. M./Madrid: Vervuert/Iberoamericana 2021, pp. 67–68.
825 Beatriz Sarlo: *La imaginación técnica*, p. 43.
826 Ibid., p. 52.
827 Ibid., p. 44.
828 Friedrich Nietzsche: *Die fröhliche Wissenschaft*, p. 349.

Es a partir de este contexto —biográfico, literario, cultural y filosófico— que propongo leer el delirio racional-cientificista en EGM, LAPEF y SMP, no solo en los inventos y artefactos técnicos ya mencionados, sino también, y sobre todo, en configuraciones narrativas y discursivas que retoman, extreman *ad absurdum*, distorsionan o cortocircuitan el canon racionalista —transparente, lógico, causal y no-contradictorio— para conjugarlo productivamente con/confrontarlo críticamente a sus otros: lo maravilloso, lo indecidible, lo inútil, lo opaco, lo incognoscible.

4.3.2.1 La descripción realista: lo verosímil vs. lo maravilloso

Comentamos en detalle, en EGM, la descripción de las cloacas, entre exactitud documental y soplo épico: con su ambigüedad enunciativa y evidencial (cf. 4.2.1), constituye un ejemplo paradigmático de *de/lirio*. Como lo sugiere subliminalmente la referencia al «Maelström de Poe» (EGM, p. 31), es útil volver a Edgar Poe para leer este pasaje de extensas indicaciones sobre geografía, historia y demografía de las cloacas, pues se inscribe en el linaje de lo que John Tresch ha llamado, en Poe, «the potent magic of verisimilitude»: una manera de usar los instrumentos descriptivos y analíticos del racionalismo para resaltar, precisamente, sus límites —su *resto* misterioso, maravilloso, horrible—.[829] De hecho, la descripción de las cloacas funciona a nivel narrativo como introducción al personaje de la gorda Dorys, reina de las cloacas; en otros términos, la detallada digresión documental sirve para introducir un personaje completamente delirante —doble femenino del gusano, figura fálica y castradora al mismo tiempo, aristócrata lectora de Shakespeare—. Observamos la teatralidad del pasaje:

> Delante suyo estaba Dorys, la Reina.
> La gorda Dorys le esperaba con su gran culo. Monstruosa, sentada en su trono de hierro atados con alambres y rodeada de ratas y raqueadores. Era como uno de los colosos de Memnón. [. . .] La gorda Dorys empezó siendo una raqueadota como cualquiera. Era inglesa, según ella, y hasta de sangre real. [. . .] tenía una única pertenencia: un tomo rotoso, manoseado e inmundo de las obras completas de Shakespeare (EGM, pp. 37–39).

Se encuentran en nuestro corpus numerosas descripciones que cumplen esa misma función: movilizan la retórica de la ciencia —su método, su supuesta objetividad— para desbaratarla introduciendo desarrollos sumamente delirantes. En LAPEF, se trata por ejemplo de la descripción de un «cuarto secreto disimulado por la delirante arquitectura» (LAPEF, p. 36) de «su fortaleza demencial en

---

[829] John Tresch: «The potent magic of verisimilitud»: Edgar Allan Poe within the mechanical age. In: *The British Journal for the History of Science* 30/3 (1997), pp. 275–290.

San Miguel» (p. 40), que Filigranati hace construir para materializar la «Casa de la Bruja» de su infancia (p. 39). Con tono casi profesoral, el narrador describe la geometría del lugar, incluso la ilustra con un esquema (cf. 4.2.3):

> Visualicemos entonces un ovoide, repito, levemente achatado en los costados más cercanos de la elipse. Entrando por una puerta, en la mitad izquierda, vemos un recinto de pared convexa a la diestra y otra cóncava a la siniestra. Hay dos largos pasillos: uno arriba y otro abajo, que comunican con la segunda parte del ovoide. Aquí, a diferencia de la primera, ambas paredes son cóncavas. La ilusión óptica nos hechiza y manifiesta: los recintos están caprichosamente dividos por una pared. No existe tal pared. Éste es, en realidad, un cuarto secreto (LAPEF, p. 36).

Como lo sugiere el «hechizo» de la ilusión óptica, esta descripción rigurosa desemboca directamente sobre lo maravilloso: la enumeración de los víveres lujosos que albergan en cantidad hiperbólica «cuatro inmensos sótanos, uno arriba del otro, repletos de distintas maravillas» (LAPEF, p. 37):

> vacas enteras, chivitos, cerdos, todo congelado en los *freezers*. Pero no olvidemos las delicias: ranas, caracoles, perdices, faisán dorado, caviar, ciervo, jabalí, cangrejo, langostas y una o dos toneladas de pescado [. . .] También había varios metros cúbicos de pollos, ahora que me acuerdo. [. . .] En cuanto a la bodega, resultaba prodigiosa. [. . .] vinos franceses, españoles, alemanes e italianos, champán, whiskies de los clanes escoceses [. . .] ¿Cigarrillos?: también toneladas (LAPEF, pp. 37–38).

El delirio científico que se observa en la arquitectura de la «Casa de la Bruja» y sus *hechizos* geométricos/ópticos se refleja entonces en la construcción del pasaje, entre verosimilitud técnica e hipérbole maravillosa. Su función es a la vez lúdica y catártica: «juego gratificante y una respuesta a sus peores monstruos» (LAPEF, p. 43), le permite a Filigranati reanudar con los juegos de su niñez, y formular «una especie de respuesta infinita a su indefensión de niño» (p. 38). Interesantemente, a la celebración de la pseudociencia practicada por Wong —«que además de arquitecto era sabio loco» (p. 40)— se añade, por parte de Filigranati, una defensa de lo «pseudoútil» (no sin recordar la apología de lo inútil formulada en los diarios levrerianos):[830]

> le interesó el proyecto [de Wong] y precisamente por considerarlo pseudocientífico. Años atrás había publicado un libro: *El porvenir de la pseudociencia*. Se vendió un solo ejemplar. Su único lector lo llamó para decirle: «Pero profesor: todo esto no sería útil.» «Cierto —le contestó—, pero será pseudoútil» (LAPEF, p. 42).

---

830 Cf. 3.3.3.1.

El delirio pseudocientífico se sustrae a los requerimientos utilitaristas de la ciencia: autoriza la invención gratuita.

4.3.2.2 Contradicción lógica e indecidibilidad narrativa

La continuación del pasaje convoca un *topos* de la ciencia-ficción: la máquina de viajar en el tiempo:

> El profesor Eusebio Filigranati se sirvió otro escocés de clan. Así como ahora acababa de rememorar fragmentos de su pasado, la noche anterior había hecho un viaje con la máquina el tiempo. Este tipo de máquina jamás será inventado puesto que el pasado está muerto. No puedo viajar a un lugar que no existe. Pero por suerte sí tenemos las memorias de lo que fue, y para viajar a este sitio tenemos las novelas y la imaginación (LAPEF, p. 63).

Hay aquí una flagrante contradicción lógica y temporal, el pasado «la noche anterior había hecho un viaje con la máquina del tiempo» contradiciendo el futuro «este tipo de máquina jamás será inventado», puesto que hacer un viaje en el tiempo mediante tal máquina supone lógicamente su invención previa. ¿Ha tenido lugar, o no, el viaje al pasado del Profesor? La frase «sí tenemos las memorias de lo que fue, y para viajar a este sitio tenemos las novelas y la imaginación» sugiere que no —que el asunto de la máquina de viajar en el tiempo es solo una metáfora para hablar de la invención (auto)ficcional—. El resto del pasaje, sin embargo, refuta esta hipótesis, pues de hecho Filigranati viaja de vuelta a 1953 (LAPEF, pp. 64–65), e incluso se felicita de ello: «El viaje de ayer, en la máquina del tiempo —pensó el profesor mientras saboreaba su escocés de clan—, fue muy gratificante» (LAPEF, p. 66). Como en el pasaje de las cloacas de EGM —ubicadas, lo vimos, indecidiblemente en Buenos Aires y en Nueva York— en narrador elije aquí una completa indecidibilidad narrativa: Filigranati ha viajado, y a la vez no ha viajado, al pasado. Típicamente, el relato cumple con las exigencias del pacto ficcional realista —según resume María Teresa Gramuglio, un espacio «particularizado y referido a lugares localizables en el mapa» y un tiempo «del calendario»:[831] en el pasaje citado «la noche anterior», «ayer», «1953»—, pero solo para desbaratar la verosimilitud producida con contradicciones lógicas e indecidibilidad. Es que el *de/lirio* laisecano se inscribe más en la mecánica cuántica de Schrödinger que en la geometría euclidiana: se superponen en ello eventos contradictorios —todo por «la libertad azarosa de lo cuántico en el mundo de las subpartículas», según delira otro protagonista (LAPEF, p. 31)—.

---

[831] María Teresa Gramuglio: El realismo y sus destiempos en la literatura argentina. In: María Teresa Gramuglio (ed.): *Historia crítica de la literatura argentina*, vol. 6: *El imperio realista*. Buenos Aires: Emecé 2002, p. 21.

4.3.2.3 El monólogo autócrata: ciencia vs. poder vs. creencia

El delirio científico no se despliega solo a nivel narrativo, sino también en los discursos asumidos por ciertxs protagonistas. En EGM, la reina Dorys expone así, «a cuento de nada», una opinión muy crítica sobre la hipótesis del Big Bang:

> —Detesto graciosamente las teorías en boga. Los científicos, con su doctrina mística sobre el Big Bang, creen haber encontrado en el comienzo del tiempo una especie de agujero negro creador: una feliz y generosa cornucopia que nos dio el espacio-tiempo, la materia-energía y hasta a nosotros mismos. Pasan por alto el hecho de que la singularidad traga, no da. De ella nada sale. [. . .] Creo en la existencia del Big Ben, pero no en la del Big Bang (EGM, pp. 46–47).

En la época de escritura de EGM, la hipótesis del Big Bang todavía no era consensual:[832] la crítica que hace Dorys al respecto es, en su contenido, perfectamente plausible —su argumento de que «la singularidad traga, no da» incluso refleja las críticas formuladas contra la teoría de Lemaître, que para ciertos físicos remitía demasiado a la hipótesis creacionista—.[833] En su forma, sin embargo, el discurso de Dorys, se sustrae decididamente al rigor de la argumentación racional: por el humor que incluye («creo en la existencia del Big Ben, pero no en la del Big Bang»), los ataques discriminatorios *ad hominem* («Son todos putos», EGM, p. 47), y sobre todo la dimensión monológica-autoritaria de su discurso que prohíbe toda discusión («He dicho. Poned los sellos del Estado. Archivadlo», EGM, p. 48). Más que una hipótesis alternativa a la del Big Bang, la demostración de Dorys destaca las relaciones de poder, los afectos («detesto»), las creencias («los científicos [. . .] creen», «creo en»), que hacen posible el conocimiento científico, circulan en sus márgenes e intersticios, lo motivan o impugnan: destaca la heteronomía fundamental de la ciencia, su incompletud empírica y permeabilidad ideológica.[834] Últimamente —nietzscheanamente—, es el ser humano, y no

---

[832] Formulada por el astrónomo británico Fred Hoyle en 1949, en un programa de vulgarización científica de la BBC, la afortunada expresión «Big Bang» tiene originalmente un sentido peyorativo, pues Hoyle es partidario de la teoría del «Steady State» y rechaza la hipótesis de Lemaître (1931) en cuanto a la existencia de un *atome primitif* o singularidad primordial al origen del universo. Como explica el astrofísico James Peebles, las dos hipótesis suscitaron debates apasionados durante décadas, antes de que se establezca a principios del siglo XXI, gracias a nueva evidencia empírica, el consenso actual sobre el modelo del «Hot Big Bang» (Gamow 1948). P. J. E. Peebles: *Cosmology's century. An inside history of our modern understanding of the universe*. Princeton/Oxford: Princeton University Press 2020, pp. 2–5, y 36–111.
[833] Cf. por ejemplo: Eric J. Lerner: *The Big Bang never happened: a startling refutation of the dominant theory of the origin of the universe*. New York: Times Books 1991.
[834] Lo muestra muy bien James Peebles: el progreso del conocimiento científico parte muchas veces de conjeturas no-empíricas, aceptadas por una *decisión subjetiva colectiva* de la comunidad científica como base de investigación. P. J. E. Peebles: *Cosmology's century*, p. 349. «The prime

sus conocimientos, el que crea sentido en el mundo. Los personajes laisecanos, profundamente vitalistas, tienen que rechazar el nihilismo de la hipótesis del Big Bang, que sugiere que el universo contendría *su propia negación*. Según reformula Filigranati el discurso de Dorys (LAPEF, p. 205):

> Odio la aberrante y monoteísta teoría del Big Bang. Doctrina, ésta, contradictoria y nihilista. Ellos mismo admiten que, de ser cierta, más tarde o más temprano llegaríamos al Big Crunch o al Big Metocoff. Pero el Universo ha sido creado desde siempre y para siempre, caso contrario la Obra contendría su propia negación.

El delirio científico confronta la ciencia a sus límites objetivos —lo que todavía no puede explicar con certeza— y subjetivos —la necesidad individual de crear sentido para sí, aun cuando el estado actual del conocimiento científico no alcanza para ello—.

En una línea contigua, se puede leer el monólogo de Dorys y la incompletud de su argumentación como otro guiño a Edgar Poe, en particular al tratado científico que escribió éste a finales de su vida, *Eureka* (1848). Leamos el análisis que propone Clément Rosset de este texto:

> «J'ai résolu le secret de l'Univers», déclare Poe à son éditeur Putnam en lui apportant son manuscrit. Mais la lecture du texte d'*Eureka* ne comble nullement l'attente ainsi créée chez le lecteur: [. . .] il n'y a dans *Eureka*, pas même de théorie fausse, de doctrine fantaisiste, d'hypothèse d'illuminé: il n'y a pas de théorie du tout, il n'y a exactement rien de dit. Cette bizarrerie [. . .] n'est pas propre à Poe; elle n'est d'ailleurs une bizarrerie qu'en apparence. À y regarder de plus près, on s'aperçoit qu'elle est de règle, chaque fois que l'on entreprend de faire des révélations sur le sens général du réel: rien n'étant à dire sur pareil sujet, celui qui croit de bonne foi avoir quelque chose à en dire est très logiquement contraint de parler à vide, de dire rien. Car il ne s'agit que d'un sentiment [. . .] qu'il y a un sens [. . .] le sentiment du sens, chez Poe comme chez tout autre, est d'autant plus violent qu'il est plus incertain quant à la question de savoir, non pas s'il y a du sens, mais quel il est.[835]

---

example in this history is that during most of the past century of research in cosmology, the community majority implicitly accepted Einstein's general theory of relativity. Few pointed out that this is an enormous extrapolation from the few meager test of general relativity that we had in the 60s». Ibid., p. 4. De hecho, «the distance and time scales of cosmology are so immense that we cannot rely on empiricism: Observations may falsify a cosmological model, but they cannot establish it; cosmology must rely on philosophical considerations.» Ibid., p. 315.

835 Clément Rosset: *Le réel. Traité de l'idiotie*. Paris: Minuit 1977, pp. 38-39. Cabe matizar la interpretación de Rosset: en un extenso trabajo de investigación, el filósofo de la ciencia David Stamos ha desmentido aquellas «denigratory interpretations of Poe and *Eureka*», mostrando que «Poe in *Eureka* has anticipated at least nine mjor theories and developments in twentieth-century science, namely, the rejection of axioms as intuitively true, Big Bang cosmogony [. . .], the apparent fine-tuning of the fundamental laws of nature, the nonexistence of laws of nature before the Big Bang,

La hermosa fórmula de *sentimiento del sentido* que usa Rosset a propósito del texto de Poe se aplica perfectamente al delirio científico en Laiseca: pone en juego teorías muy complejas que sin embargo no desembocan en nada concreto —en la mayoría de los casos, un chiste; y el lector queda *divertido*, en el sentido etimológico del término—.[836] Otra vez, sin embargo, la dimensión lúdica solo explica una parte del fenómeno, pues el *sentimiento del sentido*, tal como se da en los monólogos autócratas de los personajes laisecanos, es un afecto compensatorio: se trata de *sentirse poderoso*, defenderse contra la tentación nihilista del Anti-ser, la resignación a lo absurdo.

4.3.2.4 Ecuaciones: transparencia vs. opacidad, perfección vs. imperfección

La preeminencia del *sentimiento del sentido* no significa que los discursos científicos en Laiseca no tengan sentido del todo. Las ecuaciones que aparecen recurrentemente a lo largo de las tres obras son así, según insiste el escritor, rigurosamente exactas: «hay lectores que se han tomado la molestia de hacer los cálculos y ven que son verdaderos».[837] En el delirio laisecano, sin embargo, las ecuaciones siempre se insertan en pasajes de varias capas de significación —las cuales, de por sí, socavan la transparencia y univocidad del lenguaje matemático—. Así en este pasaje de SMP, en el cual el Monitor, en uno de sus «democrático[s] monólogo[s]» (SMP, p. 167), rehace la famosa demostración de Arquímedes según la cual el volumen de la esfera es igual a dos tercios del volumen del cilindro circunscrito a ella:

> —Y ahora voy a probarles matemáticamente que la perfección si bien existe no sirve para un carajo —la Bestia se vuelve a un pizarrón y toma tiza; dice mientras escribe—: En realidad ésta es la fórmula que encontró el viejo Arquímedes para relacionar a la esfera con el cilindro que la contiene.
> Volumen de la esfera: $4/3 \, \pi \, R^3$.
> Volumen del cilindro que la contiene: $\pi \, R^2 \cdot 2R$.
> Dividimos ambos miembros y nos queda. $2C = 3E$.

---

the correct solution to Olber's paradox, multiverse theory, space-time interdependance, matter-energy equivalence, and the rejection of the existence of the material ether». David N. Stamos: *Edgar Allan Poe, «Eureka», and scientific imagination*. New York: SUNY Press 2017, pp. 21, 8.

836 Se puede también remitir, en LAPEF, al capítulo «Son las veinte horas y veinte mil minutos», y la intervención de un borracho quien «entr[a] en delirio» (LAPEF, p. 30), hace todo un discurso sobre física cuántica y acaba con una enigmática sonrisa: «El futuro es una masa plática sometida a constantes transformaciones. [. . .] No ha tenido usted en cuenta la libertad azarosa de lo cuántico en el mundo de las subpartículas. Porque: *ja, ja, mein Herr Professor* Albert Einstein: Dios sí juega a los dados. Y siempre los carga. Ja já, je jé, ji jí, jo jó, ju jú: risas de Edgar Allan Poe y el pirata Barbanegra (Mr. Teach). Y se quedó sonriendo luego de su horrible hazaña mágica» (LAPEF, p. 31).

837 Silvina Friera: «La realidad no me interesa».

Vale decir: dos cilindros son exactamente iguales a tres esferas contenidas por ellos. El viejo estaba chochísimo con su fórmula porque había logrado eliminar la expresión π, que es un irracional. ¡Alcanzó la perfección! Lástima que no sirve para un carajo porque es una ecuación con dos incógnitas. Si queremos resolverla deberemos volver atrás, a cuando aún existía π.

En fin, no sé para qué les cuento todas estas genialidades si ustedes son tontos de capirote. Pregúntenme. Soy un pozo de ciencia. [. . .] Soy un pozo de ciencia. Como ése que está en los EE.UU. y del cual ya les hablé (SMP, pp. 142 y 168).

En este monólogo delirante, la demostración matemática apuntala una reflexión contra la noción estética y moral de perfección, la cual, según el Monitor, «no sirve para un carajo». Con este gesto, el Monitor va aún más allá que Dorys: mientras que la Reina plasma sus convicciones vitalistas sobre un debate astrofísico todavía abierto —que quizás nunca podrá cerrarse con toda certeza—, el Monitor convoca una demostración de Arquímedes —paradigma de la perfección matemática— con el objetivo no de infirmarla, sino para sostener que su perfección estática es inútil: es la fórmula *imperfecta* —por dinámica— que permite resolver la ecuación. Otra vez, el delirio científico usa el discurso de la ciencia, desplazándolo a ámbitos filosóficos y éticos, para destacar los límites de su capacidad a producir sentido y orientar la vida humana.

4.3.2.5 Simulacros técnicos: emancipación vs. alienación

La cuestión de las relaciones de poder también está presente en el monólogo del Monitor, quien se declara «un pozo de ciencia [. . .] [c]omo ése que está en los EE.UU.» —alusión a la hegemonía científica de los Estados Unidos y al poder geopolítico que les confiere sobre el resto del mundo—. A través del Monitor, de Dorys, del gusano, de Filigranati o de la Fantasma, el delirio científico pone de relieve, una y otra vez, la relación estrecha que existe entre ciencia y poder —en un arco que va de la autoridad individual sobre los demás al poder hegemónico de un Estado imperialista—. Si bien el raciocino pseudocientífico y los inventos delirantes que permite son en general instrumentos de un vitalismo emancipador, pueden también reforzar constelaciones enajenantes. En EGM, cuando el gusano, ya salido de las cloacas tras la trágica muerte de Dorys, halla refugio en una misteriosa *casa Usher*, descubre con asombro que está habitada por hologramas y muñecas —sofisticadas *imágenes técnicas* (femeninas) que ayudan a un científico nazi a aguantar su «aterradora soledad» (EGM, p. 113)—:

el dueño de casa despejó un sector del loft y colocó un gran cartel que parecía presidirlo todo: ICH BIN ANSTÄNDIG [. . .]

¿Quién sería este loco de mierda —se preguntaba el gusano—, que no tenía mujer alguna, pero en cambio era lo bastante capo como para fabricar estos sustitutos perfectos? Un loco sádico que no se animaba a someter a mujeres reales por miedo a ir preso (o porque en verdad no le copaba lastimar a las personas).

«Pero qué inseguro es este tipo», dijo el gusano máximo de la vida misma (EGM, pp. 117-120).

Que el «loco de mierda» sea un nazi no es anodino: como bien han mostrado Adorno y Horkheimer en su *Dialéctica de la Ilustración*, es en el proyecto nazi que culmina la *racionalidad técnica* en tanto *racionalidad de la dominación*, coercitividad de una sociedad alienada a sí misma.[838] Como suele, sin embargo, la crítica que formula el personaje laisecano se formula a nivel más individual que societal: el gusano ve en el viejo un inseguro que prefiere la decencia (*Anstand*, en alemán, *anständig* «decente») a la realización de sus fantasías sexuales con mujeres reales —por vergüenza o miedo al rechazo—. Aquí, la tecnología no potencia el amor a la vida, sino que es meramente un sustituto para ella, un simulacro cobarde para quien no se atreve a humanizarse (por el amor romántico-sexual en tanto «reconocimiento de la alteridad»).[839] De ahí la condena tajante expresada por el gusano, que luego matiza un poco, por darse cuenta de que él «también era un inseguro» (EGM, p. 120) y que a él le pasó algo similar: «Porque nos hacemos los honestos pero hay algo que no contamos. Cuando la concheta lo dejó él no se metió en el acto en las cloacas, tal como dijimos. Fuimos mentirosos. La verdad es que hubo un interregno» (EGM, p. 121). Así cuenta el gusano —notamos el uso de la primera persona del plural y su ya comentada ambigüedad enunciativa— un episodio muy solitario de su vida en el cual se enamoró de una heladera, concluyendo: «No hay límite en la locura a la que puede llegar un hombre por razones de soledad» (EGM, p. 122). El simulacro técnico, como la locura de la cual se hace el instrumento, puede fungir de consuelo existencial y adyuvante emancipatorio, tanto como de vicio al servicio del Anti-ser.

En SMP, el episodio del internamiento de Analía en el «neuropsiquiátrico privado del Dr. Feliche (más conocido en los ambientes pseudocientíficos como profesor Simplissisimus Crudelis [. . .])» (SMP, pp. 27 y siguientes) da otro ejemplo del lado oscuro de la ciencia en Laiseca. La referencia al fascismo también está presente, esta vez en versión italiana, pues el apodo del Dr. Feliche es «el Duce de los alienistas»: «*¡Duce: a noi!* Así gritó el equipo entero, fanatizado, elevando sus brazos derechos» (SMP, p. 28). Con el Dr. Feliche, el término de *pseudociencia* toma un sentido opuesto al que le confiere la práctica del sabio Wong en LAPEF: se trata de una instrumentalización de la ciencia con el fin (moral) de

---
[838] «Technische Rationalität heute ist die Rationalität der Herrschaft selbst. Sie ist der Zwangscharakter der sich selbst entfremdeten Gesellschaft.» Max Horkheimer/Theodor W. Adorno: *Dialektik der Aufklärung*, p. 145.
[839] [José] Agustín Conde De Boeck: *Los Sorias* y la escritura como guerra, p. 121.

disciplinar los cuerpos y su sexualidad. Así, se jacta de haber curado a un joven homosexual —a solicitud de sus padres, obviamente (los padres, tanto como los médicos, están siempre en Laiseca del lado del Anti-ser)[840]— gracias al «procedimiento de la barra eléctrica»: «Luego de varias sesiones al muchacho, en efecto, se le fue el homosexualismo. Así como también cualquier posible impulso heterosexual que pudiera tener antes del tratamiento» (SMP, p. 29). Si hay en Laiseca una celebración de lo *Sadomasoporno* en tanto subversión de las normas morales y repotenciamiento vitalista de la sexualidad —cf. 4.3.1 y 4.4.2—, su instrumentalización por la institución médica-psiquiátrica, en la relación asimétrica que existe entre el médico y la paciente, resulta inmensamente nociva:

> Ésta fue la primera internación de Analía, pero no la última. A partir de aquí ella comenzó a sentir que aquella era su verdadera casa. Creía que el Dr. Feliche era su protector y que todas las aberraciones que practicaba con ella eran por su bien. «Algo habré hecho. Soy una buena para nada. Me merezco cualquier cosa que me hagan. Y hasta demasiado buenos son conmigo. El Dr. Feliche es el padre que nunca tuve».
> Ahora sí estaba loca.
> Por puro capricho del profesor Simplissisimus Crudelis, Analía se salvó de las electroterapias [. . .], pero no de otras que poco a poco le arruinaron el cuerpo y el alma: pastillas tranquilizantes, inyecciones estilo planchazo (de esas que te dejan en coma veinticuatro horas), y los deliciosos shock [sic] insulínicos (SMP, pp. 29-30).

Analía finalmente encuentra salvación en el amor del cuentista necrófilo Tojo (cf. 4.3.1); otra vez, solo el amor (y la narración) salva(n).

Unas palabras de conclusión. El delirio racional-cientificista que se desarrolla en EGM, LAPEF y SMP está sin duda muy marcado por la *imaginación técnica* que satura la biblioteca laisecana: convocando un abanico de saberes que va de la física cuántica al feng shui, celebra las posibilidades emancipadoras y vitalistas de una ciencia siempre matizada de magia y esoterismo —sin olvidar el poder de la ficción—, capaz de *derrotar a la muerte*. No ignora, sin embargo, el lado más oscuro de la racionalidad técnica, ligado a un poder de subyugación, y hasta de destrucción, sobre los demás y sobre uno mismo: el proceso de deshumanización que ha identificado Horkheimer en la razón instrumental burgesa,[841] que se opone diametralmente al proyecto laisecano de *humanización* vitalista. La eficacia de delirio racional-cientificista, en Laiseca, estriba en

---

840 Volveremos sobre el caso de los padres de Lai Chu: «Tanto su padre (el doctor en acupuntura Lai [. . .]) como su madre la señora Wu eran dos monstruos. De un sadismo químicamente puro» (SMP, p. 187) (cf. 4.3.3.2).
841 «Das Fortschreiten der technischen Mittel ist von einem Prozeß der Entmenschlichung begleitet. Der Fortschritt droht das Ziel zunichte zu machen, das er verwirklichen soll – die Idee des Menschen.» Max Horkheimer: *Zur Kritik der instrumentellen Vernunft* [1947]. Ed. Alfred

la movilización de discursos científicos —muchas veces válidos en sí mismos— justamente para destacar su insuficiencia y su necesaria complementación por lo que excluyen: discursos *pseudocientíficos* de orden metafísico, ético, y estético, conjunto de *Lebenswissen* que permiten al individuo negociar con el carácter permanentemente elusivo del sentido y desplegar, pese a ello, todas sus potencialidades vitales. Por último, son la invención ficcional y la filosofía vitalista —mucho más que la ciencia en sentido estricto— las que permiten mantener «la más firme confianza en la victoria final» (LAPEF, p. 281).

4.3.3 De incesto, histeria y perversiones polimorfas: el delirio psicoanalítico

No me vengas con tus estreptococos analíticos.[842]

Como lo hemos sugerido ya varias veces, el psicoanálisis en tanto práctica interpretativa es omnipresente en el *de/lirio* laisecano. Disciplina muy popular y altamente vulgarizada en todo el mundo occidental, el psicoanálisis cobra una centralidad particularmente marcada en la Argentina —Alejandro Dagfal habla al respecto de «excepción psicológica argentina»—.[843] Si bien, en Laiseca, la importancia del sexo en tanto celebración del Ser, y de la locura como espacio de negociación/impugnación de las normas sociales, se inscribe en una tradición vitalista que precede y excede de mucho el psicoanálisis, el escritor comparte también, sin duda posible, la condición que Perlongher califica de «hiperpsicoanalizado argentino»;[844] y sus textos movilizan explícitamente la nomenclatura psicoanalí-

---

Schmidt. In: *Gesammelte Schriften*, vol. 6: *Zur Kritik der instrumentellen Vernunft. Notizen 1949–1969*. Frankfurt am Main: Fischer 1991, p. 25.

842 Alberto Laiseca (1991), «El superhombre punk de Nietzsche», in: AA.VV., *Sacamos a pasear al monstruo*. Santos Dumont: Letra Buena, p. 27.
843 Alejandro Dagfal: *Entre París y Buenos Aires. La invención del psicólogo (1942–1966)*. Buenos Aires: Paidós 2009, p. 31. «En la Argentina, el psicólogo y la psicología tienen un relieve muy particular. El lugar que ocupan en la vida cultural, el campo profesional y el ámbito académico sería difícilmente comparable al que detentan en otras partes del mundo. [. . .] En nuestro país [. . .], el psicólogo y la psicología se han integrado por completo al paisaje de lo cotidiano, dejando huellas de su presencia en el lenguaje y en las costumbres de una buena parte de la población urbana. Al mismo tiempo, en el imaginario social, el personaje del psicólogo está íntimamente ligado al del psicoanalista, lo cual pone de manifiesto el impacto que han tenido la teoría y la práctica freudianas tanto en la popularización de la psicología como en la formación del psicólogo». Ibid., p. 29.
844 Néstor Perlongher: Ondas en *El fiord*. Barroco y corporalidad en Osvaldo Lamborghini. In: Roland Spiller (ed.): *Culturas del Río de la Plata (1973–1995). Transgresión e intercambio*. Frankfurt am Main: Vervuert 1995, p. 132.

tica —*represión, inconsciente, complejo, falo, Edipo,* . . .— para producir un discurso interpretativo sobre sí mismos. A diferencia de Levrero, sin embargo, Laiseca no lee a Freud, Jung y Lacan con rigor: como lo apunta Elena Alonso Mira,

> lo que parece interesarle principalmente a Laiseca es jugar con la recepción popular de las [teorías psicoanalíticas], es decir, con lo que el público general conoce sobre Freud.[845]

> [Sus] constantes referencias a la histeria, las perversiones polimorfas o el trauma del incesto [. . .] le sirven para relacionar la «mala lectura» de Freud con su propias «mala escritura» y las subsiguientes «malas lecturas» que se podrían hacer de su propia obra.[846]

En la apología del plagio que ya comentamos (cf. 4.2.2), el mismo Laiseca reflexiona irónicamente al respecto:

> sé, como lo sabe todo el mundo, que el psicoanálisis y los surrealistas han hablado hasta el cansancio de los «mecanismos del inconsciente». Pero es que justo por ello yo he programado mis máquinas, nutriéndolas con esta información, con la orden de reprimir toda cosa que se parezca a los análisis [. . .] del psicoanálisis y de los surrealistas. Todo a fin de ser original en mi escrito y aportar alguna idea nueva.[847]

De hecho, la mala escritura laisecana *se refocila* con (las carnes indefensas d)el discurso psicoanalítico: por un lado, porque ofrece —literalmente— un *pretexto* para la revelación e interpretación detallada de la *novela familiar* de los protagonistas, que los narradores laisecanos disfrutan con indudable voyerismo; por otro lado, porque permite interrogar —más aún que los delirios moral-metafísico y racional-cientificista previamente estudiados— los mecanismos de producción de sentido, tanto en la recepción del texto literario como a nivel existencial, individual.

Muchas veces, el delirio psicoanalítico toma la forma de chistes bastante cortos. Así, la descripción del pseudopodio del gusano, en el primer capítulo de EGM (p. 12): «aquel falo no era un operador lacaniano (o sí); no era propiamente una pija pija; era una máquina de vacío». La convocación del concepto lacaniano de falo[848] en la descripción del acto sexual —nada simbólico— entre el gusano y una amante suya, funciona como advertencia hermenéutica al lector: no se ha de interpretar toda la novela —y sus muchas escenas *porno*— en clave psicoanalítica (o sí).

---

[845] Elena Alonso Mira: *Muestra de monstruos*, p. 176.
[846] Ibid., p. 177.
[847] Alberto Laiseca: *Por favor, ¡plágienme!*, p. 78.
[848] Sobre el concepto lacaniano de falo y en qué se diferencia del pene «biológico», cf. Oscar Masotta: *Introducción a la lectura de Jacques Lacan* [1970]. Buenos Aires: Eterna Cadencia 2008, p. 81.

4.3 Manifestaciones discursivas y diegéticas del *de/lirio* — 265

Otras veces, el enfrentamiento lúdico y crítico con el psicoanálisis se despliega más extensamente; por ejemplo, en la historia que el Monitor cuenta sobre el caso del tío Teo y su resolución por el detective Charlie Chanchú (SMP, pp. 311–312):

> «El caso está solucionado —se dijo [Charlie Chanchú]—. La clave de todo está en la ausencia de la madre.» [. . .] no olvidemos que la mamá de Teodoro se había muerto cuando él tenía tres años. De modo que la mano helada en la teta sería una suerte de reproche simbólico ante el mencionado abandono materno. Y además porque me gusta. . . Ña ña ña.

Aquí también, el subtexto psicoanalítico —buscar razones para el comportamiento del individuo en su historia infantil, en particular en un complejo edípico no resuelto— tiene una función claramente humorística: exageración —«la clave de todo»—; desproporción entre la causa adelantada —«la ausencia de la madre»— y la naturaleza del crimen —treinta asesinatos—. Paralelamente, sin embargo, plantea otra vez la cuestión de la interpretación, de la autoridad interpretativa, y de la tensión entre producción y recepción literaria. Recordemos la complejidad enunciativa del pasaje: por un lado, se relata bajo la focalización interna de Charlie Chanchú, que razona a la manera de Arsène Lupin sobre el caso —sus pensamientos aparecen incluso en discurso directo («se dijo»)—; por otro lado, la historia del tío Teo, en su conjunto, es uno de los proyectos novelísticos del Monitor —titulado *La mansión del gaznápiro* («novela de horror gótico», SMP, p. 297)— que ocupan todo el capítulo 15 («Monólogos de su Excelencia, Al Iseka»). Una lectura atenta del pasaje revela que la interpretación que propone Charlie Chanchú es en realidad la del Monitor, que ya la adelantó diez páginas antes, dirigiéndose directamente al lector: «Ustedes, los supuestos lectores, ya están enterados de que el asesino es Mr. Poe. [. . .] Les di demasiados datos. [. . .] Ya comprendieron que los crímenes se cometen por ausencia de la madre y por haber sido privado de teta a medianoche» (SMP, p. 302). Al contrario de lo que ocurre típicamente en las novelas de Poe[849] —en las cuales la perspicacia del detective se adelanta a todo el mundo—, narrador y lector llevan aquí la ventaja interpretativa, lo que el Monitor subraya irónicamente una y otra vez: «Charlie Chanchú sabe todo, te das cuenta» (SMP, p. 309); «Charlie Chanchú lo sabía. Él sabe todo» (SMP, p. 312); y eso, como lo advierte el Monitor, arruina el desenlace de la historia. Y hay otra vuelta de tuerca en este pasaje, pues en el razonamiento del detective (discurso directo) surge de repente lo que se identifica como la voz autobiográfica del autor, a través del *estribillo* laiseano «el último orejón del tarro»:

---

[849] La intertextualidad aquí es explícita: el nombre completo del tío Teo es «Sr. Teodoro Goldfinger Poe» (SMP, p. 301).

Charlie Chanchú siguió razonando: «Si además tenemos en cuenta que su papá le pegaba mucho e injustamente y que de niño se sentía el último orejón del tarro ¿es tan extraño que haya asesinado a treinta personas al comprobar que, una vez más, no era valorado?» (SMP, p. 312).

De modo que la tentación es grande, por parte del lector, de *psicoanalizar* su lectura, ya no en lo que atañe al tío Teo, sino en cuanto al propio Laiseca: la madre de Laiseca$_h$ se murió muy temprano, Laiseca$_a$ tiene una obsesión cierta por el pecho femenino —abundantemente confirmada en el cuento del tío Teo—,[850] etc. Tanto la logorrea sobre-interpretativa del Monitor («Ña ña ña»), como la ambigüedad enunciativa propia del *de/lirio* participan entonces de lo que se podría calificar de *carnavalización*[851] del método psicoanalítico y de sus conceptos. Propongo ahora detenerme sobre dos pasajes más largos de SMP que conforman verdaderas *novelas familiares* carnavalizadas.

4.3.3.1 Analía

La primera tiene a la *mala poeta* Analía como protagonista principal, y se extiende sobre los cap. 4–6 y 9. Cito el cap. 4 extensamente, para documentar la densidad interpretativa del relato que propone el narrador:

> Su viejo la histeriqueaba todo el tiempo. La acariciaba, la mimaba y la besaba, pero de pronto la largaba dura. A propósito pasaba dos días sin mirarla. Como si estuviese enojadísimo. Elle se desesperaba, pues no sabía la razón ni qué había hecho. Durante el período de veda de mimos él se mostraba excesivamente afectuoso para con su mujer y madre de Analía. La vieja, que también era una asquerosa (muerta de celos entraba en competencia con la chica, joven y linda), no pudo menos que notar la extraña actitud del esposo. «Lo hago para estimularle el incesto. Que mi pija sea para ella el inalcanzable país de Utopía. Así, cuando muera, me recordará [. . .]». Su esposa, lejos de enojarse, comenzó a colaborar con él. Muerta de excitación. [. . .]
>
> En realidad el señor Waldorf tenía unos enormes deseos de transformar a su hijita en amante. Pero no se atrevía. Prefirió poseerla por el lado abstracto y más abominable. Y para hacer su obra aún más perfecta se le ocurrió la brillante idea de morirse, de un ataque de corazón, el día del cumpleaños de Analía. Justo cuando ella cumplía trece. Una obra maestra.
>
> Cuando una chica siente que no puede competir con su madre se transforma automáticamente en piltrafita pateable. [. . .] A Analía, pobrecita, le pasaba justamente esto. Cuando

---

[850] «una mina joven, linda, histérica y muy burlona (pero con unas tetongas así de largas)» (SMP, p. 306); «una sirvienta gordita, adolescente, y con unas tetas [. . .] de por lo menos medio metro cada una» (SMP, p. 310). . .

[851] Retomo la noción de «conceptos psicoanalíticos [. . .] carnavalizados» de Julio Premat: Lacan con Macedonio. In: Juan Pablo Dabove/Natalia Brizuela (eds.): *Y todo el resto es literatura. Ensayos sobre Osvaldo Lamborghini*. Buenos Aires: Interzona 2008, p. 131.

estaba a punto de colapsar se volvía «interesante», eléctrica. Como diría un psicólogo: con la típica euforia que precede al derrumbe psicótico. [. . .] Analía, cuando flasheaba para la mierda, escribía rarísimo. Casi con genio. Lástima que le duraba poco (SMP, pp. 24–25).

El pasaje moviliza varios clichés[852] tomados de la psicología vulgarizada para exponer la etiología de la locura de Analía. El narrador presenta el *caso* como un triángulo típico del complejo de Electra: fijación incestuosa de la niña sobre el padre, con celos/competencia hacia la madre. Teorizado por Carl G. Jung (1913)[853] como paralelo femenino del complejo de Edipo, el complejo de Electra corresponde a la fase fálica del desarrollo psicosexual de la niña (entre 3–6 años de edad), que se resuelve normalmente sin secuela en la fase siguiente (de latencia). Si la constelación se reconoce fácilmente, su tratamiento *delirante* opera dos inversiones:
- En el caso de Analía, el conflicto no parte del inconsciente de la niña en cierto momento de su desarrollo psíquico, sino que es premeditado concientemente por su padre (incestuoso), con la complicidad activa de la madre —«que también era una asquerosa (muerta de celos entraba en competencia con la chica, joven y linda)» (SMP, p. 24)—. La nomenclatura psicoanalítica no sirve para interpretar un conflicto dado en la diegesis, sino que se presenta, en sí misma, como esquema narrativo, guión para el relato: la locura de Analía es el resultado de un complot sádico orquestado por sus padres, del cual ella, víctima pasiva al principio, tendrá que salvarse.
- Contrario a lo que pasa en la terapia psicoanalítica, el complejo irresuelto no se identifica gracias a un largo proceso analítico, sino que se expone sin

---

[852] La noción de «cliché» abarca fenómenos discursivos muy diversos; me refiero aquí a la definición de Ruth Amossy y Elischeva Rosen (1982), que destaca dos aspectos claves —por un lado, el caracter fijo, a la superficie del texto, de la unidad semántica que se percibe como «cliché»; por otro lado, su origen confuso, en tanto *lugar común* desprovisto de autoría—. «Contrairement à la citation, le cliché refuse l'individualisation: il est discours social, propriété commune à tout un chacun. [. . .] Unité lexicalement remplie et figée, figure usée qui est toujours ressentie comme un emprunt, le cliché donne à voir le discours de l'Autre: une parole diffuse et anonyme qui est le bien de tous et porte la marque du social.» Ruth Amossy/Elischeva Rosen: *Les discours du cliché*. Paris: SEDES/CDU 1982, p. 17.
[853] Cf. Carl G. Jung: The theory of psychoanalysis. In: *Collected works of C. G. Jung*, vol. 4: *Freud and psychoanalysis*. Eds. Herbert Read/Michael Fordham/Gerhard Adler. Trad. R. F. C. Hull. New York: Pantheon Books 1961, p. 154: «The [Œdipus] conflict takes on a more masculine and therefore more typical form in a son, whereas a daughter develops a specific liking for the father, with a correspondingly jealous attitude towards the mother. We could call this the Electra complex. As everyone knows, Electra took vengeance on her mother Clytemnestra for murdering her husband Agamemnon and thus robbing her —Electra— of her beloved father».

rodeos al abrirse de la novela —recordemos que el pasaje citado se ubica en las primeras páginas de SMP—. Hay aquí una paradoja: se habla de dinámicas subconscientes de manera perfectamente *superficial*.

Para colmo, el narrador no duda en «completar» su análisis del Electra de Analía con elementos tomados de tradición pre-psiconalítica:[854] el cliché romántico de un vínculo causal entre enfermedad mental y genio poético[855] —«con la típica euforia que precede al derrumbe psicótico [. . .] escribía rarísimo. Casi con genio»—; en el cap. 9, incluso evoca teorías de la herencia que se remontan al positivismo decimonónico[856] —«como toda la familia tenía un alto grado de locura» (SMP, p. 117)—.

La sobreinterpretación permanente del narrador produce, en primer lugar, un cortocircuito hermenéutico: el narrador le entrega al lector todos los elementos —sobre la naturaleza del conflicto, su origen y consecuencias— así como una valoración (moral y afectiva) unívoca de cada uno de los protagonistas. No hay ambigüedad ni elemento tácito en la historia de Analía, y la abundante modalización adjetival —«excesivamente afectuoso», «asquerosa», «infeliz», «abominable», etc.— satura el pasaje a tal punto que no queda ningún espacio para la interpretación del lector. Paralelamente, la literalización y exageración del subtexto psicoanalítico produce un efecto paródico —con, por ejemplo, la afirmación del padre «Lo hago para estimularle el incesto»—, que resulta en el desbaratamiento de las teorías psicoanalíticas en su conjunto. Si el narrador hace uso abundante de conceptos psicoanalíticos como matriz ficcional para su relato, no parece interesado en llevar un análisis riguroso a cabo, ni siquiera convencido de la eficacia del psicoanálisis para resolver los problemas que permite

---

[854] Cf. 2.2.1.
[855] Cf. la recapitulación de James Whitehead: Creativity, genius and Madness: a scientific debate and its Romantic origins. In: *Madness and the Romantic poet*. Oxford: Oxford University Press 2017, pp. 155–177. En SMP, el personaje de Analía se inscribe en la herencia de Sylvia Plath y Alejandra Pizarnik, dos grandes poetas que se suicidaron: «Su sentido estético era indudable. Releía continuamente las obras líricas de William Shakespeare (*Sonetos, Venus y Adonis* y *La violación de Lucrecia*), y sus dos Diosas eran Sylvia Platt [sic] y Alejandra Pizarnik [. . .]» (SMP, p. 23). Sobre Alejandra Pizarnik en tanto «figura de culto malditista» en el campo literario argentino de la década del sesenta, cf. Agustín Conde de Boeck: El Monstruo aparece, pp. 35–36.
[856] Cf. por ejemplo el clásico de Charles Féré: *La famille névropathique: théorie tératologique de l'hérédité et de la prédisposition morbides et de la dégénérescence* [1884]. Paris: Félix Alcan 1898. David N. Stamos muestra que la herencia familiar cobra también un papel destacado en la etiología de la locura de los protagonistas de Edgar Poe, por ejemplo en «The Fall of the house of Usher» (1839): cf. David N. Stamos: *Edgar Allan Poe, «Eureka», and scientific imagination*, p. 382.

identificar. La opinión que expresa sobre la situación de Analía difiere mucho de la ortodoxia psicoanalítica:

> Cuando una chica siente que no puede competir con su madre se transforma automáticamente en piltrafita pateable. Problema de difícil solución, porque el único remedio es no competir con tu vieja (rechazar la propuesta diabólica), pero para eso tenés que ser fuerte. La vida de las hijas se arruina porque el materno fantasma cataliza todos los procesos del alma femenina hacia el vacío. A este agujero negro ni siquiera una pléyade de actos sexuales lo puede cerrar. Si quieren que lo diga con rima: más cogés peor es. Porque sólo Tao llena todos los vacíos. Pero para eso hace falta un Maestro (SMP, pp. 24–25).

Se observa aquí nítidamente la generalización operada por el narrador a partir del caso de Analía —con el uso del determinante indefinido («Cuando una chica [. . .]»), del plural («la vida de las hijas»), y de categorías abstractas («el materno instinto [. . .] el alma femenina»)— así como el deslizamiento enunciativo —el narrador se dirige directamente al lector «no competir con tu vieja [. . .] para eso tenés que [. . .]»—. Del punto de vista semántico también, se opera un desvío hacia categorías no del todo freudianas —«propuesta diabólica», «cataliza», «vacío», «agujero negro»— que remiten más bien a otros tipos de delirio laisecano (moral-metafísico, científico): al triángulo incestuoso se superpone un conflicto moral —la competencia con la madre es una «propuesta diabólica»— al mismo tiempo que material y energético. Típicamente, el complejo psicoanalítico ofrece un guion para el relato y su desvío, mucho más que el marco para un análisis psicológico serio —que sería realista, pero no delirante—. Dos frases, en este pasaje, llaman la atención: «Porque sólo Tao llena todos los vacíos. Pero para eso hace falta un Maestro».[857] Parece un chiste: durante dos páginas, el narrador satura su relato de datos interpretativos, todos en clave freudiana-jungiana, para luego frustrar completamente las expectativas del lector con consideraciones sobre taoísmo. En realidad, las dos cortas frases son muy significativas: por su dimensión programática, en primer lugar —en el «epílogo triunfante» de la novela,

---

[857] Junto con la filosofía nietzscheana, el taoísmo es parte importante del vitalismo sincrético de Laiseca. Más que una filosofía o una religión en sentido estricto, se trata de un continuo de ideas y prácticas basadas en dos textos fundacionales, el *Tao Te Ching* (siglo VI a. C., aunque no se puede datar con certeza) y el *Zhuangzi* (siglo III a. C). Aclara el sinólogo estadounidense Herrlee G. Creel: «Tao at first meant ‹road› or ‹path›. From this it developed the sense of a method, and of a course of conduct». Herrlee G. Creel: *What is Taoism? And other studies in Chinese cultural history*. Chicago: Chicago University Press 1970, p. 2. Uno de sus principios centrales, sigue Creel, es el *wu wei*: «the *Chuang Tzu* says, ‹do nothing, and everything will be done› [. . .] ‹Follow the natural course. No matter whether crooked or straight, look at all things in the light of the great power of nature that reside within you. Look around you! Attune yourself to the rhythm of the seasons›». Ibid., p. 4.

la reunión de Analía y Tojo es hecha posible por la intervención del Maestro Lai Chu, quien además les ofrece «una quinta en San Miguel» (SMP, p. 346), para que puedan vivir juntos—; por su resonancia metaliteraria, en segundo lugar —revela la concepción laisecana de la práctica literaria que ya comentamos (cf. 4.2.2): se trata de encontrar maestros, leer y plagiarlos, hasta volverse a su vez un maestro para lxs propixs lectores y alumnxs; para el Maestro Lai(seca), este proceso participa mucho más de la *humanización* del individuo que cualquier tipo de terapia—. El cortísimo pasaje, en medio de varias páginas de delirio psicoanalítico, ejemplifica así un fenómeno bien conocido de lxs lectores *cultxs* laisecanxs: el sentido no está en el cauce principal del relato, sino en sus desvíos y excursos.

4.3.3.2 Lai Chu

El segundo ejemplo que quiero analizar aquí es el del «Maestro» Lai Chu. Como en el caso de Analía, la novela familiar se ubica después de la introducción del personaje en la diégesis, a manera de *flashback*, para justificar su peculiar destino: «Los hombres extraordinarios, tocados por el horóscopo, tienen vidas raras» (SMP, p. 187) —nótese la convocación de la astrología para introducir el relato familiar psicoanalítico-delirante—. Y como en el caso de Analía, el conflicto se inicia en el defecto moral —monstruosidad, sadismo— de los padres, quienes «maquinan» para «cagarle la vida» a su hijo. Ello es extensamente documentado por el narrador, en discurso directo:

> Tanto su padre (el doctor en acupuntura Lai [. . .]) como su madre la señora Wu eran dos monstruos. De un sadismo químicamente puro. La maldad de ambos y la jolgoriosa sinceridad con la que la asumían era tanta, que resultaban casi inocentes. Se habían propuesto destruir a una chiquita que acababa de entrar a la casa como sirvienta. «Ella será nuestra obra maestra», canturreaba la señora Wu al oído del Dr. Lai. Éste asentía. En realidad ella era la verdadera jefa del lugar.
>
> La señora Wu prosiguió: «Quiero que la seduzcas, la desvirgues y la embaraces. Todo en el mismo día». «¿Para qué seducirla? Puedo forzarla, que es más rápido y fácil. Total las chicas chinas no denuncian estos actos.» «Eres un estúpido —comentó enojada la señora—. Si la violas vas a destruirla pero menos. Se sentirá culpable y miserable en cualquier caso, pero es mejor si se entrega voluntariamente. La culpa no la dejará vivir y se transformará rápidamente en un desecho, en una muerta viva. La construcción del zombi, como dicen los occidentales bárbaros». «Desde un principio adiviné que le habías tomado ojeriza. ¿Te puedo preguntar por qué?» «Porque es joven y linda. Virgen e inocente. Detesto la virtud. Odio a las mujeres. Abomino de las chicas que aún pueden ser felices. Esas futuras putitas de doce o catorce a quienes todavía no les metieron un palo en las ruedas del carro. Mi madre me hizo así. No quería competencia, entonces me castró. Hizo bien. Hay que castrar a las mujeres. El orgasmo por la vía usual es imposible. Tenemos por aprender a disfrutar con el sufrimiento de las otras. . . El sólo pensamiento de arruinarle la vida a una chica joven me excita sexualmente [. . .]» (SMP, pp. 187–188).

¿Qué pensaba o qué intenciones tenía la madre de Lai Chu respeto a su hijo Chu? Cagarle la vida, sin duda. También a él. En una ocasión le había dicho a su marido el doctor: «El ideal es que el chico se vuelva puto, así no me lo robará ninguna mujer y será el báculo de mi vejez luego que tú te mueras». El médico le tenía mucho miedo a su esposa. [. . .] Él tampoco amaba a su hijo, pero iba a salvarlo para contrariarla.

Chu y Lu (la sirvienta), por ese entonces, tenían ambos catorce años. Lu desde los doce era amante del Dr. Dos abortos, dos raspajes, le quitaron toda ilusión y placer. Se entregó con alegría y a los gritos, pero muy pronto, al sentirse usada, quedó frígida.

Así las cosas, el Dr. Lai indujo a ambos a aproximarse sexualmente. Todo, por supuesto, a espaldas de la señora Wu, sacerdotista del Demonio del Desierto. Pero el Dr. Lai no se había percatado de que Chu era loco. El médico esperaba que, simplemente, su hijo se desahogase con Lu salvándose del homosexualismo maquinado por la madre. Que luego se fuese de casa para hacer su vida, frustrando así las expectativas de su progenitora. No contaba con que él, gracias a esta chiquita, se humanizase (SMP, p. 189).

El pasaje pone en juego, otra vez, varios *clichés* freudianos. Se trata, primero, de la figura de la madre fálica —castrada/frígida y castradora al mismo tiempo—, encarnada por la madre de Chu. Como la señora Waldorf, madre de Analía, la señora Wu se describe como una mujer sádica quien, por haber ella mismo perdido toda capacidad de experimentar placer, solo puede gozar de la desgracia de lxs demás. Víctima a la vez que producto monstruoso de estructuras patriarcales durísimas, la señora Wu también las pone, de cierto modo, en peligro: por no caber en la feminidad tradicional —pasiva, tendencialmente masoquista[858]—, la señora Wu amenaza fundamentalmente al Dr. Lai en la propia masculinidad. Por eso es ella «la verdadera jefa del lugar», percibida como peligrosa por su marido, quien le «tien[e] mucho miedo». Opuesta a la madre fálica —en realidad, su reflejo invertido—, tenemos a la mujer frígida, de fijación masoquista, encarnada por la pequeña Lu. Abusada ya de niña por el Dr. Lai, ha llegado a identificar el placer sexual con la humillación y el dolor de los latigazos, como se describe, no sin ambigüedad voyerista por parte del narrador (y, por ende, del lector), a continuación del pasaje:

> Se sentía una puta, sin derecho a gozar. [. . .] De la culpa pasó al odio y del odio al desprecio. El Dr. Lai le ordenaba masturbarse mientras la disciplinaba desnuda con su látigo. La señora Wu, también sin ropas, contemplaba el castigo muerta de excitación. [. . .] Estos y aquí eran los únicos orgasmos que su masoquismo triunfante le permitía tener a Lu (SMP, p. 191).

---

858 Sobre este tema, cf. Jessica Benjamin: The alienation of desire. Women's masochism and ideal love. In: Judith L. Alpert (ed.): *Psychoanalysis and women. Contemporary reappraisals*. Hillsdale, NJ: The Analytic Press 1986, pp. 113-138.

(Del discurso etiológico del narrador sobre el trauma de Lu, pasamos a una escena iterativa —uso del imperfecto— de corte más erótico que clínico, en la cual la focalización enunciativa se desplaza hacia la señora Wu, cuya posición de *voyeuse* narrador y lector comparten por un momento. Por eso resulta la lectura del pasaje tan molesta: el *de/lirio* no solo representa la perversión, también la hace circular. Pero volveré sobre este punto.)

Asimismo, se identifica en el pasaje el mito, típico del falocentrismo freudiano, de la competencia entre mujeres —especialmente entre madres e hijas— por el favor de los hombres: la señora Wu confiesa a su esposo que «[su] madre [. . .] no quería competencia, entonces [la] castró», y que así aprendió «a disfrutar con el sufrimiento de las otras», volviéndose en el proceso «sacerdotisa del Demonio del Desierto». También desde la hipótesis edípica, el pasaje convoca el mito de la homosexualidad masculina como consecuencia de un vínculo demasiado estrecho entre madre e hijo, que lleva a una identificación del niño con su madre y más tarde a la elección de un objeto sexual masculino. El famoso cliché, según el cual la homosexualidad del hijo es *culpa de la madre* —aunque el propio Freud nunca lo formuló en esos términos—,[859] se encuentra repotenciado en el caso de Chu: la señora Wu *maquina* activamente el aislamiento de su hijo, para que él permanezca en casa el resto de su vida. Se necesita la intervención del padre —motivado solo por la perspectiva de contrariar a su esposa— para que el plan fracase y que el niño siga la vía paterna-patriarcal de la heterosexualidad.

Contrario a estos abundantes desarrollos (pseudo)freudianos sobre el Dr. Lai, la señora Wu y la joven Lu, la locura de Lai Chu se describe sin ningún esfuerzo etiológico por parte del narrador: se presenta como algo dado, una simple característica de su personalidad —«el Dr. Lai no se había percatado de que *Chu era loco*» (la bastardilla es mía)—[860] y es lo que, últimamente, hace fracasar las maquinaciones de sus padres. Aquí entran en juego dos tipos de locura, en una tensión característica del *de/lirio* laisecano que ya describimos (cf. 4.2.3, 4.3.1): por un lado, la locura patológica, enajenante, que se inscribe en una inescapable genealogía social y familiar; por otro lado, una locura especial que correspondería a aquella «mínima potencia para vivir» (SMP, p. 191) del individuo, que permite resistir y sobrevivir a la enajenación impuesta por el orden social y familiar —incluso la que produce el mismo psicoanálisis en tanto discurso institucionalizado y normativo—. Es gracias a esta locura que Chu logra escapar de la perversidad del hogar familiar. Junto con el sexo —ya no

---

859 Sobre este mito, cf. Sara Flanders et al.: On the subject of homosexuality: what Freud said. In: *The International Journal of Psychoanalysis* 97/3 (2016), pp. 933–950.
860 La constatación evoca otra, sobre Filigranati: «Después de todo él también estaba loco» (LAPEF, p. 211).

forzado o humillante, sino consentido, vitalista— que tiene con Lu, es lo que le permite «humanizarse» (con lo cual volvemos a la cuestión de la salvación abordada más arriba). Este final feliz, sin embargo, no incluye a Lu:

> Pudieron haberse salvado juntos. Una pena.
> El muchacho no ignoraba que seguir en casa, al lado del Dr. Lai y de la señora Wu, significaba un destino peor que la muerte. Se fue sin saludar. Sólo se lo dijo a Lu. Ella, de rodillas y llorando, le pidió que jamás la abandonase. Pero a él le preocupaba el asunto de los orgasmos y no tuvo paciencia. Fue el primer grave error de su vida. Luego tuvo otros. Cuando años después comprendió todo y volvió para buscarla ya era tarde; a Lu se la había comido el Sapo (SMP, p. 193).

A diferencia de la *mala poeta* Analía —que el mismo Lai Chu ayudará, más adelante en la novela, a reunir con su amante Tojo—, él se salva solo. En este episodio, el delirio psicoanalítico resalta otra vez el profundo vitalismo de Laiseca: hay una locura emancipadora que se origina en la fuerza vital del individuo; es la única que permite escapar la locura morbosa que prospera en el contexto rígido, y moralmente podrido, de la familia burguesa. La nomenclatura psicoanalítica, si bien puede describir e interpretar la última, no sabe nada de la primera.

Para concluir sobre las funciones del delirio psicoanalítico en Laiseca, se puede apuntar lo siguiente. A nivel narrativo, como los dos tipos de delirio previamente descritos, el delirio psicoanalítico retoma y *hace delirar* elementos discursivos tomados del psicoanálisis vulgarizado, muy presente en la cultura contemporánea: funciona así como matriz para el desarrollo ficcional. Por el carácter muy popular de esa práctica hermenéutica que es el psicoanálisis, justamente, el delirio psicoanalítico también cobra una dimensión lúdica de connivencia con/provocación al lector que, en la situación de comunicación literaria, interroga los mecanismos de producción de sentido, entre el poder creativo de la fantasía y su infiltración/saturación por esquemas predeterminados de interpretación. A nivel estético, la nomenclatura psicoanalítica que se convoca para documentar las patologías psiquiátricas de los protagonistas legitima cierto voyerismo por parte del narrador/del lector que, sin ella, sería completamente gratuito: dicho de otra manera, al abrir un espacio de proyección para fantasmas moralmente/socialmente cuestionables, el delirio psicoanalítico corresponde, en sí mismo, a un mecanismo de sublimación. El propio Laiseca apuntala esta hipótesis del «delirio como sublimación psicológica»,[861] en una entrevista del 2011 con Juan Rapacioli —otra vez, con referencia al Maestro Edgar Poe—:

---

861 [José] Agustín Conde De Boeck: *Los Sorias* y la escritura como guerra, p. 122.

> Me parezco a Poe en el sentido de que yo también soy un buen tipo y que todo mi espíritu de la perversidad en vez de ponerlo en la vida lo pongo en la obra, me lo saco de encima, y eso hacía él; era el mejor marido que una mujer pudiese tener, aunque después las enterraba vivas, les arrancaba los dientitos con una pinza, en la ficción.[862]

Por esta vertiente, es casi imposible evitar *psicoanalizar* el delirio psicoanalítico: con su tematización recurrente del complejo de Edipo/Electra en tanto *maquinación* de los padres para arruinarles la vida a sus hijxs, es indudablemente la oportunidad, para Laiseca$_h$, de saldar cuentas con la propia familia. En SMP, el narrador llega a la conclusión de que: «Hay dos maneras de hacer buena letra con tus familiares: una es haciéndola; otra escandalizar, aunque el escándalo no te cause placer porque en realidad deseás otra cosa» (SMP, p. 202). Con el delirio psicoanalítico y su complacencia voyerista, el escritor elige deliberadamente la vía del escándalo, bien sabiendo que así uno no se salva, y que la única manera de reanudar con una forma de placer auténtico es reapropiarse los propios deseos —en buen Maestro, por suerte, es el destino que reserva a muchos de sus personajes—.

Concluyendo ahora sobre esta parte. Al rastrear las modalidades moral-metafísica, racional-cientificista y psicoanalítica del *de/lirio* laisecano, he querido mostrar como lo que José Agustín Conde De Boeck nombra la «degradación paródica de los saberes enciclopédicos»[863] articula un enfrentamiento crítico con los discursos hegemónicos que tejen nuestra «realidad» y determinan mecanismos fijos —limitados— de producción de sentido. Más allá de un rechazo infantil y narcisista de lo real a través de la ficción —aunque eso Laiseca también lo reivindica abiertamente, y sin ningún arrepentimiento— el *de/lirio* interroga el *orden del discurso* que disciplina nuestra relación con lo real, y con lo posible. Se puede así conectar el proyecto crítico del *realismo delirante* con el *ethos* plagiario de Laiseca, recordando estas palabras de Roland Barthes:

> En fait, il n'y a aujourd'hui aucun lieu de langage extérieur à l'idéologie bourgeoise: notre langage vient d'elle, et retourne et y reste enfermée. La seule riposte possible n'est ni l'affrontement, ni la destruction, mais seulement le vol: fragmenter le texte ancien de la culture, de la science, de la littérature, et en disséminer les traits selon des formules méconnaissables, de la même façon que l'on maquille une marchandise volée.[864]

---

[862] Juan Rapacioli: El conde Laiseca. Mi entrevista completa con Alberto Laiseca. In: *el impostor inverosímil* (24.2.2011), http://elombligopermanente.blogspot.com/2011/02/el-conde-laiseca.html (25.1.2019).
[863] [José] Agustín Conde De Boeck: Parodia, extremación y degradación.
[864] Roland Barthes: *Sade, Fourier, Loyola*, p. 15.

4.4 La novela «entrando en delirio»: *realismo delirante* y utopía

> — Debo advertirle: lo que voy a referir es un cuento sólo en parte. Con la clarividencia que a usted lo caracteriza, no dudo que será capaz de vislumbrar la verdad a través del dislocamiento de las exageraciones.[865]
>
> Lo mío es el realismo delirante, para ver mejor a la realidad, no para ocultarla.[866]

El *de/lirio* laisecano, que acabamos de describir a nivel enunciativo-genérico —en tanto sistema de multiplicación, fractalización y desestabilización ontológica del sujeto de la enunciación— y a nivel diegético-discursivo —en tanto puesta *en delirio* de los discursos hegemónicos que informan nuestra realidad—, mediatiza en el texto literario un acercamiento crítico y transformativo a lo real que Laiseca denomina *realismo delirante*. Esta fórmula oximorónica se ha de contextualizar, antes que nada, en la predilección muy marcada del escritor por la contradicción: mostramos ya que un rasgo fundamental del *de/lirio* es «su *indecidibilidad* genérica»,[867] entre ficción, lírica, y todas las modalidades *friccionales* entre ambas; en este contexto, el empeño de Laiseca en adscribir su obra al género realista —aun delirante— muy bien puede leerse como uno de sus *chistes esquizofrénicos*. Ahora bien: a la luz de las reflexiones muy productivas que han emergido en las últimas décadas en torno a las «resistencias del realismo» que Miguel Dalmaroni identifica en una serie de «realismos adjetivados»[868] y que reafirman, según Sandra Contreras, la vigencia actual de esa categoría tan ««clásica-

---

865 Alberto Laiseca: *Matando enanos a garrotazos*, p. 32.
866 Agustín Vázquez/Juan Millonschick: Entrevista a Alberto Laiseca.
867 Pedro Arturo Gómez/Agustín Conde de Boeck: Dignidad plebeya, actitud de culto y emblematismo postmoderno, p. 314.
868 Miguel Dalmaroni: Incidencias y silencios, pp. 117, 119. Enumera María Celeste Aichino, además del «realismo delirante» de Alberto Laiseca y del «realismo incierto» de Marcelo Cohen, las nociones de ««realismo intranquilo› —en el caso de Pampa Arán y Susana Gómez—; ‹realismo agujereado› —para Elsa Drucaroff—; ‹realismo despiadado› —contra la piedad característica del realismo socialista que buscaba conmover al público, según postula Luz Horne—; ‹realismo inverosímil› —según Marina Kogan—; ‹realismo atolondrado› —tal la caracterización que Washington Cucurto establece para su literatura». María Celeste Aichino: Teorías del fantástico y nuevos realismos. Reflexiones acerca de potenciales efectos de lectura en algunas obras de Alberto Laiseca y Marcelo Cohen. In: *Recial* 5/5–6 (2014), https://revistas.unc.edu.ar/index.php/recial/article/view/9588/pdf (26.1.2019).

mente› literaria»,[869] el *realismo delirante* laisecano tiene que tomarse en serio. Dejando de lado las abundantes discusiones —históricas y actuales— en torno a la definición del realismo,[870] así como la advertencia que lanza Martín Kohan contra «el realismo críptico (cuando, en el empeño de vencer dogmas y definiciones rígidas, ya no sabemos de qué hablamos cuando hablamos de realismo)»,[871] partiré, en la sección que sigue, de la definición general que propone María Teresa Gramuglio del realismo moderno —«una forma que [. . .] se ocup[a] del presente con una intención cognoscitiva y crítica»—[872] para explorar los vínculos epistémicos que el texto *realista-delirante* establece con lo real, sus alcances pragmáticos y políticos.

Se puede, a partir de las declaraciones del propio Laiseca —y de sus narradores y personajes según estamos, a esta altura, acostumbrados—, y los análisis propuestos por sus lectorxs, identificar tres líneas principales de articulación entre las nociones de «realismo» y «delirio», articulaciones que yo no veo como excluyentes, sino más bien complementarias, en una *polilógica* realista-delirante. Se puede hablar, en primer lugar, de una línea que Hernán Bergara califica de «*estrictamente realista*»: «‹El universo es realista delirante›, y por lo tanto, el delirio solamente sigue las reglas de esa edificación».[873] Sigue Bergara en otro lugar: «En la narrativa laisecana el universo mismo es únicamente traducible a delirio, y en un sentido estricto: operación que busca la verdad, el contacto con

---

869 Sandra Contreras: Realismos: cuestiones críticas. In: Sandra Contreras (ed.): *Realismos: cuestiones críticas*. Rosario: Centro de Estudios de Literatura Argentina/Humanidades y Artes Ediciones 2013, p. 5.

870 No voy a intentar aquí dar cuenta de ellas, sino remitir a algunos de los excelentes resúmenes existentes: el ensayo seminal de Roman Jakobson: On realism in art [1922]. In: *Language in literature*. Eds. Krystyna Pomorska/Stephen Rudy. Cambridge/London: Harvard University Press 1987, pp. 19–27; el panorama que propone María Teresa Gramuglio en su introducción al sexto volumen de la *Historia crítica de la literatura argentina* (cf. María Teresa Gramuglio: El realismo y sus destiempos); así como Matthew Beaumont: Introduction: reclaiming realism. In: Matthew Beaumont (ed.), *A concise companion to realism*. Malden, MA/Oxford: Wiley 2010, pp. 1–12; Dorothee Birke/Stella Butter: Introduction. In: Dorothee Birke/Stella Butter (eds.): *Realisms in contemporary culture. Theory, politics, and medial configurations*. Berlin/Boston: De Gruyter 2013, pp. 1–12; Fabian Lampart: Realismus. In: Gert Ueding (ed.): *Historisches Wörterbuch der Rhetorik Online*. Berlin/Boston: De Gruyter 2013, https://www.degruyter.com/document/database/HWRO/entry/hwro.7.realismus/html (10.6.2021). Para una discusión de la noción de realismo en el contexto específico de la narrativa de Laiseca, cf. Hernán Bergara: «*Los sorias*» *de Alberto Laiseca*, pp. 29–44.

871 Martín Kohan: Significación actual del realismo críptico. In: *Boletín del Centro de Estudios de Teoría y Crítica Literaria* 12 (2005), p. 9. Según Kohan, «[l]o que escribe Alberto Laiseca [. . .] bajo el rótulo de *realismo delirante* es delirante, pero no es realismo». Ibid., p. 11.

872 María Teresa Gramuglio: El realismo y sus destiempos, p. 22.

873 Hernán Bergara: Matando al Anti-Ser a ladrillazos, p. 228.

la realidad, con determinación desesperada y que en su lugar sólo tropieza con escombros».[874] El delirio constituye, en esta línea, el único modo adecuado para representar una realidad delirante que excede de mucho la concepción de «algo estable y continuo»[875] —y por lo tanto cognoscible en sus *particularidades* por el individuo—[876] que sostuvo, históricamente, la tradición del realismo literario. Es el punto de vista del narrador de LAPEF: «Después de todo la ficción sirve para contar, de otra manera, la completa enormidad de lo que sucede» (LAPEF, p. 276); y también el de María Celeste Aichino, quien argumenta que:

> La «realidad» que Laiseca propone [. . .] y el realismo que daría cuenta de dicha realidad es fundamentalmente delirante, es decir, que la realidad no podría ser «encorsetada» en una idea de verosimilitud realista, en el sentido en que tradicionalmente se entendió estos términos. Una realidad que es excesiva requiere medios de expresión excesivos.[877]

Para dar cuenta adecuadamente de la realidad, el texto literario tiene que deshacerse de las convenciones de lo verosímil —en tanto «conjunto de características formales reconocibles en el orden de la representación»—,[878] en las cuales ya no caben ni la *edad de los extremos*[879] ni sus postrimerías. Un simple vistazo a la historia del último siglo —que vio no solo avances científicos que transformaron profundamente lo que sabemos (y no sabemos) de lo real (cf. 4.3.2), sino también formas absolutamente inéditas de violencia, destrucción, guerras totales, etc. (cf. 4.4.1)— basta para entender que lo real no cabe, ni siquiera remotamente, en lo verosímil. «Al revés de lo que pensaba Hegel todo lo real es irracional, todo lo irracional es real», constata así el narrador de SMP (p. 21). Abandonando por eso todo esfuerzo hacia la ilusión referencial, el realismo delirante prefiere contar, en su recepción, con la *suspensión voluntaria de la incredulidad* del lector de ficción, para hablar de la locura del mundo tal como es. Interesantemente, el realismo delirante retoma así la operación de Poe en el prefacio del *Narrative of Arthur Gordon Pym*, firmado por el protagonista epónimo: si bien sus aventuras en los mares del Sur son estrictamente veraces, incluyen acontecimientos tan extraordinarios que ha preferido relatarlas *bajo la*

---

874 Hernán Bergara: *«Los sorias» de Alberto Laiseca*, p. 29.
875 María Celeste Aichino: Teorías del fantástico y nuevos realismos.
876 María Teresa Gramuglio: El realismo y sus destiempos, pp. 20–21.
877 María Celeste Aichino: El realismo delirante en *Gracias Chanchúbelo* (2000), pp. 125–126.
878 Sandra Contreras: Realismos: cuestiones críticas, p. 14. Se trata, canónicamente, de procedimientos de «descripción minuciosa y circunstanciada», con indicaciones de tiempo fechado y espacio «referido a lugares localizables en el mapa», y personajes que tienen una «identidad personal». María Teresa Gramuglio: El realismo y sus destiempos, p. 21.
879 Retomo el título del clásico de Eric Hobsbawn: *The age of extremes. The short twentieth century, 1914–1991*. London: Michael Joseph 1994.

apariencia de la ficción —con la ayuda del Sr. Poe, periodista—, para anticipar y desactivar la *incredulidad popular* con la cual, inevitablemente, se recibiría si se presentase como un relato de hechos reales.[880]

Una segunda línea de articulación entre «realismo» y «delirio», contigua a la primera, no solo postula que el delirio es necesario para representar una realidad en sí misma delirante, sino también que permite «distorsionar y producir efectos que amplifican o disminuyen ciertas zonas del pensamiento y del sentir para que las cosas se vean mejor».[881] En esta línea, el realismo delirante no pretende solamente, transitivamente, *representar* el ámbito extra-literario de lo real, sino usar la eficacia propia del texto literario para aislar, destacar, exagerar e incluso deformar ciertos de sus aspectos. Agustín Conde de Boeck habla al respecto de «una distorsión de la realidad que, paradójicamente, termina expresando el núcleo perverso de la misma»;[882] Elena Alonso Mira de «un laberinto de espejos deformantes donde se refleja una realidad violenta y sexual que el lector —como *voyeur*— se ve obligado a confrontar».[883] Desde esta perspectiva, el realismo delirante se inscribe en una herencia que atraviesa todas la

---

[880] «[T]he incidents to be narrated were of a nature so positively marvellous, that, unsupported as my assertions must necessarily be [. . .], the public at large would regard what I should put forth as merely an impudent and ingenious fiction. [. . .] Mr. Poe, lately editor of the Southern Literary Messenger, a monthly magazine, [. . .] strongly advised me, among others, to prepare at once a full account of what I had seen and undergone, and trust to the shrewdness and common sense of the public—insisting, with great plausibility, that however roughly, as regards mere authorship, my book should be got up, its very uncouthness, if there were any, would give it all the better chance of being received as truth.

Notwithstanding this representation, I did not make up my mind to do as he suggested. He afterward proposed (finding that I would not stir in the matter) that I should allow him to draw up, in his own words, a narrative of the earlier portion of my adventures, from facts afforded by myself, publishing it in the Southern Messenger *under the garb of fiction*. To this, perceiving no objection, I consented, [. . .], the name of Mr. Poe was affixed to the articles in the table of contents of the magazine.

The manner in which this *ruse* was received has induced me at length to undertake a regular compilation and publication of the adventures in question; for I found that, in spite of the air of fable which had been so ingeniously thrown around that portion of my statement which appeared in the Messenger (without altering or distorting a single fact), the public were still not at all disposed to receive it as fable, and several letters were sent to Mr. P.'s address distinctly expressing a conviction to the contrary. I thence concluded that the facts of my narrative would prove of such a nature as to carry with them sufficient evidence of their own authenticity, and that I had consequently little to fear on the score of popular incredulity». Edgar Allan Poe: *The narrative of Arthur Gordon Pym*.

[881] José María Marcos: El mundo de Alberto Laiseca, p. 25.
[882] Agustín Conde de Boeck: El Monstruo aparece, p. 32.
[883] Elena Alonso Mira: *Muestra de monstruos*, p. 194.

tradiciones realistas, desde la concepción aristotélica de la *mimesis*[884] a la picaresca española y al realismo comprometido del siglo XX: la idea de que la mostración de lo real, mediante la obra artística, pueda permitir cambiarlo *para bien*. Es interesante recordar, al respecto, la declaración que hizo el escritor en una conferencia de 2008:

> El compromiso del escritor es sólo uno: influir sobre la sociedad. Cambiar para bien al mundo aunque las condiciones no estén dadas para ello. Sólo podemos trabajar desde el concepto de que, pese a todo, algo mágico ocurrirá. Pero para ello es preciso tener la más firme confianza en la victoria final.[885]

Es importante destacar que el realismo delirante opera un deslizamiento en los valores morales y/o convicciones filosóficas que han sostenido, desde la Antigüedad, la *actitud realista* en el arte occidental —idealismo aristotélico y luego cristiano— así como, en la época moderna, el compromiso del escritor realista —positivismo, socialismo, existencialismo—, para operar desde lo que María Celeste Aichino nombra «un amor por la materialidad, por una concepción ontológica de lo real que le permite atender a los cuerpos físicos y sus necesidades (contra un idealismo espiritualista)».[886] Es en las potencialidades vitales del cuerpo y los afectos amorosos-eróticos que lo animan que se ancla la «firme confianza» que tiene Laiseca en la posibilidad de «cambiar para bien al mundo», no en una realidad de estructuras fijas y normas morales arbitrarias. A través de este deslizamiento, el escritor puede sin mayor contradicción —y en otra vuelta de tuerca delirante a la noción de realismo— hacer que un narrador suyo declare: «[e]l realismo delirante es la más alta expresión del romanticismo. [. . .] Porque la postura romántica por excelencia es creer que podés cambiar el mundo por el sólo poder de tu voluntad y de tu infinito amor» (SMP, p. 20). Laiseca reivindica así una idiosincrasia bien conocida de la historia literaria argentina —en la cual «[e]l despuntar del realismo [. . .] se produce» con el *El matadero* de Esteban Echeverría, «en pleno comienzo del

---

[884] Señala Fabian Lampart al respecto: «Ein wichtiges Kennzeichen der Aristotelischen Mimesis ist ihre Wirkungsorientierung; die durch Jammer (ἔλεος, *éleos*) und Schrecken (φόβος, *phóbos*) geprägte Rezeption der Tragödie mündet in die Katharsis (κάθαρσις, *kátharsis*). Diese Wirkungskomponente bleibt über verschiedene historische Transformationen hinweg eine Konstante realistischen Schreibens». Fabian Lampart: Realismus.
[885] Alberto Laiseca: El compromiso del escritor. Texto leído en la Biblioteca Arturo Illia, Ciclo «Café Cultura Nación» de la Secretaría de Cultura de la Nación 2008, http://albertolaiseca.blogspot.com/2008/07/el-compromiso-del-escritor.html (27.1.2019). La fórmula «la más firme confianza en la victoria final» se encuentra textualmente en LAPEF (p. 281, cf. 4.3.1).
[886] María Celeste Aichino: El realismo delirante en *Gracias Chanchúbelo* (2000), p. 128.

romanticismo»—[887] así como, otra vez, la herencia de su maestro Edgar Poe y su «romanticismo del bueno» (LAPEF, p. 156).

Matizado de romanticismo, el realismo delirante se vincula entonces estrechamente con lo que María Celeste Aichino nombra la «ética vitalista, apologética del exceso y la hipérbole» de Laiseca.[888] Y al incluir productivamente los afectos y las fantasías del individuo hacia Otro(s), no se limita a describir lo que es, sino que inventa del mismo movimiento lo que podría ser, lo que tendría que ser: la dimensión prospectiva —incluso utópica— es constitutiva del *realismo delirante*. La novela laisecana *entra en delirio* —según la expresión predilecta del escritor—, para reinventar el mundo sin lo que él nombra los «objetivistas y sanos de mierda» (SMP, p. 21). Llegamos así a una tercera línea de articulación entre «realismo» y «delirio», que adopta Graciela Ravetti al leer en *Los sorias* un «*experimentum mundi*» en tanto «desarrollo de lo que Bloch denominó ‹función utópica› que surge del ‹no› al sistema imperante en la sociedad de un momento específico de la historia».[889] «No se trata», sigue Ravetti, «de un optimismo militante o de la defensa de un sistema u otro», sino más bien de suscitar en el texto literario la «pre-apariencia de algo que vendrá»,[890] en contra de la representación —inevitablemente conservadora— de lo que es. El delirio, en esta línea, no es algo dado en la realidad extra-literaria, tampoco corresponde a procedimientos que permiten *ver mejor* —e impugnar— esta realidad, sino constituye una fuerza utópica que la quiere reinventar. Algo similar propone Julio Prieto al inscribir el realismo delirante de Laiseca en

---

[887] María Teresa Gramuglio: El realismo y sus destiempos, p. 21. José María Martínez señala que en toda Hispanoamérica, «las separaciones académicas entre romanticismo, realismo y naturalismo result[an] a menudo inoperantes y muchos de los escritores del XIX se acab[an] caracterizando más bien por un sincretismo general en el que una de esas tendencias y actitudes se muestra como dominante en función de la edad del escritor, su educación o sus personales preferencias estéticas». José María Martínez: Introducción. In: *Cuentos fantásticos del romanticismo hispanoamericano*. Madrid: Cátedra 2011, p. 34. Cita al respecto un pasaje muy interesante del clásico realista *Los parientes ricos* (1903) del escritor mexicano Rafael Delgado (1853–1914): «—Primita mía, escucha mi novela [. . .] —¿Realista? —Sí; y de buena cepa. . . Más bien, romántica. —¿Romántica y realista? —No son términos antitéticos». Ibid., p. 35. La novela se puede consultar en línea: Rafael Delgado: *Los parientes ricos*. México: Imp. de V. Agüeros 1903, http://www.cervantesvirtual.com/nd/ark:/59851/bmcjs9z9 (19.6.2021), p. 337.
[888] Maria Celeste Aichino: Teorías del fantástico y nuevos realismos.
[889] Graciela Ravetti: La narrativa de Laiseca: melancolía del futuro y realismo performático reflexivo. In: María Celeste Aichino/Agustín Conde de Boeck (eds.): *Sinfonía para un monstruo. Aproximaciones a la obra de Alberto Laiseca*. Córdoba: Editorial Universitaria Villa María 2019, p. 105.
[890] Ibid., p. 107.

un realismo «mesiánico», donde no se trataría tanto de representar una determinada realidad cuanto de *ponerla al límite*: no tanto de plasmarla en su presente cuanto en su torsión hacia *otro tiempo* determinado por la tracción de los deseos históricos que la recorren —no en cuanto lo que *es*, sino en cuanto lo que está *dejando de ser* para llegar a lo que *podría* o *debería ser*—.[891]

En la herencia de lo que Analía Capdevila ha nombrado el «realismo visionario» de Arlt,[892] Prieto define este realismo «mesiánico» en términos muy adecuados para abordar la productividad de la propuesta *realista-delirante*, «en la figura de la ilegibilidad y la contradictoriedad social, así como en la figura del combamiento en el engarce imaginario de texto y mundo».[893]

A partir de estas tres propuestas de articulación teórica entre «realismo» y «delirio» —*estrictamente realista, romántica-comprometida, utópica-mesiánica*—, propongo analizar algunos resortes del realismo delirante: en primer lugar, los modos bajos que este asimila y *hace delirar* la realidad polarizada de su tiempo, al mismo tiempo que proyecta sobre ella una cosmovisión propia (4.4.1); en segundo lugar, su rechazo definitivo de las ideologías políticas de masa a favor de una reflexión individual —psicológica y ética— sobre el poder, sus efectos destructivos y su necesaria *humanización* (4.4.2); en fin, la propuesta utópica que formula, basada en el amor y el humor como afirmación supraindividual del Ser (4.4.3).

4.4.1 La lucha contra el Anti-Ser: *de/lirio*, Estado y guerra permanente

4.4.1.1 «Yo sólo cumplía órdenes»: hacia el *núcleo perverso* del poder

Las numerosas referencias que contienen los textos de Laiseca a elementos de la realidad sociohistórica de su tiempo ofrecen un posible punto de entrada en su realismo delirante. Se trata ante todo de alusiones, referencias puntuales y desacopladas del resto de la trama, muchas veces en forma de chistes provocativos —típicos de la *mala escritura* laisecana—. Así en este pasaje de SMP (p. 47), en el cual Analía confiesa a su amante Tojo su deseo de ser madre:

---

[891] Julio Prieto: *La escritura errante*, p. 69.
[892] Analía Capdevila: Arlt: por un realismo visionario. In: *El interpretador* 27 (2006), https://revistaelinterpretador.wordpress.com/2016/12/07/arlt-por-un-realismo-visionario/ (11.6.2021).
[893] Julio Prieto: *La escritura errante*, pp. 40–41.

— ¿Y si el Dr. Feliche tiene razón y de mí sale un alien?
— Eso sería lo de menos. Aunque será un alien será nuestro alien.[6]
[. . .]

[6] Tojo, sin saberlo, estaba parafraseando al secretario de Estado John Foster Dulles, respeto al apoyo que brindaban al dictador Somoza.

Al recurrir otra vez a la nota al pie para introducir un deslizamiento enunciativo,[894] el narrador interviene en una discusión íntima entre la joven Analía, recién salida del psiquiátrico del Dr. Feliche, y su amante Tojo, de una manera que se percibe como inapropiada, pues vincula las palabras reconfortantes de Tojo a su amada con un comentario muy cínico —aunque probablemente apócrifo[895]— de John Foster Dulles sobre el apoyo estadounidense a la dictadura de Somoza en Nicaragua. Este modo ligero, anecdótico de mencionar acontecimientos históricos de los más trágicos en contextos completamente ajenos requiere, por su recurrencia, un análisis más profundo. Más o menos explícitas, esas numerosas referencias remiten a conflictos mayores del siglo XX —la Segunda Guerra Mundial, la Guerra Fría y sus conflictos periféricos, incluyendo el más sangriento: la Guerra de Vietnam—, pero también a la larga historia del imperialismo estadounidense en América Latina, a las dictaduras violentísimas que conoció el continente en la segunda parte del siglo XX —el Proceso de Reorganización Nacional argentino (1976–1983), en particular—,[896] así como, en un plano un poco diferente, a la captura y el proceso de criminales nazis que habían huido a América Latina después de la Segunda Guerra Mundial.[897] Recordemos por ejemplo, a

---

[894] Cf. 4.2.1.

[895] Yo no pude verificarla. John Foster Dulles, secretario de estado estadounidense bajo la presidencia de Eisenhower, tuvo un papel clave en el golpe de estado que organizó la CIA (liderada en aquella época por Allen Dulles, hermano de John) en Guatemala en el 1954 para derrocar el gobierno de Jacobo Arbenz Guzmán, considerado por EE.UU. como demasiado social y potencialmente peligroso para sus intereses económicos (los de la compañía bananera United Fruit Company, en particular). La dictadura de Anastasio Somoza García, establecida en Nicaragua en 1937 con el apoyo activo de EE.UU., también participó en la operación. Cf. Bernhard Diederich: *Somoza. And the legacy of U.S. involvement in Central America* [1981]. Princeton: Markus Wiener 2007, pp. 43–44.

[896] Cf. 3.4.1, nota 601.

[897] Existe una extensa bibliografía sobre el tema; cf. por ejemplo: Uki Goñi: *The Real Odessa. How Perón brought the Nazi war criminals to Argentina*. London: Granta Books 2002. El caso más famoso es el del SS y organizador principal de la «Solución Final» Adolf Eichmann, que emigró a la Argentina en 1950 bajo el nombre de Riccardo Klement y permaneció allí hasta ser detenido por el Mossad el 11 de mayo de 1960 (ibid., pp. 292–319). Sobre el caso particular de los científicos nazis refugiados en la Argentina peronista —también figuras recurrentes en el universo laiseno—, cf. Carlos de Nápoli: *Los científicos nazis en la Argentina*. Buenos

4.4 La novela «entrando en delirio»: *realismo delirante* y utopía — 283

principios de EGM (pp. 51-52), el inexplicable surgimiento de un nazi anónimo, en medio de los desarrollos que analizamos en 4.2.1: «En realidad yo sólo cumplía órdenes [. . .] Yo jamás quise fusilar a esos cincuenta mil rusos de la Bolsa de Solensko. Eran órdenes. Yo solo cumplía las órdenes»; o el final imprevisto de una de las novelas del Monitor (SMP, p. 338): «Como es lógico, al infeliz lo secuestran y torturan para quitarle todo. Por fin lo matan». En «La humanización de la mafia» (LAPEF, p. 123), uno de los tres punks anuncia, como si fuera normal: «Yo tengo dos viejorros, amigos míos. Son un par de médicos SS que de pedo se escaparon de Nüremberg». La irrupción de tales referencias en el texto, sin contextualización apropiada, tiene el efecto de incorporar en el relato la arbitrariedad del poder y su violencia: la hace circular, la mantiene omnipresente y normalizada en el trasfondo de la diégesis ficcional. Más que el contenido semántico exacto de esas alusiones, es la manera con la cual se integran en el relato que importa: sin contexto ni aparente necesidad diegética, van deshaciendo una articulación causal ya precaria. Cito aquí un comentario muy interesante que hace Ricardo Piglia sobre *Operación Masacre* de Rodolfo Walsh, narrativa de no ficción en principio en las antípodas del *de/lirio* laisecano:

> Cuando se habla de narración, se habla de causalidad. [. . .] En Walsh, la poética de la no ficción está condensada en lo que es el punto de partida de *Operación Masacre*: lo imposible es verdadero. Recordemos que este libro parte de una investigación que realiza Walsh luego de enterarse de que hay sobrevivientes entre los fusilados en 1956 por el gobierno militar que poco antes había derrocado al peronismo. Lo imposible es un fusilado que vive. [. . .] *Operación Masacre* es eso: un acontecimiento que no tiene explicación, cuya causalidad es necesario reconstruir porque ha sido desplazado o distorsionada por un trabajo de encubrimiento realizado por el poder político.[898]

En el realismo delirante, Laiseca se enfrenta al problema desde el lado opuesto: en vez de reconstruir metódicamente, a través de un relato de no ficción, la causalidad deliberadamente borrada por las autoridades dictatoriales, elige abandonar el principio mismo de causalidad.[899] Los crímenes de la dictadura —de una dictadura cualquiera— irrumpen sin ninguna razón en el relato, resaltando el carácter subterráneo, oculto que siempre cobran en la realidad. En otras pa-

---

Aires/Barcelona: edhasa 2008. El célebre manual ficticio de Roberto Bolaño sobre *La literatura nazi en América* ilustra la productividad literaria que tuvieron esos acontecimientos. Roberto Bolaño: *La literatura nazi en América*. Barcelona: Seix Barral 1996.

898 Ricardo Piglia: *Las tres vanguardias*, p. 199.

899 Fogwill evoca una interpretación similar a propósito de *El jardín de las máquinas parlantes*, hablando, en el personaje principal, de «un delirio tan coherente que lo integra a la realidad argentina de 1976-1983, convirtiéndolo en otro ciudadano normal». Rodolfo Fogwill: *Los inéditos de Laiseca*, p. 139.

labras —las de Ariel Luppino—, «Laiseca capta el núcleo delirante del poder y lo despliega hasta sus últimas consecuencias».[900] Queda claro que las obras aquí estudiadas son posteriores de dos décadas a los *años de plomo* argentinos; no se trata de reducir la polilógica del realismo delirante a una simple «cifra de la experiencia social de la dictadura militar».[901] Ahora bien, como observa Graciela Ravetti, «[l]os años interminables que consumió la escritura de [*Los sorias*] coinciden casi perfectamente con los años de la peor fase de la dictadura en Argentina»:[902] por lo menos en la génesis de su obra-matriz, el realismo delirante de Laiseca está marcado por el contexto político sumamente violento de la dictadura militar. Es productivo, en este sentido, considerar la alternativa planteada en su tiempo por la revista *Literal* y resumida por Germán García en estos términos: «Por un lado estaba el imperativo de la militancia, hacerte matar por lo que decís, y del otro estaba el imperativo del silencio, callarte la boca. Entonces uno se callaba la boca, mataba la palabra, no podía hablar. Y si no tenías que ir a poner la cabeza por lo que decías».[903] Con el realismo delirante, Laiseca postula una tercera vía —distinta de la propuesta de *Literal* de volver *literalmente* sobre la palabra, o sea trabajar con la letra y no con el significado—: desplazar la reflexión política de lo representado en el texto —en tanto reflejo más o menos ficcionalizado de una realidad socio-política dada— hacia el modo de funcionamiento del texto mismo, integrar en su tejido el estado de guerra permanente. Conde de Boeck, quien habla a propósito de *Los sorias* de «escritura como guerra»,[904] puntualiza al respecto:

> La búsqueda de canales semióticos que permitan establecer vínculos entre la obra de Laiseca y la realidad sociohistórica nacional [. . .] no permiten desarrollar la especificidad del universo de Laiseca [. . .] El poder representado en el realismo delirante no sería así sólo un «reflejo» o una «textualización» de un poder «real» que desde el exterior le dicta sus articulaciones a la literatura, sino que posee un sentido interior y unitario.[905]

---

900 Ariel Luppino: Cinco momentos de la literatura argentina. In: *Eterna Cadencia – Blog* (2018), https://www.eternacadencia.com.ar/blog/ficcion/item/cinco-momentos-de-la-literatura-argentina.html (24.11.2019).
901 Agustín Conde de Boeck: El Monstruo aparece, p. 70.
902 Graciela Ravetti: La narrativa de Laiseca, pp. 113–114.
903 Germán García/Horacio González/Eduardo Rines: La cultura como violación. Entrevista con Germán L. García. In: *El ojo mocho* 5 (1994), p. 30.
904 [José] Agustín Conde De Boeck: *Los Sorias* y la escritura como guerra.
905 Ibid., p. 113.

Característica de esta *especificad* del realismo delirante es la labilidad que introduce en la enunciación ficcional (cf. 4.2), que permite no solo incorporar la arbitrariedad del poder, sino también interrogar la irreductible responsabilidad del *yo* individual en sus crímenes. Típicamente, el estribillo en primera persona «yo sólo cumplía las órdenes» —que surge una y otra vez en EGM (p. 51), SMP (p. 338), así como en otros textos de Laiseca[906]— proyecta al sujeto de la enunciación —y del mismo movimiento al lector— en la línea de defensa de Eichmann en Jerusalén:[907] le impone tomar parte en la derrota moral del verdugo, que niega la responsabilidad de sus propios crímenes para atribuirlos a la sola virtud de su obediencia. La consciencia de la «terrible banalidad del mal»[908] —el anonimato, la vida normal de los verdugos—, si bien atraviesa toda la generación de Laiseca,[909] se expresa de manera particularmente aguda en los deslizamientos enunciativos de *de/lirio*.

4.4.1.2 «Vietnam nunca terminó»: modos metonímicos y metafóricos del realismo delirante

La cuestión del individuo frente a las maquinaciones del poder estatal —dictatorial, arbitrario, asesino— se aborda de manera completamente diferente en el tratamiento realista-delirante de la Guerra de Vietnam. La tematización recurrente de este conflicto en los textos de Laiseca no sorprende: la Guerra de Vietnam cobra, en la sangrienta historia del siglo pasado, una centralidad tan geopolítica como sociocultural: marca, en el contexto de la Guerra Fría, la derrota del ejér-

---

[906] Cf. Alberto Laiseca: *Beber en rojo (Drácula)*. Buenos Aires: Altamira 2001, p. 115: «Yo sólo cumplía órdenes. Eran indicaciones directas de Ceausescu».
[907] En su informe sobre el proceso de Jerusalén, Hannah Arendt relata: «Con respecto a todos y cada uno de los delitos imputados [crímenes contra el pueblo judío, crímenes contra la humanidad y crímenes de guerra], Eichmann se declaró ‹inocente, en el sentido en que se formula la acusación›. [. . .] Sus actos únicamente podían considerarse delictuosos retroactivamente. Eichmann siempre había sido un ciudadano fiel cumplidor de las leyes, y las órdenes de Hitler, que él cumplió con todo celo, tenían fuerza de ley en el Tercer Reich [. . .] en cuanto al problema de conciencia, Eichmann recordaba perfectamente que hubiera llevado un peso en ella en el caso de que no hubiese cumplido las órdenes recibidas, las órdenes de enviar a la muerte millones de hombres, mujeres y niños, con la mayor diligencia y meticulosidad». Hannah Arendt: *Eichmann en Jerusalén* [1964]. Trad. Carlos Ribalta. Barcelona: Editorial Lumen 1999, pp. 39, 44, 46.
[908] Ibid., p. 368.
[909] Se puede remitir, al respecto, al cuentito «La vida profesional/2» del escritor de izquierda Eduardo Galeano: «*—Yo cumplo órdenes* —dice, o dice: *—Para eso me pagan.*» Eduardo Galeano: *El libro de los abrazos* [1989]. Madrid: Siglo XXI de España 2016, pp. 92–93; bastardilla en el original. Pienso también en la confesión del torturador en Marcelo Fox: *Invitación a la masacre*. Buenos Aires: Falbo Librero 1956, pp. 17–22.

cito estadounidense —el más poderoso del mundo— frente al ejército comunista de Vietnam del Norte y la guerrilla Vietcong en Vietnam del Sur; por otro lado, corresponde a un evento global cuya violencia circula —por primera vez en la historia— en el mundo entero por medio televisivo,[910] suscitando un movimiento antibélico inédito en la juventud occidental. En Laiseca, sin embargo, el tratamiento literario del conflicto es ajeno a cualquier forma de militancia antibélica o anti-imperialista: corresponde más bien al *eterno retorno* de un biografema. Al principio de *La puerta del viento* (2014), el escritor vuelve sobre ese acontecimiento —bastante delirante en sí mismo—: de joven, Laiseca se presentó como voluntario para combatir al lado de los soldados estadounidenses en Vietnam; cuando lo rechazaron, llegó hasta mandar una carta al presidente Johnson para que reconsiderase la decisión —no recibió ninguna respuesta—. Interrogado al respecto por Cristián Vázquez, Laiseca aclara:

> Tenía un potencial de miedo que gastar. Me dije: «Sigo un curso ontológico rápido y gano y vuelvo sano y salvo, o cagué fuego.» No era por una cuestión política, ni mucho menos para correr aventuras. No soy tan estúpido. La guerra no es una aventura, sino una experiencia trascendental en la cual usted puede perder la vida o volver mutilado. Pierde la vida si tiene buena suerte. [. . .]
>
> Vietnam nunca terminó para mí. Sigue estando. Todavía veo las colinas altas centrales, los boinas verdes, la ofensiva del Tet. Todo eso está pasando hoy. [. . .] Saigón para mí está cayendo todos los días. Y jamás caerá. Cuando a mí me ha ido mal con mujeres, lo sentí así: como que me echaban de Saigón con helicópteros y todo.[911]

Lejos de adoptar un posicionamiento claro dentro del compás político usual —Laiseca no siente simpatía verdadera por ninguna de las partes beligerantes—,[912]

---

910 Cf. Michael Mandelbaum: Vietnam: the television war. In: *Daedalus* 111/4 (1982), pp. 157–169, http://www.jstor.org/stable/20024822 (13.6.2021).
911 Cristian Vázquez: Alberto Laiseca, el maestro. . .
912 Se percibe inegablemente una sensibilidad izquierdista en la obra de Laiseca —por la atención permanente al individuo en su idiosincrasia, por la simpatía hacia lxs marginales, lxs monstruxs, lxs pobres, por la anti-burguesía, por el hedonismo, la celebración del amor en tanto reconocimiento del Otro—, pero se ubica del lado anarquista-libertario que poco tiene que ver con el socialismo de su época, y tampoco es immune a ciertos dogmas neoliberales, como lo revela este pasaje de una entrevista: «[. . .] la izquierda actual [. . .] ¡no saben un carajo de economía! [. . .] no hay imaginación. Si llegasen al poder por artes mágicas, esta gente de izquierda... no sabrían cómo conducir al país. Y a la derecha ya la conocemos. La historia de la Argentina se repite, cíclicamente, y no podemos salir de esa vaina. [. . .] Yo creo que el socialismo real intentó imponer de verdad el principio de (Karl) Marx: de cada uno según sus posibilidades, a cada uno según sus necesidades. Creo que lo intentaron de verdad, de veras. Y fracasaron porque esa no es la economía. En la economía vos tenés que dar incentivos: el que más produce tiene que ganar más, si no todo se estanca. Y el estancamiento dura un mi-

el escritor desplaza el conflicto a nivel existencial —el enfrentamiento del individuo (no importa de qué ejército en particular) con la propia finitud—, e incluso cósmico —la pugna universal entre Ser y Anti-ser—. Es en este sentido que «Vietnam nunca terminó»: la vida es una lucha agónica, cada día renovada, contra la soledad y la muerte —recordemos que ambas son más o menos idénticas para Laiseca—. Sigue así el diálogo con Cristian Vázquez:

> En una oportunidad le pregunté a Laiseca si se consideraba un hombre solitario. «La soledad es una maldición —respondió—. Hay que exorcizarla todos los días. No me gusta. Uno tiene que iniciar grandes campañas militares para derrotar a esa señora. Tiene muchos ejércitos. Pero, como en Vietnam, triunfaremos. Jamás nos echarán de Saigón. Mientras yo viva, por lo menos, nunca me van a echar de Saigón». Le señalo que antes me había pedido no hablar más de Vietnam pero al final fue él quien lo volvió a traer a la charla. No está de acuerdo. «La culpa la tiene usted, que habló de la soledad —me dice—. ¿O cree que son dos temas distintos la soledad y Vietnam?»[913]

Como es común en Laiseca, la entrevista hace eco a la ficción, pues pasajes similares se encuentran al final de «La humanización de la mafia» —«Sabés que vas a perder pero tu disciplina de soldado mantiene tu moral hasta el último: ‹Jamás nos echaran de Saigón›» (LAPEF, p. 182)—; o en la intervención del narrador en la historia de Tojo (SMP, p. 21): «Al pobre Tojo, un buen día de éstos, le puede llegar a suceder lo mismo que a mí, que me echaron de Saigón con helicópteros y todo». En el realismo delirante, la Guerra de Vietnam articula así varios niveles de significación: tiene, por un lado, un referente histórico muy concreto —que aparece semánticamente en la superficie del texto a través del nombre de Ho Chi Minh (LAPEF, p. 93) o la mención de armas norteamericanas específicas a ese conflicto violentísimo: el napalm (EGM, p. 113), los fusiles M16, las ametralladoras M60 (ibid.; LAPEF, p. 81)—; por otro lado, remite a un acontecimiento biográfico específico: aquel momento clave de la juventud de Laiseca en el cual se enfrentó, por primera vez, con la propia finitud, y llegó a formular para sí la tarea diariamente renovada de «viv[ir] intensamente» (LAPEF, p. 126), emancipándose del miedo a la muerte y la soledad; por extensión, en fin, la Guerra de Vietnam —y la caída de Saigon en particular— designa metafóricamente todos aquellos *momentos límites* de la existencia individual en los cuales se ha de superar la tentación del nihilismo para asentir otra vez a la vida. Aquí, el realismo delirante opera a la vez en contigüidad directa con lo real, en base a

---

nuto, después viene el hundimiento.» Citado por Agustín Vázquez/Juan Millonschick: Entrevista a Alberto Laiseca.
913 Cristian Vázquez: Alberto Laiseca, el maestro. . .

procesos metonímicos característicos de la tradición realista,[914] y en términos metafóricos, incluso alegóricos; su productividad epistémica superpone representación sociohistórica y *conocimiento ontológico* —el cual, según Laiseca, es «el conocimiento más importante». «La forma de ver el mundo: ese es el mayor aporte del escritor. [. . .] Por eso es que mi obra salió tan rara, porque tiene una cosmovisión propia».[915]

Cabe observar, por otra parte, que la cosmovisión laisecana indudablemente está marcada por el contexto de la Guerra Fría, con el enfrentamiento de dos campos irreconciliables y la permanente amenaza existencial vinculada al *equilibrio del terror* que reinaba en aquellas décadas. . . El realismo delirante trabaja con un concepto ampliado de realidad —que incluye la cosmovisión individual— y teje relaciones epistémicas polilógicas (circulares) con lo real, más allá de la sola referencialidad.

4.4.2 La humanización del poder

Vimos que, primero, se encuentran en los textos de Laiseca numerosas referencias a acontecimientos reales del siglo XX —crímenes de Estado o contra la humanidad—, que pueden apuntalar la dimensión *estrictamente realista* del realismo delirante. Surgiendo en el texto bajo el modo de la irrupción enunciativa —característica del *de/lirio*—, se trata de alusiones poco contextualizadas y desprovistas de articulación causal, que incorporan así en el texto tanto la omnipresencia como la arbitrariedad del poder (estatal), y cuestionan el papel del individuo —del *yo*— en la *banalidad del mal* que éste instituye. Segundo, el vínculo epistémico que establece el realismo delirante con «lo real» sólo parcialmente tiene que ver con la representación sociohistórica tradicional; siempre se dobla de saberes ontológicos, elementos de *Lebenswissen* que atañen a la *forma de ver* (y estar en) *el mundo*. Se ha señalado con acierto la «falta de programa»[916] político del realismo delirante: es que el *compromiso* del escritor realista-delirante no se formula desde el campo las ideologías políticas, sino más bien a nivel individual y existencial. En la cosmovisión neo-nietzscheana de Laiseca, el individuo necesita poder para (sobre)vivir —fuese la más «mínima potencia» (SMP, p. 191)—, y cuando uno siempre ha sido el «último orejón del tarro» (LAPEF, p. 74; SMP, pp. 134, 312), lo encuentra a menudo en la locura. Vimos que la locura, como el poder que permite adquirir (recu-

---

914 La metonimia constituye, en el análisis de Jakobson, el tropo central del realismo literario; cf. Roman Jakobson: On realism in art, p. 25.
915 Fernando Molle: Yo deliro pero con realismo.
916 [José] Agustín Conde De Boeck: *Los Sorias* y la escritura como guerra, p. 106.

4.4 La novela «entrando en delirio»: *realismo delirante* y utopía — 289

perar) en la propia vida, son fundamentalmente reversibles: campos de batalla entre Ser y Anti-ser. ¿Qué ocurre cuando el individuo no consigue emanciparse y tiene que someterse al poder delirante de otro —de un Estado, de una organización o ideología—, volverse su instrumento? Y ¿si al contrario lo consigue, pero se deja llevar por la locura del propio poder, hasta llegar a subyugar a los demás? *Cambiar el mundo para bien*, en la perspectiva realista-delirante de Laiseca, es *humanizar el poder*, hacer que el empoderamiento de uno no desemboque en la enajenación de otros. Gran tema laisecano, la humanización del poder es también un *leitmotiv* en las entrevistas del escritor:

> — *Los sorias* trata la humanización del poder, del dictador. ¿Se puede dar eso en el mundo real?
> — La mía es una propuesta. No sé si se puede dar. En general la gente tiende a deshumanizarse. Esa historia está sacada de mí. Yo era un tipo completamente inhumano. No me importaba nada. Y un día me di cuenta de que así no podían ser las cosas. Y entonces empecé una larga elaboración para modificarme y volverme un buen tipo, que es lo que soy, ya hace algunos años.[917]

> Sí, y la humanización que es un tema mío. *Los Sorias* es la humanización del dictador; *Beber en rojo* es la humanización del monstruo, de Drácula, que renuncia a su inmortalidad y a seguir mordiendo a las chicas por siete años de vida terrenal.[918]

En los textos que nos ocupan, quiero detenerme sobre dos episodios de particular relevancia: la ascensión a Monitor del gusano, en EGM, y la ya comentada «humanización de la mafia», en LAPEF. El primer episodio se ubica en la segunda parte de EGM, después de la muerte de la gorda Dorys (EGM, p. 108): el gusano decide salir de las cloacas para ir a vivir al campo (EGM, p. 110), y halla refugio en la propiedad de algún científico nazi —una verdadera *casa Usher* llena de holografías destinadas a aliviar la «[d]esesperación materialista» (EGM, p. 116) del nazi solitario—. Se trata de un episodio bastante sombrío para el gusano, cuyas coordenadas referenciales «realistas» —precariedad económica, acumulación capitalista, tensiones geopolíticas globales, intervencionismo norteamericano— proporcionan el material para una crisis megalómana-paranoica, que culmina con la ascensión del gusano a Monitor de Estados Unidos-Tecnocracia (EGM, p. 168). En última instancia, se demuestra el carácter ilusorio y vitalmente agotador del poder económico/político —que, al fin y al cabo, es igual a las holografías del científico nazi: nada más que una «máquin[a] de compensación psíquica» (EGM, p. 149) para almas (y cuerpos) solitarixs—.

---

[917] Yamila Bêgné: La imaginación tiránica del maestro zen.
[918] Agustín Vázquez/Juan Millonschick: Entrevista a Alberto Laiseca.

En los primeros tiempos, el gusano vive escondido de su huésped y se dedica a la escritura de cuentos policiales: *Los casos del Honorable Juez Lai Chú* (EGM, pp. 122 y siguientes). Solo tras el «fracaso estrepitoso» de la obra (EGM, p. 131, cf. 4.2.2) empieza a dedicarse a otro tipo de negocios:

> Harto de ser pobre y de vivir de prestado empezó a jugar a las carreras. Con sus poderes psíquicos hacía llegar primeros a los tungos que convenían (ibid.).

> Empezó a hacer escapadas a Las Vegas y ganó fortunas. Pero pronto sintió que todas estas gracias eran indignas de él [. . .] empezó a jugar a la Bolsa. Amasó una fortuna de dos mil millones de dólares en dos años (EGM, p. 132).

Si se reconoce aquí la desmesura del *de/lirio*, el pasaje tampoco es completamente inverosímil: hay que recordar que los años 80-90 marcan el auge del neoliberalismo y una edad de oro para la especulación bursátil.[919] Que el gusano esté «harto de ser pobre» evoca la precariedad —muy real— del escritor de profesión, que Laiseca vinculó explícitamente, en una entrevista, con su interés literario por el poder: «la negación y la continua pobreza pueden afectar el genio en una sociedad estúpida que desgasta y aísla al supremo talento. La impotencia social suele producir arranques de omnipotencia literaria».[920] En el caso del gusano, sin embargo, esta lucrativa reorientación profesional corresponde a un creciente aislamiento afectivo: su relación con la periodista Eva es una breve historia de secuestro (EGM, pp. 132-147) que solo le sirve al gusano para afirmar su nuevo estatuto social, y a la periodista para escribir «la noticia máxima de la vida misma»: «Como escapé de las garras del monstruo» (EGM, p. 147). Tras aquel cínico romance, el gusano finalmente conoce a su huésped Viktor Frankenstein —«científico nazi que, harto de tantas derrotas, comenzó a sufrir en la mente una suerte de división inexacta» (EGM, p. 148). Como apuntamos en 4.3.2, hay muchos paralelos entre Viktor y el gusano: las desgracias amorosas, la soledad existencial, la locura que resulta de esta, la afinidad científica. Con la diferencia de que el «científico chiflado» (EGM, p. 163), de 93 años, ya ha renunciado al amor y vive rodeado de simulacros técnicos (máquinas holográficas), mientras persigue la empresa eugénica nazi —invertida, pues intenta crear una nueva «raza superzulú superior» (EGM, p. 164), pero no menos eugénica—.

---

[919] Cf. David Harvey: *A brief history of neoliberalism*. Oxford: Oxford University Press 2005. El Cono Sur americano hizo de laboratorio para políticas de neoliberalización estatal: primero el Chile de Pinochet (a partir de 1975), luego la Argentina menemista (1989-1999). Ibid., pp. 7-8, 104.
[920] Liliana Villanueva: *Maestros de la escritura*, p. 180.

4.4 La novela «entrando en delirio»: *realismo delirante* y utopía — 291

> Los blancos hemos fracasado en nuestra misión teológica histórica. No fuimos dignos. *Der Führer* no pudo aniquilar a la Unión Soviética y para colmo la gloriosa epopeya de Vietnam terminó en desastre. Como si esta burla no fuera suficiente, los rusos cagaron fuego solos. [. . .] Y los ateos bolcheviques de Vietnam un día de éstos se van a volver capitalistas, sindicalistas o cualquier otra porquería. Es horroroso.
> Por eso me he convencido de que los negros son la raza superior. Vos, gusano, tenés que ayudarme en mis experimentos científicos (EGM, pp. 148–149).

El gusano le propone otra solución: «lo que a vos te hace falta es una mina putona que te coja bien. Aquí te la traje. Se llama Mirthita» (EGM, p. 164).[921] Hay razones de dudar del éxito del intento del gusano para salvar al nazi con otra cautiva —ya no holográfica sino real—, pues hemos visto en varias ocasiones que el amor vitalista solo salva si es auténticamente compartido. Sea lo que sea, no nos enteramos de la conclusión del episodio: el gusano desaparece «como una centella» (EGM, p. 165) de la casa del nazi para buscar otra posada y seguir con sus actividades económicas:

> El máximo se compró un loft-bunker. Desde allí, atrincherado y con teléfono, se dedicó a hacer guita. Entre sus negocios truchos: venta de armas, drogas, lapiceras (estafas), asaltos, búsqueda de tesoros escondidos (los encontraba y no pagaba impuestos), ejercicio ilegal de la medicina, y sus negocios legítimos (supermercados, acerías, pozos petrolíferos, plásticos y goma de mascar), en otros dos años pasó de tener dos mil a encanutar veinte mil millones de dólares (EGM, p. 166).

A partir de ahí, el gusano se entrega totalmente a su voluntad de poder: «Nietzsche en su peor interpretación», comenta acertadamente un periodista (EGM, p. 173). Su ascensión a Monitor es fulgurante, y típicamente delirante: la convocación de referencias explícitas a la actualidad geopolítica de los años 80 y 90 —*perestroika* y *glasnot*, el tratado Salt II, etc.— se combina con el uso sistemático de la hipérbole, estrategias de superposición espacio-temporal —el gusano se denomina por ejemplo «Monitor de la Tecnocracia, Führer del pueblo alemán, emperador de China, zar de Rusia y Dictador Perpetuo del Imperio Romano» (EGM, p. 172)— y de inversión —el gusano manipula las elecciones en Estados Unidos para beneficio propio (EGM, p. 167), una práctica en realidad muy propia del intervencionismo de EE.UU en otros países—. Pronto, sin embargo, se revela la vacuidad del poder acumulado por el gusano:

> Ahora bien, todo esto era una farsa: él no se había hecho dictador para salvar al mundo, como decía, sino para ganar a una mina determinada. [. . .]

---

[921] En LAPEF, Enrique César le da el mismo consejo a Filigranati, tras la muerte de Analía-Drusilita: «Lo que vos necesitás [. . .] es una mina que te coja bien» (LAPEF, p. 186).

> ¿Quién era? ¿No lo sabía? Determinó por horóscopo que se trataba de una escorpiana con ascendente en Leo, pero no conocía demasiados detalles. Eso sí: era una mezcla de Maureen, la gorda Dorys, Barbara, Miss Linda y la gordita tetona. [. . .] Hasta tenía algo de Mirthita, ahora que me acuerdo (EGM, p. 171).

Por fin, el gusano encuentra a Sthefani, pero solo para padecer otra desilusión amorosa: Sthefani no es masoquista como él esperaba, sino sádica. «A diez kilómetros de la Casa Blanca se escuchaban los gritos del gusano *mínimo* de la vida misma pidiendo auxilio» (EGM, p. 174; el énfasis es mío). En un momento de justicia poética, el gusano pasa de Monitor a disidente perseguido por la policía política de Sthefani aka Carlota I (EGM, p. 180). Este episodio de *reducción* de su poder existencial por voluntad ajena —«curs[o] ontológic[o] acelerad[o]» (EGM, p. 181), sin duda— pone en perspectiva los usos y abusos de poder del propio gusano. Tras el derrocamiento (rápido) de la nueva Monitor, no vuelve a su posición dictatorial, sino que se hace Maestro y se dedica a la enseñanza. A sus mil doscientos discípulxs («como Confucius», ibid.), enseña una suerte de *Carpe diem* personalizado: «Las flores tempranas que no se cogen en su punto se marchitan y consumen en breve» (EGM, p. 183). De Monitor a Maestro, la noción de poder jerárquico cambia radicalmente. Como Maestro, el gusano ya no está «manijeando a troche y moche» (EGM, p. 171), sino que comparte su sabiduría en una relación dialógica con sus alumnxs. También se muestra muy consciente de que la emancipación máxima no garantiza la felicidad, muy al contrario, especialmente en un contexto enajenante:

> — Voy a hacer lo posible para que crezcan. Sin embargo sé lo que viene después. En realidad yo deseo para ustedes un lugar que no existe.
> Entonces Iván Pranalanda, que tenía dieciocho años, habló desde su juventud.
> — Pero a ese lugar lo podemos construir entre todos, Maestro.
> — Sí. Pero desgraciadamente se trata de un lugar virtual (EGM, pp. 181–182).

El gusano máximo de la vida misma es Nieztsche en su *mejor* interpretación.

Otro pasaje relevante se encuentra en LAPEF y contiene, ya en su título «La humanización de la mafia», la cuestión de la humanización. El contexto del episodio lo expone Filigranati a su amigo Enrique César:

> Yo tenía un tío llamado Don Clemente Filigranati. Sabía, por supuesto, que él andaba en cosas raras. No conocía detalles pero era fácil imaginar que se trataba del padrino de una organización mafiosa. Ya muriendo me mandó a llamar. [. . .] El tipo, en su lecho de muerte, me dijo que no confiaba en nadie como su posible sucesor. [. . .] Yo, que originalmente pensaba decirle que no, cuando mi tío me brindó detalles del negocio y comprendí bien qué cosas les hacían a las chicas, dije que sí. En ese momento decidí destruirlos (LAPEF, p. 102).

Pronto nos enteramos de que dicho «negocio» consiste en la trata de mujeres destinadas a ser torturadas, violadas y asesinadas para la producción de *snuff movies* o películas ultraviolentas sin trucaje.[922] Para Filigranati está claro, desde el principio, que «estos tipos son irredimibles» (LAPEF, p. 103) y que la única opción es «destruirlos». El plan de Filigranati, para eso, es dirigir una última película *sadomasoporno* titulada *La espada del Cid Campeador*, que tome suficientemente tiempo en llevar a cabo —un año— para que la pandilla de Filigranati cartografíe, por medio de feng shui, un «mapa de posición» de las minas antitanques diseminadas sobre la propiedad de la Familia y pueda «tomar de asalto la posición» (LAPEF, p. 103). En otras palabras, y contrario a lo que indica el título: en ningún momento se trata de *humanizar* a los *mafiosi* —como le dice Enrique César a Filigranati, al final del capítulo: «A esos tipos los humanizaste por muerte» (LAPEF, p. 183)—. Más que la humanización de la mafia, el capítulo trata de la *deshumanización* que padece Filigranati a lo largo de su misión:

> — Yo voy a hacer buena letra. Las chicas van a seguir muriendo por ahora.
> — Te van a obligar a asistir a las sesiones fílmicas.
> — Voy a ir por mi cuenta, sin esperar a que me obliguen. Y andá preparando tu cabeza porque vos me tenés que acompañar.
> Enrique César sintió náuseas. Eusebio lo comprendió en el acto pero le dijo muy cortante:
> — Pues lo siento. No hay otro remedio.
> — Pero hay que. . . tenemos que. . . hacernos una disciplina.
> — ¿Qué disciplina?
> — No hay que gozar del sufrimiento ajeno. Si entramos en ésa se nos pudre el alma. Aunque después los liquidemos a ellos van a haber triunfado. Un año es mucho tiempo para esto (LAPEF, p. 104).

El capítulo, cabe observar, está muy lejos de cualquier criterio de verosimilitud: ni siquiera la existencia real de las películas *snuff* ha sido confirmada.[923] Se presenta más bien como una fábula sobre los efectos psicológicos y morales del poder sobre el individuo, en un contexto donde este es a la vez depositario e instrumento del poder —muestra, de hecho, que el depositario del poder siempre se transforma en su instrumento—. El *realismo* de la ficción delirante se puede encontrar, sin embargo, en la exploración muy intensa que propone, a nivel psicológico y moral, de la *banalidad del mal* —la facilidad con la cual,

---

[922] Según la definición concisa de David Kerekes, «Snuff films: murder on camera for commercial gain». David Kerekes: Foreword. In: Neil Jackson/Shaun Kimber/Johnny Walker/Thomas Joseph Watson (eds.): *Snuff: real death and screen media*. New York/London: Bloomsbury 2016, p. x.
[923] David Kerekes habla al respecto de «the most enduring of urban legends». Ibid.

dadas ciertas circunstancias, el individuo se vuelve el instrumento ciego de un poder destructor—.

Heredero legítimo de Don Clemente, Filigranati es el nuevo *padrino* de la Familia, a la vez que su prisionero de facto, pues no participar en los negocios familiares traicionaría inmediatamente sus verdaderos planes. El éxito de la misión depende entonces de su capacidad a colaborar de manera convincente en los crímenes de los *mafiosi*, sin dejar que se le *cambie el alma*:

> — Eusebio: de aquí no salimos más. Cuando tus chinos vengan dentro de un año nosotros vamos a tener las almas tan cambiadas que seremos unos hijos de puta igual que los otros.
> — Para eso está nuestra autodisciplina y *El Cid Campeador* [. . .]
> — Sos un iluso. La única manera de que no nos maten —porque somos prisioneros, ¿sabías?— es que nos volvamos igual a ellos. Si tenemos, auténticamente, la más mínima reserva interna, se van a avivar en el acto. Y ahí cagamos [. . .].
> [Eusebio]
> — Tenés que blindar tu cabeza.
> — Sí, y sobre todo no olvidar en ningún momento que somos buenos (LAPEF, pp. 112-113).

Mientras que Filigranati confía en el propio compás moral y en la legitimidad, en una perspectiva utilitarista, de hacer cierta cantidad de «mal» para obtener un «bien» mayor —la destrucción de la Familia y el fin definitivo de sus actividades—, Enrique César defiende la idea kantiana de que hacer el mal equivale, independientemente de las consecuencias objetivas del acto, a volverse malo. Su compromiso para *no olvidar que somos buenos* parece tanto más frágil ya que, unas páginas atrás, el secretario Tomassi ha mostrado la vacuidad de todo juicio moral que no se formule desde criterios sino universales, por lo menos estables e intersubjetivamente regulados. En un largo discurso sobre la Zwi Migdal —«organización judía dedicada a la prostitución» bajo la fachada de una sociedad de «socorros mutuos» (LAPEF, p. 106)— que constituye el único anclaje referencial del capítulo,[924] Tomassi denuncia las actividades «abominable[s]» de aquella organización «que [él] no vacil[a] en calificar de

---

[924] La Zwi Migdal existió de verdad, en las primeras décadas del siglo XX, cf. José Luis Scarsi: *Tmeiim: los judíos impuros. Historia de la Zwi Migdal*. Ituzaingó: Editorial Maipue 2018. La referencia, aquí, no es solamente histórica sino también intertextual: el primer jefe de la Zwi Migdal, Noé Trauman —a quien, según la leyenda, Arlt conoció personalmente— fue la fuente de inspiración del personaje de Haffner, el «Rufián melancólico» de *Los siete locos* y *Los lanzallamas*. Interesantemente, José Luis Scarsi refuta que Arlt y Trauman hayan podido conocerse: «Noé Trauman falleció en Buenos Aires unos meses después de que Arlt cumpliera doce años, quedando descartadas, por tal motivo, las tertulias en la confitería del barrio de Almagro». José Luis Scarsi: *Tmeiim*, p. 115.

tenebrosa» (ibid.); incluso aprueba la decisión que tomó la comunidad judía de excomulgarlos: «Los judíos hicieron bien una y mil veces en cortar de su comunidad a esos monstruos» (LAPEF, p. 107). Paralelamente, sin embargo, Tomassi deplora que la Familia haya sido excomulgada de la Iglesia católica por actividades similares: «Por nuestras actividades hemos sido excomulgados *sotto voce*. Esto nos hace sufrir porque somos muy católicos [. . .] no lo merecemos en absoluto» (LAPEF, pp. 106-107). Sigue una escena de tortura horrenda en la cual Tomassi se muestra «el más cruel» (LAPEF, p. 110). Así pues, Tomassi formula un juicio moral válido sobre la Zwi Migdal, pero no es capaz de juzgar los propios actos con los mismos criterios; eso hace de él un hipócrita e invita, programáticamente, a poner en tela de juicio la proclamación unilateral de Enrique César y Filigranati («somos buenos»).

De hecho: si Enrique César permanece, en la continuación del capítulo, en posición de observador —proyección textual del lector, testigo sin quererlo de escenas insoportables—, Filigranati se revela cada vez más ambiguo hacia las actividades de la Familia, mostrando creciente entusiasmo —«odio y locura»— en la realización de su película *snuff*:

> Más clamores industriosos subían desde la viejorra, mayor era el grado de odio y locura de Filigranati:
> — Castigar es mimar. Por el culo no es incesto. Cuando uno carece de ejércitos la poesía sufre. Cuando termine con vos el resultado va a ser muy superior a *Venus y Adonis* de William Shakespeare (LAPEF, p. 133).

La referencia shakespeariana, que ya estudiamos en su relación con la autoría plagiaria de Laiseca (cf. 4.2.2), sugiere aquí que el comportamiento de Filigranati es auténtico: corresponde a lo que se conoce del personaje y no una puesta en escena *ah hoc*, por parte de Filigranati, destinada a camuflar su verdadera identidad frente a los *mafiosi*. La duda en cuanto a la integridad moral que Filigranati supuestamente mantiene como *padrino* se refuerza con la entrada en escena de la pequeña Analía, «nietita de trece años» de Tomassi, a quien «su abuelo le llamaba Drusila o Drusilita, en honor a la hija de Calígula que era tan mala y perversa como su padre» (LAPEF, p. 136). Pronto empieza una relación entre Filigranati y «aquel pequeño y hermoso súcubo» (LAPEF, p. 137). El relato del primer acto sexual entre la niña y el Profesor —adulto ya avanzado en edad— es de lectura muy problemática: porque se trata de un acto pedocriminal por parte de Filigranati, pero también porque la niña-víctima consiente con entusiasmo y participa activamente en el acto: «Se le aferró con alma y vida e incluso empezó a colaborar de cintura para abajo. [. . .] el orgasmo se volvió interminable y la piba acabó entre rugidos y sollozos» (LAPEF, p. 142). Entre las múltiples escenas de violación y torturas que incluye el capítulo, la descripción de un acto sexual «consentido» casi se vuelve hermosa, reforzando el malestar voyerista del lector confrontado a una escena de pedocriminalidad. Por otra parte, la inestabilidad enunciativa típica del *de/lirio* mezcla, en el pasaje, el discurso indirecto libre de Filigranati —con sus muy dubiosas justificaciones morales— y los comentarios irónicos del narrador que —como suele— interviene aquí de manera intempestiva en primera persona:

> Drusilita no era una nena, como el sagaz lector se habrá percatado. Nació mujer. Que fuese hija y nieta de diablos es aparte.
> Filigranati se reía de sí mismo. De esas frases que la mente, desesperada y cuando aún no llegó al máximo de su calentura, inventa para zafar: «Estoy en un involuntario y provisorio receso afectivo». Sí: me imagino (LAPEF, p. 142).

Otro problema en la lectura del capítulo estriba en que Drusilita dista mucho de permanecer en el papel de víctima que su edad le confiere: «dispuesta a cualquier salvajismo» (LAPEF, p. 143), Drusilita transige poco con la (relativa) clemencia de Filigranati hacia sus víctimas:

> Pero papi, ¿por qué no la reventaste? (LAPEF, p. 146).
>
> Papi: ¿dale que le quemamos los pezones con hierros calentitos? (LAPEF, p. 158).
>
> Y a los tipos se les corta el pito... (LAPEF, p. 161).

Consciente de que «su amante [es] imprevisible y con ella no se jod[e]» (LAPEF, p. 157), Filigranati se encuentra «en un brete» (LAPEF, p. 146), con mínima margen de acción. Los sentimientos que desarrolla hacia la niña participan en la inversión de la relación de poder entre los dos: «En su alma habían empezado a actuar reactivos alquímicos contradictorios. A esa altura ya quería agradar a la pendeja» (LAPEF, p. 146). Como ya lo vimos, el rescate de Filigranati —y la muerte de Drusilita— solo es permitido por la celeridad de su pandilla (cf. 4.3.1).

En todo el capítulo, la reflexión en torno a la toxicidad del poder y la fragilidad del compás moral individual frente a ello se apoya sobre un intertexto preciso: *Los 120 días de Sodoma* del Marqués de Sade. Entre muchísimas referencias, se puede nombrar la duración del episodio («Habían pasado cuatro meses», LAPEF, p. 153), que corresponde precisamente a los ciento veinte días del relato sadista. La ceremonia del almuerzo, con «siete chicas desnudas» (LAPEF, p. 108), se describe exactamente como en el libro de Sade, con la sola diferencia de que las chicas son siete y no ocho: tienen que «ponerse de rodillas» (ibid.), «tienen prohibido quejarse» (LAPEF, p. 109), «sólo deben servir durante los festines y en el resto del día no se las toca» (ibid.), etc.[925] La edad

---

[925] Cito el pasaje, casi idéntico en su contenido: «A onze heures, les amis se rendront dans l'appartement des jeunes filles. C'est là que sera servi le déjeuner, consistant en chocolat ou

de Drusilita, trece años, remite a la edad de los dos huérfanos que el obispo de ∗∗∗ decide corromper;[926] similarmente, la impotencia del reverendo padre Rampoglia (LAPEF, p. 143) evoca la del presidente de Curval.[927] Más generalmente, en fin, el capítulo retoma la sintaxis del texto sadista, con sus escenas metódicamente coreografiadas, que Barthes ha descrito en términos de *postura, operación, figura, episodio*.[928] Incluso se alude explícitamente a la obra de Sade, en el pasaje de «la transgresora de ojos tristes», en el cual Filigranati parece hablar desde sus verdaderas convicciones:

> — ¿Vos sos el Marqués de Sade, cierto? —pero lo preguntó con cierta admiración.
> Entonces ahí, por una vez, surgió el viejo Filigranati:
> — Nosotros los sádicos no lo reconocemos como sadista a Sade. Él no amaba la vida. Deseaba destruirla. El castillo de *Los ciento veinte días de Sodoma* es el propio Universo, y lo que esos tipos hacen adentro es la tarea del Anti-ser en pleno.
> La máxima expresión nunca es la muerte. El sadomasoquismo constructor no daña y está siempre a favor del placer y de la felicidad (LAPEF, p. 172).

Aquí, Filigranati intenta trazar una línea entre el sadismo de Sade —que él ve como destructor, «tarea del Anti-ser en pleno»—, y el sadismo vitalista que él reivindica —«constructor», «siempre a favor del placer y de la felicidad»—. Filigranati retoma tácitamente el análisis que hace Georges Bataille de Sade: una práctica erótica que se basa en la tortura y humillación de otra persona (su *negación*, en la palabras de Bataille; el Anti-ser, en las de Filigranati) solo temporalmente permite la afirmación propia; lleva, al fin y al cabo, a la negación de sí-mismo; la supuesta *soberanía* (palabra de Bataille otra vez) del individuo sádico en realidad es una prisión que lo aísla y le impide, últimamente, trascender su condición individual.[929] No queda claro, sin embargo, lo que Filigranati quiere decir con

---

en rôties au vin d'Espagne, ou autres confortatifs restaurants. Ce déjeuner sera servi par les huit filles nues, aidées des deux vieilles Marie et Louison, que l'on affecte au sérail des filles, les deux autres devant l'être à celui des garçons. Si les amis ont envie de commettre des impudicités avec les filles pendant ce déjeuner, avant ou après, elles s'y prêteront avec la résignation qui leur est enjointe et à laquelle elles ne manqueraient pas sans une dure punition [. . .] Ces filles auront pour coutume générale de se mettre toujours à genoux chaque fois qu'elles verront ou rencontreront un ami, et elles y resteront jusqu'à ce qu'on leur dise de se relever». Sade: *Les cent vingt journées de Sodome ou l'école du libertinage* [1785]. In: *Œuvres*, vol. 1. Ed. Michel Delon. Paris: Gallimard/Bibliothèque de la Pléiade 1990, p. 59.

926 Ibid., p. 27.
927 Ibid., p. 28.
928 Roland Barthes: *Sade, Fourier, Loyola*, pp. 33–34.
929 Georges Bataille: *L'érotisme*, pp. 173–175: «au sommet[,] la négation illimitée d'autrui est négation de soi. Dans son principe, la négation d'autrui était l'affirmation de soi, mais il appa-

su idea de «sadomasoquismo constructor», y la continuación del pasaje no permite precisarlo. Si bien el profesor promete no hacerle daño a la «transgresora de ojos tristes» («—Te lo juro. En ningún caso serás dañada», LAPEF, p. 172), e incluso le da un «orgasmo tumultuoso» (p. 173), el acto sexual entre los dos ocurre en el contexto de una relación de poder muy vertical: solo al ver a Filigranati, la chica «se peg[a] un susto terrible» (p. 171); prisionera de la Familia, ella ya «ve el certificado de defunción cerca» (p. 173) y por eso busca el favor de su verdugo como último recurso. Filigranati, por su parte, no duda en humillar a su víctima: «—Puede ser [que me gustás]. Pero tenés que engordar diez kilos y volverte puta del culo. [...] Ahora sí sos hermosa. Como sólo una víctima puede serlo» (ibid.). Tanto Enrique César como el narrador comparten el diagnóstico que se impone al lector:

> Horrorizado [Enrique César] pudo comprender que si bien Filigranati hablaba como siempre, dando la apariencia de que su filosofía no se había modificado, en realidad de todo aquello sólo quedaba una cáscara (LAPEF, p. 170).

> Cualquiera que lo oyese hubiera podido pensar que Filigranati seguía siendo el mismo. En realidad su alma, a esta altura, sólo se sostenía con alfileres (LAPEF, p. 172).

La *deshumanización* de Filigranati a lo largo del capítulo corresponde entonces a una experiencia ficcional que, dentro de coordenadas delirantes —el profesor volviéndose de un día para el otro *padrino* de una organización mafiosa especializada en la producción de películas *snuff*—, permite explorar los efectos muy reales del poder sobre la psique individual y colectiva. Destaca, en primer lugar, las bases materiales del poder —el dinero, la violencia— que permiten a sus poseedores transgredir las normas morales establecidas, sin sufrir las consecuencias que la colectividad impone normalmente al transgresor. Así la Familia puede construir sus propias iglesias, cementerios, etc., como la Zwi Migdal hizo en su tiempo con sinagogas propias. El poder pone en evidencia la relatividad fundamental de las normas morales —ligada a su determinación material—, y legitima su transgresión. Paradójicamente, sin embargo, reafirma su necesidad psicológica: cada uno quiere saber que, aun en la transgresión, *es bueno* (o *muy católico*). El poder de transgredir, así, no desemboca necesariamente sobre una *transvaloración* nietzcheana de los valores hacia la afirmación de la vida:[930] muy bien puede servir,

---

raît vite que le caractère illimité, poussé à l'extrême du possible, au-delà de la jouissance personnelle, accède à la recherche d'une souveraineté dégagée de tout fléchissement. Le souci de la puissance infléchit la souveraineté réelle [...] Libre devant les autres, il [l'homme souverain de Sade] n'en est pas moins la victime de sa propre souveraineté [...] L'homme souverain de Sade ne propose pas à notre misère une réalité qui le transcende».

930 Remito al célebre pasaje de *Ecce homo*: «Umwertung aller Werte, das ist meine Formel für einen Akt höchster Selbstbesinnung der Menschheit, der in mir Fleisch und Genie geworden ist.

como en el caso de la Familia, el mantenimiento de los valores tradicionales —católicas, nihilistas: los valores del Anti-ser—. Poder y empoderamiento vitalista son dos cosas distintas. La convocación del intertexto sadista y el posicionamiento ambiguo de Filigraniti ante ello —rechaza el sadismo de Sade en tanto «tarea del Anti-ser» al que quiere oponer un «sadomasoquismo constructor», mientras participa con entusiasmo a su reescritura *snuff*— permiten articular dos aspectos claves: 1) el poder de transgredir no es liberador si no sirve la afirmación de la vida; la negación ajena, dialécticamente, desemboca sobre la propia negación, y al que usa su poder para negar a Otros —aun con las mejores intenciones del mundo— siempre *se le pudre el alma*. En este sentido, 2) el poder instituye lógicas propias de las cuales el individuo no se puede librar tan fácilmente; el que piensa hacer un uso instrumental de su poder —en la perspectiva utilitarista de alcanzar un «bien» mayor— pronto se convierte él mismo en su instrumento: es el caso de Filigranati que, dedicado a destruir la Familia, acaba sirviéndola.

«La humanización de la mafia», con su título antiprogramático y su referencialidad ante todo intertextual, es sin duda más delirante que realista; sin embargo, ofrece un buen ejemplo del proyecto realista-delirante en su acepción *romántica-comprometida*: «distorsionar y producir efectos que amplifican o disminuyen ciertas zonas del pensamiento y del sentir para que las cosas se vean mejor»[931] y mediatizar así *conocimientos ontológicos* sobre esas cosas.

4.4.3 Amor y humor hacia «un lugar que no existe»: *de/lirio* y utopía

> *Frente a la crueldad de la guerra esgrimieron la mortífera arma del humor.*[932]
>
> *Y La redención por el Amor, esta sí, en toda la casa cósmica.*[933]

Carl Jung dijo que ahí donde el poder prevalece, el amor falta.[934] Es sin duda uno de los *conocimientos ontológicos* que se formulan, una y otra vez, en el realismo delirante de Laiseca: el amor en tanto empoderamiento intersubjetivo y *humanizador* se opone al poder individual, que se acumula sin compartirse, que aísla y

---

Mein Loos will, dass ich der erste anständige Mensch sein muss, dass ich mich gegen die Verlogenheit von Jahrtausenden im gegensatz weiss. . .» Friedrich Nietzsche: *Ecce homo*, pp. 365–366.
931 José María Marcos: El mundo de Alberto Laiseca, p. 25.
932 Alberto Laiseca: *Por favor, ¡plágienme!*, p. 43.
933 Alberto Laiseca: *Los sorias*, p. 1335.
934 «Where the will to power is paramount love will be lacking», in: Bell Hooks: *All about love: new visions*. New York: Harper Collins 2001, p. 40. No conseguí verificar la cita original; «como dijo el Fantasma de la Ópera, ‹uno tiene las citas que puede›» (EGM, p. 149).

hace paranoico. El amor laisecano, lo vimos, es un afecto basado en el cuerpo vivo, sus deseos y potencialidades de goce que —compartidas en el acto sexual— constituyen un poderoso antídoto a la muerte (cf. 4.3.1). Hay una fuerte dimensión bajtiniana[935] en la celebración realista-delirante del cuerpo: se trata de reanudar con una concepción grotesca, pre-moderna y pre-cartesiana del cuerpo siempre transformándose, saliendo de sus propias fronteras en el flujo permanente de la vida. En esto, el amor está en Laiseca muy ligado al humor: ambos permiten la afirmación del cuerpo vivo en su permanente movimiento y transformación, contra toda fijación mortífera. Muchas veces, el surgimiento de la materialidad del cuerpo, en el contexto de una confrontación del protagonista con la muerte, produce *comic relief*: Así, en EGM, tras la muerte de la drogadicta por sobredosis, es la putrefacción del cadáver que interrumpe el duelo del gusano y lo obliga a seguir con su vida: «Tres días estuvo llorándola. Como su flaquita se iba poniendo cada vez más peor [sic] por la putrefacción dejó el lugar para siempre» (EGM, p. 16). Similarmente, en LAPEF, el grotesco corporal permite a Filigranati salir de la melancolía que le ha provocado la muerte de Drusilita: «Perdido en sus delirios: ‹Mi Anabel Lee, mi Drusila Lee. . .›. Y justo en ese momento el profesor se aligeró de una ventosidad. Aquello fue horrísono e hizo temblar las paredes de la Casa de la Bruja» (LAPEF, p. 187). Esa flatulencia sonora hace reaccionar a Enrique César contra el «nihilismo autodestructivo» de su amigo y es lo que, al final, lo anima a tomarse unas vacaciones en Brasil, donde encontrará nuevamente el amor:

> «Esperate —dijo Enrique César, alias Coco, muy preocupado—, que me pareció oír un falso pedo. Creo que están atacando los chichis.» «Qué falso pedo? Fui yo que me tiré un cuesco inolvidable» [. . .] «Podés tirarte todos los pedos que quieras, pero no con ese nihilismo autodestructivo.» «Está bien.» «Y vuelvo a lo que te dije antes [. . .] te convendría tomarte una vacación» (LAPEF, p. 187).

---

935 Remito aquí al análisis que hace Mijail Bajtín del *realismo grotesco* en Rabelais, y al papel del cuerpo en ello: «La imagen grotesca caracteriza un fenómeno en proceso de cambio y metamorfosis incompleta, en el estadio de la muerte y del nacimiento, del crecimiento y de la evolución [. . .] A diferencia de los cánones modernos, el cuerpo grotesco no está separado del resto del mundo, no está aislado o acabado ni es perfecto, sino que sale fuera de sí, franquea sus propios límites. El énfasis está puesto en las partes del cuerpo en que éste se abre al mundo exterior o penetra en él a través de orificios, protuberancias, ramificaciones y excrecencias tales como la boca abierta, los órganos genitales, los senos, los falos, las barrigas y la nariz». Mijail Bajtín: *La cultura popular en la Edad Media*, pp. 28–30. María Celeste Aichino ubica a Laiseca en la tradición, descrita por Rocco Carbone y Soledad Croce, de un «grotesco moderno como una continuación enriquecida o modificada del realismo grotesco carnavalesco analizado por Mijail Bajtín». María Celeste Aichino: Teorías del fantástico y nuevos realismos.

4.4 La novela «entrando en delirio»: *realismo delirante* y utopía — 301

Tanto la risa carnavalesca como el amor vitalista se basan en —y celebran— el cuerpo vivo, conformando el horizonte salvador del *de/lirio* laisecano, contra la seriedad de la muerte, contra el nihilismo, y también contra cierto elitismo intelectual.[936] Eso lo confirma Laiseca en numerosas entrevistas:

> Ah, el humor es fundamental [...]. ¡Si toda mi obra es humorística a pesar de que digo cosas terribles! ¿Qué, si no el humor, nos ha sostenido en este tiempo terrible? El humor salva, a mí me ha salvado del hambre, del frío, de las desilusiones amorosas, de muchas cosas me ha salvado el humor. [. . .] El nihilismo yo nunca me lo permití: el nihilismo lo traga a uno. Yo no niego que Samuel Beckett era un genio, ahora, era muy nihilista, como también otro genio a quien admiro poderosamente: Juan José Saer, que también era nihilista. Mi obra no es nihilista. Creo que en eso me diferencio de otros y es mi principal aporte a la literatura. No ser descreído, aunque todo me invite a serlo.[937]

Es un aspecto característico del *de/lirio* laisecano: pese a la complejidad polilógica de sus efectos de significación, mantiene efectos humorísticos a la superficie del texto, que siempre vuelven a movilizar el cuerpo —a través de la risa— en la lectura. Así, los «chiste[s] esquizofrénico[s], insípido[s] y sin gracia» (SMP, p. 149) que tanto le gustan al Monitor tienen un efecto anticlimático —la risa viene precisamente del hecho de que el chiste es pésimo— que se contrapone al hermetismo abstracto de los «chistes alemanes»:

> Los chistes alemanes son insípidos, tontos, herméticos (hay que ser alemán para comprenderlos). También son profundamente agresivos [. . .]. En cambio el chiste esquizofrénico aparenta ser agresivo pero no lo es jamás. Por ejemplo. A le pregunta a B: «¿Sabés con quién me encontré hoy, no?» «No. No lo sé. ¿Querés que haga un astral para averiguarlo?» Otro: «Es una pena que Julio Cortázar se llamara Cortázar y no Cortazar. Porque si se hubiese llamado Cortazar sería el cuarto Rey Mago: Gaspar, Melchor, Baltasar y Cortazar». Ja, ja, ja, ja. . . (SMP, p. 150).

En un guiño al «humor conceptual» macedoniano en tanto «práctica [d]el absurdo [que] hace posible la liberación del *yo*, regido por el tiempo y la causalidad»,[938] el chiste esquizofrénico frustra las expectativas del lector hacia un final

---

[936] Pues como apunta Linda Hutcheon, «[u]no de los reproches más frecuentemente dirigido al discurso irónico y paródico es el elitismo. Esta misma acusación se dirige contra la metaficción moderna, que también da a veces la impresión de querer excluir al lector que no está al corriente del juego paródico o irónico codificado en el texto por el autor». Linda Hutcheon: Ironía, sátira, parodia. Una aproximación pragmática a la ironía [1981]. Trad. Pilar Hernández Cobos. In: Área de literatura Hispanoamericana: *De la ironía a lo grotesco (en algunos textos literarios hispanoamericanos)*. México D.F.: Universidad Autónoma Metropolitana Iztapalapa 1992, p. 187.
[937] Liliana Villanueva: *Maestros de la escritura*, p. 192.
[938] Alicia Borinsky: La Novelística de Macedonio Fernández, p. 270.

divertido, para establecer una connivencia en el absurdo antihumorístico («¿Querés que haga un astral para averiguarlo?») o en un *pésimo* juego paronomástico («Gaspar, Melchor, Baltasar y Cortazar»). El humor que practica el Monitor innegablemente tiene algo del triunfo del narcisismo, de la invulnerabilidad del *yo* que describe Freud en su teoría del humor:[939] el Monitor acumula los chistes como acumula los relatos y esquemas de novela, y ello puede leerse —ya lo comentamos— como una afirmación del *yo* destinada a compensar su vulnerabilidad de *último orejón del tarro*. Pero justamente porque son absurdos, sus chistes no tienen ninguna carga de agresión reprimida: insiste el Monitor a propósito de su chiste sobre el cuarto Rey Mago: «Parece agresivo para con Cortázar pero no lo es. Se trata de un chiste químicamente puro» (SMP, p. 150). A Laiseca y a sus narradores no les interesa la agudeza ni la sofisticación intelectual del humor, sino más bien el fenómeno físico y sobre todo compartido —*simpático*, en términos macedonianos—[940] de la risa: «nos parecía de tan mal gusto que con el tío nos reíamos a carcajadas» (SMP, p. 147); «como ambos eran locos, los hizo carcajear» (SMP, p. 149). La presencia recurrente, en el intercambio del Monitor y de su amgio *von* Lindebrock, de onomatopeyas que denotan la risa («Ja, ja, ja, ja. . .», «ah, ah, ah, ¡ah!», ibid.) materializa en el texto esa corporeidad sonora del humor laisecano, que es salida de sí hacia el Otro, en un empoderamiento mutuo, *humanizador*. Lo que escribe Julio Prieto sobre la Humorística de Macedonio Fernández bien puede aplicarse a Laiseca:

> El humor promueve el cortocircuito, es un proceso dinámico que opera a un nivel psicosomático y performativo: en él interviene el cuerpo, de él se infiere una acción, un poner(se) en movimiento. [. . .] El humor, según Macedonio, es un «placer respiratorio»: una ocurrencia en el aire extrañado de respirar con otro. Macedonio explora el sentimiento de comicidad «en su signo afectivo», como placer ético o fenómeno que pone en juego un *sym-pathos*, un «sentir con».[941]

---

939 «Das Großartige liegt offenbar im Triumph des Narzißmus, in der siegreich behaupteten Unverletzlichkeit des Ichs. Das Ich weigert es, sich durch die Veranlassungen aus der Realität kränken, zum Leiden nötigen zu lassen, es beharrt dabei, dass ihm die Traumen der Außenwelt nicht nahegehen können, ja es zeigt, dass sie ihm nur Anlässe zu Lustgewinn sind». Sigmund Freud: Der Humor [1928]. In: *Gesammelte Werke*, vol. 14: *Werke aus den Jahren 1925–1931*. Frankfurt am Main: Fischer ^{5}1972, p. 385.
940 Para Macedonio, «el signo afectivo característico de los sucesos causantes de risa [. . .] sería [. . .] la alusión a una felicidad como rasgo esencial de tal suceso. ‹Comicidad es el caso particular de simpatía con la percepción de aptitud o felicidad que se distingue por la inesperada percepción, precedida de un estado de interesamiento o atención. [. . .] Toda percepción de felicidad o aptitud o de ánimo fuerte ajeno, es agradable›». Alicia Borinsky: La Novelística de Macedonio Fernández, p. 264.
941 Julio Prieto: *De la sombrología*, pp. 79–80.

Reconocemos, aquí, el realismo delirante en tanto «amor por la materialidad»[942] que atiende a los cuerpos y a sus afectos para repotenciar, desde ellos, un horizonte intersubjectivo auténtico. «Savoir rire», escribe Cynthia Fleury, «c'est toujours connaître la valeur du souci du corps. Le sérieux du corps contre l'esprit de sérieux».[943]

El sexo realista-delirante funciona de la misma manera, conyugando la movilización de una corporalidad muy concreta y el impulso ético-amoroso hacia Otro. Ya comentamos las aventuras eróticas del gusano en EGM —con sus pseudopodios que hacen «*slurp slurp*» (EGM, p. 12), o el sexo rejuvenecedor de Filigranati con Laura en LAPEF—. Los detalles de los cuerpos y actos sexuales en Laiseca no se describen con el objetivo de crear verosimilitud, menos aún un sentimiento estético-apolíneo: se trata más bien de representaciones dionisíacas, hiperbólicas, que no describen el cuerpo, sino celebran, a través de la acumulación y la exageración, sus potencialidades vitales. Los cuentos pornográficos de Tojo, en SMP, ofrecen numerosos ejemplos de eso: la Marcelina tiene «tetas [. . .] caidísimas [que] m[iden] un metro veinte centímetros de largo cada una y las arrastr[a] por el piso» (SMP, p. 93); en otro cuento titulado «La primera aparición del Sapo», «sesenta discípulos» tienen sexo «dos o tres veces cada uno» con la misma mujer, poseída en este momento por una «horrorosa calentura» (SMP, p. 43). La eficacia del sexo realista-delirante no estriba en su verosimilitud, sino en la re-creación y culminación ficcional de potencialidades vitales que permanecen frustradas, en la vida extra-literaria, por determinantes materiales e ideológicos.

Obviamente, en eso el *de/lirio* laisecano tiene que negociar con las reglas y los tabúes impuestos desde el patriarcado hegemónico, que impiden la realización afectivo-sexual de los personajes en el goce vitalista: la falta de dinero o marcadores de estatuto social, indispensables a la masculinidad patriarcal (en el caso del gusano, de Filigranati), las situaciones de abuso emocional, en particular en el contexto familiar, de adulto a niñx (en los casos de Analía, Lai Chú y Lu, el joven Filigranati y su hermana Laura), los defectos físicos de «cuerpo[s] absurdo[s]» (LAPEF, p. 124) que excluyen de la feminidad a las mujeres que no cumplen con el imperativo de agradar (la «no-me-digas-gorda», Rosinha, la Fantasma de la Ópera). Si no hay ningún tipo de agenda feminista o de género en la ficción laisecana, el postulado de que la emancipación solo es posible por el amor-sexo vitalista hace necesario reconocer —y superar— la existencia de estructuras opresivas específicamente patriarcales. Con recurrencia en EGM, LAPEF y SMP, son

---

942 María Celeste Aichino: El realismo delirante en *Gracias Chanchúbelo* (2000), p. 128.
943 Cynthia Fleury: *Les irremplaçables*, p. 47.

voces femeninas las que asumen la deconstrucción nietzscheana-dionisíaca de la moral imperante para defender la propia agencia sexual:

> «No soy puta: soy una chica liberal, generosa con mi cuerpo y además no siempre» (Mirthita; EGM, p. 160).

> «Ser puta es una virtud, no un defecto» «Puede ser, pero. . . los hombres no lo ven así» «La opinión de los hombres carece de toda importancia» «Y, pero así una se queda sola» «Para que te acompañen mal, francamente. . .» (Analía a su amiga Cecilia; SMP, p. 39).

Otras veces, es el narrador quien denuncia las lógicas de la masculinidad tóxica —en términos muy fuertes, como en el siguiente pasaje—:

> Yo he comprobado que los hombres obligan a las mujeres a la sumisión para así tener la oportunidad de despreciarlas. Atrapadas y sin salida. Mover las fuerzas de la sociedad con astucia diabólica a fin de que ellas, forzosamente, dependan de mí. Entonces así y ahí, por fin, podré decirles: «Todas ustedes no son más que unas parásitas. De no ser por nosotros se morirían de hambre». De anti-ser y por nosotros. Además tenerlas subordinadísimas tiene otra ventaja inapreciable: saciar con ellas nuestra frustración sexual y sadismo. [. . .] Yo he visto llorar a las mujeres de mi familia. Nadie les pegaba. Lloraban de humillación (SMP, pp. 138-139).

Considerando la realidad de las violencias de género, el destino horrendo de muchas protagonistas femeninas en Laiseca —Lu en SMP (p. 191), Mirthita en EGM (p. 161) son solo unos ejemplos— se inscribe en la vertiente más *estrictamente realista* del realismo delirante, en conflicto abierto con las potencialidades utópicas que abre en su celebración del amor vitalista. En la cuestión del amor se articula, de manera paradigmática, la polilógica del realismo delirante: integra, de manera *estrictamente realista*, las relaciones de poderes imperantes y su violencia; formula una crítica *romántica-comprometida* de estas realidades, desde la materialidad del cuerpo individual, sus potencialidades afectivas y éticas, contra las imposiciones normativas de la sociedad; finalmente, las somete a procedimientos de puesta al límite, hiperbole e inversión carnavalescas —pensamos en el «Decálogo sadomasoporno» de Lai Chu (SMP, p. 205)—, en los cuales se esboza su superación *utópica-mesiánica*. Esa polilógica, sin embargo, no es libre de contradicción: la violencia de lo real siempre vuelve a limitar, cerrar de nuevo las dinámicas utópicas del delirio, forzando la ficción a un *realismo pelado* en el que «[f]alta delirio que lo haga soportable» (SMP, p. 67). Me parece, aquí, que los textos de Laiseca son más pesimistas que su autor, quien reitera, en una entrevista, su *confianza en el ser humano* y su rechazo de toda forma de misoginia:

> Creo en la posibilidad del hombre, a pesar de ver que las cosas van cada vez más para la mierda (prende otro cigarrillo). Pero igual tengo confianza en el ser humano. (Eleva el tono de voz.) Por otra parte, si hablamos del mundo femenino, nadie va a conseguir que

yo hable mal de la mujer. Y me ha ido para la mierda con muchos matrimonios, noviazgos... No: las mujeres a mí me hicieron crecer. Hay que estar un poco agradecido, che. Ya sé que pasaste dolor, sí, pero te hicieron crecer, te dieron mucho placer además, compañía, te dieron sus tetas y una manera distinta de pensar porque las mujeres lógicamente son distintas a nosotros, y eso es lo que te hace crecer, justamente, la manera distinta de ver las cosas. Así que yo no soy misógino, eh. Ni misógino ni nihilista.[944]

Esas palabras de Laiseca no encajan totalmente con lo que se lee en sus libros, en los cuales los narradores no siempre consiguen emanciparse de ciertos prejuicios heteropatriarcales y/o misóginos, por ejemplo en lo que atañe al heterocentrismo del amor laisecano, al uso de las categorías de histeria y frigidez —que casi exclusivamente caracterizan a mujeres—, o a la frecuente posición de víctimas de las protagonistas femeninas —que muchas veces tienen menos agencia que los hombres en su propia salvación—, etc. La ficción laisecana, pese a su soplo vitalista, tampoco logra librarse de cierto pesimismo: el amor raramente dura, y la salvación, ya lo vimos, no es para todxs. Como comenta el narrador de la historia de Lai Chu: «El amor pleno es posible, pero solo por un tiempo. Luego el Anti-Ser lo destruye y el Sapo se lo come. Aclaremos que el Sapo, precisamente, no es el responsable. Sólo cumple funciones de basurero astral» (SMP, p. 209).

4.5 Conclusión

Haya poder contra la muerte: El Ser no tiene ley, todo es Posible.[945]

Llegando al final de este análisis, resulta más fácil entender la caracterización siempre dicotómica que ha suscitado la obra laisecana, abriendo, según Hernán Bergara, «una zona híbrida entre lo aceptable y lo inaceptable, entre lo legible y lo ilegible, entre lo verosímil y lo inverosímil, entre la melancolía y la risa [. . .]»;[946] «en el intersticio de lo pensable o, si se prefiere, en la inestable zona de contradicciones de lo que Occidente, su ciencia y su división de esferas del saber puede apenas pensar», según Carlos Fernández González.[947] El realismo delirante no se basa en un código transparente y unitario, sino que convoca paralelamente, a niveles enunciativo, diegético y discursivo, varios modos de significación, cuya co-presencia no permite una elucidación definitiva.

---

944 Agustín Vázquez/Juan Millonschick: Entrevista a Alberto Laiseca.
945 Macedonio Fernández: *No toda es vigilia. . .*, p. 5.
946 Hernán Bergara: Plagios con un plagio de plagios.
947 Carlos Fernández González: Alcances y dimensiones del plagio, pp. 105–106.

Hemos abordado, en un primer momento, los mecanismos de desestabilización fractalización enunciativa que operan en EGM, LAPEF y SMP, interrogando y hasta borrando las fronteras entre autor, narrador y personajes, enunciación lírica, ficcional y diccional. En el *de/lirio* laisecano, la proliferación ficcional responde a una urgencia existencial que se formula *en filigrana* desde la voz lírica, y que le permite a esta reinventarse *ad infinitum* en la ficción, en una poderosa catarsis del pasado que, por su *eterno retorno*, también exorciza el miedo a la muerte por venir.

A partir de este *de/lirio* enunciativo —de la labilidad epistémica y ontológica que instaura—, hemos pasado a nivel diegético-discursivo, para analizar el papel de la locura, del delirio y de la monstruosidad dentro de la ficción laisecana y mostrar cómo permite *hacer delirar* lúdica y críticamente tres grandes tradiciones discursivas —moral-metafísica, racional-cientificista y psicoanalítica— que, en su dimensiones interpretativas a la vez que prescriptivas, tejen nuestra realidad y producen sentido en ella. Trabajando con procedimientos de exageración, literalización e inversión, el *de/lirio* laisecano subvierte —*carnavaliza*— esos discursos hegemónicos a favor de un vitalismo nietzscheano anclado en la afirmación de la vida (el Ser) y emancipado de las normas morales, de la disciplina racionalista y de los determinantes sociofamiliares (el Anti-ser).

Los dos ejes del *de/lirio* laisecano —la desestabilización epistémica y ontológica de la enunciación, y la *puesta en delirio*, por narradores y personajes, de los discursos hegemónicos que informan nuestra realidad— son la base para un acercamiento crítico a lo real, que Laiseca nombra *realismo delirante* y que hemos abordados en la última sección de este estudio. Sin duda provocativa, la adscripción por el mismo Laiseca de su narrativa en la tradición realista se puede interpretar siguiendo tres líneas —*estrictamente realista*, *romántica-comprometida*, y *utópica-mesiánica*— que no se excluyen mutuamente, sino que funcionan juntas, polilógicamente. Por la vertiente *estrictamente realista*, hemos mostrado cómo los textos estudiados integran la realidad sociohistórica del siglo XX —«los delirios y las maquinaciones siniestras del Estado» dictatorial, según Ricardo Piglia,[948] pero también el intervencionismo estadounidense en América Latina, los crímenes nazis y los procesos de sus comanditarios en Núremberg y Jerusalén, la Guerra Fría y sus conflictos periféricos (Guerra de Vietnam), el auge del neoliberalismo, las violencias infligidas a las mujeres por el heteropatriarcado...— no solo como temas en la diégesis, sino también en el funcionamiento de una escritura en estado de *guerra permanente*, y en la co-construcción de una *cosmovisión* en la cual Ser y Anti-ser no dejan de enfren-

---

[948] Ricardo Piglia, en LAPEF (contratapa).

tarse. Paralelamente, por una vertiente *romántica-comprometida*, hemos visto que el texto realista-delirante se da objetivos pragmáticos, que atañen a la impugnación y transformación de ciertas realidades: se trata de *cambiar para bien el mundo*. A través de dispositivos ficcionales que permiten *verlo mejor*, el realismo delirante se dedica al estudio psicológico y moral del poder y sus efectos en el individuo: indispensable para la emancipación propia, en la afirmación vitalista de sí mismo y de la vida, el poder tiene dinámicas propias que pronto puede llevar al individuo a la negación del Otro y, dialécticamente, a la negación de sí mismo. Para una necesaria *humanización del poder*, el realismo delirante de Laiseca propone volver al hedonismo del cuerpo grotesco, centrado en el amor y el humor vitalistas —el sexo y la risa—, y los afectos *simpáticos* —el «sentir con»— que producen. Por esta vertiente *utópica-mesiánica*, los relatos laisecanos trabajan a superar el nihilismo individualista que prevalece hoy en día, para construir el «lugar que no existe» (EGM, p. 181; LAPEF, p. 63) y tratar de *derrotar a la muerte*, por la simple razón de que «en el otro mundo no hay tetas ni cerveza» (SMP, p. 342).

5 Conclusión

Articulación productiva entre trastornos en la enunciación literaria en primera persona, por un lado, y puesta en escena diegética-discursiva del desvío, de la locura y del delirio, por otro lado, la noción de *de/lirio* ha permitido, a lo largo de este estudio, analizar la *trilogía luminosa* de Mario Levrero y la *trilogía underground* de Alberto Laiseca en toda su complejidad.

Textos fundamentalmente *friccionales*, estas obras tienen sin duda posible el carácter *existencial* que Käte Hamburger adscribe a la lírica, si bien en un sentido un poco diferente del que propone la filóloga alemana: proceden de sujetos reales que son, ante todo, cuerpos vivos, muy conscientes de la propia finitud. Cada uno a su manera, Levrero y Laiseca se lanzan a escribir para *exorcizar el miedo a la muerte* (NL, p. 14), y se *niegan a terminar* (SMP, p. 345). Pero tan temida como la misma muerte es la *nuda vida*[949] que el hipercapitalismo contemporáneo impone a cada uno —una *subexistencia* (DC, p. 144; NL, p. 511) que reduce al individuo a su productividad laboral, lo despoja de toda creatividad o capacidad para gozar, lo obliga a ser útil, disciplinado, a hacer *buena letra* (SMP, p. 202)—. Contra la muerte que se acerca, y contra los dictados de los *sanos de mierda* (SMP, p. 21), el *de/lirio* despliega su eficacia en varios niveles:

A nivel poético, vimos que el *de/lirio* conjuga fenómenos enunciativos —oscilaciones permanentes en el estatuto del *yo* que escribe—, narrativos —la producción compulsiva de relatos fragmentados y/o fractales— y discursivos —una hiperactividad metadiscursiva que colinda muchas veces con el delirio interpretativo—, a través de los cuales el *yo* da rienda suelta a su angustia, obsesiones, depresión y paranoia. Los mismos fenómenos, sin embargo, ofrecen también instrumentos para la superación de estos trastornos: en Levrero, el *de/lirio* permite así al diarista poner en práctica varios métodos terapéuticos de escritura —«novela, diario, confesión, crónica o lo que sea» (DC, p. 152)— para reconstruir de poco a poco las *ruinas* del *yo* (DV, p. 94) y dejar que se abra nuevamente no solo al *daimon* de la inspiración literaria, sino también a las demandas éticas de lxs que comparten su vida; en Laiseca, el *de/lirio* le devuelve a un *yo* humillado la *mínima potencia* (SMP, p. 191) que necesita para vivir, mediante un sinfín de ficciones descabelladas que funcionan como *refugio* (LAPEF, pp. 39–40) o *bunker* (SMP, p. 129); le permite así formular para sí, y compartir con sus discípulxs, un *amor fati* nietzscheano.

Como es de esperar, el *de/lirio* no produce ningún texto *bien escrito*, con respecto ni al canon académico ni —mucho menos— a las pautas del mercado

---

949 Cf. Byung-Chul Han: *Agonie des Eros*, pp. 26–39.

editorial. Fragmentados, fractalmente proliferantes, los textos *de/lirantes* son larguísimos, se repiten, se desvían y se interrumpen, una y otra vez; según exclama un narrador laisecano, «¡no tiene[n] ni unidad temática!» (EGM, p. 89). El *de/lirio*, de hecho, no pretende producir agrado estético —por lo menos no primariamente—: es más bien un necesario *acto de autoconstrucción* (DC, p. 134), al cual el escritor se enfrenta *por desesperación* existencial (EGM, p. 88). «Ser escritor», afirma Levrero, «no significa escribir bien [. . .] sino estar dispuesto a lidiar durante toda la vida con tus demonios interiores».[950] Se trata, según formula el Monitor Al Iseka, de conseguir *autorizarse* (SMP, p. 180): dejar atrás el miedo, la culpa, la humillación, impuestas por vivencias traumáticas y estructuras socioeconómicas alienantes para recuperar, en la escritura, cierta *autoría* sobre la propia vida.

Al aceptar el carácter existencial —inculso vital— de su práctica literaria, y la necesidad terapéutica-catártica de su *de/lirio*, Levrero y Laiseca asumen *escribir mal*. A nivel estético, el *de/lirio* se inscribe así en la rica tradición de las *malas escrituras* rioplatenses, en la línea inaugurada por Macedonio Fernández y Roberto Arlt. Lo hace, sin embargo, con una conflictualidad muy propia del segundo: publicar, ser leído es muy importante para Levrero tanto como Laiseca —«¿Si no para qué escribe uno?», pregunta Filigranati (LAPEF, p. 201)—; sus proyecciones autoriales están siempre tironeadas entre la celebración de su condición de *escritores fracasados*, y el fantasma —solo medio-irónico— del éxito editorial. Formados desde la niñez por clásicos de la literatura folletinesca, policial, fantástica y de horror, los dos escritores permanecen resueltamente anti-elitistas, con mucho respecto por los textos de amplia circulación mass-mediática que —para retomar un estribillo laisecano— les *cambiaron la vida*, o solamente les entretuvieron. El hecho de que su escritura sea a veces de difícil acceso procede, como vimos, de necesidades internas al *de/lirio*, que son muy ajenas a todo desprecio por el lector. Explícitamente en los diarios de Levrero —donde se deplora, una y otra vez, las carencias del estilo, su inadecuación comunicativa—, pero también en Laiseca —pese a las fanfarronadas de sus narradores—, la mala escritura no se asume sin cierta «melancolía del margen».[951]

Es que el horizonte intersubjetivo que abre la recepción literaria —aun escasa— es indispensable no solo a la eficacia terapéutica del *de/lirio* —la superación del solipsismo egoico en la relacionalidad—, sino también en el proyecto de renovación epistémica que lo acompaña. El diarista levreriano, los narradores laisecanos intentan salvarse pero, en la medida de lo posible, no solos: su

---

950 Pablo Silva Olázabal: *Conversaciones*, p. 23.
951 Noé Jitrik: Prólogo, p. 13.

de/lirio ofrece también la ocasión de subvertir ciertos discursos hegemónicos dañosos —la reducción de la vida humana al conocimiento racional que tenemos de ella, la patologización sistemática de todo lo que desborda este conocimiento muy limitado, la creencia de que la emancipación individual solo se alcanza por el trabajo productivo o sea, indirectamente, por el dinero y los bienes materiales— y, en cambio, compilar y comunicar el *(Über)Lebenswissen* que han acumulado a lo largo de sus vidas, lecturas, amores y desgracias —en lo oscuro como en lo luminoso (Levrero), en la plenitud del Ser como en las garras nihilistas del Anti-ser (Laiseca)—.

Este proyecto epistémico también tiene implicaciones políticas. Pese a la «falta de programa»[952] o «ética anti-militante»[953] que caracteriza a ambos escritores, pese a las nítidas discrepancias en los *saberes sobre el vivir* que promueven —la mística levreriana, su espiritualidad idiosincrásica pero no completamente ajena al cristianismo, su cultivo del ocio y de la contemplación, contrastan fuertemente con el vitalismo laisecano, su afirmación de un *amor fati* exento de toda trascendencia, y su celebración barroca del *sadomasoporno*—, Levrero y Laiseca ven la necesidad profunda de desbordar, en su práctica literaria, la realidad empobrecida —*pelada*, diría Laiseca— a la cual el capitalismo tardío quiere reducir la existencia humana: el doble imperativo de productividad laboral y consumo material, regulado por un complejo psiquiátrico-industrial que sanciona (terapeutiza/medicaliza) sistemáticamente a quien intente *apartarse del surco*.

En sus *de/lirios* respectivos, Levrero y Laiseca reconocen entonces lo que Cynthia Fleury ha nombrado «l'irremplaçabilité de l'individu»[954] en tanto lugar de disenso y resistencia dentro de estructuras opresivas que ya no tienen ningún *afuera*. Al defender la legitimidad e importancia de su «rol social de loco» (NL, p. 512), sin embargo, también reconocen el peligro solipsista-paranoico que encierra y que puede llevar, como bien lo muestran en sus relatos, a ignorar los imperativos éticos que requiere toda intersubjetividad —sin los cuales «se nos pudre el alma» (LAPEF, p. 104)—. El *de/lirio* expresa, en este sentido, la contradicción que existe entre un individualismo ante todo defensivo y la necesaria apertura del *yo* a Otrx(s), a la vez que una tentativa sutura entre los dos.

---

952 [José] Agustín Conde De Boeck: *Los Sorias* y la escritura como guerra, p. 106.
953 Carina Blixen: Variaciones sobre lo raro, p. 61.
954 Cynthia Fleury: *Les irremplaçables*, p. 12.

Bibliografía

Literatura primaria

Alberto Laiseca

Hernández, Mica/Marcos, Carlos (eds.): *ilu SORIAS*. Buenos Aires: Muerde Muertos 2013.
Laiseca, Alberto: Feísmo. In: AA.VV.: *El humor más negro que hay*. Buenos Aires: Rodolfo Alonso 1974.
—: *La mujer en la muralla*. Buenos Aires: Planeta 1990.
—: *El gusano máximo de la vida misma*. Buenos Aires: Tusquets 1998.
—: *Los sorias*. Buenos Aires: Simurg 1998.
—: *Gracias Chanchúbelo*. Buenos Aires: Simurg 2000.
—: *Beber en rojo (Drácula)*. Buenos Aires: Altamira 2001.
—: La isla de los cuatro juguetes. In: *En sueños he llorado*. Cádiz: Calembé 2001, pp. 105–194.
—: *Las aventuras del profesor Eusebio Filigranati*. Buenos Aires: Interzona 2003.
—: *Matando enanos a garrotazos* [1982]. Buenos Aires: Gárgola 2004.
—: *Poemas chinos* [1987]. Buenos Aires: Gárgola 2005.
—: *Sí, soy mala poeta pero. . .* Buenos Aires: Gárgola 2006.
—: El compromiso del escritor. Texto leído en la Biblioteca Arturo Illia, Ciclo «Café Cultura Nación» de la Secretaría de Cultura de la Nación 2008, http://albertolaiseca.blogspot.com/2008/07/el-compromiso-del-escritor.html (27.1.2019).
—: *El artista*. Buenos Aires: Mondadori 2010.
—: *Por favor, ¡plágienme!* [1991]. Buenos Aires: Eudeba 2013.
—: *La puerta del viento*. Buenos Aires: Mansalva 2014.
—: *Manual sadomasoporno (ex tractat)* [2007]. Eds. Carlos Marcos/José María Marcos. Ezeiza: Muerde Muertos 2017.
—/Chimal, Alberto: *La madre y la muerte. La partida*. Ilus. Nicolás Arispe. México: Fondo de Cultura Económica 2015.

Mario Levrero

Levrero, Mario: *Gelatina*. Montevideo: Los Huevos del Plata 1968.
—: *La máquina de pensar en Gladys*. Montevideo: Tierra Nueva 1970.
—: La cinta de Moebius. In: *Todo el tiempo*. Montevideo: Ediciones de la Banda Oriental 1982, pp. 41–81.
—: *Aguas salobres*. Buenos Aires: Minotauro 1983.
— [Jorge Varlotta]: *Nick Carter se divierte mientras el lector es asesinado y yo agonizo* [1974]. Montevideo: arca 1992.
—: Entrevista imaginaria con Mario Levrero [1987]. In: *El portero y el otro*. Montevideo: arca 1992, pp. 171–187.
—: Diario de un canalla. In: *El portero y el otro*. Montevideo: arca 1992, pp. 129–168.
—: *Dejen todo entre mis manos*. Montevideo: arca 1994.
—: *El discurso vacío*. Montevideo: Trilce 1996.
—: *Irrupciones*, 2 vol. Montevideo: Cauce 2001.

—: *La novela luminosa* [2005]. Barcelona: Penguin Random House 2008.
—: *La ciudad* [1970]. In: *Trilogía involuntaria*. Barcelona: Penguin Random House 2016, pp. 11–158.
—: *París* [1980]. In: *Trilogía involuntaria*. Barcelona: Penguin Random House 2016, pp. 309–446.
—: *El lugar* [1982]. In: *Trilogía involuntaria*. Barcelona: Penguin Random House 2016, pp. 159–307.

Otros autores

AA.VV.: *Cuentos de terrores*. Buenos Aires: interZona 2013.
Arlt, Roberto: Escritor fracasado. In: *El jorobadito*. Buenos Aires: Anaconda 1933, pp. 5–36.
Arlt, Roberto: *Los siete locos. Los lanzallamas* [1929–1931]. Ed. Adolfo Prieto. Caracas: Biblioteca Ayacucho 1978.
Baudelaire, Charles: *Les fleurs du mal* [1857]. Ed. Jean Delabroy. Paris: Magnard 1987.
Benedetti, Mario: *La tregua*. Montevideo: Alfa 1960.
Bible Gateway – The original multilingual searchable Bible, https://www.biblegateway.com/ (26.9.2021).
Boileau, Nicolas: *Art poétique* [1674]. Paris: Imprimerie générale 1872, https://fr.wikisource.org/wiki/Boileau_-_%C5%92uvres_po%C3%A9tiques/L%E2%80%99Art_po%C3%A9tique (7.7.2021).
Bolaño, Roberto: *La literatura nazi en América*. Barcelona: Seix Barral 1996.
Borges, Jorge Luis: Pierre Ménard, autor del Quijote [1939]. In: *Ficciones. Obras Completas 1923–1972*. Buenos Aires: Emecé 1974, pp. 444–450.
Byron, George Gordon: *The works of Lord Byron*. Ed. Ernest H. Coleridge, vol. 4. London: John Murray 1905, https://en.wikisource.org/wiki/The_Works_of_Lord_Byron_(ed._Coleridge,_Prothero)/Poetry/Volume_4 (14.8.2021).
La Santa Sede: *Catecismo de la Iglesia Católica*. El Vaticano 1997, http://www.vatican.va/archive/catechism_sp/index_sp.html (24.8.2020).
Césaire, Aimé: *Cahier d'un retour au pays natal*. Paris: Présence africaine 1956.
Chacel, Rosa: *La sinrazón*. Andorra/Barcelona: Editorial Andorra 1970.
—: *La confesión*. Barcelona: EDHASA 1971.
Darío, Rubén (ed.): *Los raros* [1896]. San José: Editorial Universitaria Centroamericana 1972.
Delgado, Rafael: *Los parientes ricos*. México: Imp. de V. Agüeros 1903, http://www.cervantesvirtual.com/nd/ark:/59851/bmcjs9z9 (19.6.2021).
Doubrovsky, Serge: *Fils*. Paris: Galilée 1977.
Dryden, John: Absalom and Achitophel [1681]. In: *Selected poems*. Eds. Steven N. Zwicker/David Bywaters. London: Penguin 2001, pp. 111–141.
Erasmus, Desiderius: *Elogio de la locura* [1511]. Trad. Pedro Voltes Bou. Madrid: Espasa Calpe 1953, http://www.cervantesvirtual.com/nd/ark:/59851/bmcw9548 (14.8.2021).
Fernández, Macedonio: *No toda es vigilia la de los ojos abiertos*. Buenos Aires: M. Gleizer 1928.
—: *Museo de la Novela de la Eterna*. Ed. César Fernández Moreno. Caracas: Biblioteca Ayacucho 1982.
—: Esquemas para arte de encargo. In: *Obras Completas*, vol. 7: *Relato: cuentos, poemas y misceláneas*. Buenos Aires: Corregidor 1987, pp. 69–82.

—: *Papeles de Recienvenido y Continuación de la nada*. Buenos Aires: Corregidor 2007.
—: El plagio y la literatura infinita [1944]. In: Adolfo de Obieta (ed.): *Papeles de Buenos Aires*. Edición facsimilar. Buenos Aires: Biblioteca Nacional 2013, p. 43, https://www.bn.gov.ar/micrositios/admin_assets/issues/files/d52e1ef88c8e12f006afb6920e91b109.pdf (26.9.2021).
Flaubert, Gustave: *Madame Bovary* [1856]. Paris: Gallimard 1972.
Fox, Marcelo: *Invitación a la masacre*. Buenos Aires: Falbo Librero 1956.
Galdós, Benito Pérez: *La desheredada* [1881]. Madrid: Librería de Perlado, Páez y Cª 1909, http://www.cervantesvirtual.com/nd/ark:/59851/bmc8c9t8 (15.8.2021).
Galeano, Eduardo: *El libro de los abrazos* [1989]. Madrid: Siglo XXI de España 2016.
—: El derecho a delirar. 2011, https://www.youtube.com/watch?v=yHzAPeJHZ5c (28.8.2021).
Gide, André: *Les caves du Vatican* [1914]. Paris: Gallimard 1951.
Hernández, Felisberto: *Diario del sinvergüenza*. In: *Obras completas*, vol. 6: *Diario del sinvergüenza y Ultimas invenciones*. Montevideo: arca 1974, pp. 135–150.
Huxley, Aldous: *The doors of perception*. London: Chatto & Windus 1954.
Lamborghini, Osvaldo: Cantar de las gredas en los ojos: de las hiedras en la enredaderas [1975]. In: Héctor Libertella (ed.): *Literal 1973–1977*. Buenos Aires: Santiago Arcos 2002, pp. 35–40.
Libertella, Héctor: *El paseo internacional del perverso*. Buenos Aires: Grupo Editor Latinoamericano 1990.
Manrique, Jorge: *Coplas por la muerte de su padre* [1476]. In: *Obras completas*. Madrid: Espasa-Calpe 1979, http://www.cervantesvirtual.com/nd/ark:/59851/bmcgx488 (13.9.2021).
Martínez Estrada, Ezequiel: *Radiografía de la pampa* [1993]. Ed. Leo Pollmann. Buenos Aires: Fondo de cultura económica de Argentina 1993.
Michaux, Henri: *Misérable miracle. La mescaline*. Paris: Gallimard 1972 [1956].
Musset, Alfred de: *La confession d'un enfant du siècle* [1836]. Ed. Claude Duchet. Paris: Garnier 1968.
Piglia, Ricardo: *Nombre falso*. Barcelona: Anagrama 2002.
—: *Los diarios de Emilio Renzi*, vol. 1: *Años de formación*. Barcelona: Anagrama 2015.
—: *Los diarios de Emilio Renzi*, vol. 2: *Los años felices*. Barcelona: Anagrama 2016.
—: *Los diarios de Emilio Renzi*, vol. 3: *Un día en la vida*. Barcelona: Anagrama 2017.
Poe, Edgar Allan: *The narrative of Arthur Gordon Pym*. New York: Harper & Brothers 1838, https://en.wikisource.org/wiki/The_Narrative_of_Arthur_Gordon_Pym (16.5.2021).
—: The Raven. In: *The Raven and Other Poems*. New York: Wiley & Putnam 1845, pp. 1–5, https://en.wikisource.org/wiki/The_Raven_and_Other_Poems/The_Raven (16.5.2021).
—: Berenice. A tale [1835]. In: *The annotated Poe*. Ed. Kevin J. Hayes. Cambridge, MA/London: The Belknap Press of Harvard University Press 2015, pp. 49–58.
Rama, Ángel (ed.): *Cien años de raros*. Montevideo: arca 1966.
Rojas, Fernando de: *La Celestina* [1500]. Ed. Bruno Mario Damiani. Madrid: Cátedra 1974.
Sade, D. A. F. de: *Les cent vingt journées de Sodome ou l'école du libertinage* [1785]. In: *Œuvres*, vol. 1. Ed. Michel Delon. Paris: Gallimard/Bibliothèque de la Pléiade 1990.
Seneca, L. Annaeus: *De tranquillitate animi (ad Serenum)*. In: *Moral essays*, vol. 2. Ed. John W. Basore. London/New York: Heinemann 1932. Perseus Digital Library, http://www.perseus.tufts.edu/hopper/text?doc=Perseus:text:2007.01.0021 (15.8.2021).
Shakespeare, William: *As you like it* [escrito 1599, publicado 1623]. Ed. Richard Knowles. New York: The Modern Language Association of America 1977.

Teresa de Jesús: *Castillo interior o las moradas* [escrito 1577, publicado 1588]. Madrid: Aguilar ⁷1971.

Valéry, Paul: Le cimetière marin [1920]. In: *Œuvres*, vol. 1: *Poésies. Mélanges. Variété*. Ed. Jean Hytier. Paris: Gallimard/Bibliothèque de La Pléiade 1957, pp. 147–151.

Literatura secundaria (y otros textos)

Achugar, Hugo: *La biblioteca en ruinas. Reflexiones culturales desde la periferia*. Montevideo: Trilce 1994.

—: ¿Comme il faut? Sobre lo raro y sus múltiples puertas. In: *Cuadernos LIRICO* 5 (2010), https://doi.org/10.4000/lirico.376.

Agamben, Giorgio: *La communauté qui vient. Théorie de la singularité quelconque*. Trad. Marilène Raiola. Paris: Seuil 1990.

Aichino, Maria Celeste: Teorías del fantástico y nuevos realismos. Reflexiones acerca de potenciales efectos de lectura en algunas obras de Alberto Laiseca y Marcelo Cohen. In: *Recial* 5/5–6 (2014), https://revistas.unc.edu.ar/index.php/recial/article/view/9588/pdf (26.1.2019).

—: El realismo delirante en *Gracias Chanchúbelo* (2000). In: María Celeste Aichino/Agustín Conde de Boeck (eds.): *Sinfonía para un monstruo. Aproximaciones a la obra de Alberto Laiseca*. Córdoba: Editorial Universitaria Villa María 2019, pp. 125–164.

—/Conde de Boeck, Agustín: Introducción. In: María Celeste Aichino/Agustín Conde de Boeck (eds.): *Sinfonía para un monstruo. Aproximaciones a la obra de Alberto Laiseca*. Córdoba: Editorial Universitaria Villa María 2019, pp. 9–22.

Aira, César: El alquimista del delirio. Entrevista a Alberto Laiseca. In: *Revista Ñ* (20.5.2011), https://www.clarin.com/rn/literatura/ficcion/Entrevista_Alberto_Laiseca_0_HJelYmfpPXx.html (17.06.2018).

—: Dalí. In: *Evasión y otros ensayos*. Barcelona: Random House 2017, pp. 89–110.

—: Evasión. In: *Evasión y otros ensayos*. Barcelona: Random House 2017, pp. 9–42.

Alberca, Manuel: *El pacto ambiguo. De la novela autobiográfica a la autoficción*. Madrid: Biblioteca Nueva 2007.

Alonso Mira, Elena: *Muestra de monstruos. César Aira, Alberto Laiseca, Diamela Eltit, Lina Meruane*. Madrid: Verbum 2020.

Amossy, Ruth/Rosen, Elischeva: *Les discours du cliché*. Paris: SEDES/CDU 1982.

Andrade, Oswald de: Manifesto antropófago [1928]. In: *Manifeste. Portugiesisch-Deutsch*. Ed. Oliver Precht. Wien/Berlin: Turia + Kant 2016, pp. 34–59.

Apter, Emily: *Against world literature. On the politics of untranslatability*. London/New York: Verso 2013.

Arendt, Hannah: *Eichmann en Jerusalén* [1964]. Trad. Carlos Ribalta. Barcelona: Editorial Lumen 1999.

Arfuch, Leonor: *El espacio biográfico. Dilemas de la subjetividad contemporánea*. Buenos Aires: Fondo de Cultura Económica 2002.

Ashby, William Ross: *An introduction to cybernetics*. London: Chapman & Hall 1956, http://pcp.vub.ac.be/books/IntroCyb.pdf (10.10.2020).

Asholt, Wolfgang/Ette, Ottmar: Einleitung. In: Wolfgang Asholt/Ottmar Ette (eds.): *Literaturwissenschaft als Lebenswissenschaft. Programm – Projekte – Perspektiven*. Tübingen: Narr 2010, pp. 9–10.
Astutti, Adriana: Escribir para después: Mario Levrero. In: Ezequiel de Rosso (ed.): *La máquina de pensar en Mario. Ensayos sobre la obra de Levrero*. Buenos Aires: Eterna Cadencia 2013, pp. 201–222.
Badiou, Alain: *Théorie du sujet*. Paris: Seuil 1982.
Barthes, Roland: *Critique et vérité*. Paris: Seuil 1966.
—: *S/Z*. Paris: Seuil 1970.
—: *Sade, Fourier, Loyola*. Paris: Seuil 1971.
—: *Le plaisir du texte*. Paris: Seuil 1973.
—: La mort de l'auteur [1968]. In: *Le bruissement de la langue*. Paris: Seuil 1984, pp. 61–67.
—: L'effet de réel [1968]. In: *Le bruissement de la langue*. Paris: Seuil 1984, pp. 167–174.
—: Longtemps, je me suis couché de bonne heure [1978]. In: *Le bruissement de la langue*. Paris: Seuil 1984, pp. 313–326.
—: Notes sur André Gide et son Journal [1942]. In: *Bulletin des Amis d'André Gide* 13/67 (1985), pp. 85–105.
—: *La préparation du roman I et II. Cours et séminaires au Collège de France (1978–1979 et 1979–1980)*. Ed. Nathalie Léger. Paris: Seuil/IMEC 2003.
Bajtín, Mijail: *La cultura popular en la Edad Media y en el Renacimiento. El contexto de François Rabelais* [1987]. Trad. Julio Forcat/César Conroy. Madrid: Alianza 1998.
Bataille, Georges: L'érotisme [1957]. In: *Œuvres complètes*, vol. 10. Paris: Gallimard 1987, pp. 7–270.
Baum, William M.: Behaviorism: definition and history. In: *Understanding behaviorism. Behavior, culture, and evolution* [1994]. Malden/Oxford/Victoria: Blackwell 2005, pp. 3–19.
Beaumont, Matthew: Introduction: reclaiming realism. In: Matthew Beaumont (ed.): *A concise companion to realism*. Malden, MA/Oxford: Wiley 2010, pp. 1–12.
Bêgné, Yamila: Alberto Laiseca. La imaginación tiránica del maestro zen. In: *Revista Anfibia* (s. f.), http://revistaanfibia.com/cronica/la-imaginacion-tiranica-del-maestro-zen/ (25.1.2019).
Belhaj Kacem, Mehdi: *L'algèbre de la tragédie* [2009]. Paris: Léo Scheer 2014.
Bellet, Roger: *Mallarmé. L'encre et le ciel*. Seyssel: Champ Vallon 1987.
Benjamin, Jessica: The alienation of desire. Women's masochism and ideal love. In: Judith L. Alpert (ed.): *Psychoanalysis and women. Contemporary reappraisals*. Hillsdale, NJ: The Analytic Press 1986, pp. 113–138.
Benveniste, Émile: L'appareil formel de l'énonciation. In: *Problèmes de linguistique générale*, vol. 2: *1965–1972*. Paris: Gallimard 1974, pp. 79–88.
Bergara, Hernán: «*Los sorias*» *de Alberto Laiseca. Una poética del delirio*. Tesis de maestría. Buenos Aires: Universidad de Buenos Aires 2011, http://repositorio.filo.uba.ar/handle/fi lodigital/2034 (26.1.2019).
—: Plagios con un plagio de plagios. In: Alberto Laiseca: *Por favor, ¡plágienme!*. Buenos Aires: Eudeba 2013, pp. 9–21.
—: Matando al Anti-ser a ladrillazos: sobre la obra-Laiseca. In: María Celeste Aichino/Agustín Conde de Boeck (eds.): *Sinfonía para un monstruo. Aproximaciones a la obra de Alberto Laiseca*. Córdoba: Editorial Universitaria Villa María 2019, pp. 205–232.

Bernardi, Gabriela: Muchos dicen que soy un maniático [1998]. In: Elvio E. Gandolfo (ed.): *Un silencio menos. Conversaciones con Mario Levrero*. Buenos Aires: Mansalva 2013, pp. 145–149.

Berti, Eduardo/Warley, Jorge: La literatura es como las palabras cruzadas [1986]. In: Elvio E. Gandolfo (ed.): *Un silencio menos. Conversaciones con Mario Levrero*. Buenos Aires: Mansalva 2013, pp. 27–32.

Betts, Raymond F.: *Decolonization*. New York/London: Routledge 1998.

Bhabha, Homi K.: *The location of culture*. London: Routledge 1994.

Birke, Dorothee/Butter, Stella: Introduction. In: Dorothee Birke/Stella Butter (eds.): *Realisms in contemporary culture. Theory, politics, and medial configurations*. Berlin/Boston: De Gruyter 2013, pp. 1–12.

Blanchot, Maurice: Le journal intime et le récit. In: *Le livre à venir*. Paris: Gallimard 1959, pp. 252–259.

—: Où va la littérature. In: *Le livre à venir*. Paris: Gallimard 1959, pp. 235–245.

Blanco, Oscar: Final de siglo. Memorias, fragmento. La conformación de una crítica literaria. In: Nicolás Rosa (ed.): *Políticas de la crítica. Historia de la crítica literaria en la Argentina*. Buenos Aires: Biblos 1999, pp. 43–58.

Blavier, André: *Les fous littéraires* [1982]. Paris: Éditions des Cendres 2001.

Blixen, Carina: Variaciones sobre lo raro. In: *Cuadernos LIRICO* 5 (2010), https://doi.org/10.4000/lirico.394.

—: Irrupciones: el escritor en «traje y corbata». In: *Cuadernos LIRICO* 14 (2016), https://doi.org/10.4000/lirico.2218.

—: Levrero y Varlotta, dos nombres para una misma narrativa. In: *El País* (16.02.2020), https://www.elpais.com.uy/cultural/levrero-varlotta-nombres-narrativa.html (24.02.2020).

Bloom, Harold: *The anxiety of influence. A theory of poetry*. New York: Oxford University Press 1973.

Bonilla, Juan: Mario Levrero, dar cuerda a las cosas muertas. In: *El mundo* (21.5.2019), https://www.elmundo.es/cultura/laesferadepapel/2019/05/21/5cde9e8bfdddff88748b4587.html (24.02.2020).

Borges, Jorge-Luis: El escritor argentino y la tradición [1951]. In: *Discusión*. Madrid/Buenos Aires: Alianza/Emecé 1986, pp. 128–137.

Borinsky, Alicia: La Novelística de Macedonio Fernández. Entre la teoría y el chiste. In: Roberto Ferro (ed.): *Historia crítica de la literatura argentina*, vol. 8: *Macedonio*. Buenos Aires: Emecé 2007, pp. 261–288.

Breton, André: *Surréalisme et folie. Anthologie*. Manuscrit 1932, http://www.andrebreton.fr/work/56600100287470 (15.8.2021).

Bürger, Peter: *Teoría de la vanguardia* [1974]. Trad. Jorge García. Barcelona: Ediciones Península 1987.

Cabo Aseguinolaza, Fernando: Entre Narciso y Filomena. Enunciación y lenguaje poético. In: Fernando Cabo Aseguinolaza/Germán Gullón (eds.): *Teoría del poema. La enunciación lírica*. Amsterdam: Rodopi 1998, pp. 11–40.

Cadena, Andrés: *Vaciar el decir. Hacia una poética de Mario Levrero*. Quito: Universidad Andina Simón Bolívar 2019.

Capdevila, Analía: Arlt: por un realismo visionario. In: *El interpretador* 27 (2006), https://revistaelinterpretador.wordpress.com/2016/12/07/arlt-por-un-realismo-visionario/ (11.6.2021).

Casas, Ana: La construcción del discurso autoficcional: procedimientos y estrategias. In: Vera Toro/Sabine Schlickers/Ana Luengo (eds.): *La obsesión del yo. La auto(r)ficción en la literatura española y latinoamericana.* Madrid/Frankfurt: Iberoamericana/Vervuert 2010, pp. 193–212.

—: La autoficción en los estudios hispánicos: perspectivas actuales. In: Ana Casas (ed.): *El yo fabulado. Nuevas aproximaciones críticas a la autoficción.* Madrid/Frankfurt: Iberoamericana/Vervuert 2014, pp. 7–21.

Cerezo Galán, Pedro: *El mal del siglo. El conflicto entre Ilustración y Romanticismo en la crisis finisecular del siglo XIX.* Madrid: Biblioteca Nueva 2003.

Charaudeau, Patrick/Maingueneau, Dominique: *Dictionnaire d'analyse du discours.* Paris: Seuil 2002.

Cilveti, Ángel L.: *Introducción a la mística española.* Madrid: Cátedra 1974.

Colonna, Vincent: *Autofiction & autres mythomanies littéraires.* Auch: Tristram 2004.

Coman, Warren: The self. In: Renos K. Papadopoulos (ed.): *The handbook of Jungian psychology.* London/New York: Routledge 2006, pp. 153–174.

Compagnon, Antoine: *Le démon de la théorie. Littérature et sens commun.* Paris: Seuil 1998.

—: *Théorie de la littérature: la notion de genre.* Cours de licence LLM 316 F2. Paris: Université de Paris IV-Sorbonne 2001, http://www.fabula.org/compagnon/genre.php (4.7.2021).

Conde de Boeck, [José] Agustín: Parodia, extremación y degradación: Alberto Laiseca, lector de Borges. In: *CiberLetras: revista de crítica literaria y de cultura* 35 (2015), http://www.lehman.edu/faculty/guinazu/ciberletras/v34/condedeboeckcor.htm (20.1.2019).

—: *Los Sorias* y la escritura como guerra: temporalidad y mundos posibles en la poética de Alberto Laiseca. In: *La Palabra* 28 (2016), pp. 103–124.

—: *El Monstruo del delirio. Trayectoria y proyecto creador de Alberto Laiseca.* Buenos Aires: La Docta Ignorancia 2017.

—: El Monstruo aparece: horizonte de emergencia de Alberto Laiseca en el campo literario argentino (1973–1990). In: María Celeste Aichino/Agustín Conde de Boeck (eds.): *Sinfonía para un monstruo. Aproximaciones a la obra de Alberto Laiseca.* Córdoba: Editorial Universitaria Villa María 2019, pp. 25–76.

Contreras, Sandra: Realismos: cuestiones críticas. In: Sandra Contreras (ed.): *Realismos: cuestiones críticas.* Rosario: Centro de Estudios de Literatura Argentina/Humanidades y Artes Ediciones 2013, pp. 5–25.

—: Levrero con Barthes, indagaciones novelescas. In: *Cuadernos LIRICO* 14 (2016), https://doi.org/10.4000/lirico.2186.

Corbellini, Helena: La trilogía luminosa de Mario Levrero. In: *Revista de la Biblioteca Nacional* 3/4–5 (2011), pp. 251–263.

—: *El pacto espiritual de Mario Levrero.* Montevideo: Paréntesis 2018.

Corominas, Joan/Pascual, José A.: *Diccionario crítico etimológico castellano e hispánico,* vol. 2–3. Madrid: Gredos 1980.

Costa, Flavia: Delirios de un novelista pasional. In: *La nación* (23.5.99), http://sopadesvan.blogspot.com/2009/01/alberto-laiseca-reportaje-y-fragmento.html (8.5.2021).

Coward, Harold: *Jung and Eastern thought* [1985]. Delhi: Sri Satguru Publications 1991.

Creel, Herrlee G.: *What is Taoism? And other studies in Chinese cultural history.* Chicago: Chicago University Press 1970.

Crépieux-Jamin, Jules: *L'écriture et le caractère.* Paris: Félix Alcan [10]1934.

Dagfal, Alejandro: *Entre París y Buenos Aires. La invención del psicólogo (1942–1966).* Buenos Aires: Paídos 2009.

Daido Loori, John: Foreword. In: Audrey Yoshiko Seo: *Ensō. Zen circles of enlightenment.* Boston/London: Weatherhill 2007, xi–xvi.

Dalmaroni, Miguel: Incidencias y silencios. Narradores del fin del siglo XX. In: Roberto Ferro (ed.): *Historia crítica de la literatura argentina*, vol. 8: *Macedonio.* Buenos Aires: Emecé 2007, pp. 183–124.

Darrieussecq, Marie: L'autofiction, un genre pas sérieux. In: *Poétique* 107 (1996), pp. 369–380.

De Man, Paul: Autobiography as de-facement [1979]. In: *The rhetoric of romanticism.* New York: Columbia University Press 1984, pp. 67–81.

Deleuze, Gilles/Guattari, Félix: *L'anti-Œdipe. Capitalisme et schizophrénie* 1. Paris: Minuit 1972.

—: *Kafka. Pour une littérature mineure.* Paris: Minuit 1975.

—: *Rhizome.* Paris: Minuit 1976.

Derrida, Jacques: *L'écriture et la différence.* Paris: Seuil 1967.

—: *La dissémination.* Paris: Seuil 1972.

—: *Parages.* Paris: Galilée 1986.

—: *Le monolinguisme de l'autre ou la prothèse d'origine.* Paris: Galilée 1996.

Dervin, Fred: Cultural identity, representation and othering. In: Jane Jackson (ed.): *The Routledge handbook of language and intercultural communication.* New York: Routledge 2012, pp. 181–194.

Díaz, José Pedro: Del inextinguible romanticismo. La imaginación de Mario Levrero [1983] In: Ezequiel de Rosso (ed.): *La máquina de pensar en Mario. Ensayos sobre la obra de Levrero.* Buenos Aires: Eterna Cadencia 2013, pp. 21–26.

Diederich, Bernhard: *Somoza. And the legacy of U.S. involvement in Central America* [1981]. Princeton: Markus Wiener 2007.

Dull, Olga A.: *Folie et rhétorique dans la sottie.* Genève: Droz 1994.

Echevarría, Ignacio: Posfacio: Levrero y los pájaros. In: Pablo Silva Olazábal, *Conversaciones con Mario Levrero.* Montevideo: Trilce 2008, pp. 93–102.

—: Prólogo de *La Ciudad* [2008]. In: Mario Levrero: *Trilogía involuntaria.* Barcelona: Penguin Random House 2016, pp. 449–455.

Ercolino, Stefano: *Il romanzo massimalista. Da «L'Arcobaleno della Gravità» di Thomas Pynchon a «2666» di Roberto Bolaño.* Milano: Bompiani/RCS Libri 2015.

Ette, Ottmar: *Roland Barthes. Eine intellektuelle Biographie.* Frankfurt am Main: Suhrkamp 1999.

—: *ÜberLebenswissen. Die Aufgabe der Philologie.* Berlin: Kulturverlag Kadmos 2004.

—: *Del macrocosmo al microrelato. Literatura y creación – nuevas perspectivas transareales.* Trad. Rosa María S. de Maihold. Guatemala: F&G Editores 2009.

—: *Viellogische Philologie. Die Literaturen der Welt und das Beispiel einer transarealen peruanischen Literatur.* Berlin: Walter Frey 2013.

—: La filología como ciencia de la vida. Un escrito programático en el año de las humanidades [2007]. Trad. Ute Seydel/Elisabeth Siefer/Sergio Ugalde Quintana. In: Ottmar Ette/Sergio Ugalde Quintana (eds.): *La filología como ciencia de la vida.* México: Universidad Iberoamericana 2015, pp. 9–44.

Eubanks, Charlotte: Performing mind, writing meditation: Dōgen's Fukanzazengi as Zen calligraphy. In: *Ars Orientalis* 46 (2016), pp. 173–197.

Fanon, Frantz: *Les damnés de la terre* [1961]. Paris: La Découverte 2002.

Feder, Lilian: *Madness in literature.* Princeton: Princeton University Press 1980.

Felman, Shoshana: *La folie et la chose littéraire*. Paris: Seuil 1978.
Féré, Charles: *La famille névropathique: théorie tératologique de l'hérédité et de la prédisposition morbides et de la dégénérescence* [1884]. Paris: Félix Alcan 1898.
Fernández González, Carlos: Alcances y dimensiones del plagio en la narrativa de Alberto Laiseca: Alrededor de *Por favor, ¡plágienme!*. In: *Revista Chilena de Literatura* 87 (2014), pp. 89–112.
Ferro, Roberto: El concepto de transgenericidad en el sistema literario latinoamericano. Géneros, poéticas, lenguajes y archivos en la cultura de los siglos XX y XXI. In: *VIII Congreso Internacional Orbis Tertius de Teoría y Crítica Literaria, mayo de 2012, La Plata*, http://sedici.unlp.edu.ar/handle/10915/29833 (5.7.2021).
Fisher, Mark: *Capitalist realism. Is there no alternative?*. Winchester/Washington: 0 Books 2009.
Flanders, Sara, et al.: On the subject of homosexuality: what Freud said. In: *The International Journal of Psychoanalysis* 97/3 (2016), pp. 933–950.
Fleury, Cynthia: *Les irremplaçables*. Paris: Gallimard 2015.
Fogwill, Rodolfo: *Llamado por los malos poetas*. Buenos Aires: Eloísa Cartonera 2003.
—: Fractal: una lectura de *Los Soria* de Alberto Laiseca [1983]. In: *Los libros de la guerra*. Buenos Aires: Mansalva 2008, pp. 121–126.
—: La otra literatura: los inéditos de Laiseca [1986]. In: *Los libros de la guerra*. Buenos Aires: Mansalva 2008, pp. 133–140.
—: Las noches oscuras de un maestro. In: Ezequiel de Rosso (ed.): *La máquina de pensar en Mario. Ensayos sobre la obra de Levrero*. Buenos Aires: Eterna Cadencia 2013, pp. 259–260.
Foucault, Michel: *Folie et déraison. Histoire de la folie à l'âge classique* [1961]. Paris: UGE 1964.
—: *L'archéologie du savoir*. Paris: Gallimard 1969.
—: *L'ordre du discours*. Paris: Gallimard 1971.
—: *Histoire de la sexualité*, vol. 1: *La volonté de savoir*. Paris: Gallimard 1976.
—: La folie, l'absence d'œuvre [1964]. In: *Dits et écrits, 1954–1988*, vol. 1: *1954–1969*. Eds. Daniel Defert/François Ewald. Paris: Gallimard 1994, pp. 412–420.
—: Qu'est-ce qu'un auteur? [1969]. In: *Dits et écrits, 1954–1988*, vol. 1: *1954–1969*. Eds. Daniel Defert/François Ewald. Paris: Gallimard 1994, pp. 789–820.
—: *Le courage de la vérité*. Paris: Gallimard/Le Seuil 2009.
—: *La grande étrangère. A propos de littérature*. Paris: Editions de l'École des Hautes Etudes en Sciences Sociales 2013.
Fowler, Alastair: *Kinds of literature. An introduction to the theory of genres and modes*. Oxford: Oxford University Press 1982.
—: Género y canon literario. In: Miguel A. Garrido Gallardo (ed.): *Teoría de los géneros literarios*. Madrid: Arco/Libros 1988, pp. 95–128.
Freud, Sigmund: Der Humor [1928]. In: *Gesammelte Werke*, vol. 14: *Werke aus den Jahren 1925–1931*. Frankfurt am Main: Fischer [5]1972, pp. 381–390.
—: Das Unheimliche [1919]. In: *Gesammelte Werke*, vol. 12: *Werke aus den Jahren 1917–1920*. Frankfurt am Main: Fischer [6]1986, pp. 227–268.
—: Die Fixierung an das Trauma, das Unbewußte [1917]. In: *Gesammelte Werke*, vol. 11: *Vorlesungen zur Einführung in die Psychoanalyse*. Frankfurt am Main: Fischer [8]1986, pp. 282–296.

—: Das Ich und das Es [1923]. In: *Gesammelte Werke*, vol. 13: *Jenseits des Lustprinzips. Massenpsychologie und Ich-Analyse. Das Ich und das Es*. Frankfurt am Main: Fischer ⁹1987, pp. 235–290.

—: Das Interesse der Psychoanalyse für die nicht psychologischen Wissenschaften [1913]. In: *Gesammelte Werke*, vol. 8: *Werke aus den Jahren 1909–1913*. Frankfurt am Main: Fischer ⁸1990, pp. 403–420.

—: Der Dichter und das Phantasieren [1908]. In: *Gesammelte Werke*, vol. 7: *Werke aus den Jahren 1906–1909*. Frankfurt am Main: Fischer ⁷1993, pp. 211–224.

—: Der Familienroman der Neurotiker [1909]. In: *Gesammelte Werke*, vol. 7: *Werke aus den Jahren 1906–1909*. Frankfurt am Main: Fischer ⁷1993, pp. 225–232.

Friera, Silvina: «La realidad no me interesa, lo mío es realismo delirante». Alberto Laiseca, las letras, el arte y la inspiración. In: *Página 12* (28.2.2007), https://www.pagina12.com.ar/diario/suplementos/espectaculos/4-5519-2007-02-28.html (24.1.2019).

Frye, Northrop: *Anatomy of criticism. Four essays* [1957]. In: *The collected works of Northrop Frye*, vol. 22. Ed. Robert D. Denham. Toronto/Buffalo/London: University of Toronto Press 2006.

Fuentes, Pablo: Levrero: el relato asimétrico [1986]. In: Ezequiel de Rosso (ed.): *La máquina de pensar en Mario. Ensayos sobre la obra de Levrero*. Buenos Aires: Eterna Cadencia 2013, pp. 27–38.

Gaillard, Christian: The arts. In: Renos K. Papadopoulos (ed.): *The handbook of Jungian psychology. Theory, practice and applications*. London/New York: Routledge 2006, pp. 324–376.

Gandolfo, Elvio E.: Prólogo. In: Mario Levrero: *El portero y el otro*. Montevideo: arca 1992, pp. 5–15.

—: Gelatina [1968]. In: Ezequiel de Rosso (ed.): *La máquina de pensar en Mario. Ensayos sobre la obra de Levrero*. Buenos Aires: Eterna Cadencia 2013, pp. 19–20.

—: Vidas y Obras de Mario Levrero. In: *La nación* (12.7.2013), https://www.lanacion.com.ar/cultura/vidas-y-obras-de-mario-levrero-nid1599927 (17.1.2020).

— (ed.): *Un silencio menos. Conversaciones con Mario Levrero*. Buenos Aires: Mansalva 2013.

García, Germán/González, Horacio/Rinesi, Eduardo: La cultura como violación. Entrevista con Germán L. García. In: *El ojo mocho* 5 (1994), pp. 25–49.

García, Mariano: Las dos caras de la autoficción en *La novela luminosa* de Mario Levrero. In: *Pasavento: revista de estudios hispánicos* 3/1 (2015), pp. 137–153.

Garcia, Tristan: Critique et rémission. In: Mehdi Belhaj Kacem, *L'algèbre de la tragédie*. Paris: Léo Scheer 2014, pp. 245–306.

García Berrio, Antonio/Huerta Calvo, Javier: *Los géneros literarios: sistema e historia*. Madrid: Cátedra 1992.

García Mateo, Rogelio: *Mística trinitaria. Ignacio de Loyola, Teresa de Jesús, Juan de Ávila*. Roma: Aracne 2014.

Garrido Gallardo, Miguel A.: Estudio preliminar. In: Miguel A. Garrido Gallardo (ed.): *Teoría de los géneros literarios*. Madrid: Arco/Libros 1988, pp. 9–30.

Gasparini, Philippe: *Autofiction. Une aventure du langage*. Paris: Seuil 2008.

Gellman, Jerome: Mysticism. In: Edward N. Zalta (ed.): *The Stanford encyclopedia of philosophy. Summer 2019 edition*, https://plato.stanford.edu/archives/sum2019/entries/mysticism/ (28.3.2021).

Genette, Gérard: *Introduction à l'architexte*. Paris: Seuil 1979.

—: *Palimpsestes. La littérature au second degré*. Paris: Seuil 1982.

—: Géneros, tipos, modos. In: Miguel A. Garrido Gallardo (ed.): *Teoría de los géneros literarios*. Madrid: Arco/Libros 1988, pp. 183–234.
—: *Fiction et diction*. Paris: Seuil 1991.
—: Fiction ou diction. In: *Poétique* 134 (2003), pp. 131–139.
—: *Métalepse*. Paris: Seuil 2004.
Gilbert, Sandra M./Gubar, Susan: *The madwoman in the attic. The woman writer and the nineteenth century literary imagination*. New Haven/London: Yale University Press 1979.
Gilroy, Paul: *After empire. Melancholia or convivial culture?*. London: Routledge 2004.
Giordano, Alberto: *Modos del ensayo. De Borges a Piglia*. Rosario: Beatriz Viterbo 2005.
—: *El giro autobiográfico de la literatura argentina actual*. Buenos Aires: Mansalva 2008.
—: Vida y obra. Roland Barthes y la escritura del Diario. In: *La contraseña de los solitarios. Diarios de escritores*. Rosario: Beatriz Viterbo 2011, pp. 91–108.
Gómez, Pedro Arturo/Conde de Boeck, Agustín: Dignidad plebeya, actitud de culto y emblematismo postmoderno: Alberto Laiseca y el cine argentino. In: María Celeste Aichino/Agustín Conde de Boeck (eds.): *Sinfonía para un monstruo. Aproximaciones a la obra de Alberto Laiseca*. Córdoba: Editorial Universitaria Villa María 2019, pp. 297–320.
González, Carina: La excentricidad narrativa: estrategias de fuga y exterioridad cultural. In: Carina González (ed.): *Fuera del canon: escrituras excéntricas de América Latina*. Pittsburgh: Instituto Internacional de Literatura Iberoamericana 2020, pp. 7–24.
— (ed.): *Fuera del canon: escrituras excéntricas de América Latina*. Pittsburgh: Instituto Internacional de Literatura Iberoamericana 2020.
González Álvarez, José Manuel: *En los «bordes fluidos»: formas híbridas y autoficción en la escritura de Ricardo Piglia*. Bern: Peter Lang 2009.
Goñi, Uki: *The Real Odessa. How Perón brought the Nazi war criminals to Argentina*. London: Granta Books 2002.
Gordon, Michael D.: The medical background to Galdós' *La desheredada*. In: *Anales galdosianos* 7 (1972), pp. 67–77, http://www.cervantesvirtual.com/nd/ark:/59851/bmcr78q9 (15.8.2021).
Goytisolo, Juan: *Disidencias*. Barcelona/Caracas/México: Seix Barral 1978.
Gramuglio, María Teresa: El realismo y sus destiempos en la literatura argentina. In: María Teresa Gramuglio (ed.): *Historia crítica de la literatura argentina*, vol. 6: *El imperio realista*. Buenos Aires: Emecé 2002, pp. 15–38.
Guerrero, Gustavo: *Teorías de la lírica*. México: Fondo de cultura económica 1998.
Guillén, Claudio: *Literature as system. Essays toward the theory of literary history*. Princeton: Princeton University Press 1971.
Habermas, Jürgen: Die Moderne – ein unvollendetes Projekt [1980]. In: *Die Moderne – ein unvollendetes Projekt. Philosophisch-politische Aufsätze, 1977–1990*. Leipzig: Reclam 1990, pp. 32–54.
Hamburger, Käte: *Die Logik der Dichtung*. Stuttgart: Klett Verlag 1957; *La lógica de la literatura*. Trad. José Luis Arántegui. Madrid: Visor 1995.
Han, Byung-Chul: *Müdigkeitsgesellschaft*. Berlin: Matthes & Seitz 2010.
—: *Agonie des Eros*. Berlin: Matthes & Seitz 2012.
Haraway, Donna J.: *When species meet*. Minneapolis: The University of Minnesota Press 2008.
Harvey, David: *A brief history of neoliberalism*. Oxford: Oxford University Press 2005.
Hegel, Georg Wilhelm Friedrich: *Vorlesungen über die Ästhetik III*. In: *Werke*, vol. 15. Eds. Eva Moldenhauer/Karl Markus Michel. Frankfurt am Main: Suhrkamp 1986.

Herzovich, Guido: La condición plebeya. El origen de la escritura en *Los sorias* de Alberto Laiseca. In: María Celeste Aichino/Agustín Conde de Boeck (eds.): *Sinfonía para un monstruo. Aproximaciones a la obra de Alberto Laiseca*. Córdoba: Editorial Universitaria Villa María 2019, pp. 77–88.

Hobsbawn, Eric: *The age of extremes. The short twentieth century, 1914–1991*. London: Michael Joseph 1994.

Holquist, Michael: *Dialogism. Bakhtin and his world* [1990]. London/New York: Routledge ²2002.

Hooks, Bell: *All about love: new visions*. New York: Harper Collins 2001.

Horkheimer, Max: *Zur Kritik der instrumentellen Vernunft* [1947]. Ed. Alfred Schmidt. In: *Gesammelte Schriften*, vol. 6: *Zur Kritik der instrumentellen Vernunft. Notizen 1949–1969*. Frankfurt am Main: Fischer 1991, pp. 19–186.

—/Adorno, Theodor W.: *Dialektik der Aufklärung. Philosophische Fragmente* [1944]. Ed. Gunzelin Schmid Noerr. In: Max Horkheimer: *Gesammelte Schriften*, vol. 5: *Dialektik der Aufklärung. Schriften 1940–1950*. Frankfurt am Main: Fischer 1987, pp. 13–290.

Hutcheon, Linda: Ironía, sátira, parodia. Una aproximación pragmática a la ironía [1981]. Trad. Pilar Hernández Cobos. In: Área de literatura Hispanoamericana: *De la ironía a lo grotesco (en algunos textos literarios hispanoamericanos)*. México D.F.: Universidad Autónoma Metropolitana Iztapalapa 1992, pp. 173–193.

—: *Narcissistic narrative. The metafictional paradox* [1980]. Waterloo: Wilfried Laurier University Press 2013.

Inzaurralde, Gabriel: Apuntes sobre *La novela luminosa* de Mario Levrero. In: *Revista Iberoamericana* LXXVIII/241 (2012), pp. 1043–1065.

—: *La escritura y la furia. Ensayos sobre la imaginación latinoamericana*. Leiden: Almenara 2016.

Jakobson, Roman: Shifters, verbal categories, and the Russian verb [1957]. In: *Selected writings*, vol. 2: *Word and language*. The Hague: Mouton 1971, pp. 130–147.

—: On realism in art [1922]. In: *Language in literature*. Eds. Krystyna Pomorska/Stephen Rudy. Cambridge/London: Harvard University Press 1987, pp. 19–27.

—: The speech event and the functions of language. In: *On language*. Eds. Linda R. Waugh/Monique Monville-Burston. Cambridge/London: Harvard University Press 1990, pp. 69–79.

James, William: Lecture X. Conversion – concluded [1902]. In: *The varieties of religious experience*. New York etc.: Longmans, Green, and Co 1917, pp. 218–258, https://www.gutenberg.org/files/621/621-h/621-h.html (28.3.2021).

—: Lectures XVI and XVII. Mysticism [1902]. In: *The varieties of religious experience*. New York etc.: Longmans, Green, and Co 1917, pp. 380–429, https://www.gutenberg.org/files/621/621-h/621-h.html (28.3.2021).

Jameson, Frederic: *Postmodernism, or the cultural logic of late capitalism*. Durham: Duke University Press 1991.

Jaspers, Karl: *Strindberg und van Gogh. Versuch einer pathographischen Analyse unter vergleichender Heranziehung von Swedenborg und Hölderlin*. Berlin: Springer 1926.

Jauss, Hans-Robert: La historia literaria como desafío a la ciencia literaria. In: *La actual ciencia literaria alemana. Seis estudios sobre el texto y su ambiente*. Trad. Hans Ulrich Gumbrecht/Gustavo Domínguez León. Salamanca: Anaya 1971, pp. 37–114.

Jitrik, Noé: Prólogo. In: Noé Jitrik (ed.): *Atípicos en la literatura latinoamericana*. Buenos Aires: Universidad de Buenos Aires 1996, pp. 11–16.
Jung, Carl G.: Psychology and literature. In: *Modern man in search of a soul*. Trad. W. S. Dell/ Cary F. Baynes. London: Kegan Paul, Trench, Trubner & co. 1933, pp. 175–199.
—: The spiritual problem of modern man. In: *Modern man in search of a soul*. Trad. W. S. Dell/ Cary F. Baynes. London: Kegan Paul, Trench, Trubner & co. 1933, pp. 226–254.
—: The personal and the collective (or transpersonal) unconscious. In: *Collected works of C. G. Jung*, vol. 7: *Two essays in analytical psychology*. Eds. Herbert Read/Michael Fordham/Gerhard Adler. Trad. R. F. C. Hull. New York: Pantheon Books 1953, pp. 63–78.
—: Archetypes of the collective unconscious. In: *Collected works of C. G. Jung*, vol. 9/1: *The archetypes and the collective unconscious*. Eds. Herbert Read/Michael Fordham/Gerhard Adler. Trad. R. F. C. Hull. New York: Pantheon Books 1959, pp. 3–41.
—: Psychological aspects of the mother archetype. In: *Collected works of C. G. Jung*, vol. 9/1: *The archetypes and the collective unconscious*. Eds. Herbert Read/Michael Fordham/Gerhard Adler. Trad. R. F. C. Hull. New York: Pantheon Books 1959, pp. 73–110.
—: The theory of psychoanalysis. In: *Collected works of C. G. Jung*, vol. 4: *Freud and psychoanalysis*. Eds. Herbert Read/Michael Fordham/Gerhard Adler. Trad. R. F. C. Hull. New York: Pantheon Books 1961, pp. 83–226.
—: *Collected works of C. G. Jung*, vol. 13: *Alchemical studies*. Ed. Gerhard Adler/Trad. R. F. C. Hull. London: Routledge/Kegan Paul 1967.
Kamenszain, Tamara: *Una intimidad inofensiva. Los que escriben con lo que hay*. Buenos Aires: Eterna Cadencia 2016.
Kant, Immanuel: *Kritik der Urteilskraft* [1790]. Stuttgart: Reclam 1963, https://www.projekt-gutenberg.org/kant/kuk/index.html (14.8.2021).
Kast, Verena: Anima/Animus. In: Renos K. Papadopoulos (ed.): *The handbook of Jungian psychology*. London/New York: Routledge 2006, pp. 113–129.
Kayser, Wolfgang: *Das sprachliche Kunstwerk* [1948]. Tübingen/Basel: Francke [20]1992.
Kerekes, David: Foreword. In: Neil Jackson/Shaun Kimber/Johnny Walker/Thomas Joseph Watson (eds.): *Snuff: real death and screen media*. New York/London: Bloomsbury 2016, pp. ix–xvi.
Kohan, Martín: Significación actual del realismo críptico. In: *Boletín del Centro de Estudios de Teoría y Crítica Literaria* 12 (2005), pp. 1–13.
—: La inútil libertad. Las mujeres en la literatura de Mario Levrero. In: *Cuadernos LIRICO* 14 (2016), https://doi.org/10.4000/lirico.2291.
Lacan, Jacques: *Le séminaire*, livre 7: *L'éthique de la psychanalyse*. Paris: Seuil 1986.
Lachman, Gary: *Jung the mystic. The esoteric dimensions of Carl Jung's life and teachings*. New York: Tarcher/Penguin 2010.
Laddaga, Reinaldo: Una escritura de rescate. El discurso vacío en la obra de Levrero. In: *Cuadernos LIRICO* 14 (2016), https://doi.org/10.4000/lirico.2199.
Lampart, Fabian: Realismus. In: Gert Ueding (ed.): *Historisches Wörterbuch der Rhetorik Online*. Berlin/Boston: De Gruyter 2013, https://www.degruyter.com/document/data base/HWRO/entry/hwro.7.realismus/html (10.6.2021).
Lefebvre, Joël: *Les fols et la folie. Le comique dans la littérature allemande de la Renaissance*. Paris: Klincksieck 1968.
Lejeune, Philippe: *Le pacte autobiographique* [1975]. Paris: Seuil 1996.
Lerner, Eric J.: *The Big Bang never happened: a startling refutation of the dominant theory of the origin of the universe*. New York: Times Books 1991.

Levinas, Emmanuel: *Éthique et infini. Entretiens avec Philippe Nemo*. Paris: Fayard/Radio France 1982.
—: *Totalité et infini. Essai sur l'extériorité* [1971]. Paris: Le Livre de Poche 2000.
Libertella, Héctor: *Ensayos o pruebas sobre una red hermética*. Buenos Aires: Grupo Editor latinoamericano 1990.
—: *Patografía. Los juegos desviados de la literatura: conversaciones*. Buenos Aires: Grupo Editor Latinoamericano 1991.
—: No matar la palabra, no dejarse matar por ella. In: Héctor Libertella (ed.): *Literal 1973–1977*. Buenos Aires: Santiago Arcos 2002, pp. 23–29.
Libertella, Mauro: Adiós a Alberto Laiseca, el autor que hizo delirar a la realidad. In: *Clarín* (22.12.2016), https://www.clarin.com/cultura/adios-alberto-laiseca-autor-hizo-delirar-realidad_0_rkFct6F4l.html (25.1.2019).
—: El proyecto es escribir. Un perfil de Mario Levrero. In: *Revista de la Universidad de México* (2018), pp. 18–25, https://www.revistadelauniversidad.mx/articles/72a43c8e-2e35-45e4-ac5c-e5f6b2a79436/un-perfil-de-mario-levrero (17.1.2020).
Link, Daniel: *Clases. Literatura y disidencia*. Buenos Aires: Norma 2005.
Litvan, Valentina: La literatura en juego. In: *Cuadernos LIRICO* 14 (2016), https://doi.org/10.4000/lirico.2205.
Litvan, Valentina/Uriarte, Javier: Prefacio. Raros uruguayos, nuevas miradas. In: *Cuadernos LIRICO* 5 (2010), https://doi.org/10.4000/lirico.372.
— (eds.): *Raros uruguayos: nuevas miradas. Cuadernos LIRICO* 5 (2010), https://doi.org/10.4000/lirico.79.
Luppino, Ariel: Cinco momentos de la literatura argentina. In: *Eterna Cadencia – Blog* (2018), https://www.eternacadencia.com.ar/blog/ficcion/item/cinco-momentos-de-la-literatura-argentina.html (24.11.2019).
Lyotard, Jean-François: *La condition postmoderne. Rapport sur le savoir*. Paris: Minuit 1979.
Maingueneau, Dominique: *Le discours littéraire. Paratopie et scène d'énonciation*. Paris: Armand Colin 2004.
—: Linguistique, littérature, discours littéraire. In: *Le français d'aujourd'hui* 175 (2011), pp. 75–82.
Mandelbaum, Michael: Vietnam: the television war. In: *Daedalus* 111/4 (1982), pp. 157–169, http://www.jstor.org/stable/20024822 (13.6.2021).
Mandelbrot, Benoît B.: *La geometría fractal de la naturaleza*. Trad. Josep Llosa. Barcelona: Tusquets 1997.
Marcos, José María: El mundo de Alberto Laiseca. In: *Insomnia* 124 (2008), pp. 25–30, https://www.stephenking.com.ar/archivo/INSOMNIA%20124.pdf (2.5.2021).
—: El sainete negrótico de Laiseca. In: María Celeste Aichino/Agustín Conde de Boeck (eds.): *Sinfonía para un monstruo. Aproximaciones a la obra de Alberto Laiseca*. Córdoba: Editorial Universitaria Villa María 2019, pp. 165–188.
Martínez, José María: Introducción. In: *Cuentos fantásticos del romanticismo hispanoamericano*. Madrid: Cátedra 2011, pp. 9–74.
Martinez, Luciana: Mario Levrero, la ciencia y la literatura. In: Ezequiel de Rosso (ed.): *La máquina de pensar en Mario. Ensayos sobre la obra de Levrero*. Buenos Aires: Eterna Cadencia 2013, pp. 165–190.
Masiello, Francine: La Argentina durante el Proceso: las múltiples resistencias de la cultura. In: Daniel Balderston et al.: *Ficción y política. La narrativa argentina durante el proceso*

militar. Minneapolis/Buenos Aires: Institute for the Study of Ideologies and Literature/ Alianza Editorial 1987, pp. 11–29.
—: En los bordes del cráter. Sobre la generación del noventa en Argentina. In: *Cuadernos de literatura* 31 (2012), pp. 79–104.
Masotta, Oscar: *Introducción a la lectura de Jacques Lacan* [1970]. Buenos Aires: Eterna Cadencia 2008.
Mauss, Marcel: Essai sur le don. Forme et raison de l'échange dans les sociétés archaïques. In: *L'année sociologique* 1 (1925), https://monoskop.org/images/b/ba/Mauss_Marcell_Essai_sur_le_don_Forme_et_raison_de_lechange_dans_les_societes_archaiques.pdf (11.9.2021).
McHale, Brian: *Postmodernist fiction*. Cambridge: Cambridge University Press 1987.
Mesa, Sara: Levrero, la mística del ocio. In: *Letras Libres* (1.7.2018), https://www.letraslibres.com/espana-mexico/revista/mario-levrero-la-mistica-del-ocio (29.10.2019).
Mignolo, Walter: *The darker side of the Renaissance. Literacy, territoriality and colonization*. Ann Arbor: University of Michigan Press 1995.
—: *Local histories/global designs. Subaltern knowledge and border thinking*. Princeton: Princeton University Press 2000.
—: *The idea of Latin America*. Oxford: Blackwell 2005.
Molho, Mauricio: *Cervantes. Raíces folklóricas*. Madrid: Gredos 1976.
Molle, Fernando: Yo deliro pero con realismo. In: *Perfil* (2011), http://www.perfil.com/ediciones/cultura/Yo-delirio-pero-con-realismo-20116-578-0028.html (19.3.2015).
Monestier, Felipe: Levrero, el inconsciente [1992]. In: Elvio E. Gandolfo (ed.): *Un silencio menos. Conversaciones con Mario Levrero*. Buenos Aires: Mansalva 2013, pp. 106–109.
Montaldo, Graciela: Un argumento contraborgiano en la literatura argentina de los años '80 (sobre C. Aira, A. Laiseca y Copi). In: *Hispamérica. Revista de literatura* 55 (1990), pp. 105–112.
—: La culpa de escribir. In: *Cuadernos de literatura* XVIII/35 (2014), pp. 173–187.
Montero, Rosa: *La loca de la casa*. Madrid: Alfaguara 2003.
Montes-Bradley, Eduardo: *Deliciosas perversiones polimorfas con Alberto Laiseca*. 2004, https://vimeo.com/150449246 (30.1.2018).
Montoya Juárez, Jesús: Écfrasis de lo fractal y sensorium massmediático en la narrativa de Mario Levrero. In: Jesús Montoya Juárez/Ángel Esteban (eds.): *Miradas oblicuas en la narrativa latinoamericana contemporánea*. Madrid/Frankfurt: Iberoamericana/Vervuert 2009, pp. 39–56.
—: *Levrero para armar. Jorge Varlotta y el libertinaje imaginativo*. Montevideo: Trilce 2013.
—: La ciencia ficción uruguaya desde sus orígenes hasta 1988. In: Teresa López-Pellisa/Silvia G. Kurlat Ares (eds.): *Historia de la ciencia ficción latinoamericana*, vol. 1: *Desde los orígenes hasta la modernidad*. Frankfurt a. M./Madrid: Vervuert/Iberoamericana 2021, pp. 371–416.
Moraña, Mabel/Dussel, Enrique/Jáuregui, Carlos A.: Colonialism and its replicants. In: Mabel Moraña/Enrique Dussel/Carlos A. Jáuregui (eds.): *Coloniality at large. Latin America and the postcolonial debate*. Durham/London: Duke University Press 2008, pp. 1–22.
Nadeau, Randall L.: Philosophical taoism. In: *Asian religions. A cultural perspective*. Chichester: Wiley-Blackwell 2014, pp. 68–75.
Nápoli, Carlos de: *Los científicos nazis en la Argentina*. Buenos Aires/Barcelona: edhasa 2008.

Nietzsche, Friedrich: *Also sprach Zarathustra. Ein Buch für Alle und Keinen* [1883]. In: *Werke*, vol. 2. München: Carl Hanser 1954, http://www.zeno.org/nid/2000925451X (22.5.2021).

—: *Die fröhliche Wissenschaft («la gaya scienza»)* [1882]. In: *Sämtliche Werke*, vol. 3: *Morgenröthe. Idyllen aus Messina. Die fröhliche Wissenschaft*. Berlin/New York: De Gruyter 1988, pp. 343–652.

—: *Ecce homo. Wie man wird, was man ist* [1888]. In: *Sämtliche Werke*, vol. 6: *Der Fall Wagner. Götzen-Dämmerung. Der Antichrist. Ecce homo. Dionysos-Dithyramben. Nietzsche contra Wagner*. Berlin/New York: De Gruyter 1988, pp. 255–374.

Nuñez Fernández, Matías: Ejercicios de perspectiva del *yo* y discurso autoficcional en la literatura uruguaya a partir de Mario Levrero. In: *Revista de la Biblioteca Nacional* 3/4–5 (2011), pp. 301–314, http://bibliotecadigital.bibna.gub.uy:8080/jspui/handle/123456789/33596 (18.02.2020).

Olivera Olivera, Jorge Ernesto: *Intrusismos de lo real en la narrativa de Mario Levrero*. Madrid: Universidad Complutense de Madrid 2009, https://eprints.ucm.es/8631/1/T30796.pdf (17.2.2020).

Padoux, André: *The Hindu tantric world. An overview*. Chicago, IL: University of Chicago Press 2017.

Paul-Mengelberg, Maria: Graphologie. In: Hartmut Günther/Otto Ludwig (eds.): *Schrift und Schriftlichkeit/Writing and Its Use. Ein interdisziplinäres Handbuch internationaler Forschung/An Interdisciplinary Handbook of International Research* (HSK 10/2). Berlin/New York: De Gruyter Mouton 1996, pp. 1049–1056.

Peebles, P. J. E.: *Cosmology's century. An inside history of our modern understanding of the universe*. Princeton/Oxford: Princeton University Press 2020.

Perlongher, Néstor: Ondas en *El fiord*. Barroco y corporalidad en Osvaldo Lamborghini. In: Roland Spiller (ed.): *Culturas del Río de la Plata (1973–1995). Transgresión e intercambio*. Frankfurt am Main: Vervuert 1995, pp. 131–140.

Pes, Annalisa: Damnation or salvation? Journeys into madness in Henry Lawson and Patrick White's short stories. In: Susanna Zinato/Annalisa Pes (eds.): *Ex-centric writing. Essays on madness in postcolonial fiction*. Newcastle: Cambridge Scholars Publishing 2013, pp. 153–176.

Piera, Carlos: La decadencia de la metamorfosis. In: *Contrariedades del sujeto*. Madrid: Visor 1993, pp. 31–48.

Piglia, Ricardo: Parodia y propiedad. Entrevista. In: *Lecturas Críticas* 1/1 (1980), pp. 37–40.

—: La lectura de la ficción [1984]. In: *Crítica y ficción. Entrevistas*. Buenos Aires: Siglo Veinte 1990, pp. 11–26.

—: Novela y utopía [1985]. In: *Crítica y ficción. Entrevistas*. Buenos Aires: Siglo Veinte 1990, pp. 155–172.

—: La literatura y la vida [1989]. In: *Crítica y ficción. Entrevistas*. Buenos Aires: Siglo Veinte 1990, pp. 185–198.

—: La civilización Laiseca. In: Alberto Laiseca: *Los sorias*. Buenos Aires: Simurg 1998, pp. 9–12.

—: El escritor como lector. In: Rose Corral (ed.): *Entre ficción y reflexión: Juan José Saer y Ricardo Piglia*. México D. F.: El Colegio de México 2007, pp. 17–31.

—: *Las tres vanguardias: Saer, Puig, Walsh*. Buenos Aires: Eterna Cadencia 2016.

Plager, Federico: *Diccionario integral del español en la Argentina*. Buenos Aires: Voz activa 2008.

Plaza, Monique: *Folie et écriture*. Paris: PUF 1986.

Pratt, Mary Louise: Repensar la modernidad. In: *ESPIRAL. Estudios sobre Estado y Sociedad* 5/15 (1999), pp. 47–72.
Premat, Julio: Lacan con Macedonio. In: Juan Pablo Dabove/Natalia Brizuela (eds.): *Y todo el resto es literatura. Ensayos sobre Osvaldo Lamborghini*. Buenos Aires: Interzona 2008, pp. 121–154.
—: Las puertas de Levrero. In: *Cuadernos LIRICO* 14 (2016), https://doi.org/10.4000/lirico.2269.
Prieto, Julio: *Desencuadernados: vanguardias ex-céntricas en el Río de la Plata. Macedonio Fernández y Felisberto Hernández*. Rosario: Beatriz Viterbo 2002.
—: La inquietante extrañeza de la autoría. Contrapunto, fugas y espectros del origen en Macedonio y Borges. In: Roberto Ferro (ed.): *Historia crítica de la literatura argentina*, vol. 8: *Macedonio*. Buenos Aires: Emecé Editores 2007, pp. 475–504.
—: *De la sombrología. Seis comienzos en busca de Macedonio Fernández*. Madrid: Iberoamericana 2010.
—: Sobre ilegibilidad y malas escrituras en Hispanoamérica. In: *Ínsula: revista de letras y ciencias humanas* 777 (Ejemplar dedicado a: Malas escrituras) (2011), pp. 2–4.
—: El discurso y el dibujo: apuntes sobre la bizarra imaginación de Mario Levrero. In: *Cuadernos LIRICO* 14 (2016), https://doi.org/10.4000/lirico.2278.
—: *La escritura errante. Ilegibilidad y políticas del estilo en Latinoamérica*. Madrid/Frankfurt: Iberoamericana/Vervuert 2016.
—: Apuntes autoficcionales: Mario Levrero se divierte mientras el yo es dibujado y el autor agoniza. In: José Manuel González Álvarez (ed.): *La impronta autoficcional. (Re)fracciones del yo en la narrativa argentina contemporánea*. Madrid/Frankfurt: Iberoamericana/Vervuert 2018, pp. 141–178.
—: Todo lo que siempre quiso saber sobre la autoficción y nunca se atrevió a preguntar (con una lectura de Mario Levrero). In: *Revista de crítica literaria latinoamericana* XLV/90 (2019), pp. 219–242.
Pron, Patricio: De qué hablamos cuando hablamos de autor: la autoficción de César Aira en *Cómo me hice monja*. In: Vera Toro/Sabine Schlickers/Ana Luengo (eds.): *La obsesión del yo. La auto(r)ficción en la literatura española y latinoamericana*. Madrid/Frankfurt: Iberoamericana/Vervuert 2010, pp. 111–122.
—: «Me lo permito todo en este libro». Entrevista a Alberto Laiseca (1941–2016). In: *El Boomeran(g)* (2016), http://www.elboomeran.com/blog-post/539/18077/patricio-pron/me-lo-permito-todo-en-este-libro-alberto-laiseca-19412016/ (27.12.2017).
Quereilhac, Soledad: Sombras tras la lámpara de gas: la temprana ciencia ficción argentina (1816–1930). In: Teresa López-Pellisa/Silvia G. Kurlat Ares (eds.): *Historia de la ciencia ficción latinoamericana*, vol. 1: *Desde los orígenes hasta la modernidad*. Frankfurt a. M./Madrid: Vervuert/Iberoamericana 2021, pp. 51–92.
Rama, Ángel: Diez problemas para el novelista latinoamericano [1964]. In: *Crítica literaria y utopía en América Latina*. Ed. Carlos Sánchez Lozano. Medellín: Editorial Universidad de Antioquia 2005, pp. 1–77.
Rapacioli, Juan: El conde Laiseca. Mi entrevista completa con Alberto Laiseca. In: *el impostor inverosímil* (24.2.2011), http://elombligopermanente.blogspot.com/2011/02/el-conde-laiseca.html (25.1.2019).
—: Reeditan dos obras fundamentales de Alberto Laiseca. In: *Télam* (8.1.2014), http://www.telam.com.ar/notas/201401/47493-reeditan-dos-obras-fundamentales-de-alberto-laiseca.html (24.1.2019).

Ravetti, Graciela: La narrativa de Laiseca: melancolía del futuro y realismo performático reflexivo. In: María Celeste Aichino/Agustín Conde de Boeck (eds.): *Sinfonía para un monstruo. Aproximaciones a la obra de Alberto Laiseca*. Córdoba: Editorial Universitaria Villa María 2019, pp. 89—122.

Renaud, Maryse: Mapa de la locura americana. In: Joaquín Manzi (ed.): *Locos, excéntricos y marginales en las literaturas latinoamericanas*, vol. 1. Poitiers: CRLA-Archivos/Université de Poitiers 1999, pp. 13–19.

Richards, Eliza: Outsourcing «The Raven»: retroactive origins. In: *American Victorian Poetry* 43/2 (2005), pp. 205-22.

Ricœur, Paul: *De l'interprétation. Essai sur Freud*. Paris: Seuil 1965.

Robert, Marthe: *Roman des origines et origines du roman* [1972]. Paris: Gallimard 2006.

Roberts, Edward A./Pastor, Bárbara: *Diccionario etimológico indoeuropeo de la lengua española* [1996]. Madrid: Alianza 2009.

Rocca, Pablo: Formas del espionaje. Mario Levrero responde un cuestionario [1992]. In: Ezequiel de Rosso (ed.): *La máquina de pensar en Mario. Ensayos sobre la obra de Levrero*. Buenos Aires: Eterna Cadencia 2013, pp. 79–111.

Rodriguez Pérsico, Adriana/Rocco-Cuzzi, Renata: *Su turno* o la escritura robinsoniana. In: *Lecturas Críticas* 1/1 (1980), pp. 31–35.

Rolling, Bernard E.: Naturaleza, convención y teoría del género. In: Miguel A. Garrido Gallardo (ed.): *Teoría de los géneros literarios*. Madrid: Arco/Libros 1988, pp. 129–154.

Rosa, Nicolás: Veinte años después o la «novela familiar» de la crítica literaria. In: Nicolás Rosa (ed.): *Políticas de la crítica. Historia de la crítica literaria en la Argentina*. Buenos Aires: Biblos 1999, pp. 321–348.

Rosado, José Ángel: *El cuerpo del delito, el delito del cuerpo: la literatura policial de Edgar Allan Poe, Juan Carlos Onetti, Wilfredo Mattos Cintrón*. San Juan: Ediciones Callejón 2012.

Rosset, Clément: *Le réel. Traité de l'idiotie*. Paris: Minuit 1977.

Rosso, Ezequiel de (ed.): *La máquina de pensar en Mario. Ensayos sobre la obra de Levrero*. Buenos Aires: Eterna Cadencia 2013.

—: Otra trilogía: las novelas policiales de Mario Levrero. In: Ezequiel de Rosso (ed.): *La máquina de pensar en Mario. Ensayos sobre la obra de Levrero*. Buenos Aires: Eterna Cadencia 2013, pp. 141–163.

—: Prólogo. Por la tangente: lecturas de Mario Levrero. In: Ezequiel de Rosso (ed.): *La máquina de pensar en Mario. Ensayos sobre la obra de Levrero*. Buenos Aires: Eterna Cadencia 2013, pp. 11–18.

Ruffel, Lionel: *Brouhaha. Les mondes du contemporain*. Lagrasse: Verdier 2016.

S. a.: Alberto Laiseca: Cuentos Completos. In: *El Blog de Simurg* (16.4.2011), http://elblogdesimurg.blogspot.com/2011/04/alberto-laiseca-su-primer-cuento.html (24.1.2019).

S. a.: La historia de un libro legendario. In: *Revista Ñ* (20.5.2011), https://www.clarin.com/rn/literatura/ficcion/Los_Sorias-un_libro_legendario_0_BJ6Y7MTw7l.html (24.1.2019).

Saavedra, Guillermo: Alberto Laiseca: retrato de artista con novela. In: *La curiosidad impertinente: entrevistas con narradores argentinos*. Rosario: Beatriz Viterbo 1993, pp. 119–124.

Saeed, John: *Semantics*. Oxford: Blackwell 1997.

Saer, Juan José: Literatura y crisis argentina [1982]. In: *El concepto de ficción*. Buenos Aires: Seix Barral 2014, pp. 94–120.

—: La novela [1997]. In: *El concepto de ficción*. Buenos Aires: Seix Barral 2014, pp. 121–124.

Said, Edward W.: *Beginnings. Intention and method*. New York: Basic Books 1975.
Salmon, Christian/Hanimann, Joseph: *Devenir minoritaire. Pour une nouvelle politique de la littérature*. Paris: Denoël 2003.
Santiago, Silvano: O entre-lugar do discurso latinoamericano [1971]. In: *Uma literatura nos trópicos. Ensaios sobre dependencia cultural*. Rio de Janeiro: Rocco 2000, pp. 9–26.
Sarlo, Beatriz: *Una modernidad periférica: Buenos Aires 1920 y 1930*. Buenos Aires: Nueva Visión 1988.
—: *La imaginación técnica. Sueños modernos de la cultura argentina*. Buenos Aires: Nueva Visión 1998.
Sass, Louis A.: *Madness and modernism. Insanity in the light of modern art, literature and thought*. New York: Basic Books 1992.
Sasturain, Juan: Prólogo. In: Alberto Laiseca: *En sueños he llorado*. Buenos Aires: La Página 2004.
Saunders, Corinne/McNaughton, Jane (eds.): *Madness and creativity in literature and culture*. London: Palgrave Macmillan 2005.
Scarsi, José Luis: *Tmeiim: los judíos impuros. Historia de la Zwi Migdal*. Ituzaingó: Editorial Maipue 2018.
Schaeffer, Jean-Marie: Del texto al género. Notas sobre la problemática genérica. In: Miguel A. Garrido Gallardo (ed.): *Teoría de los géneros literarios*. Madrid: Arco/Libros 1988, pp. 155–180.
—: *Qu'est-ce qu'un genre littéraire?*. Paris: Seuil 1989.
Scull, Andrew: Michel Foucault's History of Madness. In: *History of the human sciences* 3 (1990), pp. 57–67.
Shapiro, James: *Contested Will: who wrote Shakespeare?*. New York et al.: Simon and Schuster 2010.
Silva Olazábal, Pablo: *Conversaciones con Mario Levrero*. Montevideo: Trilce 2008.
Spivak, Gayatri Chakravorty: The Rani of Sirmur. An essay in reading the archives. In: *History and Theory* 24/3 (1985), pp. 247–272.
Stamos, David N.: *Edgar Allan Poe, «Eureka», and scientific imagination*. New York: SUNY Press 2017.
Starobinski, Jean: *L'encre de la mélancolie*. Paris: Seuil 2012.
—: Les directions nouvelles de la recherche critique [1965]. In: *Les approches du sens. Essais sur la critique*. Genève: La Dogana 2013, pp. 30–51.
—: Sur les gestes fondamentaux de la critique [1972]. In: *Les approches du sens. Essais sur la critique*. Genève: La Dogana 2013, pp. 122–152.
Steimberg, Oscar: Para un comienzo de descripción de las historietas de Levrero. In: Ezequiel de Rosso (ed.): *La máquina de pensar en Mario. Ensayos sobre la obra de Levrero*. Buenos Aires: Eterna Cadencia 2013, pp. 127–139.
Steiner, George: *After Babel. Aspects of language and translation* [1975]. Oxford/New York: Oxford University Press ³1998.
Stempel, Wolf-Dieter: Aspectos genéricos de la recepción. In: Miguel A. Garrido Gallardo (ed.): *Teoría de los géneros literarios*. Madrid: Arco/Libros 1988, pp. 235–252.
Suzuki Daisetz Teitaro: On satori – The revelation of a new truth in Zen Buddhism. In: *Selected works*, vol. 1. Ed. Richard M. Jaffe. Oakland, CA: University of California Press 2015, pp. 14–38.
Todorov, Tzvetan: L'origine des genres. In: *Les genres du discours*. Paris: Seuil 1978, pp. 44–60.

Toro, Alfonso de: Posmodernidad y Latinoamérica. Con un modelo para la narrativa posmoderna. In: *Revista Iberoamericana* LVII/155–156 (1991), pp. 441–467.
Toro, Vera/Schlickers, Sabine/Luengo, Ana: Introducción. In: Vera Toro/Sabine Schlickers/ Ana Luengo (eds.): *La obsesión del yo. La auto(r)ficción en la literatura española y latinoamericana*. Madrid/Frankfurt: Iberoamericana/Vervuert 2010, pp. 7–30.
Tresch, John: «The potent magic of verisimilitud»: Edgar Allan Poe within the mechanical age. In: *The British Journal for the History of Science* 30/3 (1997), pp. 275–290.
United Nations: Decolonization (s. f.), https://www.un.org/en/global-issues/decolonization (23.8.2021).
Valéry, Paul: Une vue de Descartes [1937]. In: *Œuvres*, vol. 1: *Poésies. Mélanges. Variété*. Ed. Jean Hytier. Paris: Gallimard/Bibliothèque de La Pléiade 1957, pp. 810–841.
—: Poésie et pensée abstraite [1939]. In: *Œuvres*, vol. 1: *Poésies. Mélanges. Variété*. Ed. Jean Hytier. Paris: Gallimard/Bibliothèque de La Pléiade 1957, pp. 1314–1339.
Vázquez, Agustín/Millonschick, Juan: Entrevista a Alberto Laiseca. In: *Dormir y pedalear* (2012), http://dormirypedalear.blogspot.com/2012/05/entrevista-alberto-laiseca.html (25.1.2019).
Vázquez, Cristian: Alberto Laiseca, el maestro que espera junto a la puerta del viento. In: *Letras Libres* (2015), https://www.letraslibres.com/mexico-espana/alberto-laiseca-el-maestro-que-espera-junto-la-puerta-del-viento (24.1.2019).
Vecchio, Diego: «Yo no existo». Macedonio Fernández y la filosofía. In: Roberto Ferro (ed.): *Historia crítica de la literatura argentina*, vol. 8: *Macedonio*. Buenos Aires: Emecé 2007, pp. 381–410.
— (ed.): Levrero. *Cuadernos LIRICO* 14 (2016), https://doi.org/10.4000/lirico.2179.
Verani, Hugo: Mario Levrero o el vacío de la posmodernidad. In: Rose Corral (ed.): *Norte y sur. La narrativa rioplatense desde México*. México DC: El Colegio de México 2000, pp. 195–205.
Villanueva, Liliana: *Maestros de la escritura*. Buenos Aires: EGodot Argentina 2018.
Vinsenci, Bernabé de: Viaje a la intimidad de Mario Levrero. In: *Revista Polvo* (2019), http://www.polvo.com.ar/2019/04/levrero-varlotta-devinsenci/ (20.1.2020).
White, David Gordon: *Tantra in practice*. Princeton/Oxford: Princeton University Press 2000.
Whitehead, James: *Madness and the Romantic poet*. Oxford: Oxford University Press 2017.
Wilkinson, Sue/Kitzinger, Celia: Theorizing representing the Other. In: Sue Wilkinson/Celia Kitzinger (eds.): *Representing the Other. A feminism & psychology reader*. London/Thousand Oaks/New Delhi: Sage Publications 1996, pp. 1–32.
Yúdice, George: Puede hablarse de postmodernidad en America Latina?. In: *Revista de Crítica Literaria Latinoamericana* 15/29 (1989), pp. 105–128.
—: *The expediency of culture. Uses of culture in the global era*. Durham/London: Duke University Press 2003.
Yuste, Gustavo: Alberto Laiseca, el escritor que puso su vida en función de la literatura. In: *La primera piedra* (2016), https://www.laprimerapiedra.com.ar/2016/12/alberto-laiseca-escritor-puso-vida-funcion-la-literatura-lugar-mucha-soledad/ (24.1.2019).
Zambrano, María: *La confesión: género literario y método*. Ed. María Luisa Maillard/Pedro Chacón. In: *Obras completas*, vol. 2: *Libros (1940–1950)*. Barcelona: Galaxia Gutenberg 2016 [1941–1943], pp. 53–129.
Zúñiga, Diego: El uruguayo más raro del mundo. In: *Culto/La Tercera* (2019), https://culto.latercera.com/2019/08/30/levrero-uruguayo-mas-raro-del-mundo/ (30.08.2019).

Índice de nombres y materias

afecto 5, 8, 11, 21–22, 103, 144, 147, 179, 226, 257, 259, 279–280, 300, 303, 307
Agamben, Giorgio 114
Aichino, María Celeste 3 n., 196 n., 200 n., 202, 208 n., 214, 228, 235 n., 275 n., 277, 279–280, 300 n., 303 n.
Aira, César 27–28, 196 n., 199, 212, 229 n.
amor 1, 5, 8, 11, 21, 86, 101, 114–115, 130, 134, 174–177, 179–181, 184, 188, 192–193, 206, 216, 221, 225–227, 230, 233, 235, 239–247, 249–252, 261–262, 279, 281, 290–292, 295, 299–301, 303–305, 307, 311
amor fati 244, 249, 251, 309, 311
angustia de la influencia 62, 220 n.
Arfuch, Leonor 6, 27 n., 154, 156
Arlt, Roberto 49, 64, 90, 198, 202, 220, 222 n., 228, 232, 238, 253, 281, 294 n., 310
astrología 2, 220, 230, 233, 242, 270, 292
autoría 29, 65, 226, 235, 267 n., 295, 310

Bajtín, Mijail 17, 23, 44, 168, 300 n.
Barthes, Roland 4 n., 29 n., 30 n., 34–35, 38–39, 70 n., 80 n., 126, 154, 171, 221, 222 n., 228 n., 274, 297
Bataille, Georges 241, 297
Belhaj Kacem, Mehdi 7, 8 n., 53 n., 54–55, 67
Benveniste, Émile 9
Bergara, Hernán 4 n., 201–202, 206, 208, 227, 233 n., 252 n., 276–277, 305
Bloom, Harold 62
Borges, Jorge Luis 36–37, 63–64, 184, 220 n., 224–225

Cabo Aseguinolaza, Fernando 20, 22–23
capitalismo 7–8, 52–53, 60, 253, 309, 311
carnavalización 11, 266, 306
Casas, Ana 7, 27, 29–30
Cervantes, Miguel de 45, 244 n., 246
Chacel, Rosa 96 n., 125–128, 136, 157 n., 162–163, 184, 192
cibernética 11, 109–114, 153
cliché 168, 267–268, 271–272

colonial / colonialidad 9, 38, 60–62, 64 n.
Colonna, Vincent 23, 26, 28–30
Conde de Boeck, [José] Agustín 2 n., 3 n., 196 n., 199–200, 202, 203 n., 217 n., 202 n., 222 n., 228, 235 n., 237, 239–240, 261 n., 268 n., 273 n., 274, 278, 284, 288 n., 311 n.
confesión 79, 93–100, 107, 123, 135, 141, 229, 285 n., 309
contemporaneidad 6 n., 9, 19, 35, 55, 61
Contreras, Sandra 80, 92 n., 275, 276–277 n.
Corbellini, Helena 4 n., 69 n., 71 n.
cristianismo 43–45, 87, 94–96, 100, 117, 121, 141–142, 174, 188–189, 190, 238, 246, 251, 311
culpa 70, 93, 96–97, 99–100, 107, 114, 117–118, 120–121, 123, 135, 150, 165, 270–272, 310

daimon 91–94, 97, 99, 104, 114, 117, 121, 133, 141, 148, 155, 163–164, 167, 170, 178, 181, 183–185, 189, 191, 193, 309
Dalmaroni, Miguel 204, 215, 219 n., 275
Darrieussecq, Marie 27
de Jesús, Teresa 44, 94 n., 125, 128, 184, 189, 190 n., 192
de Man, Paul 25–26
de Rosso, Ezequiel 3 n., 74 n., 76 n., 77, 78–79 n.
Deleuze, Gilles 15, 52–53, 64
Derrida, Jacques 15, 18, 42, 63
dictadura 65, 169, 195, 282–284
diction 9, 13, 36–37

Echevarría, Ignacio 77, 106, 130 n., 141, 154, 186 n.
Edipo, complejo de 134, 264, 267, 274
Electra, complejo de 267–268, 274
emancipación / empoderamiento 11, 41, 152, 181, 227, 235, 241, 248, 260, 289, 292, 299, 302–303, 307, 311
erotismo (cf. también sexo) 8, 133, 134–135, 174–175, 177, 240–241, 272, 279

estribillo 208, 216, 222, 227, 229, 232, 265, 285, 310
eterno femenino (*Ewig-Weibliche*) 177, 239
eterno retorno (*ewige Wiederkehr*) 249, 286, 306
Ette, Ottmar 8-9, 35, 38-39, 108 n.
evidencialidad 19, 207, 254

fantástico 2, 29, 66, 75-76, 78
Feder, Lilian 41-42 n., 43, 45-46 n., 53
Felman, Shoshana 9, 41 n., 53 n., 57-58
Fernández, Macedonio 36, 72, 90, 93-94, 132 n., 171, 184, 202, 212 n., 215, 220, 224, 301 n., 302, 305 n., 310
Ferro, Roberto 18
Fleury, Cynthia 52-53, 56, 303, 311
Fogwill, Rodolfo 78, 199, 201, 221, 226-227, 283 n.
Foucault, Michel 9, 30 n., 37-38, 41, 43 n., 45-46, 53, 58, 61 n., 95, 97, 99, 107 n., 237 n.
Fox, Marcelo 196, 220, 222, 285 n.
fractal / fractalización 5, 86-88, 92, 94, 110-111, 136, 150, 178, 180, 193, 195, 198, 201-202, 205-206, 214, 216, 218, 222, 226-227, 234, 245, 275, 306, 309-310
Freud, Anna 146
Freud, Sigmund 37, 43 n., 48-51, 58, 66, 96, 135, 193, 230 n., 264, 269, 271-272, 302
Friktion 9, 38-39, 59
función-autor 30 n., 34, 205, 213, 216, 226

Galeano, Eduardo 8, 285 n.
Gandolfo, Elvio E. 2 n., 3 n., 69 n., 71-74, 76-77
García, Germán 284
Garcia, Tristan 7 n., 54-55
Garrido Gallardo, Miguel A. 13-17 n.
Gasparini, Philippe 26-27, 29
genericidad 16-18, 37
Genette, Gérard 9, 13-16, 22 n., 26-29, 32, 36-37
Giordano, Alberto 7, 27, 33-34, 37-38, 40, 154

goce del texto (*jouissance du texte*) 4, 56, 201, 221-222
grotesco 44, 151, 220, 242, 300, 307
Guattari, Félix 15, 52, 64
Guerrero, Gustavo 14 n., 20-22

Hamburger, Käte 1, 9, 13, 14 n., 23-26, 29, 31, 36, 228, 309
Han, Byung-Chul 7-8, 53 n., 55, 309 n.
Haraway, Donna 143, 144 n.
Hegel, Georg Wilhelm Friedrich 14, 22, 55 n., 277
humor 5, 11, 71-74, 103, 122, 153, 175, 197, 219-220, 222, 257, 265, 281, 299-302, 307

individualismo 66, 70, 168, 191-193, 195, 307, 311
inútil / pseudoútil 69, 98, 125-126, 138-139, 166, 168, 190, 254-255, 260
Inzaurralde, Gabriel 4 n., 71 n., 80-82 n., 90, 92-93, 106-107, 115, 118, 124, 191

Jakobson, Roman 10, 32 n., 276 n., 288 n.
James, William 186-187, 189-190
Jung, Carl G. 11, 50-51, 89, 92-94, 102-103, 125, 134, 173, 175 n., 178, 185, 187, 190, 192-193, 264, 267, 299

Kafka, Franz 73, 77, 107 n., 113, 119 n., 120, 125-126, 220, 243
Kamenszain, Tamara 69 n., 82, 89, 90
Kant, Immanuel 47

Lacan, Jacques 54 n., 96-97, 105, 135, 154, 264
lectoescritura 126-128
Lejeune, Philippe 17, 19 n., 25-26, 29
Levinas, Emmanuel 143-145
Libertella, Héctor 1, 5 n., 13, 31, 35, 126, 235 n.
Libertella, Mauro 70-71 n., 72, 82, 198-199 n.
Link, Daniel 7, 107 n.
locura de la Cruz 44

Maingueneau, Dominique 236-237
Martínez, Luciana 75, 186 n., 190

Masiello, Francine 3, 6 n., 8, 169 n.
Mauss, Marcel 121 n.
metamorfosis 1, 31, 300 n.
mística 44, 65, 75–76, 127, 156, 163 n., 175, 177, 185–192, 257, 311
Montaldo, Graciela 122–123, 224 n.
Montoya Juárez, Jesús 2–3 n., 71 n., 75, 77, 86 n., 106–107, 125 n., 186 n.

negación 38, 54 n., 184, 241, 258, 290, 297, 299, 307
negatividad 7–8, 54–55, 66–67
neoliberalismo 60, 70, 192, 286 n., 290, 306
Nietzsche, Friedrich 48, 244, 249, 253, 288, 291, 299 n.
nihilismo 11, 54, 67, 213, 242, 444, 258, 287, 300–301, 307
novela familiar (*Familienroman*) 230–231, 234, 264, 270
nuda vida (*bloßes Leben*) (cf. también subexistencia) 8, 53, 309

origo / origen enunciativo 24, 29, 73, 93 n., 132, 205, 225, 228, 232, 234
othering 182

parapsicología 2, 76, 172, 190
Piera, Carlos 31
Piglia, Ricardo 2 n., 3 n., 27–28, 31, 33–35, 37, 39–40, 59, 64, 108 n., 131, 196 n., 199, 202, 207–208 n., 219–220, 224, 283, 306
plagio 73 n., 197, 202, 215 n., 223–227, 250, 264
Plaza, Monique 20 n., 41 n., 42, 53 n., 56–57
Poe, Edgar Allan 207, 222–223, 225, 245–246, 252–254, 258–259, 265, 268 n., 273–274, 277–278, 280
policial, novela o ficción 18, 65, 74, 106, 111, 125, 127–132, 137, 192, 206, 215, 217, 252, 290, 310
pornografía 139, 180, 213–214, 220, 241, 246, 262, 264, 293, 303–304, 311
posmodernidad 5–6 n., 18–19
Prieto, Julio 2 n., 7 n., 19 n., 28 n., 30–32, 36, 65 n., 78 n., 79, 90, 92, 94 n., 107,
141 n., 155, 171, 184, 196 n., 205, 222 n., 224 n., 226, 280–281, 302
Pron, Patricio 28 n., 196 n., 198 n., 208
pseudoútil → cf. inútil

Rama, Ángel 49, 59, 62, 65–66
realismo 48, 56 n.
– adjetivado 204, 275
– capitalista 8
– delirante 8, 11, 195–307
– introspectivo 8, 75, 127, 132
recepción literaria 9, 16–18, 37, 51, 75, 91, 102 n., 128, 164, 167, 170, 200, 227–288, 264–265, 277, 310
recordar 140, 148, 156–172, 178, 189, 193
reescritura 218–220, 222, 226, 230–232, 234, 246–247, 250, 299
relacionalidad 5, 8, 55, 85, 109, 114, 127, 142, 146–147, 153–154, 166, 179, 184, 192–193, 195, 310
Robert, Marthe 230 n.
rol social del loco 168, 170, 191–192, 311
romanticismo 22, 46–49, 53, 55, 98, 180, 190, 249–250, 261, 268, 279–281, 299, 304, 306–307

Saavedra, Guillermo 199, 219 n.
saber sobre el vivir (*Lebenswissen*) 8, 11, 35, 38, 70, 114, 125, 128, 135, 139, 146, 153, 155–156, 158, 165–166, 179, 183, 192, 204, 263, 288, 311
Sade, Marquis de 220, 222, 241, 296–299
sadomasoporno → cf. pornografía
Santiago, Silvano 38, 59, 64
Sarlo, Beatriz 40 n., 252–253
Schaeffer, Jean-Marie 14, 16–18
scriptible (vs. *lisible*) 221–222
sexo (cf. también erotismo) 111, 158, 165, 169, 174–175, 177, 239, 241, 246, 251, 263, 272, 303, 307
Shakespeare, William 45, 211, 213, 220, 222–225, 250, 254, 268 n., 295
shifter (conmutador enunciativo) 10, 212, 214, 226
Silva Olazábal, Pablo 73, 87 n., 105–106, 108 n., 154 n., 310 n.

snuff 241, 293, 295, 298-299
soledad 111, 142 n., 184, 200, 203, 238-239, 243, 247, 249, 260-261, 287, 290
solipsismo 4, 7, 11, 22, 55, 67, 82, 109, 127, 139, 146, 154, 167, 172, 180, 191-193, 195, 241, 310-311
Souto, Marcial 74-75, 127
Starobinski, Jean 32, 34, 37, 41 n., 43 n., 46-47 n., 55
subexistencia (cf. también nuda vida) 142, 163, 166, 191-193, 309
sueños 11, 50, 75, 82, 87, 94 n., 106, 109, 116, 120, 124, 130, 132-137, 155, 159, 173, 176, 181-183, 242

tantra 175, 190
tao 2, 89, 102-103, 125-126, 175 n., 197-198, 217, 269
telepatía 116, 129-130, 252

Valéry, Paul 22, 34, 37
Vecchio, Diego 3 n., 212 n.
Villanueva, Liliana 71-72 n., 155 n., 158 n., 163 n., 167 n., 199 n., 252 n., 290 n., 301 n.
visage 143-145, 184
vitalismo 80, 152, 225-227, 235, 241, 246, 250-251, 253, 258, 260, 262-263, 269, 273, 280, 291, 297, 299, 301, 302-307, 311

Whitehead, James 41 n., 47, 53, 268 n.

Yúdice, George 5-6 n., 66

Zambrano, María 98-99
zen 2, 102, 175 n., 190

www.ingramcontent.com/pod-product-compliance
Lightning Source LLC
Chambersburg PA
CBHW020220170426
43201CB00007B/271